安徽省高等学校"十二五"规划教材
医学院校学生用书

大学语文

第 3 版

惠继荣　朱梅福　姚文兵◎主　编
李阳新　李玉荣　马军成◎副主编

北京师范大学出版集团
BEIJING NORMAL UNIVERSITY PUBLISHING GROUP
安徽大学出版社

图书在版编目(CIP)数据

大学语文/惠继荣,朱梅福,姚文兵主编.—3版.—合肥:安徽大学出版社,2020.8
(2024.6重印)

ISBN 978-7-5664-2074-9

Ⅰ.①大… Ⅱ.①惠… ②朱… ③姚… Ⅲ.①大学语文课－高等学校－教材
Ⅳ.①H193.9

中国版本图书馆 CIP 数据核字(2020)第 142143 号

大学语文 第3版　　　　　　　　　惠继荣　朱梅福　姚文兵 主　编

出版发行	北京师范大学出版集团 安 徽 大 学 出 版 社 (安徽省合肥市肥西路3号 邮编230039) www.bnupg.com www.ahupress.com.cn
印　　刷	合肥远东印务有限责任公司
经　　销	全国新华书店
开　　本	787 mm×1092 mm　1/16
印　　张	21.75
字　　数	464 千字
版　　次	2020 年 8 月第 3 版
印　　次	2024 年 6 月第 6 次印刷
定　　价	46.00 元

ISBN 978-7-5664-2074-9

策划编辑:李晨霞　　　　　　　　　　装帧设计:李伯骥　孟献辉
责任编辑:李晨霞　马晓波　　　　　　美术编辑:李　军
责任校对:姜　萍　　　　　　　　　　责任印制:陈　如　孟献辉

版权所有　侵权必究

反盗版、侵权举报电话:0551-65106311
外埠邮购电话:0551-65107716
本书如有印装质量问题,请与印制管理部联系调换。
印制管理部电话:0551-65106311

前 言

大学语文课是普通高校面对汉语言文学专业以外的几乎所有的专业开设的一门文化素质教育课程。课程设置的目的是培养学生汉语言文学方面的阅读、欣赏、理解和表达能力,这是大学生文化素质中的一个重要方面。医学院校大学生加强语文素质尤为重要,因为医学服务的对象是人,因此也可以说,医学就是人学,医学院校学生毕业后所从事的事业与其他各行各业相比有其特别的地方。语文素质对医学院校学生来说,绝不仅仅是服务于业务工作的工具,而是作为服务于人的人文素质的集中体现。

《国家"十一五"时期文化发展规划纲要》专门提出"高等学校要创造条件,面向全体大学生开设中国语文课"。高校语文课写入国家文化发展纲要是前所未有的,体现了党和国家的重视,也折射出提高大学生语文能力的紧迫性。教育主管部门也希望有条件的学校把这门课程的建设作为对大学生进行文化素质教育的一个重要手段。缘于此,我们编写了这本供医学院校学生使用的《大学语文》。在编写这本教材的时候,我们借鉴了国内一些著名高校的经验(如华东师范大学徐中玉教授和南开大学陈洪教授等主编的《大学语文》),也就是在编选内容上,都是以古今中外短小精美的文章为主体,力求以"美"来感染学生,增强学生的阅读兴趣,让学生在阅读的同时,充实内心世界,陶冶思想情操,达到提高学生综合文化素质的目的;在编写体例上,既不以文学发展史为线索,也不按文体来分组,而是根据文章的主旨大意将课文分成历史传记、探索追求、审美思辨、修身养性、情感人生、山水风光、闲情逸致、科学技术以及中国小说和外国小说等

10个方面,另外设置一些附录,其主旨在拓展学生思维,扩大学生知识面的同时,力求以汉语言文学的博大精深来激励学生。特别需要指出的是,本书面对的是医学院校的学生,因此,我们在选编文章的时候,考虑更多的是针对性,如我们有意选编了一些与医学院校学生有关的古今中外的文章,相信对医学院校学生进一步了解专业和拓宽就业渠道不无裨益。

编者

2020年7月

目　录

一、历史传记 ………………………………………………………………〔1〕

晋公子重耳之亡(节选) ……………………………………… 左丘明〔1〕
项羽本纪(节选) ……………………………………………… 司马迁〔7〕
淝水之战(节选) ……………………………………………… 司马光〔11〕
李鸿章·绪论 ………………………………………………… 梁启超〔16〕
居里夫人小传——一个新女子的模型 …………………… 陈衡哲〔19〕
延展阅读 ……………………………………………………………〔24〕

二、探索追求 ………………………………………………………………〔25〕

论语·学而(节选) …………………………………………… 孔　子〔25〕
子路、曾皙、冉有、公西华侍坐 ……………………………… 孔　子〔26〕
有为神农之言者许行 ………………………………………… 孟　子〔28〕
秋水 …………………………………………………………… 庄　周〔31〕
天问(节选) …………………………………………………… 屈　原〔38〕
诗集传序 ……………………………………………………… 朱　熹〔44〕
原才 …………………………………………………………… 曾国藩〔47〕
"慢慢走，欣赏啊！"——人生的艺术化 …………………… 朱光潜〔49〕
延展阅读 ……………………………………………………………〔53〕

三、审美思辨 ………………………………………………………………〔54〕

庄辛说楚襄王 ………………………………………………《战国策》〔54〕
五蠹(节选) …………………………………………………… 韩　非〔57〕
论红颜薄命 …………………………………………………… 苏　青〔64〕
智慧与国学 …………………………………………………… 王小波〔68〕
中国，我的钥匙丢了 ………………………………………… 梁小斌〔72〕
论读书 ……………………………………………………… 〔英〕培根〔74〕
格言和感想 ………………………………………………… 〔德〕歌德〔76〕
延展阅读 ……………………………………………………………〔80〕

四、修身养性 〔81〕

　　大学 …………………………………………………………………〔81〕
　　大医精诚 …………………………………………………… 孙思邈〔87〕
　　进学解 ……………………………………………………… 韩　愈〔89〕
　　《北京大学月刊》发刊词 …………………………………… 蔡元培〔93〕
　　赠与今年的大学毕业生 …………………………………… 胡　适〔95〕
　　论快乐 ……………………………………………………… 钱钟书〔99〕
　　悼念玛丽·居里 ……………………………… [德]爱因斯坦〔102〕
　　我有一个梦想 ……………………………… [美]马丁·路德·金〔103〕
　　延展阅读 …………………………………………………………〔106〕

五、情感人生 〔107〕

　　诗经·周南·关雎 ………………………………………………〔107〕
　　诗经·秦风·蒹葭 ………………………………………………〔108〕
　　汉乐府·上邪 ……………………………………………………〔109〕
　　古诗十九首·迢迢牵牛星 ………………………………………〔110〕
　　登楼赋 ……………………………………………………… 王　粲〔111〕
　　闺怨 ………………………………………………………… 王昌龄〔113〕
　　相思 ………………………………………………………… 王　维〔114〕
　　宣州谢朓楼饯别校书叔云 ………………………………… 李　白〔114〕
　　无题 ………………………………………………………… 李商隐〔116〕
　　梦江南·梳洗罢 …………………………………………… 温庭筠〔117〕
　　鹊踏枝·谁道闲情抛弃久 ………………………………… 冯延巳〔117〕
　　浣溪沙·一曲新词酒一杯 ………………………………… 晏　殊〔118〕
　　虞美人·春花秋月何时了 ………………………………… 李　煜〔119〕
　　八声甘州·对潇潇暮雨洒江天 …………………………… 柳　永〔120〕
　　蝶恋花·花褪残红青杏小 ………………………………… 苏　轼〔121〕
　　鹊桥仙·纤云弄巧 ………………………………………… 秦　观〔121〕
　　如梦令·昨夜雨疏风骤 …………………………………… 李清照〔122〕
　　菩萨蛮·书江西造口壁 …………………………………… 辛弃疾〔123〕
　　卜算子·咏梅 ……………………………………………… 陆　游〔124〕
　　观书有感 …………………………………………………… 朱　熹〔124〕
　　木兰花令·拟古决绝词 …………………………………… 纳兰性德〔125〕
　　偶然 ………………………………………………………… 徐志摩〔126〕
　　七子之歌(节选) …………………………………………… 闻一多〔127〕
　　断章 ………………………………………………………… 卞之琳〔128〕

目录

乡愁 …………………………………………………………… 余光中〔129〕
一代人 ………………………………………………………… 顾　城〔130〕
回答 …………………………………………………………… 北　岛〔130〕
祖国啊,我亲爱的祖国 ………………………………………… 舒　婷〔132〕
亚洲铜 ………………………………………………………… 海　子〔134〕
延展阅读 ……………………………………………………………〔135〕

六、山水风光 …………………………………………………………〔136〕

滕王阁序 ……………………………………………………… 王　勃〔136〕
山居秋暝 ……………………………………………………… 王　维〔141〕
旅夜书怀 ……………………………………………………… 杜　甫〔142〕
滁州西涧 ……………………………………………………… 韦应物〔143〕
暮江吟 ………………………………………………………… 白居易〔144〕
超然台记 ……………………………………………………… 苏　轼〔144〕
游黄山后记(后) ……………………………………………… 徐弘祖〔146〕
同金十一沛恩游栖霞寺望桂林诸山 …………………………… 袁　枚〔149〕
秋天的况味 …………………………………………………… 林语堂〔150〕
江南的冬景 …………………………………………………… 郁达夫〔152〕
延安街市记 …………………………………………………… 贾平凹〔154〕
红高粱(节选) ………………………………………………… 莫　言〔156〕
延展阅读 ……………………………………………………………〔159〕

七、闲情逸致 …………………………………………………………〔160〕

饮酒·其五 …………………………………………………… 陶渊明〔160〕
苦雨 …………………………………………………………… 周作人〔161〕
女人 …………………………………………………………… 朱自清〔163〕
雅舍 …………………………………………………………… 梁实秋〔166〕
牛津童话 ……………………………………………………… 余秋雨〔169〕
中国人的吃 …………………………………………………… 车前子〔172〕
延展阅读 ……………………………………………………………〔175〕

八、科学技术 …………………………………………………………〔176〕

疏五过论 ……………………………………………………… 黄　帝〔176〕
用药如用兵论 ………………………………………………… 徐大椿〔178〕
医学源流 ……………………………………………………… 陈念祖〔180〕
预测科学未来 ………………………………………………… 杨振宁〔183〕
外科解剖刀就是剑——怎样成为一个外科医生 ……………… 郎景和〔186〕

— 3 —

科学家的科学良心 ……………………………………… 李醒民〔189〕
医学是一门历史悠久的职业 …………………………… [美]希赛尔〔191〕
延展阅读 ………………………………………………………〔194〕

九、中国小说 …………………………………………………〔195〕

杜十娘怒沉百宝箱(节选) ……………………………… 冯梦龙〔195〕
宝玉游太虚幻境 ………………………………………… 曹雪芹〔203〕
聊斋志异·阿宝(节选) ………………………………… 蒲松龄〔210〕
风波 ……………………………………………………… 鲁 迅〔212〕
围城(节选) ……………………………………………… 钱钟书〔217〕
倾城之恋(节选) ………………………………………… 张爱玲〔227〕
北方的河(节选) ………………………………………… 张承志〔231〕
延展阅读 ………………………………………………………〔236〕

十、外国小说 …………………………………………………〔238〕

舞会以后 ………………………………………… [俄]托尔斯泰〔238〕
一个女人一生中的二十四小时(节选) …… [奥地利]斯蒂芬·茨威格〔245〕
变形记(节选) ………………………… [奥地利]弗朗兹·卡夫卡〔251〕
老人与海(节选) ……………………… [美]欧内斯特·海明威〔256〕
小王子(节选) ……………………… [法]安东尼·德·圣-埃克苏佩里〔262〕
这里的黎明静悄悄(节选) ……… [苏联]鲍里斯·里沃维奇·瓦西里耶夫〔268〕
不能承受的生命之轻(节选) …………… [捷克]米兰·昆德拉〔273〕
挪威的森林(节选) ……………………………… [日]村上春树〔279〕
延展阅读 ………………………………………………………〔285〕

附录一 诗律、词律 ……………………………………………〔286〕

一、诗律 …………………………………………………………〔286〕
二、词律 …………………………………………………………〔297〕

附录二 中国古代文化知识 ……………………………………〔305〕

一、中国古代哲学与宗教 ………………………………………〔305〕
二、中国古代艺术 ………………………………………………〔320〕
三、中国古代医学 ………………………………………………〔330〕

主要参考书目 …………………………………………………〔339〕

后   记 …………………………………………………………〔340〕

一、历史传记

晋公子重耳之亡^①（节选）

左丘明

僖公二十三年

晋公子重耳之及于难也^②，晋人伐诸蒲城^③。蒲城人欲战，重耳不可^④，曰："保君父之命而享其生禄^⑤，于是乎得人^⑥。有人而校^⑦，罪莫大焉。吾其奔也^⑧。"遂奔狄^⑨。从者狐偃、赵衰、颠颉、魏武子、司空季子^⑩。

狄人伐廧咎如^⑪，获其二女叔隗、季隗，纳诸公子^⑫。公子取季隗，生伯儵、叔刘^⑬；以叔隗妻^⑭赵衰，生盾。将适齐^⑮，谓季隗曰："待我二十五年，不来而后嫁。"对曰："我二十五年矣，又如是而嫁，则就木焉^⑯。请待子。"处狄十二年而行。

过卫，卫文公不礼焉^⑰。出于五鹿^⑱，乞食于野人，野人与之块。公子怒，欲鞭之。子犯曰："天赐也^⑲。"稽首，受而载之^⑳。

及齐，齐桓公妻之，有马二十乘。公子安之。从者以为不可，将行，谋于桑下。蚕妾^㉑在其上，以告姜氏^㉒。姜氏杀之，而谓公子曰："子有四方之志，其闻之者，吾杀之矣。"公子曰："无之。"姜曰："行也！怀与安，实败名^㉓。"公子不可。姜与子犯谋，醉而遣之^㉔。醒，以戈逐子犯。

— 1 —

及曹,曹共公㉝闻其骈胁㉞,欲观其裸。浴,薄㉟而观之。僖负羁㊱之妻曰:"吾观晋公子之从者,皆足以相国㊲。若以相,夫子必反其国㊳。反其国,必得志㊴于诸侯。得志于诸侯而诛无礼㊵,曹其首也。子盍蚤自贰焉㊶?"乃馈盘飧㊷,置璧焉㊸。公子受飧反璧㊹。

及宋,宋襄公赠之以马二十乘。

及郑,郑文公亦不礼焉。叔詹㊺谏曰:"臣闻天之所启㊻,人弗及也。晋公子有三焉㊼,天其或者将建诸㊽,君其礼焉!男女同姓,其生不蕃㊾。晋公子,姬出也㊿,而至于今,一也;离外之患㉑,而天不靖晋国,殆将启之,二也;有三士足以上人,而从之㉒,三也。晋、郑同侪㉓,其过子弟㉔,固将礼焉㉕,况天之所启乎?"弗听。

及楚,楚子飨之,曰:"公子若反晋国㉛,则何以报不谷㉜?"对曰:"子女玉帛,则君有之;羽毛齿革㉝,则君地生焉。其波及晋国者,君之余也。其何以报君?"曰:"虽然,何以报我?"对曰:"若以君之灵㉞,得反晋国,晋楚治兵,遇于中原,其辟君三舍㉟。若不获命,其左执鞭弭㊱,右属櫜鞬㊲,以与君周旋。"子玉㊳请杀之。楚子曰:"晋公子广而俭,文而有礼。其从者肃而宽㊴,忠而能力。晋侯无亲,外内恶之㉛。吾闻姬姓,唐叔㊲之后,其后衰者也,其将由晋公子乎?天将兴之,谁能废之?违天,必有大咎。"乃送诸秦。

秦伯纳女五人㊹,怀嬴与焉㊺。奉匜沃盥㊻,既而挥之㊼。怒,曰:"秦晋,匹也㊽,何以卑我㊾?"公子惧,降服而囚㊿。他日,公享之㉛,子犯曰:"吾不如衰之文也,请使衰从。"公子赋《河水》㉒,公赋《六月》㉓。赵衰曰:"重耳拜赐㉔!"公子降㉕、拜,稽首,公降一级而辞焉㉖。衰曰:"君称所以佐天子者命重耳㉗,重耳敢不拜!"

僖公二十四年

二十四年春,王正月,秦伯纳之㉘,不书,不告入也。及河,子犯以璧授公子,曰:"臣负羁绁从君巡于天下㉙,臣之罪甚多矣。臣犹知之,而况君乎?请由此亡。"公子曰:"所不与舅氏同心者,有如白水㉛!"投其璧于河。

济河㉜,围令狐,入桑泉,取臼衰㉝。二月甲午,晋师军于庐柳㉞。秦伯使公子絷如晋师㉕。师退,军于郇。辛丑,狐偃及秦、晋之大夫盟于郇。壬寅,公子入于晋师。丙午,入于曲沃。丁未,朝于武宫㉖。戊申,使杀怀公于高梁。不书,亦不告也。

吕、郤㉗畏逼㉘,将焚公宫而弑晋侯。寺人披请见,公使让㉙之,且辞焉。曰:"蒲城之役,君命一宿㉙,女㉚即至。其后余从狄君以田㉛渭滨,女为惠公来求杀余,命女三宿,女中宿㉜至。虽有君命,何其速也。夫袪㉝犹在,女其行乎!"对曰:"臣谓君之入㉞也,其知之矣。若犹未也,又将及难㉟。君命无二,古之制也。除君之恶,唯力是视㊱。蒲人、狄人,余何有焉㊲?今君即位,其无蒲、狄乎?齐桓公置射钩而使管仲相,君若易之,何辱命焉?行者甚众,岂唯刑臣㊳!"公见之,以难告。三月,晋侯潜会秦伯于王城。乙丑晦,公宫火,瑕甥、郤芮不获公,乃如河上,秦伯诱而杀之。晋侯逆夫人嬴氏以归。秦伯送卫于晋三千人,实纪纲之仆。

初,晋侯之竖头须㊴,守藏者也。其出也,窃藏以逃,尽用以求纳之。及入,求见。公辞焉以沐。谓仆人曰:"沐则心覆,心覆则图反,宜吾不得见也。居者为社稷之守,行者为羁绁之仆，其亦可也，何必罪居者？国君而仇匹夫，惧者甚众矣。"仆人以告，公遽见之。

狄人归季隗于晋，而请其二子。文公妻赵衰，生原同、屏括、楼婴。赵姬请逆盾与其母，子余辞。姬曰："得宠而忘旧，何以使人？必逆之！"固请，许之。来，以盾为才，固请于公，以为嫡子，而使其三子下之，以叔隗为内子⑯，而己下之。

晋侯赏从亡者，介之推⑯不言禄，禄亦弗及。推曰："献公之子九人，唯君在矣。惠、怀无亲，外内弃之。天未绝晋，必将有主。主晋祀者，非君而谁？天实置之，而二三子以为己力，不亦诬乎？窃人之财，犹谓之盗，况贪天功以为己力乎？下义其罪，上赏其奸，上下相蒙，难与处矣！"其母曰："盍亦求之，以死谁怼⑯？"对曰："尤而效之，罪又甚焉，且出怨言，不食其食。"其母曰："亦使知之若何？"对曰："言，身之文也。身将隐，焉用文之？是求显也。"其母曰："能如是乎？与女偕隐。"遂隐而死。晋侯求之，不获，以绵上⑱为之田⑱，曰："以志吾过，且旌⑲善人。"

【注释】

①选自《左传·僖公二十三年、二十四年》。晋公子重耳：晋献公的儿子。亡：逃亡。
②及于难：僖公四年十二月，晋献公听信骊姬的谗言，逼迫太子申生自缢而死，其余二子重耳、夷吾也同时出奔。
③伐诸蒲城：在蒲城讨伐重耳。诸，"之于"的合音。蒲城，在今山西省。
④可：允许，许可。
⑤保君父之命而享其生禄：倚仗君父的天命而享受养生的俸禄。保，倚仗、依靠。君父，指晋献公。生禄，养生的禄邑，古代贵族从封地中取得生活资料。
⑥得人：得到人民的拥戴。
⑦校：较量、抵抗。
⑧吾其奔也：我还是逃亡吧！其，表希望、劝告的语气。
⑨狄：当时北方的少数种族。
⑩狐偃：晋大夫，字子犯，重耳的舅父。颠颉：晋大夫。赵衰（cuī）：晋大夫，字子余。魏武子：晋大夫。司空季子：晋大夫，名胥臣。
⑪廧咎（qiáng gāo）如：狄族的别种，姓隗（wěi）。
⑫纳诸公子：交给晋公子重耳。纳，交配。诸，"之于"的合音。
⑬伯儵、叔刘：人名。儵，一作鯈。
⑭妻：以女嫁人。
⑮将适齐：将要到齐国去。适，到……去。
⑯就木：意思是"被装进棺材"。就，接近、靠近。
⑰卫文公不礼焉：卫文公没有以礼相待。卫文公，名燬（huǐ），是卫国的中兴之主。鲁僖公元年（公元前659）即位，在位24年。
⑱五鹿：卫地，今河南濮阳南。
⑲天赐：上天的赏赐。古人认为，土地是建立国家的预兆，所以叫"天赐"。
⑳稽首，受而载之：重耳向野人叩头致谢，收下土块，装在车上。稽首，一种礼节，行礼时以头抵地。

首，头。

㉑蚕妾：采桑叶养蚕的女奴隶。

㉒姜氏：重耳在齐国娶的妻子，齐是姜姓国，所以称姜氏。

㉓怀与安，实败名：贪恋享乐，安于现状，是足可以摧毁一个人的名声的。

㉔醉而遣之：把重耳灌醉，打发他上路。之，代重耳。

㉕曹共公：名襄，鲁僖公七年(公元前653)即位，在位35年。

㉖骈胁：肋骨连在一起。

㉗薄：迫近。

㉘僖负羁：曹国大夫。

㉙相国：辅佐国家。

㉚若以相：如果以他们为辅佐。相，辅佐君主。

㉛夫子必反其国：那人一定会返回晋国。夫，那。子，指重耳。

㉜得志：这里指称霸。

㉝无礼：对重耳无礼的国家。上文曹共公偷看重耳骈胁，是非常无礼的行为。

㉞子盍蚤自贰焉：您何不早些表示您和曹国人有所不同呢？盍，何不。蚤，通“早”。

㉟乃馈盘飧：于是送去一盘食物。

㊱置璧焉：把璧藏在其中。大夫是不能私自和别国人来往的，“置璧”是为了向重耳表示敬意，同时又不致被人发现。

㊲受飧反璧：接受食物(表示领情)，退回璧玉(表示不贪)。

㊳叔詹：郑国大夫。

㊴天之所启：上天所开导、赞助的人。启，开。

㊵有三焉：有三件不同寻常的事。

㊶天其或者将建诸：上天或者有意要树立他吧？其，表推测的语气。建，建立、树立。诸，“之于”的合音。

㊷男女同姓，其生不蕃：中国古代有同姓不婚的说法，认为夫妻同姓，所生的后代不能繁盛。蕃，繁盛。

㊸姬出也：指重耳的父母都姓姬。

㊹离外之患：遭到出亡在外的患难。离，同“罹”，遭遇。

㊺靖：安定，平定。这里用作动词。殆：大概。

㊻有三士足以上人，而从之：有三个够得上上等人的贤士跟随他。据《国语》，“三士”指狐偃、赵衰和贾佗。

㊼晋、郑同侪(chái)：晋国和郑国都是姬姓国。侪，辈、类。

㊽子弟：这里指重耳是晋国国君的儿子。

㊾固将礼焉：本来就应以礼相待。

㊿楚子飨之：楚成王设酒宴款待他。楚子，楚成王。飨，用酒食招待。

(51)若反晋国：如果回到晋国做国君。

(52)何以报不谷：用什么来报答我呢？不谷，诸侯自称。谷，善、好。

(53)羽毛齿革：鸟羽、兽毛、象牙、牛皮等物。

(54)若以君之灵：如果托您的福。

(55)其辟君三舍：当撤军九十里。其，语气词。辟，同“避”。舍，三十里为一舍。

(56)若不获命：如果得不到您退兵的命令。

(57)鞭弭(mǐ)：马鞭和不加装饰的弓。

(58)櫜(gāo)鞬(jiān)：装弓箭的袋子。

(59)子玉：楚国令尹。

(60)广而俭：心胸广阔而谦逊。肃而宽：精神集中、恭敬而待人宽厚。

(61)晋侯无亲，外内恶(wù)之：晋惠公众叛亲离，不得人心。

(62)唐叔：周文王的弟弟，封于唐，后改国号为晋。

(63)违天，必有大咎：违背天意，一定会有大的灾祸。咎，灾祸。

(64)纳女五人：送给他五名女子。

(65)怀嬴与焉：怀嬴也在其中。怀嬴，秦穆公之女，曾嫁给晋怀公(晋惠公之子圉)，怀公自秦逃归后，又作为媵妾送给重耳。

(66)奉匜(yí)沃(wò)盥(guàn)：怀嬴捧着盛水器浇水给重耳洗手。奉，同"捧"。匜，盛水器。沃，浇水。盥，洗手。

(67)既而挥之：重耳洗完后，用带水的手向怀嬴挥甩，使水溅在她身上。之，代怀嬴。

(68)匹：地位相当。

(69)卑我：以我为卑。即看不起我。

(70)降服而囚：重耳脱去上衣，自己拘囚向怀嬴谢罪。

(71)公享之：秦穆公设宴款待他。

(72)文：言辞的文采。

(73)公子赋《河水》：重耳朗诵《河水》诗。赋，朗诵。《河水》，应是《诗经》中的《沔(miǎn)水》。

(74)《六月》：《诗经》篇名。诗中歌颂了尹吉甫辅佐周宣王北伐获胜的事。

(75)拜赐：拜谢秦穆公的好意。赐，恩赐，好意。

(76)降：下台阶。

(77)公降一级：秦穆公走下一级台阶，表示不敢接受。

(78)君称所以佐天子者命重耳：您用尹吉甫辅佐天子的诗篇教导重耳。

(79)秦伯纳之：秦穆公派人护送重耳回到晋国。纳，使接纳，送。

(80)负羁(jī)绁(xiè)：背着马笼头和马缰绳。负，背。羁，马笼头。绁，马缰绳。

(81)所不与舅氏同心者，有如白水：我如不和舅父您同心，请白水作证。这是指对河水发誓。

(82)济河：渡过黄河。

(83)令狐：地名，在今山西省临猗县西。桑泉：地名，在今山西省解县西。臼衰(cuī)：地名，在今山西省解县东南。

(84)晋师军于庐柳：晋怀公的军队驻扎在庐柳。意思是说，晋怀公用武力阻止重耳回国。庐柳，地名，在今山西省临猗县境内。

(85)秦伯使公子絷(zhí)如晋师：秦穆公派公子絷去晋国军营。

(86)郇(xún)：地名，在今山西省临猗西。

(87)盟：结盟，订立盟约。

(88)曲沃：地名，在今山西省闻喜县东北。武宫：重耳的祖父晋武公的神庙。宫，宗庙。

(89)吕、郤：吕即阴饴甥，他的采邑除阴外还有吕(今山西霍县西)、瑕(今山西临猗附近)，故又称吕甥、瑕甥。郤即郤芮。二人都是晋惠公、晋怀公的旧臣。

⑨⓪畏逼:害怕遭受迫害。逼,逼迫。

⑨①让:斥责。

⑨②一宿:隔一夜。

⑨③女:同"汝",你。

⑨④田:打猎。

⑨⑤中宿:隔两夜。

⑨⑥袪:衣袖。

⑨⑦入:回到国内。

⑨⑧及难:遭遇灾难。

⑨⑨唯力是视:即"唯视力",只看自己力量多大,就尽多大力量。

⑩⓪余何有焉:和我有什么关系呢?

⑩①齐桓公置射钩:鲁庄公八年,管仲奉公子纠与齐桓公战于乾时。管仲曾射中齐桓公革带上的钩,后来他投奔齐桓公,齐桓公能听鲍叔牙劝说,置射钩之仇而不问,任用其为相。

⑩②刑臣:寺人披自称。

⑩③竖头须:晋文公的小臣,又叫里凫须。在重耳逃出晋国时,他偷了财物潜逃,后用这些钱财设法让文公回国。

⑩④内子:正妻。

⑩⑤介之推:晋文公臣子,曾割自己腿上的肉来喂文公。

⑩⑥怼(duì):怨恨。

⑩⑦绵上:晋地,在今山西介休县。

⑩⑧田:祭田。

⑩⑨旌:赏赐。

【作者简介】

左丘明(约前502年—前422年),本名丘明,因其先祖曾任楚国的左史官,故称左史官丘明先生,世称"左丘明",后为鲁国太史。他是当时著名史家、学者与思想家,著有《春秋左氏传》《国语》等。史学界推左丘明为中国史学的开山鼻祖,左丘明被誉为"百家文字之宗、万世古文之祖"。孔子、司马迁均尊左丘明为"君子"。

《左传》原名为《左氏春秋》,汉代改称《春秋左氏传》,简称《左传》,旧时相传是春秋末年左丘明为解释孔子的《春秋》而作。《左传》实质上是一部独立撰写的史书,起于鲁隐公元年(前722),终于鲁悼公四年(前464),比《春秋》多出17年,其叙事更至于悼公十四年(前454)为止,较详细地记载了200多年间各诸侯国的政治、军事、外交、经济和文化等方面的重大史实,其中对诸侯列国之间的矛盾和争斗的记述尤为翔实。《左传》同时也是一部优秀的文学著作,大多数篇章堪称先秦叙事散文的代表作。它记叙线索清晰明了,取材详略得当,笔法多有变化,语言明快流畅,描写战争往往重视交代其前因后果从而揭示胜负的必然性。在叙事过程中,它注重对人物言行和心理活动进行细致刻画和深入揭示,是中国最为优秀的史书之一。

一、历史传记

项羽本纪①（节选）

司马迁

项王军壁垓下②，兵少食尽。汉军及诸侯兵围之数重。夜闻汉军四面皆楚歌③，项王乃大惊曰："汉皆已得楚乎！是何楚人之多也！"项王则夜起饮帐中。有美人名虞，常幸从④；骏马名骓⑤，常骑之。于是项王乃悲歌忼慨⑥，自为诗曰："力拔山兮气盖世，时不利兮骓不逝⑦。骓不逝兮可奈何！虞兮虞兮奈若何⑧！"歌数阕⑨，美人和之⑩。项王泣数行下⑪，左右皆泣，莫⑫能仰视。

于是项王乃上马骑⑬，麾下壮士骑从者八百余人，直夜，溃围南出⑭驰走。平明⑮，汉军乃觉之，令骑将灌婴以五千骑追之⑯。项王渡淮，骑能属者百余人耳⑰。项王至阴陵⑱，迷失道，问一田父⑲。田父绐曰⑳："左。"左，乃陷大泽中，以故汉追及之。项王乃复引兵而东。至东城㉑，乃有二十八骑。汉骑追者数千人。项王自度不得脱㉒，谓其骑曰："吾起兵至今八岁矣，身七十余战㉓，所当者破㉔，击者服，未尝败北，遂霸有天下。然今卒困于此㉕，此天之亡我，非战之罪也㉖！今日固决死㉗，愿为诸君快战㉘，必三胜之，为诸君溃围，斩将，刈旗㉙，令诸君知天亡我，非战之罪也。"乃分其骑以为四队，四向㉚。汉军围之数重。项王谓其骑曰："吾为公取彼一将！"令四面骑驰下，期山东为三处㉛。于是项王大呼驰下，汉军皆披靡㉜，遂斩汉一将。是时赤泉侯为骑将㉝，追项王。项王瞋目而叱之㉞，赤泉侯人、马俱惊，辟易数里㉟。与其骑会为三处。汉军不知项王所在，乃分军为三，复围之。项王乃驰，复斩汉一都尉，杀数十百人。复聚其骑，亡其两骑耳。乃谓其骑曰："何如？"骑皆伏曰㊱："如大王言！"

于是项王乃欲东渡乌江㊲。乌江亭长舣船待㊳，谓项王曰："江东虽小，地方千里，众数十万人，亦足王也。愿大王急渡。今独臣有船，汉军至，无以渡。"项王笑曰："天之亡我，我何渡为！且籍与江东子弟八千人渡江而西，今无一人还。纵江东父兄怜而王我㊴，我何面目见之；纵彼不言，籍独不愧于心乎！"乃谓亭长曰："吾知公长者。吾骑此马五岁，所当无敌，尝一日行千里，不忍杀之，以赐公。"乃令骑皆下马，步行，持短兵接战。独籍所杀汉军数百人。项王身亦被十余创㊵。顾见汉骑司马吕马童㊶曰："若非吾故人乎㊷？"马童面之㊸。指王翳㊹曰："此项王也。"项王乃曰："吾闻汉购我头千金，邑万户。吾为若德㊺。"乃自刎而死。王翳取其头，余骑相蹂践，争项王，相杀者数十人。最其后，郎中骑杨喜、骑司马吕马童、郎中吕胜、杨武各得其一体。五人共会其体㊻，皆是。分其地为五㊼：封吕马童为中水侯㊽；封王翳为杜衍侯㊾；封杨喜为赤泉侯；封杨武为吴防侯㊿；封吕胜为涅阳侯㉛。

— 7 —

项王已死,楚地皆降汉。独鲁不下㉜。汉乃引天下兵,欲屠之。为其守礼、义,为主死节,乃持项王头,视鲁㉝。鲁父兄乃降。始,楚怀王初封项籍为鲁公,及其死,鲁最后下,故以鲁公礼葬项王谷城。汉王为发哀㉞,泣之而去。

诸项氏枝属㉟,汉王皆不诛。乃封项伯为射阳侯㊱。桃侯、平皋侯、玄武侯皆项氏㊲,赐姓刘氏。

太史公曰:吾闻之周生曰㊳:"舜目盖重瞳子㊴。"又闻项羽亦重瞳子,羽岂其苗裔邪㊵,何兴之暴也。夫秦失其政,陈涉首难㊶,豪杰蜂起,相与并争,不可胜数;然羽非有尺寸㊷,乘势起陇亩之中㊸三年,遂将五诸侯,灭秦㊹,分裂天下,而封王侯,政由羽出,号为霸王,位虽不终,近古以来,未尝有也。及羽背关怀楚㊺,放逐义帝而自立㊻,怨王侯叛己,难矣。自矜功伐㊼,奋其私智而不师古㊽,谓霸王之业,欲以力征经营天下㊾,五年卒亡其国,身死东城;尚不觉寤㊿而不自责,过矣!乃引"天亡我,非用兵之罪也"[52],岂不谬哉!

【注释】

①《项羽本纪》是叙写项羽一生事迹的传记。按《史记》体例,"本纪"是记载历代帝王事迹的。司马迁认为,在楚、汉相争的几年中"政由羽出",所以把项羽的传也列入"本纪"。本篇节选了《项羽本纪》中垓下之围、东城快战、乌江之刎部分。

②壁:营垒,此处用作动词,即在……扎营。垓下:古地名,在今安徽灵璧东南沱河北岸。

③楚歌:用楚地声调演唱的歌曲。

④幸从:得到宠爱,跟随在项羽身边。

⑤骓:毛色青白相杂的马。

⑥悲歌:唱着悲壮的歌。忼慨:同"慷慨",愤激感慨。

⑦逝:奔驰。

⑧奈若何:将你怎么办呢?若,你。

⑨阕:一曲终了叫一阕。数阕:几遍。

⑩和之:应和着一同歌唱。和,声音相应。

⑪泣数行下:一道道眼泪从脸上流下来。

⑫莫:没有人。

⑬马骑:坐骑。骑,一人乘一马为一骑。

⑭直夜:当夜。溃围:突破包围。

⑮平明:天亮时。

⑯灌婴:睢阳人。刘邦称帝,婴任车骑将军,封颍阴侯。孝文帝时为丞相。

⑰属:跟随。

⑱阴陵:秦县名,在今安徽定远县西北。

⑲田父:农夫。

⑳绐:欺骗。

㉑东城:秦县名,在今安徽定远县东南。

㉒度:揣测,估计。

㉓身:亲身经历。

㉔所当者破:所遇到的敌人都被打败。

㉕卒:最终。

㉖非战之罪:不是我打仗的过错。

㉗固决死:一定必死无疑。

㉘快战:痛痛快快打一仗。

㉙刈旗:砍倒对方军旗。刈,砍,割。

㉚四向:面朝四个方向。

㉛期山东为三处:约定在山的东面分三处集合。山,当指四隤山,在今安徽和县北七十里。

㉜披靡:随风倒伏。此形容汉军溃散而逃的样子。

㉝赤泉侯:即下文"郎中骑杨喜",因斩项羽有功,封赤泉侯。赤泉,地名,在今河南淅川西。

㉞瞋目:瞪大眼睛。叱:大声呵斥。

㉟辟易:后退。辟,退避。

㊱伏:通"服"。

㊲乌江:即今安徽和县东北的乌江浦。

㊳亭长:秦汉时制度,十里一亭,设亭长一人。舣:使船靠岸。

㊴纵:纵然,即使。怜而王我:可怜我而尊我为王。王,用作动词。

㊵被:受。创:创伤。

㊶顾:回头看。骑司马:骑兵中的官名。吕马童:后封中水侯。

㊷若:你。故人:旧相识,老朋友。

㊸面之:面向项王。

㊹指王翳:把项王指给王翳看。

㊺吾为若德:我就送你个人情吧。

㊻会其体:指把抢到的残骸拼合到一起。

㊼分其地:指瓜分所悬赏的"邑万户"的土地。

㊽中水侯:县侯。封地在今河北献县西北。

㊾杜衍侯:县侯。封地在今河南南阳西南。

㊿吴防侯:县侯。封地在今河南遂平县。

(51)涅阳侯:县侯。封地在今河南镇平县南。

(52)鲁:指春秋时鲁国故地,在今山东曲阜一带,战国时曾为项氏封地。下:屈服,投降。

(53)视鲁:给鲁地人看。视,通"示",展示给人看。

(54)发哀:举行哀悼仪式。

(55)枝属:宗族旁支。

(56)射阳侯:县侯,封地在今江苏淮安县东南。

(57)桃侯:名襄,封地在今山东汶上县东北。一说在今河北冀县西北。平皋侯:名佗,封地在今河南温县东。玄武侯:不详。

(58)周生:汉初儒者,姓周,名不详。

(59)盖:表推测,"或许是""可能是"之意。重瞳子:一只眼里有两个眸子。

⑥⓪苗裔:后代子孙。
⑥①暴:骤然,突然。
⑥②难:发难,起义。
⑥③尺寸:指极少的封地。
⑥④陇亩:田间,指民间。
⑥⑤将:率领。五诸侯:指为秦所灭的齐、赵、韩、魏、燕五国。此处泛指各路义军。
⑥⑥背关怀楚:背弃关中,怀念楚地。指项羽灭秦后,焚烧咸阳,放弃关中,而建都彭城。
⑥⑦放逐义帝而自立:灭秦后,项羽尊怀王心为义帝,自立为西楚霸王。汉元年(前206),又把义帝迁徙到长沙郡的郴县,并暗地命令衡山王吴芮、临江王共敖,以及九江王英布等将其劫杀于江中。
⑥⑧自矜:自夸。功伐:指武力征伐之功。
⑥⑨奋:逞。私智:一己之能。师古:效法古代贤王。
⑦⓪力征:武力征发。经营:治理、整顿。
⑦①觉寤:醒悟。寤,通"悟"。
⑦②引:援引,以……为由。

【作者简介】

司马迁(约前145或前135—?),字子长,夏阳龙门(今陕西韩城)人。祖上世代为官,父司马谈于汉武帝初年为太史令。少时曾"耕牧河山之阳"。10岁时随父迁居长安,曾师从董仲舒学习《春秋》、师从孔安国学习古文《尚书》。20岁开始漫游,足迹几乎遍及全国各地。30岁为郎中。武帝元封三年(前108),继父职任太史令。他博览汉室藏书,继父志,于太初元年(前104),开始编写《史记》。天汉二年(前99),因替孤军奋战、不得已投降匈奴的李陵辩解,被处腐刑。在狱中仍笔耕不辍。太始元年(前96)被赦出狱,任中书令。为了完成修史的使命,他"隐忍苟活",发愤著书,终于在征和初年(前92)前后,完成了这部被称为"史家之绝唱,无韵之离骚"的史学巨著。不久即去世。

"史记"一词最初是一般史籍的通用名,先秦时诸侯国的史书都可称为"史记"。司马迁的《史记》在当时称《太史公书》《太史公百三十篇》《太史公记》等,到东汉末始称《史记》。这一名称遂逐渐演化为司马迁所著史书的专称。

《史记》是我国第一部纪传体通史,记载了上自传说中的黄帝、下至汉武帝太初年间3000多年历史。全书130篇,其中"本纪"12篇、"表"10篇、"书"8篇、"世家"30篇、"列传"70篇。共52万余字。其结构之完整、体例之严密、篇章之宏大,均前所未有。司马迁首创主要以人物纪传来反映历史内容的写法,这种纪传体的体例有别于《春秋》的"编年史"、《国语》的"国别史"等,而成为"究天人之际,通古今之变,成一家之言"(《报任安书》)的真正的通史。此后的正史几乎都承袭了这种体例。所以《史记》也被列为中国第一部"正史"。

《史记》在文学艺术上也取得了极高的成就。《史记》虽是史书,但在客观史实的叙述中贯注了浓厚的感情色彩,语言平易、简练、生动,有强烈的艺术感染力。既能轻松驾驭复杂宏大的事件和场景,又善于抓住人物性格特征将人物刻画得栩栩如生。《史记》中价值最高的是本纪、世家、列传三类传记性作品,历来被推崇为我国传记的典范、古代散文的楷模。

一、历史传记

淝水之战①（节选）

司马光

晋武皇帝太元八年，秦王坚下诏大举入寇②，民每十丁遣一兵③；其良家子年二十已下④，有材勇者⑤，皆拜羽林郎⑥。又曰："其以司马昌明为尚书左仆射⑦，谢安为吏部尚书⑧，桓冲为侍中⑨；势还不远⑩，可先为起第⑪。"良家子至者三万馀骑，拜秦州主簿金城赵盛之为少年都统⑫。是时，朝臣皆不欲坚行，独慕容垂、姚苌及良家子劝之⑬。阳平公融言于坚曰："鲜卑、羌虏，我之仇雠⑭，常思风尘之变以逞其志⑮，所陈策画，何可从也！良家少年皆富饶子弟，不闲军旅⑯，苟为谄谀之言以会陛下之意⑰。今陛下信而用之，轻举大事，臣恐功既不成，仍有后患⑱，悔无及也！"坚不听。

八月，戊午⑲，坚遣阳平公融督张蚝、慕容垂等步骑二十五万为前锋⑳；以兖州刺史姚苌为龙骧将军㉑，督益、梁州诸军事㉒。坚谓苌曰："昔朕以龙骧建业㉓，未尝轻以授人，卿其勉之㉔！"左将军窦冲曰："王者无戏言，此不祥之征也！"坚默然。

慕容楷、慕容绍言于慕容垂曰㉕："主上骄矜已甚㉖，叔父建中兴之业㉗，在此行也！"垂曰："然。非汝，谁与成之㉘！"

甲子，坚发长安㉙，戎卒六十馀万，骑二十七万，旗鼓相望，前后千里。九月，坚至项城㉚，凉州之兵始达咸阳㉛，蜀、汉之兵方顺流而下㉜，幽、冀之兵至于彭城㉝，东西万里，水陆齐进，运漕万艘㉞。阳平公融等兵三十万，先至颍口㉟。

诏以尚书仆射谢石为征虏将军、征讨大都督㊱，以徐、兖二州刺史谢玄为前锋都督㊲，与辅国将军谢琰、西中郎将桓伊等众共八万拒之㊳；使龙骧将军胡彬以水军五千援寿阳㊴。琰，安之子也。

是时，秦兵既盛，都下震恐㊵。谢玄入㊶，问计于谢安，安夷然㊷，答曰："已别有旨㊸。"既而寂然。玄不敢复言，乃令张玄重请㊹。安遂命驾出游山墅㊺，亲朋毕集，与玄围棋赌墅㊻。安棋常劣于玄，是日，玄惧，便为敌手而又不胜。安遂游陟㊼，至夜乃还。桓冲深以根本为忧㊽，遣精锐三千入援京师。谢安固却之㊾，曰："朝廷处分已定㊿，兵甲无阙，西藩宜留以为防。"冲对佐吏叹曰："谢安乃有庙堂之量，不闲将略。今大敌垂至，方游谈不暇，遣诸不经事少年拒之，众又寡弱，天下事已可知，吾其左衽矣！"……

冬，十月，秦阳平公融等攻寿阳；癸酉，克之，执平虏将军徐元喜等。融以其参军河南郭褒为淮南太守。慕容垂拔郧城。胡彬闻寿阳陷，退保硖石，融进攻之。秦卫将军梁成等帅众五万屯于洛涧，栅淮以遏东兵。谢石、谢玄等去洛涧二十五里而军，惮成，不敢进。胡彬粮尽，潜遣使告石等曰："今贼盛，粮尽，恐不复见大军！"秦人获之，送于阳平公融。融驰使白秦王坚曰⑱:"贼少易擒,但恐逃去,宜速赴之⑲!"坚乃留大军于项城,引轻骑八千,兼道就融于寿阳⑳。遣尚书朱序来说谢石等㉑以"强弱异势,不如速降"。序私谓石等曰:"若秦百万之众尽至,诚难与为敌。今乘诸军未集,宜速击之;若败其前锋,则彼已夺气㉒,可遂破也。"

石闻坚在寿阳,甚惧,欲不战以老秦师㉓。谢琰劝石从序言。十一月,谢玄遣广陵相刘牢之帅精兵五千人趣洛涧㉔,未至十里㉕,梁成阻涧为陈以待之㉖。牢之直前渡水,击成,大破之,斩成及弋阳太守王咏㉗,又分兵断其归津㉘,秦步骑崩溃,争赴淮水,士卒死者万五千人。执秦扬州刺史王显等,尽收其器械军实㉙。于是谢石等诸军水陆继进。秦王坚与阳平公融登寿阳城望之,见晋兵部阵严整,又望见八公山上草木㉚,皆以为晋兵,顾谓融曰:"此亦劲敌㉛,何谓弱也!"怃然始有惧色㉜。

秦兵逼淝水而陈㉝,晋兵不得渡。谢玄遣使谓阳平公融曰:"君悬军深入㉞,而置陈逼水,此乃持久之计,非欲速战者也。若移陈小却㉟,使晋兵得渡,以决胜负,不亦善乎!"秦诸将皆曰:"我众彼寡,不如遏之,使不得上,可以万全。"坚曰:"但引兵少却,使之半渡,我以铁骑蹙而杀之,蔑不胜矣㊱!"融亦以为然,遂麾兵使却㊲。秦兵遂退,不可复止。谢玄、谢琰、桓伊等引兵渡水击之。融驰骑略陈㊳,欲以帅退者,马倒,为晋兵所杀,秦兵遂溃。玄等乘胜追击,至于青冈㊴;秦兵大败,自相蹈藉而死者㊵,蔽野塞川。其走者闻风声鹤唳㊶,皆以为晋兵且至㊷,昼夜不敢息,草行露宿,重以饥冻㊸,死者什七八。初,秦兵小却,朱序在陈后呼曰:"秦兵败矣!"众遂大奔。序因与张天锡、徐元喜皆来奔㊹。获秦王坚所乘云母车㊺及仪服器械、军资珍宝畜产不可胜计。复取寿阳,执其淮南太守郭褒。

……

谢安得驿书㊻,知秦兵已败,时方与客围棋,摄书置床上㊼,了无喜色㊽,围棋如故。客问之,徐答曰:"小儿辈遂已破贼㊾。"既罢,还内㊿,过户限○51,不觉屐齿之折。

【注释】

①本篇节选自司马光主编的《资治通鉴》,题目为编者所加。淝水:一作肥水,源出安徽合肥市附近的紫蓬山,西北流经寿县入淮河。

②秦王坚:即苻坚(338—385),十六国时期前秦皇帝。氐族首领。初为东海王,后杀苻生自立。建元二十一年(385),为羌族首领姚苌擒杀。入寇:外敌入侵略。《资治通鉴》以东晋为正统,所以站在东晋方面来记事。

③丁:成年男子。

④良家子:封建社会所谓身世清白人家的子弟。旧说指医、巫、商、贾、百工以外出身的子弟。已下:即"以下"。

⑤材勇:才能勇气。

⑥拜:任命。羽林郎:禁卫军军官。

⑦其:表示拟测语气。司马昌明:东晋孝武帝司马曜,字昌明。尚书左仆射:官名,次于丞相。

⑧吏部尚书:官名,吏部的长官。吏部是掌管官吏的选拔与升降的中央机构。

— 12 —

⑨侍中：官名。门下省的长官,管规谏献纳,纠正缺失。
⑩势还不远：谓以情势论,灭晋凯旋之期不远。
⑪先为起第：先为司马昌明等人建起房子。起第,建造第宅。大房子有甲乙等第,所以称"第"。
⑫秦州：今陕西西部和甘肃东部一带,州治所在今甘肃天水市。主簿：主管文书簿籍的官。少年都统：苻坚设的官号,统率良家子的长官。
⑬慕容垂：本鲜卑族前燕主的儿子,因受逸逃奔苻坚,为冠军将军,任京兆尹。淝水之战后,叛秦,于公元384年自称燕王,史称"后燕"。姚苌：羌族的首领之一,其兄姚襄被苻坚杀了以后,姚苌投降苻坚,为揭武将军。淝水之战后也叛秦自称秦王,最后杀苻坚,在长安称帝,固号大秦。史称"后秦"。
⑭仇雠：仇敌。雠：同"仇",相对,对头。
⑮风尘之变：兵乱。战争中兵马所到,风起尘扬,所以这样说。
⑯闲：同"娴",熟习。军旅：军队。这里指军旅之事,即军事。
⑰苟：苟且,随便。会：迎合。
⑱仍：副词,表示更进一层的意思,并,更。
⑲戊午：指太元八年(383)八月初二。
⑳督：率领,指挥。张蚝：苻坚的前将军,力大过人,有"万人敌"之称。
㉑兖州：州治所在今山东省。龙骧将军：将军的名号。
㉒益：益州,今四川省的大部分。梁：梁州,在今陕西省西南部。
㉓昔朕以龙骧建业：苻坚是苻健弟雄之子,苻健在公元352年称帝后,任坚为龙骧将军。355年,健死,其子生继位,凶狠残暴。357年,苻坚怒杀生,自称帝。建业,建立帝业。
㉔卿：君对臣的客气称呼。勉：努力。
㉕慕容楷、慕容绍：都是慕容垂的侄子。垂建立后燕后,以楷为征西大将军,绍为镇南大将军。
㉖主上：封建时代指称君主。骄矜：骄傲自大。矜,自尊自大。
㉗建中兴之业：指恢复鲜卑族建立的燕国。中兴,一度衰落又复兴。
㉘谁与成之：和谁一起完成它呢。"谁"作介词"与"的前置宾语。
㉙甲子：八月初八。发：出发。
㉚戎卒：步兵。
㉛项城：在今河南项城县附近。
㉜凉州：今甘肃黄河以西地区,治所在今甘肃武威市。咸阳：陕西咸阳市。
㉝蜀、汉：今四川及陕南地区。
㉞幽：幽州,今北京市、天津市、河北北部及辽宁大部地区,治所在今北京城西南。冀：冀州,今河北中南部及山东、河南部分地区,治所在今河北高邑县。彭城：今江苏徐州。
㉟运漕：指运粮船。利用水道转运粮食叫"漕"。
㊱颍口：今安徽颍上县附近,为颍水流入淮河之处。
㊲诏：指晋孝武帝下诏。谢石：字石奴,谢安的弟弟,初拜秘书郎,累官至尚书仆射。征虏将军：将军的名号。
㊳徐、兖二州：指晋东迁后所置的南徐州(今江苏镇江一带)、南兖州(今江苏江都一带)。谢玄：谢安的侄子。
㊴谢琰：字瑗度。桓伊：字叔夏。当时为豫州刺史,豫州乃南豫州,治所在今安徽当涂县。
㊵寿阳：今安徽寿县。

㊶都下：都城下。指东晋首都建康(今南京市)。

㊷谢玄入：谢玄由刺史任所进入京都建康。

㊸夷然：坦然，一点不着急的样子。

㊹已别有旨：已经另有指示。旨，意旨。

㊺张玄：晋宁侯张玄之，与谢玄齐名，称"南北二玄"。

㊻命驾：命令准备马车。

㊼赌墅：以别墅赌输赢。

㊽陟：登山。

㊾根本：指京城建康。

㊿固却：坚决不要。却，不接受。

(51)处分：安排。

(52)阙：通"缺"。

(53)西藩：西面的边防，指荆州。当时桓冲为荆州刺史。藩，本义是篱笆，引申为国家的屏障。

(54)佐吏：僚属。

(55)庙堂之量：作宰相的度量。庙堂，朝廷。

(56)将略：用兵的谋略。

(57)方游谈不暇：正游玩清谈不停。方，正。暇，空闲。

(58)不经事少年：指谢玄、谢琰等年轻人。不经事，没有经验的意思。

(59)左衽：古代少数民族衣襟开在左边。衽，衣襟。这句话意谓：我们将穿外族的服装了，即晋要被苻坚灭亡了。

(60)癸酉：十月十八日。

(61)参军：官名，是参谋军事的属员。河南：指河南府，今河南洛阳市。郭褒的籍贯。淮南：郡名，治所在寿阳，苻融攻下寿阳，就以郭褒为淮南太守。

(62)郧城：今湖北安陆县附近。

(63)硖石：地名，在今安徽寿县西北凤台县附近。

(64)洛涧：一名洛河，淮河支流，在今安徽怀远西南。

(65)栅淮：沿淮河设置栅栏，以阻止从东面来的晋军。遏：阻止。

(66)潜：秘密地，不声张。

(67)"今贼"二句：现在敌人势力很盛，我们的粮食没有了，恐怕不能再与大军会合。

(68)驰使白：派使者飞马去报告。白，报告。

(69)赴：奔赴。

(70)兼道：用加倍的速度赶路。就：靠近。这里指会合。

(71)朱序：原为东晋梁州(州治所在湖北襄阳)刺史，太元四年(379)秦兵攻襄阳被俘，在秦做度支尚书(管赋税的官)。

(72)夺气：丧失锐气。

(73)老秦师：消耗秦兵的锐气。军队疲惫失去战斗力叫老。

(74)广陵相：广陵(今江苏扬州)侯国的国相。刘牢之：彭城人，谢玄部下参军，东晋名将，屡有战功，后迁广陵相。趣：趋向。

(75)未至十里：相距十里以外。

⑯阻涧为陈:以涧为阻碍,摆开阵势。陈:"阵"的本字。
⑰弋阳:郡名,治所在今河南潢川西。
⑱归津:撤退的渡口。
⑲扬州:西晋扬州辖今江苏、浙江、福建、江西等地,治所在今南京市,东晋辖地缩小。苻坚预先派定扬州刺史,意在灭晋后为州郡。
⑳军实:军需给养。
㉑八公山:在安徽寿县北。
㉒劲敌:强敌。
㉓怃然:失意的样子。
㉔逼:靠近。
㉕悬军深入:孤军深入。悬军,孤悬在外的军队。
㉖小却:稍向后退。
㉗铁骑:指精锐的骑兵。蹙:逼迫。
㉘蔑:没有。
㉙麾:指挥。
㉚融驰骑略陈:苻融骑着马在阵前飞跑巡行。略,巡行,巡视。
㉛青冈:地名,在安徽寿县境内。
㉜蹈藉:践踏。藉,被踩在下面。
㉝唳:鸟鸣。
㉞且:将。
㉟重:加上。
㊱张天锡:本凉州刺史,自称凉王。公元376年,苻坚派兵攻凉州,天锡战败而降。来奔:指投向东晋。
㊲云母车:用云母装饰的车,须王公以上可乘。
㊳驿书:驿站传送来的文书。
㊴摄:收起来。床:置放用物的小桌。
⑩了无:毫无。了,完全。
⑪遂:终,竟。
⑫还内:回到内室。
⑬户限:门槛。

【作者简介】

　　司马光(1019—1086),字君实,陕州夏县(今属山西)涑水乡人,世称"涑水先生"。宋仁宗宝元元年(1038)进士。初任奉礼郎,后历任签书武成军判官、大理评事、国子直讲、馆阁校勘、并州通判、开封府推官、天章阁待制兼侍讲、知谏院等职。英宗时任龙图阁直学士。他学识渊博,经史百家、音乐律历、天文术数等无不通晓,自称对史学"自幼至老,嗜之不厌"。他先仿《左传》体例编成《通志》8卷,英宗大加赞赏。神宗时,任翰林学士兼侍读学士等职。神宗给《通志》赐名《资治通鉴》,并亲自写序,司马光受命续编。因反对王安石变法,于熙宁三年(1070)出知永兴军(今陕西西安)。次年,判西京御史台,自此退居洛阳15年,专心著述。

至元丰七年(1084),与刘恕、刘攽、范祖禹等人历时10余年,将《资治通鉴》编撰而成。元丰八年(1085),哲宗即位,高太后听政,召司马光主持国事,次年春,被任命为尚书左仆射兼门下侍郎,废尽新法,恢复旧制。同年9月,病逝。追封温国公,谥文正。

《资治通鉴》是一部编年体通史,上起周威烈王二十三年(前403),下迄后周世宗显德六年(959),全书共294卷,另有《通鉴目录》《通鉴考异》各30卷。取材于各种正史、杂史、野史、传记、碑碣、奏议、别集、谱录等300余种。文字质朴优美,叙事翔实生动,不少篇章是脍炙人口的文学佳作,具有较高的文学价值。

司马光一生勤奋,著作等身,除《资治通鉴》外,主要还有《易说》《稽古录》《涑水记闻》《法言集注》《司马文正公传家集》(简称《传家集》)等。

李鸿章·绪论①

梁启超

天下惟庸人无咎无誉。举天下人而恶之,斯可谓非常之奸雄矣乎。举天下人而誉之,斯可谓非常之豪杰矣乎。虽然,天下人云者,常人居其千百,而非常人不得其一,以常人而论非常人,乌见其可②?故誉满天下,未必不为乡愿③;谤满天下,未必不为伟人。语曰:盖棺论定。吾见有盖棺后数十年数百年而论犹未定者矣。各是其所是,非其所非,论人者将乌从而鉴之④?曰:有人于此,誉之者千万,而毁之者亦千万;誉之者达其极点,毁之者亦达其极点;今之所毁,适足与前之所誉相消;他之所誉,亦足以此之所毁相偿。若此者何如人乎?曰:是可谓非常人矣。其为非常之奸雄,与为非常之豪杰,姑勿论,而要之其位置行事必非可以寻常庸人之眼之舌所得烛照而雌黄之者也。知此义者,可以读我之《李鸿章》。

吾敬李鸿章之才,吾惜李鸿章之识,吾悲李鸿章之遇。李之历聘欧洲也⑤,至德,见前宰相俾士麦⑥,叩之曰:"为大臣者,欲为国家有所尽力。而满廷意见,与己不合,群掣其肘,于此而欲行厥志,其道何由?"俾士麦应之曰:"首在得君⑦,得君既专,何事不可为?"李鸿章曰:"譬有人于此,其君无论何人之言皆听之,居枢要侍近习者,常假威福,挟持大局。若处此者当如之何?"俾士麦良久曰:"苟为大臣,以至诚忧国,度未有不能格君心者⑧,惟与妇人女子共事,则无如何矣。"李默然云。此语据西报译出,寻常华文所登于《星轺日记》者,因有所忌讳⑨不敢译录也。呜呼!吾观于此,而知李鸿章胸中块垒牢骚郁抑,有非旁观人所能喻者⑩。吾之所以责李者在此,吾之所以恕李亦在此。

自李鸿章之名出现于世界以来,五洲万国人士,几于见有李鸿章⑪,不见有中国。一言蔽之,则以李鸿章为中国独一无二之代表人也。夫以甲国人而论乙国事,其必不能得

一、历史传记

其真相,固无待言,然要之李鸿章为中国近四十年第一流紧要人物,读中国近世史者,势不得不曰李鸿章⑫,而读李鸿章传者,亦势不得不手中国近世史⑬,此有识者所同认也,故吾今此书,虽名之为"同光以来大事记"⑭可也。

不宁惟是⑮。凡一国今日之现象,必与其国前此之历史相应,故前史者现象之原因;而现象者前史之结果也。夫以李鸿章与今日之中国,其关系既如此其深厚,则欲论李鸿章之人物,势不可不以如炬之目,观察夫中国数千年来政权变迁之大势,民族消长之暗潮,与夫现时中外交涉之隐情,而求得李鸿章一身在中国之位置。孟子曰:知人论世。世固不易论,人亦岂易知耶?

今中国俗论家⑯,往往以平发、平捻为李鸿章功⑰,以数次和议为李鸿章罪⑱。吾以为此功罪两失其当者也。昔俾士麦又尝语李曰:"我欧人以能敌异种者为功,自残同种以保一姓⑲,欧人所不贵也。"夫平发、平捻者,是兄与弟阋墙而鏖弟之脑也⑳,此而可功,而为兄弟者其惧矣。若夫吾人积愤于国耻,痛恨于和议,而以怨毒集于李之一身,其事固非无因,然苟易地以思㉑,当夫乙未二三月、庚子八九月之交,使以论者处李鸿章之地位,则其所措置果能有以优胜于李乎?以此为罪,毋亦旁观笑骂派之徒快其舌而已。故吾所论李鸿章为功罪于中国者,正别有在。

李鸿章今死矣。外国论者,皆以李为中国第一人。又曰:李之死也,于中国今后之全局,必有所大变动。夫李鸿章果足称为中国第一人与否吾不敢知,而要之现今五十岁以上之人,三四品以上之官,无一可以望李之肩背者,则吾所能断言也。李之死,于中国全局有关系与否吾不敢知,而要之现在政府失一李鸿章,如虎之丧其伥,瞽之失其相,前途岌岌,愈益多事,此又吾之所敢断言也。抑吾冀夫外国人之所论非其真也㉒,使其真也,则以吾中国之大,而唯一李鸿章是赖,中国其尚有瘳耶?

西哲有恒言曰:时势造英雄,英雄亦造时势。若李鸿章者,吾不能谓其非英雄也。虽然,是为时势所造之英雄,非造时势之英雄也。时势所造之英雄,寻常英雄也。天下之大,古今之久,何在而无时势?故读一部二十四史,如李鸿章其人之英雄者,车载斗量焉。若夫造时势之英雄,则阅千载而未一遇也。此吾中国历史,所以陈陈相因,而终不能放一异彩以震耀世界也。吾著此书,而感不绝于余心矣。

史家之论霍光㉓,惜其不学无术。吾以为李鸿章所以不能为非常之英雄者,亦坐此四字而已。李鸿章不识国民之原理,不通世界之大势,不知政治之本原,当此十九世纪竞争进化之世,而惟弥缝补苴,偷一时之安,不务扩养国民实力,置其国于威德完盛之域,而仅撷拾泰西皮毛,汲流忘源,遂乃自足,更挟小智小术,欲与地球著名之大政治家相角,让其大者,而争其小者,非不尽瘁,庸有济乎?《孟子》曰:放饭流歠㉔,而问无齿决,此之谓不知务。殆谓是矣。李鸿章晚年之着着失败㉕,皆由于是。虽然,此亦何足深责?彼李鸿章固非能造时势者也。凡人生于一社会之中,每为其社会数千年之思想习俗义理所困,而不能自拔。李鸿章不生于欧洲而生于中国,不生于今日而生于数十年以前,先彼而生并彼而生者㉖,曾无一能造时势之英雄以导之翼之,然则其时其地所孕育之人物,止于如是㉑,固不能为李鸿章一人咎也。而况乎其所遭遇,又并其所志而不能尽行哉㉒?吾故曰:敬李之才,惜李之识,而悲李之遇也。但此后有袭李而起者乎?其时势既已一变,则其所以为英雄者亦自一变㉓,其勿复以吾之所以恕李者而自恕也㉔。

【注释】

①选自梁启超著《李鸿章》。

②乌见其可:那怎么可以呢。乌,怎么。

③乡愿:又作"乡原",指乡里言行不一、伪善欺世的人,引申为见识浅陋、胆小无能之人。《论语·阳货》有:"乡原,德之贼也。"

④鉴:评判。

⑤李之历聘欧洲:李鸿章游历访问欧洲。聘,即聘问,访问。古代诸侯之间遣使互相通问叫"聘",小规模的聘叫"问",通称"聘问"。1896年,李鸿章参加俄皇加冕仪式,随后访问德、法、英等欧洲国家和美国、英属加拿大。

⑥俾士麦:现通译为俾斯麦,德国历史上著名的政治家,生于1815年,卒于1898年。1862年始任普鲁士王国首相,推行"铁血政策",实行强权统治,力主在普鲁士领导下,通过王朝战争建立统一的德意志帝国。他先后发动丹麦战争、普奥战争、普法战争,最终实现德国统一目标。1871年就任德意志帝国宰相,对内颁布《反社会党人非常法》,镇压工人运动;对外采取结盟政策,确立德国在欧洲的霸权。1890年,因与威廉二世政见不合离职。

⑦得君:取得最高掌权者(皇上)的信任。

⑧苟为大臣,以至诚忧国,度未有不能格君心者:假若你作为重臣,是以最大的真诚为国家谋安定,按说没有不能纠正皇上错失想法的。度,估计。格,匡正。

⑨忌讳:所忌讳者,为文中"妇人女子",有影射慈禧太后之意。

⑩喻:了解。

⑪几于:几乎达到了。

⑫口:说,讲。

⑬手:拿,执。

⑭"同光以来大事记":梁启超认为,依李鸿章与同治、光绪以来中国四十年历史之深度关联,李鸿章其人就是一部同光以来中国史。本书面世时,即标"《中国四十年来大事记》(又名《李鸿章》)"字样。

⑮不宁惟是:还不止于此。

⑯俗论家:普通的评论者。

⑰平发:镇压太平军。太平军,1850年秋,洪秀全创建于广西金田,次年起事,建立太平天国,随后攻入湖南、湖北。1853年克南京,定为国都。与清军(主要是曾国藩、李鸿章编练的湘军和淮军)长期对抗,直到1864年被镇压。因太平军留长发,清政府诬为"发匪"。平捻:镇压捻军。捻军,清朝的一支农民起义队伍,1852—1868年间活动在安徽北部和河南一带,主要领袖有张乐行(前期)、赖文光(后期)等。曾在太平天国领导下与太平军配合作战。1866年分为东、西两支,1868年最后被清军镇压。

⑱和议:李鸿章曾主导的和议,计约30次,签订的条约,除了1871年的《中日修好条约》等少数平等条约外,大部分是不平等的,如1876年的中英《烟台条约》、1885年的《中法新约》、1895年的中日《马关条约》、1896年的《中俄密约》、1900年与11国签订的《辛丑条约》等。签订这么多不平等条约,不能说是李鸿章一

人之咎,实乃"弱国无外交"之必然。

⑲一姓:指皇族。

⑳阋墙:在墙内争吵,指兄弟失和。《诗经·小雅·棠棣》有:"兄弟阋于墙,外御其务。"嚃:吸饮。《左传·僖公二十八年》:"晋侯梦与楚子搏,楚子伏己而嚃其脑,是以惧。"

㉑易地以思:换位思考。

㉒抑:不过。冀:希望。

㉓霍光:字子孟,霍去病异母弟。汉武帝时为奉车都尉。昭帝年幼即位,霍光受武帝遗诏辅政,任大司马大将军,封博陆侯。昭帝死后,迎立昌邑王刘贺为帝,不久被废,又迎立宣帝。前后执政凡20年。执政期间,轻徭薄赋,鼓励农耕,社会生产有较大发展。

㉔歠:指羹汤。

㉕着着:每每,一次一次地。

㉖并:同时。

㉗止于如是:只达到这么一个程度。

㉘况乎其所遭遇,又并其所志而不能尽行哉:何况他在清廷遭遇到的障碍,使他连自己的那点可怜的追求尚且不能够完全实行呢!

㉙其所以为英雄者:英雄之成为英雄的标准。

㉚吾之所以恕李者:根据文意,梁启超宽谅李鸿章者,主要是中国数千年之思想、习俗、义理之困,使李鸿章短于"识";当时清廷顽强的固塞风气,使李鸿章失于"遇"。

【作者简介】

梁启超(1873—1929),字卓如,号任公,别号沧江、饮冰室主人等,广东新会人。近代思想家、文学家、学者。系清末举人出身,康有为弟子。戊戌变法前,参与了康有为领导的"公车上书"和百日维新运动,协助办强学会。变法失败后,流亡日本。1913年回国,先任袁政府要职,后反对袁世凯称帝。"五四"后任清华大学研究院教授。一生致力于社会变革和西学的宣传,先后主持和创办过《时务报》《清议报》《新民丛报》和《新小说》等。他还领导了近代文学革新运动,倡导"诗界革命""文界革命""小说界革命"和戏剧改良,对新诗体的产生和新文体的流行起了重大作用。他的新体散文,被称为"新文体"或"报章体""新民体",有"平易畅达""条理明晰,笔锋常带情感"之誉(《清代学术概论》),开一代风气。梁启超一生著述宏富,有《饮冰室合集》等。

居里夫人小传①
——一个新女子的模型

陈衡哲

居里夫人(Madame Curie)是镭质的发明者,也是近代一个第一等的科学家。关于她在科学上的贡献与地位,国内的科学杂志上已经有过专门的介绍,不用我多说了。我现在要说的,是她的身世与人格。

夫人原名 Marie Sklodowska,于一八六七年的十一月七日,生于波兰的华沙城(Warsaw)。父亲是一位中产的地主,但也是一位教育家。他喜爱文学,擅长数学物理,曾做过大学的教授及校长。母亲也是一位奇女子,是一个著名女校的校长。在家庭中,她又是儿女的良师,丈夫的益友。夫人生长在这样优美高明的环境之下,在知识和人格的两方面,便早已得到了一个良好坚固的根基。

在儿童的时代,夫人的嗜好是倾向于文艺音乐的,但对于数学物理,也有同样的欣悦与了解。后来她的母亲死了,她修习音乐的机会便减少了。在十七岁的时候,她离开了华沙,别了她的老父与家庭,到一个富农的家里去教书,以求去分一点老父在经济上的担负。在这个时期之内,她决定了她求学的宗旨——她要到巴黎去专修数学与物理——于是她便开始积蓄她求学时的费用。

在离开波兰之前,她曾回到华沙,同她的老父过了一年快乐的生活。同时,她也在这时去参加了一点波兰青年们的秘密救国工作。这些青年志士们,与夫人一样,都相信复兴波兰的事业,是应该建筑在学问与人格的基础之上的。故他们都愿砥志砺行,到异国去做苦学生。在一八九一年的初冬,夫人乃别了老父,到了巴黎,开始她的苦学的生活。在巴黎的波兰学生是很多的,夫人初去之时,也常常参加他们的工作与聚会,但后来因专心研究科学,便无暇再顾及此类的活动了。

到巴黎的第三年,夫人在一个家庭宴会上,遇到了一位青年科学家。"我一进客厅",夫人在她的自述中这样说,"便见一位高高的少年,站在窗前。他有琥珀色的头发,大而清明的眼睛,庄严和蔼的态度,以及一个梦想家的神情。我们谈话之后,他便要求我,允许他常来看我,因为我们的志趣很相同,意见也很一致"。这位青年科学家不是别人,乃是因为研究科学而不愿结婚的居里先生。后来居里先生告诉她,他并不是一个忘情恋爱的人,但他怕女人,因为"女人常用生命与自然的力量,来引导我们向后走"。夫人在写她丈夫的行述时,也说,"他常常对我说,他到三十六岁还不曾结婚的缘故,是因为他不易得到那位梦中的同志,那位能与他同做科学之梦的伴侣"。但在那一夕的宴会上,居里先生居然把他的梦中的伴侣找到了,而且这位伴侣也真能不使他失望。

相识一年以后,这一对科学上的情人,彼此便都明白,在这个广大的世界上,是没有第二个人能代替眼前这一位的了。于是他们便在一个简单的仪式之下,结为夫妇。在普通女人的生命中,结婚虽不必一定是恋爱的坟墓,但却没有不成为学问或事业的坟墓的。但在居里夫人的生命中,结婚却是她生命与学问的开始。这固然是由于他们夫妇的志同道合,但也未尝不由于那所志所道的能超乎平凡。不然,跳舞场中,赌博台上,饮食筵席之间,一个男的或是一个女的,又岂不能一样的觅到一个志同道合的伴侣?

自此以后,居里夫妇便开始去做他们的科学的梦了。关于这梦的奇伟成绩——镭质的发明及其他——我已说过,不在此处记述了。此处且让我来叙述一下他们两人的

一、历史传记

梦中生活。

第一，他们所做的，并不是一个柔软的，玫瑰色的梦，乃是一个与环境奋斗的壮健的梦。他们两人都不是有钱的人，而在结婚的第三年，夫人又生了一个女孩子，于是这位未来的女发明家，除去烹调及家事之外，又须兼做保姆了。但她绝不以此为苦。他们夫妇间的高超情感，能使她享乐一切的工作，无论是科学的或是厨房的，虽然她也未尝不惋惜她的精力与光阴。当他们结婚的时候，有人送了他们一点金钱，作为礼物。他们便把那钱买了两辆自行车，逢星期日或是假日，便双双的骑着车子到郊外去，作一天或是数天的旅行。他们常常采集了许多野花，回来供在瓶中。居里死后的一晚，夫人有这样的几句记载。"在那书室中，他亲自从乡间折来的野花，是仍旧新鲜的开放着，但人是没有了"。这寥寥数语酸楚的回忆，反衬出了多少他们生活的恬淡与和谐！

第二，在学校的设备上，他们两位也是得不到什么便利的。他们没有自己的试验室。最初居里先生的工作室，是在一个课室外的过道上。后来学校给了他们一间破屋，作为他们试验镭质的场所。那屋遮不住风雨，赶不出暑热，"在寒冷的冬天，一个旧而小的火炉，只烘暖了围近它的那一点面积"。他们没有仪器，除了几件简陋的管子与量杯。这时他们对于镭质的研究，已经不能不分工了。居里先生研究的，是镭的性质，而夫人研究的，却是采取镭质的方法。她终日用极细的头脑，做着极笨重的工作。有时她须用一个和她一样长的大铁棍，不住手的搅动那烧着的流质，以至数小时。有时又须把那试验过的物质，大量大量的往屋外倾倒。他们没有助手，也没有仆人，但他们绝不以此为苦。他们不曾嚷着，"设备不周，供给陋劣，我们不能工作"这一类的话。他们一天一天的做去，一步一步的试验，终在一八九八年，获到了那个惊人的发现。

我们看了这两位天才夫妇在这时期的生活，第一个感想是，天才是不受环境支配的。有天才的人，即使在陋屋破桌间，也能作惊人的科学发明；即使在黑暗囚室中，也能有奇伟的文艺创作。虽然优良的环境，比恶劣的环境，有时更能帮助天才的成功，但环境的恶劣，也决不能作为一个人生失败的借口与推诿。

我们的第二个感想是，天才虽然不受物质环境的支配，但精神上的恬静与慰乐，尤其是夫妇间的契合与协作，却是成就天才的一个重要条件。居里夫妇的简陋的物质环境，与他们的伟大发明，即是一个证明。假使在他们中间，缺少了一个精神上的和谐——从兴趣，人格及天才的相同而得到的和谐——这个霄壤悬殊的环境与发明，是不容易发生关系的。不信，且看居里夫人自述的一段。

"我们终日在试验室作工，吃的是学生们所吃的简单饮食。在我们那个破陋的棚子中，照临着一个伟大的安静。有时在等待一个试验的时候，我们两人便来回地走着，谈谈现在，又谈谈将来。有时我们觉得冷了，便在小火炉的旁边，饮一杯热茶，这便能使我们重新振起精神来。我们在这样的遐想中生活着，像做一个完美的梦一样。"

我看到这里，不由得想起了那位八百余年前的大诗人，李易安居士的结婚生活。我们且看她的自述。

"侯年二十一,在太学作学生。赵李族寒素贫俭,每朔望,谒告出,质衣,取钱半千,步入相国寺,市碑文果实,归,相对展玩咀嚼,自谓葛天氏之民也。"

"后屏居乡里十年,……每获一书,即共同校勘,整集签题。得书画鼎彝,亦摩玩舒卷,指摘疵病,夜尽一烛为率。……余性偶强记,每饭罢,坐归来堂,烹茶。指堆积书史,言某事在某书某卷,第几页,第几行,以中否决胜负,为饮茶先后。中,即举杯大笑,至茶倾复怀中,反不得饮而起。甘心老是乡矣。故虽处忧患困穷,而志不屈。"
(见李著金石录后序)

这两位天才女子,生时不同,国籍不同,教育与志趣,也各不相同,而两人在学问上及家庭中的生活,却有这样一个极相似的精神。她们像显示奇迹一样,给我们看到一个完美的人生,看到一个夫妇结合的最高意义。

我们的第三个感想是,一个人若欲成就他的天才,他对于他的事业与学问,必须先有一个虔诚与专一的信心。社会的浮华与虚荣,乃是扰乱这个信心的最强仇敌,故他们是很可厌的。关于这一个意思,居里先生说得最痛快。他说:

"最痛苦的是,我们不得不在我们所生活的偏狭社会中,作种种的让步。要是一个人的让步太少了,他必得受到摧残;要是让步太多了,他又成为一个没有骨气之人,他将看不起他自己。我现在已不能如十年前的坚定了。在那时候,我以为……一个人是不应该对于他的环境让一步的。我甚至相信,一个人不妨发展他的过失,犹之发展他的美德一样。"(见夫人著《居里传》)

在一般人的眼光看来,这岂不是一个怪物的口吻?但这个意见却是与居里夫人的意见完全一致的。因为在他们的心目中,只有科学是最神圣的,是最值得尊敬虔拜的。他们的爱情,也是因为能建筑在这个圣坛之上,方才有了价值。假使他们知道趋承社会的意向,或是应付社会的肤浅要求,他们还能有伟大的成功吗?后来他们的发明为一般人士接受之后,他们的名誉更一天高似一天,而他们的痛苦也就随着来了。居里夫人对于这个情形,有这样的几句记载。

"因为我们的发现,可厌的声名便起来了,它扰乱了我们在试验室的安静工作。后来我们同 Bcquerel 三人,分得到了诺贝尔奖金之后,我们的工作便更为人所注目了。有时竟至绝对没有平安。访问的,要求写文章与讲演的,每天都来打断(我们的工作。)"(见夫人自述)

但除去诚意的不愿枉费时间与精神于无谓的酬酢之外,这两位夫妇却并不是什么怪物。他们敬爱道义的朋友,喜欢恬淡简朴的生活,爱看天然的景物。对于社会与国家的事业,他们也能尽力相助,绝不漠视。故他们对于镭质的采取与施用的方法,完全公开,遂使镭质的制造与治疗,成为一件对于社会的重大贡献。而在欧战初起之时,巴黎的危亡迫于旦夕,夫人却又只身来往巴黎,把镭质迁移到安全之地。又亲到前线去,为伤兵施用镭质的治疗,为医生看护讲解施用那治疗的方法与手续。但这都是后话了。

一、历史传记

在一九〇六年,居里先生的名望正如日到中天的时候,一夕在朋友处走回家的途中,他突然的被一辆汽车轧死了。这晴天的霹雳打在夫人的身上,最初是但见全世界都变为黑暗。但慢慢的,她记起她的两个女儿,和他们夫妇两人同做的梦了。她又记起了她丈夫常常对她说的话,"即使我死了,你还当继续的做我的工作"。这一句话给了她一个再与生命奋斗的勇气。后来巴黎的科学院,又决议使她补充了她丈夫在巴黎大学的教授席。这是一件破天荒的事,因为那里是从来不曾有过女教授的。在一九一一年,夫人又独自获得了一个诺贝尔的化学奖。一九一二年,巴黎大学又创立了一个镭质研究所,请夫人做了那里的主任。

在这样繁忙,这样艰巨的工作中,夫人却不曾忘了她的两个女儿的教育,和她对于她们的责任。那时居里的母亲是早已去世了,故他的老父久已搬来和他们同住,并且帮助他们抚育这两个女孩子。居里死后,夫人的研究及教授的工作,便更加繁重起来,她的女孩子的教养责任,也就更加移到了那位老翁的肩上。夫人对于儿童教育的见解,是很不平凡的。她主张儿童不必多读书,但却应该注重科学的观察,与文艺的嗜好,尤应该锻炼身体,与天然接近。她因老翁喜爱乡居,故他们不久便全家迁到巴黎的郊外去住。不幸老翁又在一九一〇年死了,于是夫人便与同志们组织了一个试验学校,大家亲自参加教授的工作,使儿童们能在文艺与科学两方面,得到平衡的发展。经过了二年的这样的训育,她的两个女孩子便居然很年轻地进入了大学。她的大女儿对于科学尤有兴趣,故她不但得到了一个好助手,还得到了一个青年的同志与伴侣。

一九一四年,欧战突然开始。德国以迅雷不及掩耳的手段,侵入中立的比利时,不到几个星期,巴黎便可以闻到敌人的炮声。于是夫人奉了政府的命令,把她试验室中的镭质,亲自携带到法国的临时都会 Bordeaux 去。但她并不愿离开她的职守,她把镭质放到安全地点之后,仍即日回到了危在旦夕的巴黎城。此后三年之中,她的生活便大半消磨在伤兵的医院中,如我上面所说的了。

现在夫人是已经六十五岁了,却仍在做着那镭质研究所的主任,不断地为一帮青年科学家做着领路的工作。她受到了全世界的敬仰,为地球上有史以来的第一个伟大女科学家。但她却仍是那样的简朴,那样的谦和,那样的恬淡韬晦。我们因此明白,她的成就已是超出了她丈夫的期望,她所做的梦,也已不是科学所专有的荣光。因为她所给我们的,不但是一个科学上的伟大贡献,并且是一个更为伟大的人格,一个完美高尚的人生模型。

一九三三年三月

【注释】

① 本文选自《陈衡哲散文选集》,朱维之编,百花文艺出版社 2004 年版,有删改。

【作者简介】

　　陈衡哲(1893—1976),笔名莎菲,祖籍湖南衡山县(今衡东县),生于江苏武进。著名作家、历史学家。1911年入上海爱国女校读书。1914年考入清华学堂首批留学生班,其后赴纽约瓦沙女子大学专修西洋史,兼修西洋文学。1917年6月,以"莎菲"的笔名在《留美学生季报》第一期上发表白话短篇小说《一日》,被称为中国文学史上第一篇白话小说。1918年获文学学士学位。1920年获芝加哥大学硕士学位。同年回国,先后任北京大学、东南大学、四川大学历史系教授,曾在上海商务印书馆担任编辑。她是中国历史上第一位女硕士、女教授。新中国成立后任上海市政协委员。作品有《西洋史》(上下册)、《文艺复兴小史》《欧洲文艺复兴小史》,短篇小说集《小雨点》《西风》,《衡哲散文集》(上下册),英文著作《一个中国女人的自传》等。

延展阅读

班固《李陵传》

左丘明《左传》

司马迁《史记》

司马光《资治通鉴》

周作人《鲁迅的青年时代》

林语堂《苏东坡传》

沈从文《从文自传》

黄仁宇《万历十五年》

刘和平《大明王朝1566》《雍正王朝》

当年明月《明朝那些事儿》

(法)罗曼·罗兰《托尔斯泰传》《贝多芬传》

(法)艾夫·居里《居里夫人传》

(美)富兰克林《富兰克林自传》

(美)A·A瓦西列夫《拜占庭帝国史》

(美)欧文·斯通《渴望生活——梵高传》

(美)傅高义《邓小平时代》

二、探索追求

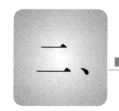

论语·学而①(节选)

孔 子

子曰②:"学而时习之,不亦说乎③?有朋自远方来,不亦乐乎?人不知④,而不愠⑤,不亦君子乎?"

曾子曰⑥:"吾日三省吾身⑦:为人谋而不忠乎⑧?与朋友交而不信乎?传不习乎⑨?"

【注释】

①学而:《论语》第一篇的篇名。《论语》各篇一般都以首章首句中前两三个字为篇名。
②子:中国古代对有地位、有学问、有道德修养的人的尊称。这里是尊称孔子。
③说:通"悦",喜悦,高兴。
④知:了解。
⑤愠:恼怒,怨恨。
⑥曾子:孔子的学生。姓曾,名参,字子舆。生于公元前505年,卒于公元前435年。
⑦省:反省。
⑧忠:对事对人无不尽心的态度。

⑨传:老师传授知识。

【作者简介】

孔子(前551—前479),名丘,字仲尼,春秋末期鲁国陬邑(今山东曲阜)人。我国古代著名的思想家、教育家,儒家学派的创始人。出身于没落的贵族世家,曾任鲁国司寇,不久去鲁,率弟子周游列国,宣传自己的政治主张。后返鲁,讲学著述、整理典籍。相传有弟子3000人,其中有名可考者70余人。《诗》《书》《易》《礼》《乐》《春秋》等古籍相传也是经他整理而成的。孔子思想的主要内容是提倡礼乐和仁义。礼乐是他提出的维护社会秩序的规范,仁义是他提倡的立身处世的道德标准。"仁"是这一思想体系的核心。孔子创立儒家学说、整理典籍、公开讲学授徒,对我国古代政治、文化和教育作出了巨大的贡献。

《论语》是一部记录孔子及其弟子言行的语录体散文集,约成书于战国初年,由孔子的弟子和再传弟子编辑而成。汉初曾流传3种本子:《古论语》《齐论语》和《鲁论语》。我们今天所见到的《论语》20篇是汉朝人在上述3种本子的基础上整理而成的。《论语》是研究孔子学说的基本资料,最能体现孔子及其门人的思想,其内容涉及当时社会的政治、经济、伦理、道德、文化、教育等多方面,是一部重要的儒家经典著作。《论语》富于哲理和感情色彩,平易生动,隽永含蓄,言简意赅,其中格言、成语、警句众多,富有生命力,影响深远。

子路、曾皙、冉有、公西华侍坐①

孔 子

子路、曾皙、冉有、公西华侍坐。子曰:"以吾一日长乎尔②,毋吾以也③。居则曰④:'不吾知也⑤!'如或知尔,则何以哉⑥?"子路率尔而对曰⑦:"千乘之国⑧,摄乎大国之间⑨,加之以师旅⑩,因之以饥馑⑪;由也为之⑫,比及三年⑬,可使有勇⑭,且知方也⑮。"夫子哂之⑯。"求,尔何如⑰?"对曰:"方六七十⑱,如五六十⑲,求也为之,比及三年,可使足民⑳。如其礼乐㉑,以俟君子㉒。""赤,尔何如?"对曰:"非曰能之㉓,愿学焉㉔。宗庙之事㉕,如会同㉖,端章甫㉗,愿为小相焉㉘。""点,尔何如?"鼓瑟希㉙,铿尔㉚,舍瑟而作㉛,对曰:"异乎三子者之撰㉜。"子曰:"何伤乎㉝?亦各言其志也㉞!"曰:"莫春者㉟,春服既成㊱,冠者五六人㊲,童子六七人㊳,浴乎沂㊴,风乎舞雩㊵,咏而归㊶。"夫子喟然叹曰㊷:"吾与点也㊸。"

三子者出,曾皙后㊹。曾皙曰:"夫三子者之言何如㊺?"子曰:"亦各言其志也已矣㊻!"曰:"夫子何哂由也?"曰:"为国以礼,其言不让㊼,是故哂之。""唯求则非邦也与?""安见方六七十如五六十而非邦也者?""唯赤则非邦也与㊽?""宗庙会同,非诸侯而何㊾?赤也为之小,孰能为之大㊿?"

二、探索追求

【注释】

①本文选自《论语·先进》。子路：姓仲，名由，字子路，一字季路。曾晳：名点，曾参的父亲。冉有：名求，字子有。公西华：复姓公西，名赤，字子华。皆为孔子弟子。侍坐：指陪(孔子)坐着。侍，本指立于尊者之旁。

②以：因为。一日：一两天，表示时间短，是年岁大的一种谦虚说法。长乎尔：比你们年长。乎，介词，表比较。尔，你们。

③毋吾以：不要因为我。毋，不要。以：通"已"，止。此句意为：不要因为我的关系就受拘束，不说话。（一说"以"作"用"讲，毋吾以：不用我。）

④居：平日、平时。

⑤不吾知：即"不知吾"，不了解我。"吾"是"知"的前置宾语，在否定句中代词宾语前置。

⑥如：如果。或：无定代词，有人。何以：即"以何"，用什么，怎么办。

⑦率尔：不假思索，轻率、急切的样子。

⑧千乘之国：有一千辆兵车的国家，指中等国家。乘，一车四马。

⑨摄乎大国之间：夹在几个大国之间。摄，夹，夹处。

⑩加之以师旅：即"以师旅加之"。加，加在上面，即进攻、侵犯。之，指代千乘之国。以，用。师旅，指大国入侵的军队。师旅是古代军队编制单位，2500人为一师，500人为一旅。

⑪因：动词，继，连续。之：指大国军队侵犯。饥馑：饥荒。

⑫为：治理。

⑬比及：等到。

⑭可使有勇："可使(之)有勇"的省略。意为(我)能够让(该国人民)有勇气。

⑮知方：懂得礼义。方，礼法、义理。

⑯夫子：对孔子的敬称。哂：微笑。这里略带讥笑的意思。

⑰何如：怎么办。

⑱方六七十：六七十平方的小国。方，见方，即每边的长度。周制六尺为步，三百步为里。周尺约合今20厘米至23厘米，一里约合今0.7里。这里是约数，并非实指。

⑲如：或者。

⑳可使足民："可使(之)足民"的省略。意为"(我)能够让(这样的国家)人民丰足"。足民，使民足，使民众丰足。

㉑如其：至于那个。如，若，至于，有表示转折的作用。礼乐：礼乐教化。

㉒俟：等待。

㉓能：会。之：指代下面所说的一些事。

㉔焉：作指示代词兼语气词，代下面所说的小相这种工作，相当于"于是"，指在这方面。

㉕宗庙之事：指诸侯祭祀祖先的事。宗庙，祖庙。

㉖如：或者。会同：诸侯之间会盟和诸侯朝见天子一类的事。古代诸侯朝见天子，如不是按规定的时间去朝见叫作"会"，与众诸侯一起去朝见叫作"同"，后来两君相见也叫作"会"。

㉗端章甫：穿上礼服，戴上礼帽。端，玄端，古代的一种礼服。章甫，当时贵族通常戴的一种黑色礼帽。"甫"一作"父"。在此二者都用作动词。

㉘小相：在祭祀或会盟时，担任赞礼和司仪的人。担任赞礼的又分为大相和小相，卿大夫担任赞礼的称大相，士担任赞礼的叫小相。公西华表示愿意做一名小相，谦辞。

㉙鼓:弹。瑟:弦乐器。瑟身是长方形木质音箱,古时为五十弦,后改为二十五弦。希:即"稀",稀疏。这里指鼓瑟的声音近于尾声。

㉚铿尔:象声词,舍瑟的声音。

㉛舍:舍弃,此处为"推开""放下"的意思。作:起,站起来。

㉜撰:才能,才干。

㉝何伤:有什么关系呢?

㉞亦:副词。有"只不过"的意思。

㉟莫春:指三月。莫,"暮"的古字。

㊱春服:夹衣。既:已经。成:这里是"穿定"的意思。

㊲冠者:成年人。古时男子20岁行冠礼,以示成年。

㊳童子:还没行冠礼的青少年。

㊴乎:介词,表所在。沂:沂水。

㊵风:用作动词,乘凉。舞雩:地名,在曲阜市东南,古代祭天求雨的地方。雩,本是求雨的祭名,雩祭时还有舞蹈,故称舞雩。舞雩的地方筑有土坛,周围种有树,所以能乘凉。

㊶咏:歌咏。

㊷喟然:叹息的样子。

㊸与:赞同。

㊹后:后出。

㊺夫:指示代词,那。

㊻已矣:罢了。

㊼让:礼让、谦逊。

㊽曾晳还没有明白孔子笑子路的原因,他以为孔子笑子路不能"为国",而不懂孔子笑子路是由于子路说话态度不谦虚,如"率尔而对曰",又夸说自己能使民"知方"等。所以,曾晳一连两次发问"唯求……""唯赤……"(一说都是孔子自己从反面发问,亦通。这样理解时,要去掉这两句所加的引号)在曾晳看来,求与赤也表示了要"为邦",为何孔子不笑他俩呢? 难道他俩所讲的就不是国家吗? 唯:句首语气词。与:疑问语气词。

㊾宗庙会同:意思是有宗庙之事,有会同之事。非诸侯而何:不是诸侯国是什么? 诸侯,这里指国家。即曾晳所谓的"邦"。

㊿赤也为之小,孰能为之大:赤只能给诸侯担任小相,谁能给诸侯担任大相呢? 为之小,为之大:均为双宾语。之,指诸侯国。小、大,指小相、大相。

【作者简介】

见《论语·学而(节选)》作者简介。

有为神农之言者许行①

孟 子

有为神农之言者许行,自楚之滕②,踵门而告文公曰③:"远方之人,闻君行仁政,愿受

二、探索追求

一廛而为氓④。"文公与之处。其徒数十人,皆衣褐,捆屦织席以为食⑤。陈良之徒陈相,与其弟辛⑥,负耒耜而自宋之滕,曰:"闻君行圣人之政,是亦圣人也,愿为圣人氓。"陈相见许行而大悦,尽弃其学而学焉。

陈相见孟子,道许行之言曰:"滕君,则诚贤君也;虽然,未闻道也。贤者与民并耕而食,饔飧而治⑦。今也,滕有仓廪府库,则是厉民而以自养也⑧,恶得贤?"

孟子曰:"许子必种粟而后食乎?"曰:"然。""许子必织布然后衣乎?"曰:"否,许子衣褐。""许子冠乎?"曰:"冠。"曰:"奚冠?"曰:"冠素。"曰:"自织之与?"曰:"否。以粟易之。"曰:"许子奚为不自织?"曰:"害于耕。"曰:"许子以釜甑爨⑨、以铁耕乎?"曰:"然。""自为之与?"曰:"否。以粟易之。"

"以粟易械器者,不为厉陶冶⑩;陶冶亦以其械器易粟者,岂为厉农夫哉?且许子何不为陶冶,舍皆取诸其宫中而用之⑪?何为纷纷然与百工交易?何许子之不惮烦?"曰:"百工之事,固不可耕且为也。"

"然则治天下,独可耕且为与?有大人之事⑫,有小人之事。且一人之身而百工之所为备,如必自为而后用之,是率天下而路也⑬!故曰:'或劳心,或劳力。劳心者治人,劳力者治于人;治于人者食人,治人者食于人。'天下之通义也!

"当尧之时,天下犹未平。洪水横流,泛滥于天下。草木畅茂,禽兽繁殖。五谷不登,禽兽逼人,兽蹄鸟迹之道,交于中国⑭。尧独忧之,举舜而敷治焉⑮。舜使益掌火,益烈山泽而焚之,禽兽逃匿。禹疏九河,瀹济、漯,而注诸海⑯决汝、汉,排淮、泗,而注之江。然后中国可得而食也。当是时也,禹八年于外,三过其门而不入,虽欲耕,得乎?

"后稷教民稼穑⑰,树艺五谷⑱,五谷熟而民人育。人之有道也,饱食暖衣,逸居而无教,则近于禽兽。圣人有忧之,使契为司徒⑲,教以人伦:父子有亲,君臣有义,夫妇有别,长幼有序,朋友有信。放勋曰⑳:'劳之来之㉑,匡之直之,辅之翼之,使自得之,又从而振德之。'圣人之忧民如此,而暇耕乎?

"尧以不得舜为己忧,舜以不得禹、皋陶为己忧㉒。夫以百亩之不易为己忧者㉓,农夫也。分人以财谓之'惠',教人以善谓之'忠',为天下得人者谓之'仁'。是故以天下与人易,为天下得人难。孔子曰:'大哉,尧之为君!惟天为大,惟尧则之,荡荡乎,民无能名焉。君哉,舜也!巍巍乎,有天下而不与焉。'尧、舜之治天下,岂无所用其心哉?亦不用于耕耳!

"吾闻用夏变夷者,未闻变于夷者也。陈良,楚产也,悦周公、仲尼之道,北学于中国。北方之学者,未能或之先也。彼,所谓豪杰之士也。子之兄弟事之数十年,师死而遂倍之㉔。昔者孔子没,三年之外,门人治任将归㉕,入揖于子贡,相向而哭,皆失声,然后归。子贡反,筑室于场,独居三年,然后归。他日,子夏、子张、子游以有若似圣人,欲以所事孔子事之,强曾子。曾子曰:'不可。江、汉以濯之,秋阳以暴之㉖,皜皜乎不可尚已㉗!'今也,南蛮鴃舌之人㉘,非先王之道,子倍子之师而学之,亦异于曾子矣!吾闻出于幽谷、迁于乔木者,未闻下乔木而入于幽谷者。《鲁颂》曰:'戎狄是膺,荆舒是惩㉙。'周公方且膺之,子是之学,亦为不善变矣!"

"从许子之道,则市贾不贰㉘,国中无伪。虽使五尺之童适市㉙,莫之或欺。布帛长短同,则贾相若;麻缕丝絮轻重同,则贾相若;五谷多寡同,则贾相若;屦大小同,则贾相若。"曰:"夫物之不齐,物之情也;或相倍蓰㉚,或相什百,或相千万。子比而同之,是乱天下也。巨屦小屦同贾㉛,人岂为之哉?从许子之道,相率而为伪者也,焉能治国家!"

【注释】

①本文选自《孟子·滕文公上》。为:研究。神农之言:神农氏的学说。神农是上古传说中的人物,常与伏羲氏、燧人氏并称为"三皇"。神农氏主要的功绩是教人从事农业生产,所以叫"神农"。许行:农家代表人物之一,生平不详。

②之:到。

③踵(zhǒng):至,到。

④廛:住房。氓:移民。

⑤捆:编织。屦(jù):草鞋。

⑥陈良:楚国的儒士。陈相、陈辛:都是陈良的学生。

⑦饔(yōng)飧(sūn):饔,早餐;飧,晚餐。

⑧厉:损害。

⑨釜:金属制的锅。甑:用瓦做的茶饭器。爨(cuàn):烧火做饭。

⑩陶:制造陶器的人。冶:制造铁器的人。

⑪舍:方言"啥",即什么东西。宫中:家中。古代住宅无论贵贱都可以叫"宫",秦汉以后才专指帝王所居为宫。

⑫大人:这里指有地位的人,与下文"小人"相对。

⑬路:通"露",劳累。

⑭中国:指中原地区。

⑮敷:遍。

⑯瀹(yuè):疏导。济、漯(tà):济水和漯水。

⑰后稷:相传为周的始祖,名弃,尧帝时为农师。

⑱树艺:种植。

⑲契(xiè):人名,相传是殷的祖先,姓子,尧帝时任司徒。

⑳放勋:尧的称号。

㉑劳之来之:劳、来都读为去声,劝勉,慰劳。

㉒皋(gāo)陶(yáo):人名,相传为虞舜时的司法官。

㉓易:治。

㉔倍:通"背",背叛。

㉕治任:准备行李。治,整治。任,负担。

㉖秋阳:周历七八月,相当于夏历五六月,所以这里所说的秋阳实际相当于今天的夏阳。暴:通"曝",晒。

㉗皜(hào)皜:光明洁白的样子。

㉘鹪(jué):古书上以鹪鸟指杜鹃鸟。
㉙"戎狄是膺"两句:引自《诗经·鲁颂·闷宫》。戎秋,北方的异族。膺,击退。荆、舒是南方的异族。惩,抵御。
㉚贾:通"价"。不贰:没有两样。
㉛五尺之童:古代尺寸短,五尺约相当于现在三尺多一点。
㉜倍:一倍。蓰(xǐ):五倍。后文的什、百、千、万都是指倍数。
㉝巨屦:粗糙的草鞋。小屦:精致的草鞋。

【作者简介】

孟子(约前372—约前289),名轲,字子舆,邹(山东邹县)人,是孔子之后儒家学派的主要代表人物,被称"亚圣"。孟子主张施仁政,行王道,斥责暴虐,反对战争,宣扬性善论,强调修身养性,推己及人,以此作为他的"仁政"主张的理论根据。政治上有"民为贵,社稷次之,君为轻"的民本思想。

孟子散文善于采用"欲擒故纵,引君入彀"的论辩手法,且引譬设喻,笔力雄健,说理透彻,气势浩然。《孟子》是孟子及其弟子所著,共七篇。内容涉及孟子的政治活动、学说、哲学、教育想、道德伦理等方面,是儒家经典著作之一。

秋 水①

庄 周

秋水时至②,百川灌河③,泾流之大④,两涘渚崖之间⑤,不辩牛马⑥。于是焉河伯欣然自喜⑦,以天下之美为尽在己;顺流而东行,至于北海⑧,东面而视⑨,不见水端⑩。于是焉河伯始旋其面目⑪,望洋向若而叹曰⑫:"野语有之,曰'闻道百,以为莫己若'者,我之谓也⑭。且夫我尝闻少仲尼之闻而轻伯夷之义者⑮,始吾弗信;今我睹子之难穷也⑯,吾非至于子之门,则殆矣⑰,吾长见笑于大方之家⑱。"北海若曰:"井蛙不可以语于海者,拘于虚也⑲;夏虫不可以语于冰者,笃于时也⑳;曲士不可以语于道者,束于教也㉑。今尔出于崖涘㉒,观于大海,乃知尔丑㉓,尔将可与语大理矣㉔。天下之水,莫大于海,万川归之,不知何时止而不盈㉕;尾闾泄之㉖,不知何时已而不虚㉗;春秋不变,水旱不知㉘。此其过江河之流,不可为量数㉙。而吾未尝以此自多者㉚,自以比形于天地,而受气于阴阳㉛,吾在天地之间,犹小石、小木之在大山也㉜。方存乎见少,又奚以自多㉝!计四海之在天地之间也,不似礨空之在大泽乎㉞?计中国之在海内,不似稊米之在太仓乎㉟?号物之数谓之万,人处一焉㊱;人卒九州,谷食之所生,舟车之所通,人处一焉㊲,此其比万物也,不似豪末之在于马体乎㊳?五帝之所连㊴,三王之所争㊵,仁人之所忧㊶,任士之所劳㊷,尽此矣㊸。伯夷辞之以为名㊹,仲尼语之以为博㊺,此其自多也,不似尔向之自多于水乎㊼?"

河伯曰:"然则吾大天地,而小毫末㊽,可乎?"北海若曰:"否。夫物量无穷㊾,时无止㊿,分无常○51,终始无故○52。是故大知观于远近○53,故小而不寡,大而不多,知量无穷○54。证向今故○55,故遥而不闷,掇而不跂○56,知时无止○57;察乎盈虚○58,故得而不喜,失而不忧,知分之无常也○59;明乎坦涂,故生而不说,死而不祸○60,知终始之不可故也。计人之所知,不若其所不知○62;其生之时,不若未生之时○63;以其至小,求穷其至大之域,是故迷乱而不能自得也○65。由此观之,又何以知毫末之足以定至细之倪○66?又何以知天地之足以穷至大之域?"

河伯曰:"世之议者皆曰:'至精无形○67,至大不可围○68。'是信情乎○69?"北海若曰:"夫自细视大者不尽○70,自大视细者不明。夫精,小之微也;垺,大之殷也○72。故异便,此势之有也○74。夫精粗者,期于有形者也○75;无形者,数之所不能分也;不可围者,数之所不能穷也○77。可以言论者,物之粗也;可以意致者,物之精也○78;言之所不能论,意之所不能察致者,不期精粗焉○79。是故大人之行,不出乎害人,不多仁恩○80;动不为利,不贱门隶○81;货财弗争,不多辞让;事焉不借人,不多食乎力,不贱贪污○83;行殊乎俗,不多辟异;为在从众,不贱佞谄○85;世之爵禄不足以为劝,戮耻不足以为辱○86;知是非之不可为分,细大之不可为倪○87。闻曰:'道人不闻,至德不得,大人无己○88。'约分之至也○89。"

河伯曰:"若物之外,若物之内,恶至而倪贵贱?恶至而倪小大○90?"北海若曰:"以道观之,物无贵贱○91;以物观之,自贵而相贱;以俗观之,贵贱不在己○93。以差观之,因其所大而大之,则万物莫不大;因其所小而小之,则万物莫不小○94。知天地之为稊米也,知毫末之为丘山也,则差数睹矣。以功观之,因其所有而有之,则万物莫不有○95;因其所无而无之,则万物莫不无。知东西之相反而不可以相无,则功分定矣○97。以趣观之,因其所然而然之,则万物莫不然;因其所非而非之,则万物莫不非。知尧、桀之自然而相非,则趣操睹矣○98。昔者尧、舜让而帝○99,之、哙让而绝○100;汤、武争而王○101,白公争而灭○102。由此观之,争让之礼,尧、桀之行,贵贱有时,未可以为常也。梁丽可以冲城,而不可以窒穴,言殊器也○103;骐骥骅骝一日而驰千里,捕鼠不如狸狌,言殊技也○104;鸱鸺夜撮蚤,察毫末,昼出瞋目而不见丘山,言殊性也○105。故曰:'盖师是而无非,师治而无乱乎○106?'是未明天地之理,万物之情者也;是犹师天而无地,师阴而无阳,其不可行明矣。然且语而不舍,非愚则诬也○107。帝王殊禅,三代殊继○108。差其时,逆其俗者,谓之篡夫○109;当其时,顺其俗者,谓之义徒○110。默默乎河伯,女恶知贵贱之门,小大之家○111!"

河伯曰:"然则我何为乎?何不为乎○112?吾辞受趣舍,吾终奈何?"北海若曰:"以道观之,何贵何贱,是谓反衍○114;无拘而志,与道大蹇○115。何少何多,是谓谢施○116;无一而行,与道参差○117。严乎若国之有君,其无私德;繇繇乎若祭之有社,其无私福○119;泛泛乎若四方之无穷,其无所畛域○120。兼怀万物,其孰承翼?是谓无方○121。万物一齐,孰短孰长○122?道无终始,物有死生,不恃其成○123。一虚一满,不位乎其形。年不可举,时不可止○124。消息盈虚,终则有始○125。是所以语大义之方,论万物之理也○126。物之生也,若骤若驰○127,无动而不变,无时而不移⑫。何为乎,何不为乎？夫固将自化⑬。"

河伯曰:"然则何贵于道邪⑭？"北海若曰:"知道者必达于理,达于理者必明于权,明于权者不以物害己⑮。至德者⑯,火弗能热,水弗能溺,寒暑弗能害,禽兽弗能贼⑰。非谓其薄之也,言察乎安危,宁于祸福,谨于去就,莫之能害也⑱。故曰:'天在内,人在外,德在乎天⑲。'知天人之行,本乎天,位乎得⑳,蹢躅而屈伸,反要而语极㉑。"

曰:"何谓天？何谓人㉒？"北海若曰:"牛马四足,是谓天;落马首,穿牛鼻,是谓人㉓。故曰:无以人灭天,无以故灭命,无以得殉名㉔。谨守而勿失,是谓反其真㉕。"

【注释】

①本文节选自《庄子·外篇》中的《秋水》篇。
②时:按时,按季节。
③灌:流入,注入。河:黄河。
④泾流:径直涌流的河水。泾,通"径",直。
⑤涘:岸,水边。渚:洲,水中小块陆地。崖:高的河岸。
⑥不辩:分辨不清。辩,通"辨"。
⑦焉:犹"乎",句中语气助词。河伯:相传是黄河之神。
⑧北海:指今渤海一带。
⑨东面:面东,面朝东。
⑩端:边,尽头。
⑪旋:掉转。一说转变。
⑫望洋:仰视的样子。若:海神的名字,即下文的"北海若"。
⑬野语:俗语。
⑭闻道百,以为莫己若:听到一百种道理就认为没有谁能比得上自己。百,泛指事物之多。莫己若,即"莫若己"。若,像,比得上。我之谓也:即"谓之我也",说的就是像我这样的人。
⑮且夫:连词,表示要进一步发表议论。少:以……为少。闻:前一个是动词,听说;后一个是名词,见闻,是学问、学识的意思。轻:以……为轻。伯夷:商诸侯孤竹君长子,让君位于弟叔齐,逃亡到周。周武王伐纣王时,他与叔齐叩马谏阻,认为以臣伐君是不义之举。商亡后,伯夷兄弟不食周粟,最终饿死在首阳山。此句意谓,我曾听说认为孔子的学识少,而轻视伯夷义举的话。
⑯子:尊称海神若,这里借指整个北海。难穷:谓望不到边际。穷,穷尽。
⑰殆:危险。
⑱长:长久。大方之家:指很有道德修养的人。方,道。
⑲鼃:同"蛙"。拘:拘束,局限。虚:同"墟",居处。此句意谓,井中的青蛙不能和它谈论大海,是因为它受到住处的局限。
⑳夏虫:只生存在夏天的昆虫,如蝉之类,天一寒就死去。笃:固,引申为限制。
㉑曲士:孤陋寡闻的人。束:束缚,限制。教:指曲士所受的教育。
㉒尔:你。
㉓丑:鄙陋无知。
㉔大理:大道理。

㉕止而不盈：指河水停止流入而海水不满盈。盈，满，盈满涨溢。
㉖尾闾：相传为海底泄水之处。泄：泄漏，排泄。
㉗已：止，停止泄水。虚：空。
㉘"春秋"两句：意谓海水不因春秋季节的变换而有所变化(指增减)，也不受陆地上水旱灾害的影响。不知：感觉不到。
㉙"此其"二句：谓大海蓄水之多远远超过江河的流量，是无法计量的。其：他，指大海。过：超过。
㉚自多：自以为多，自夸。"多"用作动词。
㉛"自以"二句：自认为寄形于天地之间，禀受了阴阳之气。比：通"庇"，寄，依附。
㉜大：一说通"泰"，大山即泰山。
㉝方存乎见少：刚刚有了所见甚少的想法。方，正，刚刚。存，存念，有……想法。一说觉察。乎，介词，于。奚以：凭什么。奚，何。
㉞礨空：蚁穴。
㉟稊米：稊的籽粒。稊，一种形似稗的草，其实与谷籽相似，极细小。太仓：储粮的大仓库。
㊱"号物"二句：称呼物类的数目可以说"万"，而人类只不过居于万物中的一种。号：称。
㊲"人卒"四句：人类住满九州，凡粮食所生长的地方，车船所通行的地方，个人只不过是人群的一个分子。卒：借为"萃"，聚集。人：前一个指人类，后一个指个人。
㊳豪末：毫毛的末梢。豪，通"毫"。
㊴五帝：指传说中的黄帝、颛顼、帝喾、尧、舜。一说指伏羲、神农、黄帝、尧、舜。连，指禅让帝位。
㊵三王：指夏禹、商汤、周武王。
㊶仁人：崇尚仁的人。
㊷任士：以天下为己任的贤能之士。
㊸尽此矣：都是如此而已。此，指"豪末"。
㊹辞：辞让。之：指代天下。以为名：以此求得名声。
㊺语之：指游说天下。以为博：以此显示渊博。
㊻此其自多也：这就是他们的自满。
㊼不似尔向之自多于水乎：不就像你河伯刚才在秋水面前的自满一样吗？向，刚才。
㊽大天地：以天地为大。小毫末：以毫末为小。
㊾量无穷：量有无穷大和无穷小。
㊿时无止：时间的流逝是无止境的。
㈤分无常：得与失是没有定准的。分，得失分位。
㈥终始无故：无始无终，变化日新。故，通"固"，固定。
㈦"是故"句：所以有大智慧的人能够观察事物的远近(即可以看到事物变化无穷、无止、无常、无故等)。知：通"智"。
㈧"故小"三句：谓所以不会因为小认为少，不会因为大而认为多，因为知道万物禀性的差别是无穷的。
㈨证向今故：谓验证和察明古今变化无穷的情形。向，察明。故，通"古"。
㈩闷：昧。不闷：不昧，明白。一说，闷，厌倦。掇(duō)：拾掇，拾取，表示接近。跂：通"企"，企及。
㊼知时无止：知道时间的流逝是不会停止的。
㊽察乎盈虚：明察天道有盈有亏的变化之理。
㊾知分之无常也：深知得失分位是没有固定的。

⑥⓪明乎坦涂：明白死生是平坦的大道。涂，通"途"。

⑥①"故生"两句：所以生不足以为欣悦，死亦不足以为祸败。说：通"悦"。

⑥②终始：指死生。故：故常，常理。

⑥③"计人"二句：谓总括人所知道的事情，远不如其所不知道的事情多。

⑥④"其生"二句：谓人生存的时间远不如死去的时间长。

⑥⑤至小：指有限的知识和生命。求穷：希求穷尽。至大之域：无限的世界。

⑥⑥定：判定。至细：至小，谓最小之物。倪：借为"仪"，作"度"解，尺度，界限，标准。

⑥⑦至精无形：最细小的物体是看不见其形状的。精，细小。

⑥⑧至大不可围：最大的物体是无法度量其范围的。

⑥⑨信情：实情。

⑦⓪尽：完全。

⑦①明：分明。

⑦②"夫精"句：精细之物是小物中的微小之物。

⑦③垺：通"郛"，恢廓宏大。殷：大。此句意谓巨大之物是大物中的大物。

⑦④"故异便"二句：谓所以事物大小不同却各有各的相宜之处，这是事态发展的必然现象。便：宜。（一说，便：通"辨"。异便：不同的区别。）

⑦⑤期：限于。

⑦⑥"无形"句：此句意谓无行迹之物是不能用度数划分的。数：度数。

⑦⑦"不可围"句：意谓无法定其范围大小之物是不能用度数衡量穷尽的。

⑦⑧"可以言论"四句：意谓可以用言语谈论的事物，那是事物中粗大的；只可以意识到而不能用言语谈论的事物，是事物中精微的。意致：只能意识到。

⑦⑨"言之"三句：意谓言语所不能谈论，心意所不能达到的，是不能用精细和粗大来限定的事物。察：疑为衍文（张耿光《庄子全译》）。不期：不限于。

⑧⓪"是故"三句：意谓道家行动自然，不做危害人的事，也不赞许行仁施恩。大人：指道家。行：行为。不多：不赞许。

⑧①动：做事。门隶：家奴。

⑧②不多辞让：意谓不赞许辞让财物给别人。

⑧③"事焉"三句：意谓做事不借助别人之力，也不赞成自食其力的人，不卑贱贪图财物和借助他人之力办事的人。贪：谓贪图财物。污：借人举事者为污（刘凤苞《南华雪心编》）。

⑧④"行殊"两句：谓行为特殊而不同世俗，也不赞许邪僻乖异的行径。辟：通"僻"，邪僻。

⑧⑤从众：随俗。

⑧⑥劝：勉励，奖励。戮耻：谓刑戮和罢官之耻。

⑧⑦"知是非"二句：谓知道是非的界限不好划分，大小的标准无法限定。倪：倪限。

⑧⑧"道人"三句：意谓得道之人，不著功名于世；至德之人，不期望有所得；大人方圆任物，物我两忘。道人、至德之人、大人，皆为体道之人。

⑧⑨约分之至：谓依照事物的限度，只做分内的事，就算达到了至德的境界。约，依，不超越本分（成玄英说）。

⑨⓪"若物"四句：假若在物体的外表，假若在物体的内部，怎样来区分贵与贱，怎样来区分大与小呢？恶：何。倪：用作动词，量度，区分。

㉛"以道"二句：用自然之道来看，万物原来并无贵贱之分。
㉜"以物"二句：从万物的角度来看，都是自以为贵而以他物为贱。
㉝"以俗"二句：用世俗之人的眼光看，贵贱之权并非己所能操(林云铭《庄子因》)。
㉞"以差"五句：按照万物之间存在的大小差别来看，从大的方面看我便以其为大，那么万物没有不是大的；从小的方面看我便以其为小，那么万物没有不是小的。
㉟"知天地"三句：知道天地虽大而比起更大的东西，它也像稊米那样小；知道毫末虽小而比起更小的东西，它也像大山那样大；那么万物之间的数量差别也就可以看清楚了。
㊱"以功"三句：谓以事物具有的功能来看，从其有功能的角度去看便认为其有功能，那么万物没有不具有功能的。
㊲"知东西"二句：谓知道东与西的方向相对立而又互相依存，那么事物的功能和分位便可以确定了。
㊳"以趣"三句：谓从人们对事物的趋向来看，顺着所肯定的方面肯定它，万物无不是正确的。趣：通"趋"，趋向。
㊴"因其"二句：谓顺着否定的方面否定它，万物无不是错的。
㊵"知尧"二句：谓知道尧、桀各自为是而互相否定，人们的趋向和情操便可以看得清楚了。
㊶让：禅让。帝：称帝。
㊷"之、哙"句：谓燕王哙将王位禅让给子之，而燕国几乎灭绝。按：战国时代，苏秦之弟苏代，从齐国至燕国，游说燕王哙让位给宰相子之(苏秦女婿)。子之即位，国人不服，三年国乱。齐宣王兴师伐燕，杀死哙与子之，几乎灭绝燕国。"之、哙让而绝"即指此事。
㊸汤、武争而王：谓商汤伐桀、武王伐纣，皆争战而称王。
㊹白公：名胜，楚平王之孙，太子建之子。因郑人杀其父，请兵报仇而未允，遂于封邑起兵反楚。楚王派遣叶公子高，伐而灭之。此句谓白公胜因争斗而灭亡。
㊺礼：礼法。有时：因时而异。常：常规，不变的规律。
㊻丽：通"梠"，屋栋。冲城：冲击敌城。窒穴：堵塞鼠穴。言殊器也：是说其器用大小不同。
㊼骐骥、骅骝：皆为古代良马。狸：野猫。狌：黄鼠狼。
㊽鸱：猫头鹰。鸺：衍文(王先谦《庄子集解》)。撮：抓取。蚤：跳蚤。性：物性。
㊾故曰：谓俗语说(刘凤苞说)。盍：同"盇"，何不。师：效法。此二句意谓，俗语说：何不效法正确的而抛弃错误的，效法治理好的而抛弃混乱的呢？
㊿"是未"二句：谓这是不明白天地间事物变化的道理、万物变化发展的实际情况。
(51)犹：如同，好像。
(52)"然且"二句：谓世俗之人还不住口地四处游说，他不是愚昧就是在欺骗人。不舍：谓不舍于口。诬：欺骗。
(53)"帝王"二句：谓古代帝王的禅让情形各不相同，夏商周三代相继承的情形亦各自相异。
(54)"差其时"三句：意为，不合时宜、违背大众意愿者，叫他为篡夺之人。差其时：不合时宜。俗：指大众。
(55)"当其时"三句：谓合于时宜、顺应民心者，叫他具有高义的人。
(56)"默默"三句：谓静默无言吧，河神！你哪里知道贵贱与大小的道理呢？女：通"汝"。家、门：范围、界限。
(57)"然则"二句：然而我于何事可为，于何事不可为呢？
(58)趣：通"趋"，趋就，求取。
(59)反衍：反复，即向相反方向转化。

二、探索追求

⑫"无拘"二句：谓不要拘执心志，与大道相违背。无：勿。拘：拘执，固执。而：通"尔"，你。謇(jiǎn)：违碍。

⑫谢施：与"反衍"意同，相互转化。谢，代谢。施，移，转。

⑫无一：不要偏执一己之见。行：行事。参差：不合，背离。

⑫严：庄重威严。有：语助词。私德：私爱。

⑭繇繇：悠然自得的样子。社：社神，即土地神。无私福：没有一点私爱和赐福。

⑮畛域：界限。

⑯"兼怀"三句：谓兼藏万物，谁都没有受到庇护，这可称为无所偏向。怀：藏。承翼：指得到庇护。无方：无所偏向（王先谦说）。

⑰"万物"二句：万物都一样，没有长短之分。齐：一样，等同。

⑱不恃其成：谓即便一时有所成功也不足依靠。不恃，不可依靠。成，成功。

⑲"一虚"二句：谓大道在一虚一盈地变化，并不据守形体与名位。

⑳"年不"二句：谓往昔的年月无法回转，流逝的时间无法留止。举：复兴，这里引申为回转。

㉑"消息"二句：谓消亡、生息、充盈、亏虚，都在终而复始地变化着。

㉒大义：大道。方：指深奥的学问。理：道理，规律。

㉓骤：马急行。驰：马车疾行。

㉔"无动"二句：谓万事万物随时随地都在变化。移：迁移，这里亦指变化。

㉕夫固将自化：万物本来就在不断地自行变化着。

㉖"然则"句：谓万物既然在自行变化，为何又贵重大道呢？贵："以……为贵。"

㉗达于理：通达万物消亡、生息、充盈、亏虚的道理。明于权：知道怎样应变。权，权变，应变。以物害己：因外物而伤害自己。

㉘至德者：有高尚道德修养的人，这里指得道之人。

㉙热：指烧伤。害：危害，这里指侵袭。贼：伤害。

⑭薄：迫近，逼近。

⑪去：退舍。就：进取。

⑫"天在内"三句：意谓天性蕴藏在心内，人事显露在身外，品德之美在于天然形成。天：指天性，即自然本性。人：指人事，人为。

⑬"知天"三句：意谓懂得自然与人类活动的规律，方能以顺应自然为根本，处于虚极而自得的境界。行：运行，这里指活动规律。本：以……为根本。位：处，居。得：自得。

⑭"蹢躅"二句：谓进退屈伸自如，就能返归大道之枢要而谈论大道的至理了。蹢躅：同"踯躅"，进退不定的样子。反要：返归大道之枢要。语极：谈论大道的至理。

⑮天：天然。人：人为。

⑯落：通"络"，羁勒。

⑰天：天性。故：有心而为叫作故。命：天理。殉名：为追求虚名而丧生。

⑱"谨守"二句：谓谨慎守住这三句话而不丧失，这就叫作返归纯真的本性。反：通"返"，回归。真：真性。

【作者简介】

庄子（约前369—前286），名周，字子休，宋国蒙（今河南省商丘东北，一说今安徽省蒙城县)人,著名思想家、哲学家、文学家。家境贫寒,曾"往贷粟于监河侯"(《庄子·外物篇》)。曾在蒙做过漆园吏,去过梁、齐、楚等国。楚威王闻其贤,以厚币许以为相,但他视功名若敝屣,不就。隐居著书,终老一生。

庄子为道家学派的代表人物,世人将他与老子并称"老庄"。他继承老子"道法自然"的思想和"无为"学说。认为道无所不在,强调"万物皆一"的齐物论。主张顺应自然,安时处顺,提倡无为而治。他尚返真,追求精神自由、逍遥自得。

《庄子》亦称《南华经》,道家经典之一。《汉书·艺文志》著录《庄子》52篇,今存晋郭象注本33篇。其中《内篇》7篇,一般认为是庄子自著;《外篇》15篇、《杂篇》11篇是其弟子及后学追记。《庄子》在哲学、文学上都有较高的研究价值。

庄子的文章想象奇幻,构思巧妙,讽刺辛辣,善用寓言和比喻,文笔汪洋恣肆,光怪陆离,具有浓厚的浪漫主义色彩;他的文章语言丰赡,摹写传神,随物赋形,富于形象性和表现力。庄子的散文在先秦诸子散文中独具一格,最富文学色彩。鲁迅先生说:"其文则汪洋辟阖,仪态万方,晚周诸子之作,莫能先也。"(《汉文学史纲要》)

天问[①]（节选）

屈　原

曰[②]：
遂古之初,谁传道之[③]？
上下未形,何由考之[④]？
冥昭瞢暗,谁能极之[⑤]？
冯翼惟像,何以识之[⑥]？
明明暗暗,惟时何为[⑦]？
阴阳三合,何本何化[⑧]？

圜则九重,孰营度之[⑨]？
惟兹何功,孰初作之[⑩]？
斡维焉系,天极焉加[⑪]？
八柱何当,东南何亏[⑫]？
九天之际,安放安属[⑬]？
隅隈多有,谁知其数[⑭]？

二、探索追求

天何所沓？十二焉分⑮？
日月安属？列星安陈⑯？
出自汤谷，次于蒙汜⑰。
自明及晦，所行几里⑱？
夜光何德，死则又育⑲？
厥利维何，而顾菟在腹⑳？

女歧无合，夫焉取九子㉑？
伯强何处？惠气安在㉒？
何阖而晦？何开而明㉓？
角宿未旦，曜灵安藏㉔？

不任汩鸿，师何以尚之㉕？
佥曰何忧，何不课而行之㉖？
鸱龟曳衔，鲧何听焉㉗？
顺欲成功，帝何刑焉㉘？
永遏在羽山，夫何三年不施㉙？

伯禹愎鲧，夫何以变化㉚？
纂就前绪，遂成考功㉛。
何续初继业，而厥谋不同㉜？
洪泉极深，何以窴之㉝？
地方九则，何以坟之㉞？
河海应龙？何尽何历㉟？
鲧何所营？禹何所成㊱？

康回冯怒，墬何故以东南倾㊲？
九州安错？川谷何洿㊳？
东流不溢，孰知其故㊴？
东西南北，其修孰多㊵？
南北顺橢，其衍几何㊶？

昆仑县圃，其凥安在㊷？
增城九重，其高几里㊸？
四方之门，其谁从焉㊹？

西北辟启,何气通焉㊺?

日安不到?烛龙何照㊻?

羲和之未扬,若华何光㊼?

何所冬暖?何所夏寒㊽?

焉有石林?何兽能言㊾?

焉有虬龙,负熊以游㊿?

雄虺九首,儵忽焉在㈤?

何所不死?长人何守㉜?

靡蓱九衢,枲华安居㊼?

一蛇吞象,厥大何如㊷?

黑水玄趾,三危安在㉟?

延年不死,寿何所止㊱?

鲮鱼何所?鬿堆焉处㊲?

羿焉毕日?乌焉解羽㊳?

【注释】

①本诗选自屈原《天问》。"天问"就是"问天"。全诗共提出170多个问题,可分为两大部分:第一部分问的是天地自然的问题,第二部分问的是社会历史的问题(人间兴亡之事亦与"天"相关)。本诗节选的是第一部分。

②曰:发端叩问之辞,统帅全篇。

③遂古之初:即指宇宙、天地万物形成的最初情况。传说宇宙原是混沌一片,后来有了阴阳,阴阳变化而有了万物。遂,通"邃",远。遂古,远古。传道:传说,传播。这两句是说远古开始的情景,是谁传播下来的。

④上下:指天地。由:从。何由:从何,凭着什么。考:察知。

⑤冥:黑。昭:明。冥昭:这里指黑夜与白昼。瞢(méng)暗:暗昧不明。冥昭瞢暗,意为黑夜白天尚未分明,是一片混沌。极:穷究,即彻底弄清。"冥昭"与上句"上下"为同一构词法,即两者相对。一说"昭"为"昒"(hū)之误字(汤炳正《楚辞今注》)。

⑥冯(píng):充盛。冯翼:元气充盛的样子。惟:于。像:影像。识:知。这句意思是说作为有形象的元气的出现,又是怎样得知的?

⑦明明暗暗:指时明时暗,即有昼夜。惟:于。时:是,此。这两句是说,时明时暗,昼夜交替,这是怎样产生的?

⑧阴阳三合:《老子·德经》:"道生一,一生二,二生三,三生万物,万物负阴而抱阳,冲气以为和。"又《吕氏春秋·大乐篇》:"万物所出,造于太一,化于阴阳。"古人认为万物的产生是由阴阳的交合而化生的,而阴阳又是从"道"那儿产生出来的。三,通"参"。本:本体、本原。化:化生。何本何化:道生阴阳,道为本,阴阳乃化。然则阴阳化生万物,则阴阳为本,万物为化,且道之"本"又是从什么"化"来的?屈原有穷尽真理的精神。

二、探索追求

以上十二句是对远古之初始,即由混沌而变化为光明与黑暗交替,阴阳交合而生万物的传说提出疑问。

⑨圜:即圆,指圆形的天体。九重:传说天有九重,即九层天。孰:谁。营度:指设计规划。

⑩惟:于。兹:指代营造九重天。功:功力。作:建造。前两句指设计,这两句指施工建成。

⑪斡(guǎn):旋转的枢纽,转轴。古人认为天是旋转的。维:绳子。古人认为天如伞盖,有维系于地之四方,称为"四维"。焉:何。天极:天边。古人认为天是有边的。一说,天极是指天体中央的最高点,相当于伞盖旋转中轴的顶端。古人或认为北极是天枢、天机、天极。加:施,安放。

⑫八柱:古人认为天是由八根柱子撑起来的。当:在。东南何亏:大地东南为何塌陷,指中国地形西北高东南低。亏,短缺。古代神话有共工怒触不周之山。"天柱折,地维绝。天倾西北,故日月星辰移焉;地不满东南,故水潦尘埃归焉。"(《淮南子·天文训》)

⑬九天:非上所说"九重天",此指天之广阔,分为八方与中央共九天,即九野之天。际:相交接之处。安:何。放:置。属(zhǔ):连接。这两句是说,九天之间是怎样放置和连接的呢?

⑭隅、隈(wēi):二字同义,在此皆指角落。《淮南子·天文训》:"天有九野,九千九百九十九隅。"

以上十二句是对天地形成的传说提出疑问。

⑮沓:重合。天何所沓:指天的运行周而复始,究竟在什么地方开始重合。十二焉分:古人将天分为十二次,也叫"十二宫",即十二等分,并用子、丑、寅、卯、辰、巳、午、未、申、酉、戌、亥来表示。按:王逸释"沓"为天与地沓合,非。乃不明"十二焉分"紧承"天何所沓"而来。且前有"天极焉加"已包含"天地沓合之意"。

⑯属:依附,寄托。陈:排列。

⑰汤(yáng)谷:又作旸谷、阳谷。神话中日出的地方。次:止舍,息宿。蒙汜(sì):又叫蒙谷、昧谷,神话中太阳止息的地方。

⑱明:天亮。及:至。晦:天黑。

⑲夜光:月亮。德:得,指才能,秉性。则:而。育:生。月亮每月由圆而缺,而没。继则由缺而圆,即所谓死而复生。

⑳厥:其,指代月亮。利:好处。维:是。顾:眷顾,爱恋。在腹:指怀抱在胸腹。这两句是说,月亮爱恋兔子而怀抱在胸腹,对它有什么利益呢?古人认为月中有白兔,屈原提出疑问。有人以"顾"为"蟾蜍",仅从音韵相通上说明,而无一直接证据,不取。

以上十二句是就日月星辰有关问题发问。

㉑女歧:神女,无夫而生九子。合:指男女结合。《汉书·成帝纪》"甲观画堂",应劭注:"画堂画九子母。"按:这两句接在这里与上下文不合,当为错简,似应置于后文"女娲有体,孰制匠之"后,指人的产生与繁衍。

㉒伯强:即风神禺强。惠气:和顺之气,有利万物。

㉓阖:合,闭。这两句说,什么关闭了便天黑,什么开启了便天明?

㉔角宿(xiù):星座名,二十八宿中东方七宿(又称"苍龙七宿")为角、亢、氐、房、心、尾、箕。角宿为第一宿,有两星,传说为天门。角宿晚上出现在东方,此指角宿所位之东方。旦:天明。曜(yào)灵:太阳。这两句是说,东方未亮以前,太阳藏在哪里?

这后四句主要讲夜晚与太阳的关系。

以上为第一段,主要是对宇宙、天体的形成提出疑问。

㉕任:胜任。汨(gǔ):治理。鸿:洪水。师:众。尚:推举。这两句是说,既然鲧不能胜任治理洪水的任务,众人为什么推举他?《尚书·尧典》:"帝曰:'咨!四岳,汤汤洪水方割,荡荡怀山襄陵。浩浩滔天,下民其咨,有能俾乂。'佥曰:'于!鲧哉。'帝曰:'吁!咈哉,方命圮族。'岳曰:'异哉,试可乃已。'帝曰:'往!钦

哉。'九载，绩用弗成。"屈原对这一点提出怀疑，他是肯定鲧的。

㉖佥(qiān)：皆。课：试，考察。行：做，指治水。

㉗鸱(chī)：猫头鹰一类的鸟。鸱龟，指系鸱鸟一样的龟。《山海经·南山经》："其状如龟而鸟首虺尾，其名曰旋龟。"旋龟恐怕就是鸱龟。曳：牵，引。此指托着尾巴。曳衔：指鸱龟互相衔着尾巴牵引。《淮南子·原道训》："夏鲧作三仞之城，诸侯背之。"《史稽》："张仪依龟迹筑蜀城，非犹夫崇伯（按：即鲧）之智。"可知鲧曾听从鸱龟之计而筑堤以治洪水。

㉘帝：指尧。这两句是说，鲧治水本是顺着大家把水治好的愿望，以求得成功，尧为什么又惩罚他？

㉙永：长久。遏(è)：遏止、拘禁。羽山：山名，传说在东海之滨。夫：语首助词。三年：多年。施：指施行杀害。一说，不施为不舍其罪（王逸《楚辞章句》）。

以上十句是就鲧治理洪水而被帝惩罚事发问。

㉚伯：长官。伯禹：禹称帝前尧封他为夏伯。愎(bì)：一本作"腹"，今多从之。伯禹腹鲧：即伯禹腹于鲧，省了介词"于"。相传鲧死后，尸体三年不腐，而禹从其腹中剖出。《山海经·海内经》载："鲧复生禹。"这两句是说，大禹是鲧肚子里生出来的，又有什么不同？

㉛纂(zuǎn)：继续。就：任。绪：事业。遂：终于。考：古时对已死的父亲的称呼。功：事业。这两句是说，禹继续从事治理洪水的事业，终于完成了父亲的业绩。

㉜谋：谋划，指治水的方法。按：从下"洪泉极深，何以填之，地方九则，何以坟之"来看，禹治水也采用了"堵"与"填塞"的方法。这两句以"何"领起作反问，表示的意思是怀疑有什么不同。

㉝洪泉：洪水。朱熹说："泉疑当作渊，唐本避讳名改之。"游国恩《惜往日》"不毕辞以赴渊"，《招魂》有"旋入雷渊"等驳之，有理，然泉虽不为渊，但洪泉不能解作洪水之源泉，因为洪水的泛滥并不是由地下泉水大量涌出而致。泉，在这里就是指水。窴(tián)：同"填"，填塞。《淮南子·坠形训》："禹以息土填洪水。"

㉞方：有。《诗经·召南·鹊巢》："维鹊有巢，维鸠方之。"《传》："方，有之也。"九则：九等。《尚书·禹贡》说，禹治水后把全国土地分为九等，并按等征收田赋。坟：分别，划分。徐文靖、游国恩等持此观点。朱熹则认为"九则谓九州之界，如上所谓圜则也。坟，土之高者也"。那么"坟"应作动词，谓"使九州高起来"。雷庆翼在《楚辞正解》中认为这里上下文皆言治理洪水事，非言地之赋税差等。

㉟应龙：一说有翼之龙，一说无角之龙。尽：画字之误，繁体尽(盡)、画(畫)二字形近。一本这两句作"应龙何画，河海何历"。历：经过，流过，传说大禹治水，有应龙以尾画地成川，大禹从而疏决引水入海。

㊱营：经营。这两句意思是说，鲧治水所采取的措施是什么？禹治水又是怎样成功的？前言禹"纂就前绪，遂成考功"，禹接替鲧的治水，先也是用鲧堵塞洪水的方法，其后才是用疏通河流的方法。因为只有首先筑堤防堵，减少损失，然后再疏通河道，才能达到从根本上治理洪水的目的。鲧本来可以治理好洪水，但在他走第一步的时候就被惩罚了。屈原认为禹和鲧本没有什么不同，然而鲧无成而成就了禹，因而针对这一点发问。至于传说应龙以尾画地，屈原是不相信的。

以上十四句就禹治洪水为什么能成功发问。

自"不任汩鸿"至"禹何所成"凡二十四句为第二段中的内容，主要是就鲧禹治水中的问题发问。按：第二段和下面第三段互相颠倒，详下。

㊲康回：即共工。冯(píng)：盛。冯怒：盛怒，大怒。墬：同"地"。《淮南子·天文训》："共工与颛顼争为帝，怒而触不周之山，天柱折，地维绝。天倾西北，故日月星辰移焉；地不满东南，故水潦尘埃归焉。"

㊳错：置。洿(wū)：低洼，深。一说洿在此作动词，挖掘之义。

㊴东流不溢：指百川东流入海而海不涨溢。溢，水漫溢出来。

㊵修：长。这两句是说，大地东西之长与南北之长谁多。

㊶椭:椭圆,长圆。衍:余,余数,指长出部分。古文献如《淮南子》等多认为东西长于南北,独晋张华《博物志》引《河图》说南北长于东西。

以上十句写大地的情况。按:此十句应接“何合而晦,何开而明,角宿未旦,曜灵安藏”下面,而位于鲧、禹治水之前。

㊷昆仑:传说中的位于我国西北的神山,为天帝与神人的居处。县圃:即悬圃,在昆仑山的顶峰。尻:尻(kāo)的误字。

㊸增城:即层城。《水经·河水注》中说,昆仑山分为三级,最上一层即为层城,一名天庭,天帝的居处。九重:九层。《淮南子·坠形训》:“掘昆仑虚以下地,中有增城九重,其高万一千里八百一十四步二尺六寸”。高诱注:“中,昆仑虚中也。增,重也。有五城十二楼,见《括地象》。此乃诞,实未闻也。”

㊹四方之门:指昆仑山四面的门。其:代四方之门。谁从:指谁从此出入。从,自,出入。《淮南子·坠形训》:“(昆仑)旁有四百四十门,门间四里……北门开以内不周之风。”

㊺辟、启:均为开放。不周山位于昆仑的西北,不周之风从不周山吹入北门;气:指不周山之风。

㊻烛龙:神话传说中的神龙。《山海经·大荒北经》:“西北海之外,赤水之北,有章尾山。有神,人面蛇身而赤,直目正乘,其瞑乃晦,其视乃明……是烛九阴,是谓烛龙。”这两句是说太阳什么地方不到?烛龙又怎能有光照耀?

㊼羲和:驾驭太阳行走的日神。扬:指扬鞭。若华:若木的花,发赤光,照下地。若木,神话传说中的树,又叫扶桑,在日出之处。这两句是说,驾驭太阳的日神羲和还没有扬鞭起程,若木的花又怎能发光而照下地?

以上十二句是就天与地的关系发问。

㊽二句谓神话传说中有冬暖而夏寒的地方,究竟在什么地方?

㊾石林:石树如林。石树:石能生枝叶,传说在西南。兽能言:兽能说话。王逸引《礼记》曰:“猩猩能言,不离禽兽也。”

㊿虬:无角之龙,一说为有角之龙。负:背着。

(51)虺(huǐ):传说中南方的一种毒蛇。倏(shū)忽:迅疾。《招魂》:“雄虺九首,往来倏忽。”

(52)不死:不死之国。《山海经·海外南经》:“交胫国……不死民在其东,其为人黑色,寿,不死。”关于不死之国,《山海经》有多处记载。长人:传说中的巨人,指防风氏。《国语·鲁语下》记仲尼说:“昔禹致群神于会稽之山,防风氏后至,禹杀而戮之,其骨节专车(谓一节骨即载一车),此为大矣。”当问及“防风何守”时,仲尼曰:“汪芒之君也,守封,嵎之山者也,为漆姓,在虞、夏、商为汪芒氏,于周为长狄,今为大人。”当客问“人长之极几何”时,仲尼以为三尺的十倍,即三丈。这两句意思是哪里有不死之乡?那些长人看守什么地方?

(53)靡:枝蔓分散的样子。蓱:即苹草。衢:指蔓枝相互交错四出有如路衢。枲(xǐ):麻的别名。华:花。《山海经·西山经》:“浮出……有草焉,名曰薰草,麻叶而方茎,赤华而黑实,臭如靡芜,佩之可以已厉。”靡蓱、枲华皆神异之物,究竟什么地方有呢?

(54)蛇吞象:《山海经·海内南经》:“巴蛇食象,三岁而出其骨。”其:代象。

(55)黑水:神话中的水名。玄:黑。玄趾:传说中的地名,在黑水之北,其民涉黑水而脚被染成黑色,故称“玄趾”。三危:三危山,传说中的神山。在三危国,以露水著称。《山海经·西山经》:“又西二百二十里,曰三危之山,三青鸟居之。是山也,广员百里,其上有兽焉,其状如牛,白身四角,其豪如披蓑,其名曰徼彻,是食人。有鸟焉,一首而三身,其状如鸦,其名曰鴟。”又《尚书·禹贡》:“导黑水,至于三危,入于南海。”

(56)周拱辰引《广博物志》曰:“黑河之藻可以千岁。三危三露,可以轻举。又三危金台石室,食气不死。”《淮南子·时则训》:“自昆仑……西至三危之国,石城金室,饮气之民,不死之野。”古人认为露是上天之气,饮之可以长寿。这两句是说，玄趾与三危之民都能长寿不死，那么究竟能活多久呢？

(57)鲮(líng)：即陵鱼。《山海经·海内北经》："陵鱼，人面，手足，鱼身，在海中。"鬿(qí)堆：即鬿雀。《山海经·东山经》说："东次四经之首，曰北号之山，临于北海……有鸟焉，其状如鸡而白首，鼠足而虎爪，其名曰鬿雀，亦食人。"

(58)羿：后羿。彃(bì)：《说文》："射也。"乌：乌鸦，古代神话传说太阳里面有三足乌。《淮南子·精神训》"日中有踆乌"，高诱注："踆犹蹲也，谓三足乌。"解羽：指乌鸦羽翼散落下来。这句是写后羿射日之事。《淮南子·本经训》："逮至尧之时，十日并出，焦禾稼，杀草木，而民无所食。猰貐，凿齿，九婴，大风，封狶，修蛇，皆为民害，尧乃使羿诛凿齿于畴华之野，杀九婴于凶水之上，缴大风于青邱之泽，上射十日而下杀猰貐。"这两句是说后羿何以能射落九日，而令日中之乌解羽邪？

以上二十二句为一节，主要就大地上的一些奇异事情提出疑问。以上自"康回冯怒"至"乌焉解羽"共四十四句为第三段，主要就地球及大地上的一些神话传说提出疑问。

自《天问》开头至此为全文第一部分，主要是就天地间自然现象的一些问题发问。按：前面鲧禹治水一段应在写大地上的奇异事情一段之后。

【作者简介】

屈原(约前 340—约前 278)，名平，字原，战国后期楚国人。出身贵族，与楚王同宗，曾任左徒、三闾大夫等职。他"博闻强志，明于治乱，娴于辞令"(《史记·屈原列传》)。对内主张举贤授能，修明法度，改革弊政；对外主张联齐抗秦。但屡遭令尹子兰等保守贵族谗毁迫害，先被楚怀王放逐汉北，后又被楚顷襄王放逐沅、湘一带。眼见楚国政治腐败，国运日渐衰微，自己的"美政"理想难以实现。秦兵攻破楚都郢，他悲痛至极，怀着深沉的忧愤，投汨罗江殉国。

屈原是我国历史上第一位伟大诗人，他开辟了诗歌从《诗经》那样的民间集体创作到个人独立创作的新纪元。他是"楚辞"这一具有浓厚地方色彩的新诗体的创立者和代表作家，是我国诗歌积极浪漫主义和爱国主义传统的奠基人。主要作品有《离骚》《九歌》(11 篇)、《九章》(9 篇)、《天问》《招魂》等。屈原以多彩的诗笔，表现了自己高洁的品格和不幸的遭际，抒发了深沉真挚的爱国情怀。他的诗作，想象丰富，构思奇特，大量引用神话传说，多用比兴和拟人化的手法，文辞瑰丽，情感激越，是古代浪漫主义诗歌的典范。

诗集传序①

朱　熹

或有问于余曰："诗何谓而作也？"余应之曰："'人生而静，天之性也；感于物而动，性之欲也②。'夫既有欲矣，则不能无思；既有思矣，则不能无言；既有言矣，则言之所不能尽而发于咨嗟咏叹之余者③，必有自然之音响节奏④，而不能已焉。此诗之所以作也。"

二、探索追求

曰:"然则其所以教者⑤,何也?"曰:"诗者,人心之感物而形于言之余也⑥。心之所感有邪正,故言之所形有是非。惟圣人在上,则其所感者无不正,而其言皆足以为教。其或感之之杂,而所发不能无可择者,则上之人必思所以自反,而因有以劝惩之,是亦所以为教也⑦。昔周盛时,上自郊庙朝廷,而下达于乡党闾巷⑧,其言粹然无不出于正者。圣人固已协之声律⑨,而用之乡人,用之邦国⑩,以化天下。至于列国之诗,则天子巡守,亦必陈而观之,以行黜陟之典⑪。降自昭、穆而后,浸以陵夷⑫,至于东迁⑬,而遂废不讲矣。孔子生于其时,既不得位,无以行帝王劝惩黜陟之政,于是特举其籍而讨论之⑭,去其重复,正其纷乱;而其善之不足以为法,恶之不足以为戒者,则亦刊而去之⑮;以从简约,示久远,使夫学者即是而有以考其得失,善者师之,而恶者改焉。是以其政虽不足行于一时,而其教实被于万世,是则诗之所以为教者然也。"

曰:"然则国风、雅、颂之体,其不同若是,何也?"曰:"吾闻之,凡诗之所谓风者,多出于里巷歌谣之作。所谓男女相与咏歌,各言其情者也。惟《周南》《召南》亲被文王之化以成德⑯,而人皆有以得其性情之正,故其发于言者,乐而不过于淫,哀而不及于伤⑰,是以二篇独为风诗之正经⑱。自《邶》而下⑲,则其国之治乱不同,人之贤否亦异,其所感而发者,有邪正是非之不齐,而所谓先王之风者,于此焉变矣⑳。若夫雅、颂之篇,则皆成周之世㉑,朝廷郊庙乐歌之词:其语和而庄,其义宽而密;其作者往往圣人之徒,固所以为万世法程而不可易者也。至于雅之变者,亦皆一时贤人君子,闵时病俗之所为,而圣人取之。其忠厚恻怛之心,陈善闭邪之意,犹非后世能言之士所能及之。此《诗》之为经,所以人事浃于下,天道备于上㉒,而无一理之不具也。"

曰:"然则其学之也,当奈何?"曰:"本之二《南》以求其端㉓,参之列国以尽其变㉔,正之于雅以大其规㉕,和之于颂以要其止㉖,此学诗之大旨也。于是乎章句以纲之,训诂以纪之㉗,讽咏以昌之㉘,涵濡以体之㉙。察之情性隐微之间㉚,审之言行枢机之始㉛,则修身及家,平均天下之道,其亦不待他求而得之于此矣㉜。"

问者唯唯而退。余时方辑《诗传》,因悉次是语以冠其篇云。淳熙四年丁酉冬十月戊子㉝,新安朱熹书㉞。

【注释】

①本文选自《诗集传》。
②"人生而静"四句:语出《礼记·乐记》。孔颖达疏:"言人初生未有情欲,是其静禀于自然,是天性也。'感于物而动,性之欲也'者,其心本虽静,感于外物而心遂动,是性之所贪欲也。自然谓之性,贪欲谓之情,是情别矣。"
③"言之所不能尽"句:《毛诗序》:"言之不足,故嗟叹之;嗟叹之不足,故永歌之。"此用其意。
④节奏:奏,一作"族"(zòu奏),义同。《汉书·严安传》:"调五声使有节族。"
⑤教:教化,教育感化作用。《毛诗序》论《国风·关雎》曰:"风,风也,教也;风以动之,教以化之。"
⑥形:表现。言之余:谓言语之所不能尽。
⑦"其或感之之杂"五句:说明"下以风刺上"也是诗教之一。不能无可择者,意即必有可择者。

⑧乡党闾巷:古代地方基层组织,泛指民间。乡党,乡里。闾巷,街巷。

⑨圣人固已协之声律:《史记·孔子世家》:"三百五篇,孔子皆弦歌之。"

⑩"用之乡人"二句:《毛诗序》:"风之始也,所以风天下而正夫妇也,故用之乡人焉,用之邦国焉。"

⑪"至于列国之诗"四句:《礼记·王制》载天子巡守:"命大师陈诗,以观民风。"郑玄注:"陈诗,谓采其诗而视之。"孔颖达疏:"此谓王巡守,见诸侯毕,乃命其方诸侯。大师是掌乐之官,各陈其国风之诗,以观其政令之善恶。若政善诗辞亦善,政恶则诗辞亦恶。"巡守:即巡狩,巡视诸侯所守之土。黜陟:谓进退人材。黜,贬斥。陟:提升。

⑫"降自昭、穆而后"二句:谓周朝自昭王、穆王以后,国势逐渐衰微。主要指懿王、夷王、厉王、幽王时期。郑玄《诗谱序》:"后王稍更陵迟;懿王始受谮亨(烹)齐哀公。夷身失礼之后,邶不尊贤。自是而下,厉也,幽也,政教尤衰,周室大坏。"陵夷:犹陵迟,衰颓。

⑬东迁:指周平王迁都洛邑(洛阳)。此后即为东周。

⑭籍:书籍,指《诗经》。

⑮"去其重复"五句:《史记·孔子世家》:"古者诗三千余篇,及至孔子,去其重,取可施于礼义。"按,删诗之说,唐、宋以后学者多不置信。刊:删。

⑯《周南》《召南》亲被文王之化以成德:《毛诗序》:"《关雎》,后妃之德也。"孔颖达疏:"二《南》之风,实文王之化,而美后妃之德者。"又《毛诗序》:"《周南》《召南》,正始之道,王化之基。"孔颖达疏:"《周南》《召南》二十五篇之诗,皆是正其初始之大道,王业风化之基本也……文王正其家而后及其国,是正其始也。化南土以成王业,是王化之基也。"按,《毛诗序》、郑玄注、孔颖达疏与朱熹《集传》对于《诗经》各篇的题旨,时有曲解,未可尽信。

⑰"乐而不过于淫"二句:《论语·八佾》:"子曰:'《关雎》乐而不淫,哀而不伤。'"朱熹《集注》:"淫者,乐之过而失其正者也。伤者,哀之过而害于和者也。"

⑱二篇独为风诗之正经:谓《周南》《召南》二篇为国风的正诗。郑玄《诗谱序》:"其时诗:风有《周南》《召南》,雅有《鹿鸣》《文王》之属。及成王、周公致太平,制礼作乐,而有颂声兴焉,盛之至也。本之由此风、雅而来,故皆录之,谓之诗之正经。"

⑲自《邶》而下:指《邶》《鄘》《卫》《王》《郑》《齐》《魏》《唐》《秦》《陈》《桧》《曹》《豳》十三国的风诗。

⑳"而所谓先王之风者"二句:郑玄《诗谱序》:"故孔子录懿王、夷王时诗,讫于陈灵公淫乱之事,谓之变风、变雅。"此谓时世由盛而衰,故先王之正风至此也转为变风。先王,指周初诸王。

㉑"若夫雅、颂之篇"二句:郑玄《诗谱序》:"雅有《鹿鸣》《文王》之属。及成王、周公致太平,制礼作乐,而有颂声兴焉。"孔颖达疏:"《文王》《大明》等,检其文,皆成王时作。"成周之世:指成王时周公当政的时期。成周,古地名,故城在今河南省洛阳市东北。《尚书·周书·洛诰序》:"周公往营成周。"

㉒"人事浃于下"二句:《毛诗序》:"故正得失,动天地,感鬼神,莫近于诗。先王以是经夫妇,成孝敬,厚人伦,美教化,移风俗。"所谓备天道,浃人事,指此。浃:洽。

㉓本之二《南》以求其端:作者认为《周南》《召南》"独为风诗之正经",所以说应以此为本而探索其要领。

㉔列国:指《周南》《召南》以外的十三国风。

㉕正之于雅以大其规:通过雅诗以正得失,特别重视其规谏("陈善闭邪")之义。规,作为规模讲,亦通。

㉖和之于颂以要(读阴平声)其止:谓颂声求其和而有节制。要,求。止,适度,适可而止的意思。

㉗"章句以纲之"二句:通过章句以总括其要旨,解释文字以识别其意义。章句:谓分析古书的章节句读。郭璞《尔雅序》:"通诂训之旨归。"邢昺疏:"诂,古也。通古今之言,使人知也。训,道也。道物之貌以告人也。"

㉘昌(读去声):同"唱""倡"(见《集韵》),叹赏的意思。《礼记·乐记》:"一倡而三叹。"

㉙涵濡:浸润,仔细玩味。体:体会、体察。

㉚察之情性隐微之间:诗所以"吟咏情性"(见《毛诗序》),故须于比兴隐微之间察见其邪正之意(承前文"心之所感有邪正"而言)。

㉛审之言行枢机之始:谓审查其言行的始机(动机)以分辨是非(承前文"言之所形有是非"而言)。《周易·系辞上》:"言行,君子之枢机。"孔颖达疏:"枢,谓户枢。机,谓弩牙。言户枢之转或明或暗,弩牙之发或中或否,犹言行之动从身而发以及于物,或是或非也。"

㉜"则修身及家"三句:朱熹《诗集传·国风一》谓《周南》"所以著明先王风俗之盛,而使天下后世之修身、齐家、治国、平天下者,皆得以取法焉"。按《论语》录孔子语"兴于诗,立于礼,成于乐"(《泰伯》),指修身言;"迩之事父"(《阳货》),指齐家言;"授之以政""使于四方"(《卫灵公》)、"远之事君"(《阳货》),指治国、平天下的政治作用言。

㉝淳熙四年丁酉:宋孝宗淳熙四年,即公元1177年,岁次丁酉。

㉞新安:唐以前郡名(治所在今安徽省歙县)。朱熹为婺源人,婺源属新安郡,故题名多用新安。

【作者简介】

朱熹(1130—1200),字元晦,一字仲晦,号晦庵,别称紫阳,晚年自称晦翁、遁翁。徽州婺源(今江西婺源县)人。生于南剑州尤溪(今属福建),后徙居建阳考亭(今属福建)。南宋著名理学家、文学家。宋高宗绍兴十八年(1148)进士,历任同安县主簿、知南康军(今江西星子)、提举江西和江东茶盐公事、秘阁修撰、湖南安抚使等。宁宗即位,召为焕章阁待制兼侍讲,旋因得罪权贵被罢官,归建阳著述讲学。宁宗庆元六年(1200)卒。谥文,世称朱文公,赠中大夫、太师,追封信国公、徽国公。

朱熹为北宋以来理学集大成者。文学创作和理论研究也有独到之处。存诗一千余首,长于描写山水风景,明秀含蓄,富有理趣。散文亦清新流畅。为文一百卷,著有《四书章句集注》《诗集传》《楚辞集注》等,后人编有《晦庵先生朱文公集》《朱文公文集》等。

原 才①

曾国藩

风俗之厚薄奚自乎②?自乎一二人之心之所向而已。民之生,庸弱者戢戢皆是也③。有一二贤且智者,则众人君之而受命焉④,尤智者所君尤众焉。此一二人者之心向义,则众人与之赴义;一二人者之心向利,则众人与之赴利。众人所趋,势之所归,虽有大力,莫之敢逆。故曰:"挠万物者莫疾乎风⑤。"风俗之于人之心,始乎微,而终乎不可御者也。

先王之治天下,使贤者皆当路在势,其风民也皆以义,故道一而俗同。世教既衰,所谓一二人者，不尽在位，彼其心之所向，势不能不腾为口说⑥，而播为声气；而众人者，势不能不听命，而蒸为习尚⑦。于是乎徒党蔚起，而一时之人才出焉。有以仁义倡者，其徒党亦死仁义而不顾；有以功利倡者，其徒党亦死功利而不返。水流湿，火就燥⑧，无感不雠⑨，所从来久矣。今之君子之在势者，辄曰："天下无才。"彼自尸于高明之地⑩，不克以己之所向，转移习俗，而陶铸一世之人。而翻谢曰⑪："无才。"谓之不诬可乎？否也。十室之邑⑫，有好义之士，其智足以移十人者，必能拔十人中之尤者而材之。其智足以移百人者，必能拔百人中之尤者而材之。

然则转移习俗而陶铸一世之人，非特处高明之地者然也。凡一命以上⑬，皆与有责焉者也。有国家者，得吾说而存之，则将慎择与共天位之人⑭；士大夫得吾说而存之，则将惴惴乎谨其心之所向，恐一不当，而坏风俗，而贼人才⑮。循是为之，数十年之后，万有一收其效者乎，非所逆睹已⑯。

【注释】

①选自《曾国藩文选》，朱东安选注，百花文艺出版社2006年版。此文为曾国藩参加道光二十七年(1847)大考时所交试卷之一。原：推其本原。韩愈始有《原道》《原毁》等作，后人亦多取法。

②风俗之厚薄奚自乎：风俗的好坏从何而来？或者风俗的好坏是如何造成的呢？厚，淳厚、忠厚、宽厚。薄，刻薄、轻微。奚，何，胡。

③戢(jí)戢：聚集貌。杜甫《又观打鱼》："小鱼脱漏不可记，半死半生犹戢戢。"

④君：尊崇。

⑤挠万物者莫疾乎风：语出《易经·说卦》。挠，摇动。

⑥腾：传播。

⑦蒸：蒸发，指液体化为气体而上升。这里借以形容风俗，意思是升华、发展、形成、演变。蒸为：慢慢变成。

⑧水流湿，火就燥：语出《易经·乾文言》。

⑨雠(chóu)：应验。

⑩尸：主事，在位。高明：指显贵。

⑪翻：反。谢：告。

⑫十室之邑：语见《论语·公冶长》，言邑之小者。

⑬一命以上：周制：任官自一命以至九命。一命为最低者。

⑭天位：天子之位。

⑮贼：害。

⑯逆睹：预料。

【作者简介】

曾国藩(1811—1872)，字伯涵，号涤生，湘乡(今属湖南)人。晚清军事家、政治家、理学家、文学家。道光十八年(1838)进士，先后任翰林院庶吉士、礼部、兵部、工部、刑部侍郎等职。咸丰二年底(1853年初)，以吏部侍郎身份在湖南帮办团练，后扩编为湘军。他率兵与太平军作战,多次遭受重创。1860年升任两江总督,次年节制浙、苏、皖、赣四省军务,提出"借洋兵助剿",联合英国戈登"常胜军"和法国德克碑的"常捷军"夹攻太平军,派曾国荃围攻天京,7月天京陷落。1865年任钦差大臣与捻军作战,失败后去职,与李鸿章、左宗棠创办江南制造局、福建马尾船政局等军事工业。1870年在直隶总督任上查办天津教案,残民媚外,受到舆论谴责,调任两江总督,不久病逝。谥文正。曾国藩治学严谨,崇尚儒学,学术思想以程朱理学为主体。为文师法姚鼐,亦桐城派重要作家。其《家书》流传甚广,为世人所称道。著有《曾文正公全集》,今辑有《曾国藩全集》。

"慢慢走,欣赏啊!"[①]
——人生的艺术化

朱光潜

一直到现在,我们都是讨论艺术的创造与欣赏。在收尾这一节中,我提议约略说明艺术和人生的关系。

我在开章明义时就着重美感态度和实用态度的分别,以及艺术和实际人生之中所应有的距离,如果话说到这里为止,你也许误解我把艺术和人生看成漠不相关的两件事。我的意思并不如此。

人生是多方面而却相互和谐的整体,把它分析开来看,我们说某部分是实用的活动,某部分是科学的活动,某部分是美感的活动,为正名析理起见,原应有此分别;但是我们不要忘记,完满的人生见于这三种活动的平均发展,它们虽是可分别的而却不是互相冲突的。"实际人生"比整个人生的意义较为窄狭。一般人的错误在把它们认为相等,以为艺术对于"实际人生"既是隔着一层,它在整个人生中也就没有什么价值。有些人为维护艺术的地位,又想把它硬纳到"实际人生"的小范围里去。这般人不但是误解艺术,而且也没有认识人生。我们把实际生活看作整个人生之中的一片段,所以在肯定艺术与实际人生的距离时,并非肯定艺术与整个人生的隔阂。严格地说,离开人生便无所谓艺术,因为艺术是情趣的表现,而情趣的根源就在人生;反之,离开艺术也便无所谓人生,因为凡是创造和欣赏都是艺术的活动,无创造、无欣赏的人生是一个自相矛盾的名词。

人生本来就是一种较广义的艺术。每个人的生命史就是他自己的作品。这种作品可以是艺术的,也可以不是艺术的,正犹如同是一种顽石,这个人能把它雕成一座伟大的雕像,而另一个人却不能使它"成器",分别全在性分与修养。知道生活的人就是艺术家,他的生活就是艺术作品。

过一世生活好比做一篇文章。完美的生活都有上品文章所应有的美点。

第一,一篇好文章一定是一个完整的有机体,其中全体与部分都息息相关,不能稍有移动或增减。一字一句之中都可以见出全篇精神的贯注。比如陶渊明的《饮酒》诗本来是"采菊东篱下,悠然见南山",后人把"见"字误印为"望"字,原文的自然与物相遇相得的神情便完全丧失。这种艺术的完整性在生活中叫作"人格"。凡是完美的生活都是人格的表现。大而进退取予,小而声音笑貌,都没有一件和全人格相冲突。不肯为五斗米折腰向乡里小儿,是陶渊明的生命史中所应有的一段文章,如果他错过这一个小节,便失其为陶渊明。下狱不肯脱逃,临刑时还叮咛嘱咐还邻人一只鸡的债,是苏格拉底的生命史中所应有的一段文章,否则他便失其为苏格拉底。这种生命史才可以使人把它当作一幅图画去惊赞,它就是一种艺术的杰作。

其次,"修辞立其诚"是文章的要诀,一首诗或是一篇美文一定是至性深情的流露,存于中然后形于外,不容有丝毫假借。情趣本来是物我交感共鸣的结果。景物变动不居,情趣亦自生生不息。我有我的个性,物也有物的个性,这种个性又随时地变迁而生长发展。每人在某一时会所见到的景物,和每种景物在某一时会所引起的情趣,都有它的特殊性,断不容与另一人在另一时会所见到的景物,和另一景物在另一时会所引起的情趣完全相同。毫厘之差,微妙所在。在这种生生不息的情趣中我们可以见出生命的造化。把这种生命流露于语言文字,就是好文章;把它流露于言行风采,就是美满的生命史。

文章忌俗滥,生活也忌俗滥。俗滥就是自己没有本色而蹈袭别人的陈规旧矩。西施患心病,常捧心蹙眉,这是自然地流露,所以愈增其美。东施没有心病,强学捧心蹙眉的姿态,只能引人嫌恶。在西施是创作,在东施便是滥调。滥调起于生命的干枯,也就是虚伪的表现。"虚伪的表现"就是"丑",克罗齐已经说过。"风行水上,自然成纹",文章的妙处如此,生活的妙处也是如此。在什么地位,是怎样的人,感到怎样情趣,便现出怎样言行风采,叫人一见就觉其和谐完整,这才是艺术的生活。

俗语说得好:"唯大英雄能本色。"所谓艺术的生活就是本色的生活。世间有两种人的生活最不艺术,一种是俗人,一种是伪君子。"俗人"根本就缺乏本色,"伪君子"则竭力遮盖本色。朱晦庵有一首诗说:"半亩方塘一鉴开,天光云影共徘徊。问渠哪得清如许?为有源头活水来。"艺术的生活就是有"源头活水"的生活。俗人迷于名利,与世浮沉,心里没有"天光云影",就因为没有源头活水。他们的大病是生命的干枯。"伪君子"则于这种"俗人"的资格之上,又加上"沐猴而冠"的伎俩。他们的特点不仅见于道德上的虚伪,一言一笑、一举一动,都叫人起不美之感。谁知道风流名士的架子之中掩藏了几多行尸走肉?无论是"俗人"或是"伪君子",他们都是生活中的"苟且者",都缺乏艺术家在创造时所应有的良心。像柏格森所说的,他们都是"生命的机械化",只能作喜剧中的角色。生活落到喜剧里去的人大半都是不艺术的。

艺术的创造之中都必寓有欣赏,生活也是如此。一般人对于一种言行常欢喜说它"好看""不好看",这已有几分是拿艺术欣赏的标准去估量它。但是一般人大半不能彻

二、探索追求

底,不能拿一言一笑、一举一动纳在全部生命史里去看,他们的"人格"观念太淡薄,所谓"好看""不好看"往往只是"敷衍面子"。善于生活者则彻底认真,不让一尘一芥妨碍整个生命的和谐。一般人常以为艺术家是一班最随便的人,其实在艺术范围之内,艺术家是最严肃不过的。在锻炼作品时常呕心沥血,一笔一画也不肯苟且。王荆公作"春风又绿江南岸"一句诗时,原来"绿"字是"到"字,后来由"到"字改为"过"字,由"过"字改为"入"字,由"入"字改为"满"字,改了十几次之后才定为"绿"字。即此一端可以想见艺术家的严肃了。善于生活者对于生活也是这样认真。曾子临死时记得床上的席子是季路的,一定叫门人把它换过才瞑目。吴季札心里已经暗许赠剑给徐君,没有实行徐君就已死去,他很郑重地把剑挂在徐君墓旁树上,以见"中心契合死生不渝"的风谊。像这一类的言行看来虽似小节,而善于生活者却不肯轻易放过,正犹如诗人不肯轻易放过一字一句一样。小节如此,大节更不消说。董狐宁愿断头不肯掩盖史实,夷齐饿死不愿降周,这种风度是道德的也是艺术的。我们主张人生的艺术化,就是主张对于人生的严肃主义。

艺术家估定事物的价值,全以它能否纳入和谐的整体为标准,往往出于一般人意料之外。他能看重一般人所看轻的,也能看轻一般人所看重的。在看重一件事物时,他知道执着;在看轻一件事物时,他也知道摆脱。艺术的能事不仅见于知所取,尤其见于知所舍。苏东坡论文,谓如水行山谷中,行于其所不得不行,止于其所不得不止。这就是取舍恰到好处,艺术化的人生也是如此。善于生活者对于世间一切,也拿艺术的口胃去评判它,合于艺术口味者毫毛可以变成泰山,不合于艺术口味者泰山也可以变成毫毛。他不但能认真,而且能摆脱。在认真时见出他的严肃,在摆脱时见出他的豁达。孟敏堕甑,不顾而去,郭林宗见到以为奇怪。他说:"甑已碎,顾之何益?"哲学家斯宾诺莎宁愿靠磨镜过活,不愿当大学教授,怕妨碍他的自由。王徽之居山阴,有一天夜雪初霁,月色清朗,忽然想起他的朋友戴逵,便乘小舟到剡溪去访他,刚到门口便把船划回去。他说:"乘兴而来,兴尽而返。"这几件事彼此相差很远,却都可以见出艺术家的豁达。伟大的人生和伟大的艺术都要同时并有严肃与豁达之胜。晋代清流大半只知道豁达而不知道严肃,宋朝理学又大半只知道严肃而不知道豁达。陶渊明和杜子美庶几算得恰到好处。

一篇生命史就是一种作品,从伦理的观点看,它有善恶的分别,从艺术的观点看,它有美丑的分别。善恶与美丑的关系究竟如何呢?

就狭义说,伦理的价值是实用的,美感的价值是超实用的;伦理的活动都是有所为而为,美感的活动则是无所为而为。比如仁义忠信等都是善,问它们何以为善,我们不能不着眼到人群的幸福。美之所以为美,则全在美的形象本身,不在它对于人群的效用(这并不是说它对于人群没有效用)。假如世界上只有一个人,他就不能有道德的活动,因为有父子才有慈孝可言,有朋友才有信义可言。但是这个想象的孤零零的人还可以有艺术的活动,他还可以欣赏他所居的世界,他还可以创造作品。善有所赖而美无所赖,善的价值是"外在的",美的价值是"内在的"。

不过这种分别究竟是狭义的。就广义说,善就是一种美,恶就是一种丑。因为伦理的活动也可以引起美感上的欣赏与嫌恶。希腊大哲学家柏拉图和亚里士多德讨论伦理问题时都以为善有等级，一般的善虽只有外在的价值，而"至高的善"则有内在的价值。这所谓"至高的善"究竟是什么呢？柏拉图和亚里士多德本来是一走理想主义的极端，一走经验主义的极端，但是对于这个问题，意见却一致，他们都以为"至高的善"在"无所为而为的玩索"(disinterested contemplation)。这种见解在西方哲学思潮上影响极大，斯宾诺莎、黑格尔、叔本华的学说都可以参证。从此可知西方哲人心目中的"至高的善"还是一种美，最高的伦理的活动还是一种艺术的活动了。

"无所为而为的玩索"何以看成"至高的善"呢？这个问题涉及西方哲人对于神的观念。从耶稣教盛行之后，神才是一个大慈大悲的道德家。在希腊哲人以及近代莱布尼兹、尼采、叔本华诸人的心目中，神却是一个大艺术家，他创造这个宇宙出来，全是为着自己要创造，要欣赏。其实这种见解也并不减低神的身份。耶稣教的神只是一班穷叫化子中的一个肯施舍的财主佬，而一般哲人心中的神，则是以宇宙为乐曲而要在这种乐曲之中见出和谐的音乐家。这两种观念究竟是哪一个伟大呢？在西方哲人想，神只是一片精灵，他的活动绝对自由而不受限制，至于人则为肉体的需要所限制而不能绝对自由。人愈能脱肉体需求的限制而作自由活动，则离神亦愈近。"无所为而为的玩索"是唯一的自由活动，所以成为最上的理想。

这番话似乎有些玄渺，在这里本来不应说及。不过无论你相信不相信，有许多思想却值得当作一个意象悬在心眼前来玩味玩味。我自己在闲暇时也喜欢看看哲学书籍。老实说，我对于许多哲学家的话都很怀疑，但是我觉得他们有趣。我以为穷到究竟，一切哲学系统也都只能当作艺术作品去看。哲学和科学穷到极境，都是要满足求知的欲望。每个哲学家和科学家对于他自己所见到的一点真理（无论它究竟是不是真理）都觉得有趣味，都用一股热忱去欣赏它。真理在离开实用而成为情趣中心时就已经是美感的对象了。"地球绕日运行""勾方加股方等于弦方"一类的科学事实，和《米洛斯爱神》或《第九交响曲》一样可以摄魂震魄。科学家去寻求这一类的事实，穷到究竟，也正因为它们可以摄魂震魄。所以科学的活动也还是一种艺术的活动，不但善与美是一体，真与美也并没有隔阂。

艺术是情趣的活动，艺术的生活也就是情趣丰富的生活。人可以分为两种，一种是情趣丰富的，对于许多事物都觉得有趣味，而且到处寻求享受这种趣味。一种是情趣干枯的，对于许多事物都觉得没有趣味，也不去寻求趣味，只终日拼命和蝇蛆在一块争温饱。后者是俗人，前者就是艺术家。情趣愈丰富，生活也愈美满，所谓人生的艺术化就是人生的情趣化。

"觉得有趣味"就是欣赏。你是否知道生活，就看你对于许多事物能否欣赏。欣赏也就是"无所为而为的玩索"。在欣赏时人和神仙一样自由，一样有福。

阿尔卑斯山谷中有一条大汽车路，两旁景物极美，路上插着一个标语牌劝告游人说："慢慢走，欣赏啊！"许多人在这车如流水马如龙的世界过活，恰如在阿尔卑斯山谷中乘汽车兜风,匆匆忙忙地急驰而过,无暇一回首流连风景,于是这丰富华丽的世界便成为一个了无生趣的囚牢。这是一件多么可惋惜的事啊!

朋友,在告别之前,我采用阿尔卑斯山路上的标语,在中国人告别习用语之下加上三个字奉赠:

"慢慢走,欣赏啊!"

光　潜
一九三二年夏,莱茵河畔。

【注释】

①本文选自《谈美书简》,长江文艺出版社 2016 年版,有删改。

【作者简介】

朱光潜(1897—1986),安徽桐城人,美学家、文艺理论家、翻译家。早年留学欧洲,获博士学位,历任北京大学、四川大学、武汉大学教授。重要著作有《西方美学史》《悲剧心理学》《文艺心理学》等,翻译有黑格尔的《美学》、柏拉图的《文艺对话录》等,是中国现代美学的开拓者和奠基者之一。

延展阅读

梁启超《中国近三百年学术史》
巴金《随想录》
《中国文化史三百题》
《中国大学人文启思录》
王小波《沉默的大多数》
曹锦清《黄河边的中国》
何清涟《现代化的陷阱》
(法)卢梭《忏悔录》
(法)古斯塔夫·勒庞《乌合之众》
(奥地利)弗洛伊德《梦的解析》
(美)罗伯特·弗兰克《牛奶可乐经济学》
(美)简·博克、莱诺拉·袁《拖延心理学》

三、审美思辩

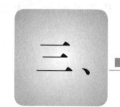

庄辛说楚襄王[①]

《战国策》

庄辛谓楚襄王曰:"君王左州侯,右夏侯[②],辇从鄢陵君与寿陵君[③],专淫逸侈靡[④],不顾国政,郢都必危矣[⑤]。"襄王曰:"先生老悖乎[⑥]?将以为楚国妖祥乎[⑦]?"庄辛曰:"臣诚见其必然者也,非敢以为国妖祥也。君王卒幸四子者不衰[⑧],楚国必亡矣。臣请辟于赵[⑨],淹留以观之[⑩]。"

庄辛去之赵,留五月,秦果举鄢、郢、巫、上蔡、陈之地[⑪]。襄王流掩于城阳[⑫]。于是使人发驺,征庄辛于赵[⑬]。庄辛曰:"诺。"庄辛至,襄王曰:"寡人不能用先生之言,今事至于此,为之奈何?"

庄辛对曰:"臣闻鄙语曰[⑭]:'见兔而顾犬,未为晚也;亡羊而补牢,未为迟也[⑮]。'臣闻昔汤、武以百里昌,桀、纣以天下亡。今楚国虽小,绝长续短[⑯],犹以数千里[⑰],岂特百里哉[⑱]!

"王独不见夫蜻蛉乎[⑲]?六足四翼,飞翔乎天地之间,俯啄蚊虻而食之[⑳],仰承甘露而饮之,自以为无患,与人无争也。不知夫五尺童子,方将调饴胶丝[㉑],加己乎四仞之上[㉒],而下为蝼蚁食也[㉓]。

三、审美思辨

"夫蜻蛉其小者也㉒,黄雀因是以㉓。俯啄白粒㉖,仰栖茂树,鼓翅奋翼,自以为无患,与人无争也。不知夫公子王孙,左挟弹,右摄丸㉗,将加己乎十仞之上,以其类为招㉘。昼游乎茂树,夕调乎酸咸㉙,倏忽之间,堕于公子之手㉚。

"夫黄雀其小者也,黄鹄因是以㉛。游于江海,淹乎大沼㉜,俯噣鳝鲤,仰啮䔖衡㉝,奋其六翮㉞,而凌清风,飘飖乎高翔㉟,自以为无患,与人无争也。不知夫射者,方将修其碆卢㊱,治其矰缴㊲,将加己乎百仞之上,被磻磻㊳,引微缴㊴,折清风而抎矣㊵。故昼游乎江湖,夕调乎鼎鼐㊶。

"夫黄鹄其小者也,蔡灵侯之事因是以㊷。南游乎高陂㊸,北陵乎巫山㊹,饮茹溪之流㊺,食湘波之鱼㊻,左抱幼妾,右拥嬖女㊼,与之驰骋乎高蔡之中,而不以国家为事。不知夫子发方受命乎宣王㊽,系己以朱丝而见之也㊾。

"蔡灵侯之事其小者也,君王之事因是以。左州侯,右夏侯,辇从鄢陵君与寿陵君,饭封禄之粟㊿,而载方府之金,与之驰骋乎云梦之中,而不以天下国家为事。而不知夫穰侯方受命乎秦王,填黾塞之内,而投己乎黾塞之外。"

襄王闻之,颜色变作,身体战栗,于是乃以执珪而授之为阳陵君,与淮北之地。

【注释】

①本文选自《战国策·楚策四》。庄辛:楚臣,楚庄王之后。楚襄王:即楚顷襄王,名横,怀王之子。

②州侯、夏侯:皆楚襄王宠臣。

③辇:上古指人拉的车子,秦汉以后才专指君王坐的车子。从:跟随,侍从。鄢陵君、寿陵君:亦楚襄王宠臣。

④专淫泆侈靡:一味放荡奢侈。淫,过度。泆,放纵。侈,奢侈。靡,浪费。

⑤郢都:楚国国都,在今湖北江陵。

⑥老悖:年老糊涂。悖,昏乱。

⑦"将以为"句:还是认为这是楚国不祥之兆呢? 将:还是。妖祥:灾难的预兆。

⑧卒:一直,始终。幸:宠爱。

⑨辟:同"避"。

⑩淹:滞留。

⑪举:攻取。

⑫流掩:流亡窘迫。城阳:即成阳,在今河南息县西北。

⑬发:派遣。驺:骑士。征:召。

⑭鄙语:俗语。

⑮见菟而顾犬:看见兔子再回头呼唤猎犬。菟,同"兔"。牢:羊圈。

⑯绝长续短:谓截长补短,把剩下的国土拼凑起来。绝,截断。

⑰犹:尚,还。以:有。

⑱岂特:岂但,岂止,何止。

⑲独:难道。夫:那,指示代词。蜻蛉:即蜻蜓。

⑳虻:蚊子一类的小虫,一说小蚊。

㉑调饴胶丝:调制糖稀粘在丝上(系于杆头,用来粘取蜻蜓)。饴,糖稀,糖浆。胶,粘。

㉒加己:加于己身,指粘住自己。仞:古代长度单位,八尺或七尺为一仞。

㉓蝼:蝼蛄。

㉔夫蜻蛉其小者也:蜻蛉(的事)是其中的小事啊。其,其中的。指代只图享乐、丧失警惕以致遭遇不幸的事。

㉕因是以:也是这样啊。因,犹,如同。是,这样。以,通"已"。

㉖噣:通"啄"。白粒:米粒。

㉗摄:引持。

㉘以其类为招:把黄雀的颈作为弹射的目标。类,当为"颈"的误字。招,目标,靶子。

㉙调乎酸咸:调上佐料,谓被人所烹。酸咸,指调味的佐料。

㉚倏忽:顷刻。据王念孙说,这句是衍文。金正炜《战国策补释》认为这句当在"昼游乎茂树"之上。

㉛黄鹄:天鹅。

㉜沼:池。

㉝蔆:同"菱"。衡:就是荇,一种水草。

㉞翮:羽毛的茎,这里指鸟的大羽毛。六翮:鸟的翅膀,鸟翅一般有六根大羽毛。

㉟凌:乘,驾。

㊱碆:石制箭头。卢:黑弓。

㊲缯缴:一种系着丝绳的短箭。缴,系在箭尾的丝绳。

㊳被礛磻:被锐利的箭镞射中。磻,同"碆"。

㊴引:拖着。微:轻细。

㊵抎:通"陨",坠落。

㊶鼐:大鼎。

㊷蔡灵侯:鲁昭公十一年(前531)被楚灵王诱杀于申地。

㊸高陂:高丘,高坡。

㊹陵:登。

㊺茹溪:水名,在巫山县北。流:水。

㊻湘波:湘水。

㊼嬖女:宠爱的女人。

㊽高蔡:即上蔡。

㊾子发:楚大夫。宣王:楚宣王。按,诱杀蔡侯者当为楚灵王,奉命围蔡者乃公子弃疾而非子发。

㊿己、之:指蔡灵侯。见:使……见。这里指解送去见楚灵王。

(51)饭封禄之粟:吃着各封邑进奉来的粮食。

(52)载:楚仓库名,一说各地府库。

(53)云梦:也称"云梦泽",楚大泽,在今湖北中部。

(54)穰侯:即魏冉,秦昭王母宣太后之弟,任丞相,封于穰。秦王:秦昭王。

(55)填:指布满军队,占领。黾塞:即今河南信阳西南平靖关。内:秦将白起攻破鄢郢,在黾塞之南,故说"内"。

(56)投:抛掷。外:楚王出奔城阳,在黾塞之北,故说"外"。

(57)变作:(脸色)改变。

(58)执珪:楚爵位名,楚功臣赐以圭,谓之执圭,为楚最高爵位。珪,同"圭"。

三、审美思辨

⑤9与:通"举",攻下。刘向《新序》载:楚王用庄辛之计,收复了淮北之地。

【《战国策》简介】

《战国策》是西汉人刘向对皇家藏书中《国策》《国事》《短长》《事语》《长书》《修书》等战国历史散文著作,按国别加以整理编纂并定名的国别体史书,分西周、东周、秦、齐、楚、赵、魏、韩、燕、宋、卫、中山十二策,共三十三篇。其时代大致上接春秋,下迄秦并六国。各篇作者已不可考。内容以谋臣策士游说诸侯或互相辩难为主,在一定程度上再现了战国时期群雄纷争、合纵连横、说客蜂起的时代特点,具有较高的史料价值。

《战国策》的出现标志着继《左传》《国语》之后,叙事散文发展的新水平。它构思开阔缜密,文辞铺张扬厉,行文一波三折,酣畅淋漓。善于运用夸张、比喻、排比及寓言故事,论事透辟,写人传神,情理并茂,极富文学色彩。《战国策》对后世文学、史学影响深远。

五蠹① (节选)

韩 非

上古之世,人民少而禽兽众,人民不胜禽兽虫蛇,有圣人作②,构木为巢,以避群害,而民悦之,使王天下③,号之曰"有巢氏"。民食果蓏蚌蛤④,腥臊恶臭,而伤害腹胃,民多疾病,有圣人作,钻燧取火,以化腥臊⑤,而民说之⑥,使王天下,号之曰"燧人氏"。中古之世,天下大水,而鲧、禹决渎⑦。近古之世,桀、纣暴乱,而汤、武征伐。今有构木钻燧于夏后氏之世者⑧,必为鲧、禹笑矣;有决渎于殷、周之世者,必为汤、武笑矣。然则今有美尧、舜、鲧、禹、汤、武之道于当今之世者⑨,必为新圣笑矣。是以圣人不期修古,不法常可,论世之事,因为之备⑩。宋人有耕者,田中有株⑪,兔走触株,折颈而死,因释其耒而守株⑫,冀复得兔,兔不可复得,而身为宋国笑。今欲以先王之政,治当世之民,皆守株之类也。

古者丈夫不耕,草木之实足食也。妇人不织,禽兽之皮足衣也。不事力而养足⑬,人民少而财有余,故民不争。是以厚赏不行,重罚不用而民自治。今人有五子不为多,子又有五子,大父未死⑭,而有二十五孙,是以人民众而货财寡,事力劳而供养薄,故民争,虽倍赏累罚⑮而不免于乱。

尧之王天下也,茅茨不翦⑯,采椽不斫⑰,粝粢之食⑱,藜藿之羹⑲,冬日麑裘⑳,夏日葛衣㉑,虽监门之服养,不亏于此矣㉒。禹之王天下也,身执耒臿㉓,以为民先,股无完胈㉔,胫不生毛㉕,虽臣虏之劳不苦于此矣。以是言之,夫古之让天子者,是去监门之养而离臣虏之劳也,古传天下而不足多也㉖。今之县令,一日身死,子孙累世絜驾㉗,故人重之。是以人之于让也,轻辞古之天子,难去今之县令者,薄厚之实异也。夫山居而谷汲者,膢腊

57

而相遗以水⑱。泽居苦水者,买庸而决窦㉙。故饥岁之春,幼弟不饷㉚。穰岁之秋㉛,疏客必食。非疏骨肉爱过客也,多少之心异也。是以古之易财㉜,非仁也,财多也。今之争夺,非鄙也,财寡也。轻辞天子,非高也,势薄也。重争土橐㉝,非下也,权重也。故圣人议多少、论薄厚为之政,故罚薄不为慈,诛严不为戾,称俗而行也㉞。故事因于世,而备适于事㉟。

古者,文王处丰、镐之间㊱,地方百里,行仁义而怀西戎㊲,遂王天下。徐偃王处汉东㊳,地方五百里,行仁义,割地而朝者三十有六国。荆文王恐其害己也㊴,举兵伐徐,遂灭之。故文王行仁义而王天下,偃王行仁义而丧其国,是仁义用于古而不用于今也。故曰:世异则事异⓴。当舜之时,有苗不服㊶,禹将伐之。舜曰:"不可!上德不厚而行武㊷,非道也。"乃修教三年,执干戚舞㊸,有苗乃服。共工之战㊹,铁铦短者及乎敌㊺,铠甲不坚者伤乎体。是干戚用于古,不用于今也。故曰:事异则备变㊻。上古竞于道德,中世逐于智谋,当今争于气力。齐将攻鲁,鲁使子贡说之㊼。齐人曰:"子言非不辩也,吾所欲者土地也,非斯言所谓也㊽。"遂举兵伐鲁,去门十里以为界㊾。故偃王仁义而徐亡,子贡辩智而鲁削。以是言之,夫仁义辩智,非所以持国也。去偃王之仁,息子贡之智,循徐、鲁之力,使敌万乘㊿,则齐、荆之欲,不得行于二国矣。

……

儒以文乱法㈥,侠以武犯禁㈦,而人主兼礼之㈧,此所以乱也。夫离法者罪㈨,而诸先生以文学取㈩;犯禁者诛,而群侠以私剑养㈪。故法之所非,君之所取;吏之所诛,上之所养也。法、趣、上、下,四相反也,而无所定㈫,虽有十黄帝,不能治也。故行仁义者非所誉,誉之则害功㈬;工文学者非所用㈭,用之则乱法。楚之有直躬㈮,其父窃羊,而谒之吏㈯,令尹曰:"杀之㈰!"以为直于君,而曲于父,报而罪之㈱。以是观之,夫君之直臣,父之暴子也㈲。鲁人从君战,三战三北㈳。仲尼问其故,对曰:"吾有老父,身死莫之养也。"仲尼以为孝,举而上之㈴。以是观之,夫父之孝子,君之背臣也。故令尹诛而楚奸不上闻㈵,仲尼赏而鲁民易降北,上下之利若是其异也。而人主兼举匹夫之行㈶,而求致社稷之福,必不几矣㈷。

古者仓颉之作书也㈸,自环者谓之私㈹,背私谓之公㈺。公私之相背也,乃仓颉固以知之矣㈻。今以为同利者,不察之患也㈼。然则为匹夫计者㈽,莫如修行义而习文学㈾。行义修则见信,见信则受事;文学习则为明师,为明师则显荣㈿。此匹夫之美也。然则无功而受事,无爵而显荣,有政如此,则国必乱,主必危矣。故不相容之事,不两立也㊀。斩敌者受赏,而高慈惠之行;拔城者受爵禄㊁,而信廉爱之说;坚甲厉兵以备难㊂,而美荐绅之饰㊃;富国以农,距敌恃卒,而贵文学之士;废敬上畏法之民,而养游侠私剑之属㊄。举行如此㊅,治强不可得也㊆。国平养儒侠㊇,难至用介士㊈,所利非所用,所用非所利。是故服事者简其业㊉,而游学者日众,是世之所以乱也。

……

今境内之民皆言治,藏商、管之法者家有之㊊,而国愈贫,言耕者众,执末者寡也。境内皆言兵,藏孙、吴之书者家有之⑤,而兵愈弱,言战者多,被甲者少也⑥。故明主用其力,不听其言⑧,赏其功,必禁无用⑨,故民尽死力以从其上。夫耕之用力也劳,而民为之者,曰:可得以富也⑩。战之为事也危,而民为之者,曰:可得以贵也。今修文学,习言谈,则无耕之劳而有富之实,无战之危而有贵之尊,则人孰不为也?是以百人事智,而一人用力⑪。事智者众则法败,用力者寡则国贫,此世之所以乱也。故明主之国,无书简之文⑫,以法为教,无先王之语⑬,以吏为师,无私剑之捍⑭,以斩首为勇,是境内之民,其言谈者必轨于法⑮,动作者归之于功⑯,为勇者尽之于军⑰。是故无事则国富⑱,有事则兵强,此之谓王资⑲。既畜王资,而承敌国之衅⑳,超五帝、侔三王者㉑,必此法也。

今则不然。士民纵恣于内,言谈者为势于外㉒,外内称恶,以待强敌,不亦殆乎?故群臣之言外事者,非有分于从衡之党,则有仇雠之忠,而借力于国也。从者,合众弱以攻一强也;而衡者,事一强以攻众弱也——皆非所以持国也㉓。今人臣之言衡者,皆曰:"不事大㉔,则遇敌受祸矣!"事大未必有实,则举图而委㉕,效玺而请兵矣。献图则地削,效玺则名卑。地削则国削,名卑则政乱矣。事大为衡,未见其利也,而亡地乱政矣;人臣之言从者,皆曰:"不救小而伐大,则失天下㉖,失天下则国危,国危而主卑。"救小未必有实,则起兵而敌大矣;救小未必能存,而敌大未必不有疏㉗,有疏则为强国制矣——出兵则军败,退守则城拔。救小为从,未见其利,而亡地败军矣。

是故事强则以外权市官于内㉘,救小则以内重求利于外。国利未立,封土厚禄至矣。主上虽卑,人臣尊矣;国地虽削,私家富矣。事成则以权长重㉙,事败则以富退处㉚。人主之听说于其臣,事未成则爵禄已尊矣。事败而弗诛,则游说之士,孰不为用赠缴之说㉛而徼幸其后?故破国亡主,以听言谈者之浮说,此其故何也㉜?是人君不明乎公私之利,不察当否之言,而诛罚不必其后也㉝。皆曰:"外事,大可以王,小可以安㉞。"夫王者能攻人者也,而安则不可攻也;强则能攻人者也,治则不可攻也。治强不可责于外,内政之有也㉟。今不行法术于内,而事智于外,则不至于治强矣㊱。

……

夫明王治国之政,使其商工游食之民少而名卑㊲,以寡趣本务而趋末作。今世近习之请行㊳,则官爵可买;官爵可买,则商工不卑也矣。奸财货贾得用于市㊴,则商人不少矣。聚敛倍农㊵,而致尊过耕战之士,则耿介之士寡㊶,而高价之民多矣㊷。是故乱国之俗,其学者,则称先王之道,以籍仁义㊸,盛容服而饰辩说㊹,以疑当世之法㊺,而贰人主之心㊻;其言谈者㊼,为设诈称㊽,借于外力,以成其私,而遗社稷之利;其带剑者,聚徒属㊾,立节操以显其名,而犯五官之禁;其患御者,积于私门,尽货赂㊿,而用重人之谒[51],退汗马之劳;其商工之民,修治苦窳之器[52],聚沸靡之财,蓄积待时,而侔农夫之利[53]。此五者,邦之蠹也。人主不除此五蠹之民,不养耿介之士,则海内虽有破亡之国,削灭之朝[54],亦勿怪矣。

【注释】

①本文选自《韩非子》。蠹(dù):蛀虫。韩非认为当时的学者(儒家)、言谈者(纵横家)、带剑者(游侠)、

患御者(国君近臣)和工商之民五种人对国家有害,为社会蠹虫,故合称"五蠹"。

②作:兴起,出现。

③王(wàng):动词,称王。

④果:木本植物所结的果实。蓏(luǒ):草本植物所结的果实。蛤(gé):蛤蜊。

⑤钻燧(suì):钻木取火。燧,古代取火器。该句谓教民熟食。

⑥说(yuè):通"悦"。

⑦决渎(dú):疏通河流。渎,指独流入海的河流,古代长江、黄河、淮河、济水称"四渎"。

⑧夏后氏之世:指禹之时。禹乃夏后氏部落领袖,其子启建立了夏王朝。

⑨尧、舜、鲧、禹、汤、武:原作"尧、舜、汤、武、禹",据王先慎说改。

⑩"是以"四句:大意是说,圣人治世不必依古代之法,不必按旧有惯例,而应研究当前情况,采取相应措施。修:习,治。常可:犹言"惯例"。论:研究。备:设施,办法。

⑪株:伐木后所残剩的树桩。

⑫耒(lěi):犁,翻土农具。

⑬不事力:犹言不必费劲劳作。养足:生活资料充足。

⑭大父:祖父。

⑮累罚:层层刑罚。

⑯茅茨(cí):用茅草覆盖屋顶。翦(jiǎn):同"剪",修剪。

⑰采:木名,即栎树。椽:屋顶上承瓦的木条。斫(zhuó):砍削,此作"雕饰"解。

⑱粝(lì):粗米。粢(zī):稻饼。

⑲藜(lí):草名,可食。藿(huò):豆叶。

⑳麑(ní):幼小的鹿。

㉑葛(gé):麻布。

㉒"虽监门"二句:拿今天来说,即使一个看门人的吃穿用度,也不会低于这个水平了。监门:看守里门的人。亏:损,减少。

㉓臿(chā):掘土农具,即锹。

㉔股:大腿。完:原本无此字,据王先慎引《御览》增。胈(bá):股上细毛。一说,腿上肌肉。

㉕胫:小腿。

㉖古:通"故"。传天下:把天下传给别人,即禅让。多:赞美。

㉗累世:几代。絜(xié)驾:系马驾车,指乘车,这里形容享受富贵。

㉘腊(lóu):楚俗二月祭饮食之神的节日。腊:腊月祭百神的节日。相遗(wèi)以水:山居的人汲水困难,故以水为贵重之物,每逢节日以此相馈赠。遗,赠送。

㉙买庸:花钱雇人。庸,通"佣(傭)",雇佣工。窦:水沟。

㉚饷:给食。

㉛穰(ráng):庄稼丰熟。

㉜易财:把财物看得很轻。

㉝士:当作"土",同"仕",指进,做官。橐(tuó):通"托",指依附于诸侯士大夫。

㉞"故罚薄"三句:意谓古代刑罚轻算不得仁慈,后世刑罚严算不得暴虐,都是根据各自的风俗情况而行事的。戾:凶残。

㉟"故事"句:意谓举事要视时代的不同而有所区别,措施要适应新的情况而有所变化。

㊱文王:周文王。丰:在今陕西户县东。镐(hào):在今陕西西安西南。周文王自岐山下迁都于丰,武王又自丰迁都于镐。

㊲怀西戎:感化了西戎族使之归附。

㊳徐偃王:西周穆王时徐国国君,国境在今江苏徐州一带,因行仁义使诸侯归附,国境遂延至汉水以东。

㊴荆:即楚。按,楚文王春秋时人,距徐偃王三百余年,此言楚文王可能有误。

㊵“世异”句:时代不同,情况就不同。

㊶有苗:三苗,古代异族。有,语助词,无义。

㊷上德不厚:君王德化不足。

㊸执干戚舞:指音乐教化。干,盾。戚,斧。此言把干、戚用为舞具而不用于战争,以德教感化三苗。

㊹共工:古代部族首领名,被视为“四凶”之一,古帝王曾与之交战。

㊺铦(xiān):类似标枪的武器。及乎敌:指为敌所制。

㊻“事异”句:情况不同措施就不同。

㊼子贡:孔子弟子,善辞令。说(shuì):游说、劝阻。

㊽“非斯言”句:不是说几句话就能解决问题的。

㊾“去门”句:谓齐国侵占了鲁国大片土地,国界离鲁国都城城门只有十里了。

㊿“循徐、鲁”二句:利用徐、鲁两国的民力去抵御大国的入侵。循:顺着,依照。万乘(shèng):拥有一万辆战车,代指大国。

(51)儒:儒家。文:指古代文献经典。法:法制。

(52)侠:游侠。禁:禁令。

(53)人主:指国君。兼礼之:都以礼对待他们。

(54)离:通“罹(lí)”,触犯。罪:治罪。

(55)诸先生:指上文所谓“儒”。文学:与上文“文”同义,不是现代所说的“文学”。取:录用。

(56)以私剑养:谓靠着行刺的行径被养。

(57)法:指法之所非。趣:通“取”,指君之所取。上:指上之所养。下:指吏之所诛。这是说这四种情况自相矛盾而没有一定的标准。

(58)黄帝:轩辕氏,传说中远古时代的好帝王。

(59)非所誉:不是(应当)称誉的人。功:指耕战之事。

(60)工:擅长,精通。

(61)之:为“人”字之误。直躬:直身而行的人(指品行)。

(62)谒之吏:向官吏报告这件事。谒,禀告。

(63)之:指直躬。

(64)“以为”句:谓认为他对君忠,对父亲却不孝。曲:不直,这里指不孝。

(65)报:判决。罪:治罪。

(66)暴:下凌上叫暴,这里指不孝。

(67)北:败走。

(68)举:举荐。上之:使之上,等于说置之上位。

(69)背臣:叛臣。

(70)楚奸:楚国坏人的犯罪行为。上闻:向上报告使国君了解。闻,使听见,相当于“报告”。

(71)举:指称赞。

⑫几:庶几,希望不多。
⑬仓颉:相传为黄帝的史官,据说我国文字由他创造。书:指文字。
⑭自环:自绕,自营。
⑮公:从"八"从"厶","八"等于说背,有"相违背"之意。
⑯固:本来。以:通"已"。
⑰"今以为"句:现在认为公私利益一致,那是没有经过仔细考察的毛病。同利:指公私的利益相同。
⑱计:计划,考虑。者:语气词。
⑲行:当作"仁",下句"行义修"的"行"同此(依王先慎说)。
⑳受事:指接受国君委任的工作。
㉑显荣:显贵荣耀。
㉒不两立:不并存。
㉓高:以……为高,这里有"推崇"之意。
㉔拔:攻陷。
㉕厉:磨,后来作"砺"。备:防备。
㉖美:以……为美。荐:通"搢",插的意思。绅:衣带。儒者的服装要插笏(hù)(古代臣朝见君时所拿的手版)于衣带间,所以称"荐绅"。
㉗距:通"拒"。恃:依靠。
㉘废:弃而不用。属:相当于"辈"。
㉙举行:措施。
㉚治:国家太平。
㉛平:太平。
㉜介士:甲士。
㉝"所利"句:谓国家给以利益的人不是国家要用的人。
㉞服事:即服役。服事者:泛指从事劳动的人。简:这里有怠慢、荒废的意思。
㉟商:商鞅。管:管仲。法:指有关法令方面的书。
㊱孙:孙武。吴:吴起,先为魏文侯将,后为楚悼王相。
㊲言战:谈论战略。被:通"披"。
㊳"故明主"二句:意谓,明主用人的力,不听人的空言。其:泛指。
㊴其:亦泛指。
⑩无用:指对国家没有用处的儒家和游侠的活动。
⑪以富:靠(耕种)富足起来。
⑫事智:从事智力活动,指"修文学""习言谈"。用力:指从事耕战等体力劳动。
⑬书简:即书籍。书简之文,就是上文所谓文学。
⑭先王之语:古圣王的遗言遗教。
⑮捍:通"扞",干犯,即指上文"侠以武犯禁"。
⑯轨:遵循。
⑰动作者:劳动人民。归:使动用法。功:指农耕之事。
⑱尽之于军:使他们全部到军队中去服务。
⑲无事:无战事,指国家太平。

⑩王资:建立王业的资本。

⑪畜:通"蓄"。承:通"乘",指趁机会。衅:缝隙,引申为破绽、弱点。

⑫侔(móu):相等。

⑬士民:指儒士、游侠。纵:放肆。恣:骄横。内:国内。

⑭言谈者:指纵横家。为势于外:指借国外的力量造成自己的权势。

⑮称:举,行。

⑯"故群臣"四句:意谓群臣中向国君谈外交事务的人,不是属于合纵家或连横家一党,就是个人有仇怨,而想借国家的力量报私仇。外事:外交事务。分:分属。非……则:不是……就是。从:通"纵",即合纵。衡:通"横",即连横。

⑰持国:保持住国家。

⑱事大:事奉大国。

⑲实:指实际行动。"未"是衍文,下文"救小未必有实"中的"未"同此(依俞樾说,见《诸子平议》)。

⑳图:地图。委:交付。

㉑效:献。请:指请求大国发落。"兵"字是衍文(依俞樾说)。

㉒失天下:指失去天下人的信任。

㉓"救小"二句:意谓援救小国未必能使它存在,而以大国为敌未必不会有疏忽。

㉔外权:国外的权势。市:买。市官:指猎取官位。内:国内。

㉕重:权势。内重:国内的权势。外:国外。

㉖以权长重:指纵横家凭借权势在国内得到长期重用。

㉗退处:隐居。

㉘赠缴之说:指纵横家用来猎取功名富贵的虚言浮辞。

㉙徼倖其后:意谓纵横家希望事败之后能徼倖免祸。

㉚此、其:均为指示代词,指上面的话。

㉛当:适当。否:不适当。

㉜诛罚不必其后:在纵横家事败后没有坚决予以惩罚。不必其后,即"不必于其后"。必,一定,有"坚决执行"的意思。

㉝大、小:均指外交活动的效果。

㉞责:求。外:这里指外交活动。内政之有:从内政中取得。有,取。

㉟至:达到。

㊱游食之民:指没有定居的人,如商贾、工匠等。

㊲趣:通"趋"。"寡"字当为衍文(依《韩非子纂闻》)。本务:根本的事务,指农业。趋:当为"外"(依王先慎说)。外:有排斥、疏远之意。末作:不重要的行业,指工商。

㊳近习:指国君左右亲近的人。请:请求。行:实行。

㊴货贾:指投机的商业活动。用:施行。

㊵聚敛倍农:商人聚积的钱财比农民的收入要多一倍。

㊶致尊:指得到社会的尊重。

㊷耿介:光明正大。

㊸高价:当为"商贾"(依《韩非子纂闻》)。

㊹以:而。籍:通"藉(借)",凭借。籍仁义:指凭借仁义进行说教。

⑭盛：整。盛容服：指讲究容貌服装。饰辩说：修饰辞令。
⑯疑：惑乱。
⑰贰：不专一，这里为使动用法。
⑱言谈者：指纵横家。
⑲为：通"伪"。为设：虚构事实。诈称：说谎弄假。
⑳私：个人利益。
㉑遗：丢掉，不管。
㉒徒属：党徒。
㉓五官之禁：泛指国家的禁令。五官，指司徒、司马、司空、司士、司寇。
㉔患御：与"近习"义同。
㉕私门：指贵族世卿之门。
㉖尽：用作动词，搜刮尽。
㉗用：采用，接受。重人：有权势的要人。谒：请托。
㉘苦：粗劣。窳：有毛病。
㉙沸靡：奢侈挥霍。
㉚侔：通"牟"，谋取。
㉛削灭：被动用法。朝：朝廷。

【作者简介】

韩非（约前280—前233），战国末年韩国宗族公子，和李斯都是荀卿的学生。战国后期法家代表人物，先秦法家之集大成者。曾屡次上书韩王，均未获采纳。于是，怀着激愤的心情作《孤愤》《五蠹》《说难》等优秀篇章。秦王嬴政读其著作，大为赞赏，遂攻韩迫使其入秦。公元前234年，韩非作为韩国的使臣来到秦国，上书秦王，劝其先伐赵而缓伐韩。李斯妒忌韩非才能，与姚贾合谋谗害，韩非被迫服毒自杀。

韩非的政治思想熔商鞅的"法"、申不害的"术"、慎到的"势"于一炉，倡导封建君主专制理论。《韩非子》在韩非死后成书，现存55篇，大多是韩非自己的作品。韩非的散文长于说理，语言犀利，逻辑严密。他以驳难、问答、寓言故事进行说理的方法，为后世散文家提供了有益的创作经验。

论红颜薄命①

苏 青

红颜薄命，这四个字为什么常连在一起，其故盖有二焉：第一，红颜若不薄命，则其红颜与否往往不为人所知，故亦无谈起之者；第二，薄命者若非红颜，则其薄命事实也被认

三、审美思辨

为平常,没有什么可谈的了,这就是红颜薄命的由来。

天下美人多得很,就是在霞飞路电车上,我也常能发现整齐好看的姑娘。她们的眸子是乌黑的,回眸一笑,露出两排又细又白的牙齿。我想,这真是美丽极了,要是同车中有一个尊贵的王子,爱上了她,这位姑娘的美名马上就可以传遍整个的上海,整个的中国,甚至于整个的世界。可惜尊贵的王子决不会来与我们一同搭电车,就是勇敢的武士,豪富的官绅等辈也不会,她们成名的机会多难得呀,就是有,也只在浪漫的诗人身上。

要知道一个好看的女人生长在一个平凡的家庭里,一辈子过着平凡的生活,那么她是永远不会成名,永远没有人把黑字印在白纸上称赞她一声"红颜"的。必定在一个偶然的机会里,她给一个有地位的男人看中了,这个男人便把她攫取过来,形成自己生活的一部分,于是牡丹绿叶,相得益彰,她既因他而一举成名,他也因她而佳话流传了。美人没有帝王、将相、英雄、才子之类提拔,就说美到不可开交,也是没有多少人能知道她的。

譬如说吧,西施生长在苎萝村,天天浣纱,虽然有几个牧童、樵夫、渔翁等辈吃吃她豆腐,她的美名可能传扬开去到几十里以外的村庄吗?即使她有一天给挑水夫强奸了,惊官动府起来,至多也不过一镇的人知道,一城的人知道足矣,哪里会名满公卿,流传百世,惹得骚人墨客们吟咏不绝呢?这也是她机会凑巧,合该成名。有一天正在浣纱的时候,刚好给范大夫差来寻美女的人瞥见了,于是她便给人家一献而至范大夫府上,再献而至越王座前,三献而进于夫差宫中。于是她的"红颜"出名了,薄命也就不可避免。

的确,在从前的时候,王宫就是红颜薄命的发祥之地。一个如花似玉的少女进了宫里,不是没有机会见男人守空房到老,便是机会来了给那个骄恣横暴粗俗恶劣的所谓皇帝也者玩弄。那家伙有的是权,有的是势,有的是金钱,有的是爪牙,还有礼啦法啦这种种宝贝给他做护身符,一个美人到了他手里,便再也别想受他的尊重及爱护,相反地,他只知道蹂躏她,而她也只好忍受着听凭摧残。他也许是老态龙钟的,荒淫过度身体衰弱不堪,有恶疾的,脾气当然不好,文才武才都没有,面貌也很难希望他生得端正漂亮,但是你都得忍受,还要感激他给你的皇家雨露之恩,不忍受不感激便是大逆不道呀!当我读到《长恨歌》中"承欢侍宴无闲暇,春从春游夜专夜"这两句诗,总觉玉环太苦,倒不如趁早长眠马嵬坡下,得到永久的休息为妙。皇帝是这样,其手下的权贵们也就差不了多少,所以美人嫁给阔佬大概是很苦的,许多美人之没有后裔,大概也是由于她们的男人荒淫过度失却了生殖能力之故,盖当时未必有可靠的避孕法也。

婚姻不如意,便是顶薄命的事,理想婚姻是应该才貌相当的。所谓才貌相当,也不仅是男有才而女有貌,我的意思乃是说男之才与女之才相称,男之貌与女之貌也相当之谓。男女双方之才均称则精神上愉快,男女双方之貌得当则肉体上满足,这是灵肉兼顾的顶完善办法。而且话得声明在前,这里所谓才也貌也都是广义的而言,才乃包括一切思想学问志趣嗜好,不是专指吟诗作画等一艺之长;貌亦包括年龄健康清洁卫生,并不是专论一副面孔的呀。

此外尚有更重要者,则为道德之讲究。在婚姻关系中,若有一方不讲道德,即令才貌相当,恐亦难致幸福。至若一般有地位的男子想借其优越势力以猎取女人的肉体,或一般长得好看的女人想利用其美貌以猎取男子的金钱,则其动机已经卑鄙,道德观念全消失,哪里还谈得到真正的爱情幸福呢?

可惜许多女子都见不及此,这也是造成红颜薄命的另一原因。盖美貌常与年轻相连,年轻的女子常常缺乏经验,缺乏学识,则也是事实。学识经验既然缺乏,自然容易上钩,受人之骗,后悔莫及。美貌与思虑常是成反比例的,不会思虑的人,吃吃睡睡,跑跑跳跳,便容易显得年轻好看。而一般男人又多赞美她的好看,而不提及她的无知,有时还说无知更能显出娇憨,逗人爱怜。其实这句话可不知害坏了多少女子,于是她们只求娇憨,不敢多动脑筋,结果果然红颜了以后,薄命也就不可避免,这是美人不能思想之误。

美人不能思想,不肯学习,心地便狭隘,胸襟便龌龊起来。自己不肯努力向上,只希望有个现成的阔佬来提拔提拔她,于是见了君王眼红,见了卿相眼红,见了英雄眼红,见了才子眼红,仿佛只要一做这些人的妾,便可身价百倍,较旧日侪辈而有余了,于是你也竞争,我也竞争,大家抢夺良人,一人得意,万人伤心,红颜薄命的故事更层出不穷了。这可真真便宜了男人,美中择美,少里挑少,此往彼来,一直快活到死。有时还可三妻四妾,兼收并蓄。现在虽说盛行一夫一妻制,但红颜女子想嫁部长经理之类的还是太多,多财有势的男子与年轻美貌的女子结合,是最最普通的事,也是最最危险的事。盖有财有势的男子大都老奸巨猾,而年轻美貌的女子又多无学无识,其不上当,安可得乎?此红颜所以更多薄命机会也。

至于薄命者若非红颜,便无人说起或说起而无人同情一节,这颇使我愤愤不平。也许我就是这么一个碌碌庸人吧,我只知道敬佩无名英雄,也同情另一批不红颜而薄命,而且比红颜而薄命者更苦上万分的女人。譬如说天宝遗事吧,杨贵妃死了,多少人同情她,为她做诗,做戏曲,做文章,因为她美得很哪。其实她生前既淫乐骄奢,死后太上皇还一直惦记着她,遣方士觅取她的阴魂,也算够哀荣的了,比起长门镇日无梳洗的梅妃来,不是已幸福得多吗?不过梅妃也相当漂亮,惊鸿舞罢,光照四座,因此也有人为她的失宠而洒一掬同情之泪,比起那倒霉的皇后以及白头宫女辈来也不知多幸福几许了,那些非红颜的女人在平时既无人怜爱,赐一斛珍珠慰她们寂寥,乱时又无人保护,死者死,剩下来的也只有继续度凄凉岁月到老死罢了,这还不是更薄命吗?

老实说,历史家常是最势利的,批评女人的是非曲直总跟美貌而走。一个漂亮的女人做了人家小老婆,便觉得独宿就该可怜,如冯小奇般,双栖便该祝福,若柳如是然,全不问这两家大老婆的喜怒哀乐如何。但假如这家的大老婆生得美丽,而小老婆比不上她的话,则怜悯或祝福又该移到她们身上去了,难道不漂亮的女人薄命都活该,惟有红颜薄命,才值得一说再说,大书特书吗?

戏剧家看穿这层道理,因此悲剧的主角总拣美丽动人的女子来当,始能骗取观众的同情,赚得他们不少眼泪。譬如说,剧情是一个男人弃了太太,另找情人,太太自杀了,那个饰太太的演员便该比饰情人的演员漂亮得多。于是在她自杀之后,观众才会纷纷叹息说:"多可怜哪!红颜薄命。"若是饰太太的演员太难看了呢,则观众心理便要改变,轻嘴薄舌的人们也许会说:"这个黄脸婆若换了我,也是不要的,死了倒干净。"那时这出戏便不是悲剧,而是悲喜剧了,主角是那个情人,她的恋爱几经波折,终于除去障碍,与男主角有情人成为眷属了。

美的力量呀!无怪成千上万的女子不惜冒薄命之万险而唯求成红颜之美名,及至红颜老去,才又追悔莫及了。男子也有美丑,但因其与祸福无大关系,故求美之心也就远不如女子之切。女子为了求美,不惜牺牲一切,到头来总像水中捞月,分明在握,却又从手中流出去了。时间犹如流水,外形美犹如水中月影,不要说任何女人不能把它抓住捏牢,就是真个掬水月在手,在手的也不过是一个空影呀!至于真正的月亮,那好比一个人的人格美、内心美,若能使之皎洁,便当射出永久的光辉。红颜女子不一定薄命,红颜而无知,才像水中捞月,随时有失足堕水,惨遭灭顶之虞呀。

【注释】

①选自《苏青文集》下册,上海书店出版社1994年版,有删改。本文原载1943年7月1日《古今》第26期。

【作者简介】

苏青(1914—1982),本名冯允庄,早年发表作品时署名冯和仪,后以苏青为笔名。1914年5月12日,生于浙江宁波鄞县山乡一个农家。1921年随父母到上海生活。1924年回浣锦村,第二年入县立女子师范学校读书。1933年省立第四中学高中毕业后考入南京国立中央大学。次年因长女出生退学。1935年处女作《生男与育女》在《论语》第67期发表。同年到上海,开始在《宇宙风》《古今》等杂志上大量发表作品。上海沦陷期间与张爱玲齐名。1943年10月创办《天地》月刊及天地出版社。随后散文集《浣锦集》和自传体长篇小说《结婚十年》单行本出版。《结婚十年》使苏青一举成为畅销书作家。1945年散文集《涛》《饮食男女》《逝水集》出版。1951年任专职编剧,先后创作剧本《新房子》《江山遗恨》《卖油郎》《屈原》《红楼梦》等。1955年的"胡风事件"中,因与贾植芳先生通了一次信,探讨司马迁问题,涉嫌"胡风分子"而被关进监狱。1957年被释放。1959年调任上海红旗锡剧团编剧。1982年12月7日因病去世。苏青的作品大胆描写男女爱情和性欲,表露女性心路历程和人生态度,因而具有独特的风味,深受市民读者的欢迎。

智慧与国学[①]

王小波

一

我有一位朋友在内蒙古插过队,他告诉我说,草原上绝不能有驴。假如有了的话,所有的马群都要"炸"掉。原因是这样的:那个来自内地的、长耳朵的善良动物来到草原上,看到了马群,以为见到了表亲,快乐地奔了过去;而草原上的马没见过这种东西,以为来了魔鬼,被吓得一哄而散。于是一方急于认表亲,一方急于躲鬼,都要跑到累死了才算。近代以来,确有一头长耳朵怪物,奔过了中国的原野,搅乱了这里的马群,它就是源于西方的智慧。假如这头驴可以撵走,倒也简单。问题在于撵不走。于是就有了种种针对驴的打算:把它杀掉,阉掉,让它和马配骡子,没有一种是成功的。现在我们希望驴和马能和睦相处,这大概也不可能。有驴子的地方,马就养不住。其实在这个问题上,马儿的意见最为正确:对马来说,驴子的确是可怕的怪物。

让我们来看看驴子的古怪之处。当年欧几里得讲几何学,有学生发问道,这学问能带来什么好处?欧几里得叫奴隶给他一块钱,还讽刺他道:这位先生要从学问里找好处啊!又过了很多年,法拉第发现了电磁感应,演示给别人看,有位贵妇人说:这有什么用?法拉第反问道:刚生出来的小孩子有什么用?按中国人的标准,这个学生和贵妇有理,欧几里得和法拉第没有理:学以致用嘛,没有用处的学问哪能叫做学问。西方的智者却站在老师一边,赞美欧几里得和法拉第,鄙薄学生和贵妇。时至今日,我们已经看出,很直露地寻求好处,恐怕不是上策。这样既不能发现欧氏几何,也不能发现电磁感应,最后还要吃很大的亏。怎样在科学面前掩饰我们要好处的暧昧心情,成了一个难题。

有学者指出,中国传统的思维方式有重实用的倾向。他们还以为,这一点并不坏。抱着这种态度,我们很能欣赏一台电动机。这东西有"器物之用",它对我们的生活有些贡献。我们还可以像个迂夫子那样细列出它有"抽水之用""通风之用",等等。如何得到"之用",还是个问题,于是我们就想到了发明电动机的那个人——他叫作西门子或者爱迪生。他的工作对我们可以使用电机有所贡献,换言之,他的工作对器物之用又有点用,可以叫作"器物之用之用"。像这样林林总总,可以揪出一大群:法拉第、麦克斯韦,等等,分别具有"之用之用之用"或更多的之用。像我这样的驴子之友看来,这样来想问题,岂

三、审美思辨

止是有点笨,简直是脑子里有块榆木疙瘩,嗓子里有一口痰。我认为在器物的背后是人的方法与技能,在方法与技能的背后是人对自然的了解,在人对自然了解的背后,是人类了解现在、过去与未来的万丈雄心。按老派人士的说法,它该叫作"之用之用之用",是末节的末节。一个人假如这样看待人类最高尚的品行,何止是可耻,简直是可杀。而区区的物品,却可以叫"之用",和人亲近了很多。总而言之,以自己为中心,只要好处,由此产生的狼心狗肺的说法,肯定可以把法拉第、爱迪生等人气得在坟墓里打滚。

在西方的智慧里,怎样发明电动机,是个已经解决了的问题,所以才会有电动机。罗素先生就说,他赞成不计成败利钝地追求客观真理。这话还是有点绕。我觉得西方的智者有一股不管三七二十一,总要把自己往聪明里弄的劲头儿。为了变得聪明,就需要种种知识。不管电磁感应有没有用,我们先知道了再说。换言之,追求智慧与利益无干,这是一种兴趣。现代文明的特快列车竟发轫于一种兴趣,说来叫人不能相信,但恐怕真是这样。

中国人还认为,求学是痛苦的,学海无涯苦作舟。学童不仅要背四书五经,还要挨戒尺板子,仅仅是因为考虑到他们的承受力,才没有动用老虎凳。学习本身很痛苦,必须以更大的痛苦为推动力,和调教牲口没有本质的区别。当然,夫子曾说,学而时习之,不亦说乎?但他老人家是圣人,和我们不一样。再说,也没人敢打他的板子。从书上看,孟子曾从思辨中得到一些快乐。但春秋以后到近代,再没有中国人敢说学习是快乐的了。一切智力的活动都是如此,谁要说动脑子有乐趣,最轻的罪名也是不严肃——顺便说一句,我认为最严肃的东西是老虎凳,对坐在上面的人来说,更是如此。据我所知,有些外国人不是这样看问题。维特根斯坦在临终时,回顾自己一生的智力活动时说:告诉他们,我度过了美好的一生。还有一个物理学家说:我就要死了,带上两道难题去问上帝。在天堂里享受永生的快乐他还嫌不够,还要在那里讨论物理!总的来说,学习一事,在人家看来快乐无比,而在我们眼中则毫无乐趣,如同一个太监面对后宫佳丽。如此看来,东西方两种智慧的区别,不仅是驴和马的区别,而且是叫驴和骟马的区别。那东西怎么就没了,真是个大问题!

作为驴子之友,我对爱马的人也有一种敬意。通过刻苦的修炼来完善自己,成为一个敬祖宗畏鬼神、俯仰皆能无愧的好人,这种打算当然是好的。唯一使人不满意的是,这个好人很可能是个笨蛋。直愣愣地想什么东西有什么用处,这是任何猿猴都有的想法。只有一种特殊的裸猿(也就是人类),才会时时想到"我可能还不够聪明"!所以,我不满意爱马的人对这个问题的解答。也许在这个问题上可以提出一个骡子式的折中方案:你只有变得更聪明,才能看到人间的至善。但我不喜欢这样的答案。我更喜欢驴子的想法:智慧本身就是好的。有一天我们都会死去,追求智慧的道路还会有人在走着。死掉以后的事我看不到。但在我活着的时候,想到这件事,心里就很高兴。

二

物理学家海森堡给上帝带去的那两道难题是相对论和湍流。他还以为后一道题太难,连上帝都不会。我也有一个问题,但我不想向上帝提出,那就是什么是智慧。假如这个问题有答案,也必定在我的理解范围之外。当然,不是上帝的人对此倒有些答案,但我总是不信。相比之下我倒更相信苏格拉底的话:我只知道自己一无所知。罗素先生说,虽然有科学上的种种成就,但我们所知甚少,尤其是面对无限广阔的未知,简直可以说是无知的。与罗素的注释相比,我更喜欢苏格拉底的那句原话,这句话说得更加彻底。他还有些妙论我更加喜欢:只有那些知道自己智慧一文不值的人,才是最有智慧的人。这对某种偏向是种解毒剂。

如果说我们都一无所知,中国的读书人对此肯定持激烈的反对态度:孔夫子说自己知天命而且不逾矩,很显然,他不再需要知道什么了。后世的人则以为:天已经生了仲尼,万古不长如夜了。再后来的人则以为,精神原子弹已经炸过,世界上早没有了未解决的问题。总的来说,中国人总要以为自己有了一种超级的知识,博学得够够的、聪明得够够的,甚至巴不得要傻一些。直到现在,还有一些人以为,因为我们拥有世界上最博大精深的文化遗产,可以坐待世界上一切寻求智慧者的皈依——换言之,我们不仅足够聪明,还可以担任联合国救济署的角色,把聪明分给别人一些。我当然不会反对这样说:我们中国人是全世界、也是全宇宙最聪明的人。一种如此聪明的人,除了教育别人,简直就无事可干。

马克·吐温在世时,有一次遇到了一个人,自称能让每个死人的灵魂附上自己的体。他决定通过这个人来问候一下死了的表兄,就问道:你在哪里?死表哥通过活着的人答道:我在天堂里。当然,马克·吐温很为表哥高兴,但问下去就不高兴了——你现在喝什么酒?灵魂答道:在天堂里不喝酒。又问抽什么烟?回答是不抽烟。再问干什么?答案是什么都不干,只是谈论我们在人间的朋友,希望他们到这里和我们相会。这个处境和我们有点相像,我们这些人现在就无事可干,只能静待外国物质文明破产,来投靠我们的东方智慧。这话梁任公1920年就说过,现在还有人说。洋鬼子在物质堆里受苦,我们享受天人合一的大快乐,正如在天堂里的人闲着没事拿人间的朋友磕磕牙,我们也有了机会表示自己的善良了。说实在的,等人来这点事还是洋鬼子给我们找的。要不是达·伽马找到好望角绕了过来,我们还真闲着没事干。从汉代到近代,全中国那么多聪明人,可不都在闲着:人文学科弄完了,自然科学没的弄。马克·吐温的下一个问题,我国的一些人文学者就不一定爱听了:等你在人间的朋友们都死掉,来到了你那里,再谈点什么?是啊是啊,全世界的人都背弃了物质文明,投奔了我们,此后再干点什么?难道重操旧业,去弄八股文?除此之外,再搞点考据、训诂什么的。过去的读书人有这些就够了,而现在的年轻人未必受得了。把拥有这种超级智慧比作上天堂,马克·吐温的最后一个问题深得我心:你是知道我的生活方式的,有什么方法能使我不上天堂而下地狱,我倒很想知道! 言下之意是:忍受地狱毒火的煎熬,也比闲了没事要好。是啊是啊! 我宁可做个苏格拉底那样的人,自以为一无所知,体会寻求知识的快乐,也不肯做个"智慧满盈"的儒士,忍受这种无所事事的煎熬!

三

我有位阿姨,生了个傻女儿,比我大几岁,不知从几岁开始学会了缝扣子。她大概还学过些别的,但没有学会。总而言之,这是她唯一的技能。我到她家去坐时,每隔三到五分钟,这傻丫头都要对我狂嚎一声:"我会缝扣子!"我知道她的意思:她想让我向她学缝扣子。但我就是不肯,理由有二:其一,我自己会缝扣子;其二,我怕她扎着我。她这样爱我,让人感动。但她身上的味也很难闻。

我在美国留学时,认得一位青年,叫作戴维。我看他人还不错,就给他讲解中华文化的真谛,什么忠孝、仁义之类。他听了居然不感动,还说:"我们也爱国。我们也尊敬老年人。这有什么? 我们都知道!"我听了不由得动了邪火,真想扑上去咬他。之所以没有咬,是因为想起了傻大姐,自觉得该和她有点区别,所以悻悻然地走开,心里想道:妈的! 你知道这些,还不是从我们这里知道的。礼义廉耻,洋人所知没有我们精深,但也没有儿奸母、子食父、满地拉屎。东方文化里所有的一切,那边都有,之所以没有投入全身心来讲究,主要是因为人家还有些别的事情。

假如我那位傻大姐学会了一点西洋学术,比方说,几何学,一定会跳起来大叫道:人所以异于禽兽者,几稀! 这东西就是几何学! 这话不是没有道理,的确没有哪种禽兽会几何学。那时她肯定要逼我跟她学几何,如果我不肯跟她学,她定要说我是禽兽之类,并且责之以大义。至于我是不是已经会了一些,她就不管了。我的意思当然不是说她能学会这东西,而是说她只要会了任何一点东西,都会当作超级智慧,相比之下那东西是什么倒无所谓。由这件事我想到超级知识的本质。这种东西罗素和苏格拉底都学不会,我学起来也难。任何知识本身,即便烦难,也可以学会。难就难在让它变成超级,从中得到大欢喜、大欢乐,无限的自满、自足、手之舞之足之蹈之的那种品行。这种品行我的那位傻大姐身上最多,我身上较少。至于罗素、苏格拉底两位先生,他们身上一点都没有。

傻大姐是个知识的放大器,学点东西极苦,学成以后极乐。某些国人对待国学的态度与傻大姐相近。说实在的,他们把它放得够大了。拉封丹寓言里,有一则《大山临盆》,内容如下:大山临盆,天为之崩,地为之裂,日月星辰,为之无光。房倒屋坍,烟尘滚滚,天下生灵,死伤无数……最后生下了一只耗子。中国的人文学者弄点学问,就如大山临盆一样壮烈。当然,我说的不止现在,而且有过去,还有未来。

正如迂夫子不懂西方的智慧,也能对它品头论足一样,罗素没有手舞足蹈的品行,但也能品出其中的味道——大概把对自己所治之学的狂热感情视作学问本身乃是一种常见的毛病,不独中国人犯,外国人也要犯。他说:人可能认为自己有无穷的财源,而且这种想法可以让他得到一些(何止是一些!罗素真是不懂——王注)满足。有人确实有这种想法,但银行经理和法院一般不会同意他们。银行里有账目,想骗也骗不成;至于在法院里,我认为最好别吹牛,搞不好要进去的。远离这两个危险的场所,躲在人文学科的领域之内,享受自满自足的大快乐,在目前还是可以的;不过要有人养。在自然科学里就不行:这世界上每年都有人发明永动机,但谁也不能因此发财。顺便说一句,我那位傻大姐,现在已经五十岁了,还靠我那位不幸的阿姨养活着。

【注释】

①选自《沉默的大多数》,中国青年出版社1997年版,有删改。

【作者简介】

王小波(1952—1997),当代著名作家。北京人。1982年大学毕业。1988年获美国匹兹堡大学硕士学位,回国后在高校任教。1992年起为自由撰稿人。致力于小说创作,有《黄金时代》《白银时代》《青铜时代》三部中长篇小说集(合称《时代三部曲》)等。1990年开始写作思想随笔,出版有《思维的乐趣》《我的精神家园》《沉默的大多数》等。1997年4月10日因心脏病猝发去世。1999年中国青年出版社出版的《王小波文集》(4集),收集较为全面。他的小说《黄金时代》获第13届《联合报》文学奖中篇小说大奖,小说《未来世界》获第16届《联合报》文学奖中篇小说大奖。他的散文语言风趣幽默,见解深刻独到,思想自由奔放,开创了当代散文的新风尚。

中国,我的钥匙丢了[①]

梁小斌

中国,我的钥匙丢了。

那是十多年前,
我沿着红色大街疯狂地奔跑,
我跑到了郊外的荒野上欢叫,
后来,
我的钥匙丢了。

心灵,苦难的心灵,
不愿再流浪了,
我想回家,
打开抽屉、翻一翻我儿童时代的画片,
还看一看那夹在书页里的
翠绿的三叶草。

而且,
我还想打开书橱,
取出一本《海涅歌谣》,
我要去约会,
我向她举起这本书,
做为我向蓝天发出的
爱情的信号。

这一切,
这美好的一切都无法办到,
中国,我的钥匙丢了。

天,又开始下雨,
我的钥匙啊,
你躺在哪里?
我想风雨腐蚀了你,
你已经锈迹斑斑了。
不,我不那样认为,
我要顽强地寻找,
希望能把你重新找到。

太阳啊,
你看见了我的钥匙了吗?
愿你的光芒,
为它热烈地照耀。

我在这广大的田野上行走,
我沿着心灵的足迹寻找,

那一切丢失了的，
我都在认真思考。

1979.12—1980.8

【注释】

①选自阎月君等编选的《朦胧诗选》，春风文艺出版社 1985 年版。该诗首发于《诗刊》1979 年 10 月号。

【作者简介】

梁小斌(1954—)，安徽合肥人，朦胧诗代表诗人。1972 年开始诗歌创作，1991 年加入中国作家协会。著有诗集《少女军鼓队》，思想随笔集《独自成俑》等。代表作《中国，我的钥匙丢了》《雪白的墙》被选入《百年中国文学经典》。《雪白的墙》还获得 1982 年全国中青年诗人优秀新诗奖。

于平凡中发现复杂而深刻的意蕴，给普通事物以绚丽的光彩，是梁小斌诗歌创作的自觉追求。《中国，我的钥匙丢了》便是这种"自觉追求"的诗化呈现。

钥匙，日常生活中的普通物什，诗人却把它意象化、精神化，使它的物质功能延伸、扩展到精神世界，于是，这"钥匙"便成了打开心灵、精神乃至历史之门的象征。诗人把"钥匙丢了"与十多年前"我沿着红色大街疯狂地奔跑"相连，使得诗歌内涵扩展到一个广阔深远的历史背景之下，使人自然联想到十年动乱造成的灾难深重，诗的深厚历史内涵于此产生。诗中通过"我"执着"寻找"钥匙的过程，体现了一代青年的觉醒。十年的苦难历史，并没有泯灭他们内心深处对真善美的希冀与渴求。诗人通过"我"对一把钥匙的"寻找"，从深层意义上暗示了一代人心灵道路的回归，对历史真实的寻找与思考，对健康的精神、斑斓的理想、甜蜜的爱情、幸福的生活的向往。"寻找"这一行为基本概括了当时一代青年人共同的心理特征。

梁小斌钟情于孩子的稚气和纯真，喜欢以孩子的眼睛看世界，用孩子的语言表达对生活的感受和认知。诗中，孩子般纯净的心灵境界和荒谬年代的沉重历史内容相结合，形成了该诗纯真与沉郁悲凉相交织又相冲突的风格特征。这也是梁小斌的诗歌创作风格不同于其他朦胧诗人的地方。

论读书①

[英]培 根

读书可以作为消遣，可以作为装饰，也可以增长才干。

孤独寂寞时，阅读可以消遣。高谈阔论时，知识可供装饰。处世行事时，知识意味着才干。懂得事务因果的人是幸运的。有实际经验的人虽能够处理个别性的事务,但若要综观整体,运筹全局,却唯有学识方能办到。

读书太慢会弛惰,为装潢而读书是欺人,只按照书本做事就是呆子。

求知可以改进人性,而经验又可以改进知识本身。人的天性犹如野生的花草,求知学习好比修剪移栽。学问虽能指引方向,但往往流于浅泛,必须依靠经验才能扎下根基。

狡诈者轻鄙学问,愚鲁者羡慕学问,聪明者则运用学问。知识本身并没有告诉人怎样运用它,运用的智慧在于书本之外。这是技艺,不体验就学不到。

读书的目的是为了认识事物原理。为挑剔辩驳去读书是无聊的。但也不可过于迷信书本。求知的目的不是为了吹嘘炫耀,而应该是为了寻找真理,启迪智慧。

书籍好比食品。有些只须浅尝,有些可以吞咽,只有少数需要仔细咀嚼,慢慢品味。所以,有的书只要读其中一部分,有的书只须知其梗概,而对于少数好书,则应当通读、细读、反复读。

有的书可以请人代读,然后看他的笔记摘要就行了。但这只应限于不太重要的议论和质量粗劣的书。否则一本书将像已被蒸馏过的水,变得淡而无味了。

读书使人充实,讨论使人机敏,写作则能使人精确。

因此,如果有人不读书又想冒充博学多知,他就必须很狡黠,才能掩人耳目。如果一个人懒于动笔,他的记忆力就必须强而可靠。如果一个人要孤独探索,他的头脑就必须格外锐利。

读史使人明智,读诗使人聪慧,学习数学使人精密,物理学使人深刻,伦理学使人高尚,逻辑修辞使人善辩。总之,"知识能塑造人的性格"。

不仅如此,精神上的各种缺陷,都可以通过求知来改善——正如身体上的缺陷,可能通过适当的运动来改善一样。例如打球有利于腰背,射箭可扩胸利肺,散步则有助于消化,骑术使人反应敏捷,等等。同样道理,一个思维不集中的人,他可以研习数学,因为数学稍不仔细就会出错。缺乏分析判断力的人,他可以研习形而上学,因为这门学问最讲究细琐的辩证。不善于推理的人,可以研习法律案例。如此等等。这种种心灵上的缺陷,都可以通过求知来治疗。

(何新译)

【注释】

①本文选自《人生论》,华龄出版社2001年版,有删改。

【作者简介】

培根(1561—1626),英国唯物主义哲学家、散文家。出身于贵族家庭。12岁入剑桥大学三一学院,学习哲学,后改学法律。15岁进葛莱律师公会,为高级生,22岁被认可为律师。1607年任法部次官,1617年升为掌玺大臣,1618年再升为英格兰大法官。1603年、1618

年、1621年先后受封爵士、男爵、子爵。1621年因受贿被国会弹劾,判处4万镑罚金,并终身监禁。后来为詹姆斯王所释放并退还罚金。1626年春,为了试验冷藏是否可保存肉类持久不腐,在大风雪中受冻,患重感冒逝世。

培根学识渊博,主要建树在哲学和文学方面。他反对经院哲学和唯心主义,强调发展自然科学的重要,重视知识对人生和社会的作用,提出"知识就是力量",被马克思誉为"英国唯物主义和整个现代实验科学的真正始祖"。其学说不足之处是存在着"神学的不彻底性"。他还是近代归纳法的创始人,提出了"经验—理论—经验"的公式。学术著作有《论科学的价值和发展》《新工具》等。

培根是文艺复兴时期英国最重要的散文家,其散文富有哲理和诗意,见解精辟。主要文学著作是由58篇短文组成的《随笔》,中文译名为《培根论说文集》,该书于1597年初版,后经两次增补扩充,于1625年再版。这部作品开创了英国随笔写作的范例,在英国文学史上具有重要意义。

格言和感想①

[德]歌 德

2

一个人怎样才能认识自己呢?绝不是通过思考,而是通过实践。尽力去履行你的职责,你就会立刻知道你的价值。

37

人到了老年,应该比年轻时做得更多些。

55

知识的历史犹如一支伟大的复音曲,在这支曲子里依次响起各民族的声音。

60

智慧只存在于真理之中。

93

谁不用脑子去思索,到头来他除了感觉之外将一无所有。

94

大胆的见解就好比下棋时移动一个棋子,它可能被吃掉,但它却是胜局的起点。

178

只有在知道自己懂得甚少的时候,才说得上有了深知。疑问随着知识而增长。

192

生命的全部奥秘就在于为了生存而放弃生存。

194

希望是不幸者的第二灵魂。

271

一个杰出人物受到一伙傻瓜的赏识,是可怕的事。

274

最伟大的人物总是通过某种弱点同他们的时代联系在一起。

278

我们越接近于目标,困难就会越多。

309

真正的学者知道怎样从已知引出未知,并且逐步接近于大师。

402

责任就是对自己要求去做的事情有一种爱。

406

优秀的作品无论你怎样去探测它,都是深不到底的。

414

一个不懂外国语的人,也就不懂得他自己的语言。

434

我跟席勒的关系建立在我们两人有着一个共同目标的确定不移的倾向上,而我们的共同活动则又建立在我们竭力达到这个目标时所采取的不同手段上。

435

有一次,由于他一封信里的一段话启发了我,在我们之间还存在着一点细微的差别,我的看法是这样:在一个探索个别以求一般的诗人和一个在个别是显出一般的诗人之间,是有很大差别的。一个产生出了比喻文学,在这里个别只是作为一般的一个例证或例子;另一个才是诗歌的真正本性,即是说,只表达个别而毫不想到,或者提到一般。一个人只要生动地掌握了个别,他就掌握了一般,只不过他当时没有意识到这一点罢了,或者他可能在很久之后才会发现。

450

历史感指的是这样一种高度文化修养的感觉,它在评价本时代的功绩和勋业时,也考虑到过去的时代。

466

只要人越来越堕落,文学也就一落千丈。

493

一位杰出的哲学家说,建筑是冻结了的音乐,许多人对他的这个说法摇头,这是不可避免的;我们相信没有比这个巧妙的思想换一个说法更好了,那就是把建筑叫作无言的音乐。

494

艺术在本质上就是高尚的,因此艺术家不必为一个鄙陋的或者普通的题材而忧心忡忡。不,只要掌握住了它,艺术就会使得题材得到升华。正是因为这样,我们才看到那大胆地认识这种无上权力的最伟大的艺术家。

495

在每一个艺术家身上都有一颗勇敢的种籽。没有它,就不能设想会有才能。

516

一个人只靠自己是存在不下去的,因此人总乐于参加一个集体;即使在那个集体里得不到休息,但无论如何他总可以得到心灵的平静与人身的安全。

580

无知是成功的大障碍,其严重性非我们想象所及。

(程代熙　张惠民译)

【注释】

①本文选自《外国杂文大观》,姚春树、袁勇麟、姚向清编,百花文艺出版社1994年版,有删改。

【作者简介】

歌德(1749—1832),德国伟大的诗人、剧作家、小说家和思想家,德国古典文学和民族文学的主要代表人物。1749年出生于法兰克福富裕市民家庭。先后就读于莱比锡大学和斯特拉斯堡大学,学习法律,但主要志趣在文学创作方面。曾参加"狂飙突进运动",表现出浪漫主义精神。1775—1786年,为改良现实的理想而到魏玛公国,但事与愿违。1786年化名到意大利,开始研究自然科学、绘画、文学创作。1788年回国后,政治上更趋保守。在接触古希腊和文艺复兴艺术后,转向古典主义,艺术上追求和谐宁静的古典美,与席勒一起将德国文学推向一个前所未有的新高度。

歌德是一位"百科全书"式的人物,在诗歌、戏剧、小说、文艺理论、哲学、历史学、造型艺术和自然科学等诸多领域均成就卓著。书信体小说《少年维特之烦恼》影响了一代又一代世界少年。特别是他花了约60年创作的诗剧《浮士德》,同荷马史诗、但丁《神曲》、莎士比亚《哈姆雷特》被称为"欧洲文学四大名著"。此外主要作品还有中篇小说《威廉·迈斯特》、戏剧《哀格蒙特》、长诗《普罗米修斯》等。

延展阅读

《周易》

《老子》

林语堂《吾国与吾民》

朱自清《论雅俗共赏》

宗白华《美学散步》

李泽厚《美的历程》

贺麟《文化与人生》

费孝通《乡土中国》《费孝通文化随笔》

余秋雨《文化苦旅》

(挪威)乔斯坦·贾德《苏菲的世界》

(美)戴尔·卡耐基《人性的弱点》《语言的突破》

四、修身养性

大　学①

　　大学之道②,在明明德③,在亲民④,在止于至善⑤。知止而后有定⑥,定而后能静⑦,静而后能安⑧,安而后能虑⑨,虑而后能得⑩。物有本末,事有终始。知所先后,则近道矣。

　　古之欲明明德于天下者⑪,先治其国;欲治其国者,先齐其家;欲齐其家者,先修其身;欲修其身者,先正其心;欲正其心者,先诚其意;欲诚其意者,先致其知。致知在格物⑫。

　　物格而后知至,知至而后意诚,意诚而后心正,心正而后身修,身修而后家齐,家齐而后国治,国治而后天下平。自天子以至于庶人⑬,壹是皆以修身为本⑭。其本乱而末治者,否矣⑮;其所厚者薄,而其所薄者厚⑯,未之有也。

　　《康诰》曰:"克明德⑰。"《大甲》曰:"顾諟天之明命⑱。"《帝典》曰:"克明峻德⑲。"皆自明也。

　　汤之《盘铭》曰:"苟日新,日日新,又日新⑳。"《康诰》曰:"作新民㉑。"《诗》曰:"周虽旧邦,其命维新㉒。"是故君子无所不用其极。

　　《诗》云:"邦畿千里,惟民所止㉓。"《诗》云:"缗蛮黄鸟,止于丘隅㉔。"子曰:"于止,知其所止,可以人而不如鸟乎⑥!"《诗》云:"穆穆文王,于缉熙敬止㉖。"为人君,止于仁;为人臣,止于敬;为人子,止于孝;为人父,止于慈;与国人交,止于信。《诗》云:"瞻彼淇澳,菉竹猗猗。有斐君子,如切如磋,如琢如磨。瑟兮僩兮,赫兮喧兮。有斐君子,终不可谖兮㉗。"如切如磋者,道学也。如琢如磨者,自修也。瑟兮僩兮者,恂栗也㉘。赫兮喧兮者,威仪也。有斐君子,终不可谖兮者,道盛德至善,民之不能忘也。《诗》云:"于戏!前王不忘㉙。"君子贤其贤而亲其亲,小人乐其乐而利其利,此以没世不忘也。

　　子曰:"听讼,吾犹人也,必也使无讼乎㉚!"无情者不得尽其辞,大畏民志,此谓知本。此谓知本㉛。此谓知之至也㉜。

　　所谓诚其意者,毋自欺也。如恶恶臭③,如好好色④。此之谓自谦⑤。故君子必慎其独也。小人闲居,为不善无所不至,见君子而后厌然⑥,掩其不善⑦而著其善。人之视己,如见其肺肝然,则何益矣?此谓诚于中,形于外,故君子必慎其独也。曾子曰:"十目所视,十手所指,其严乎!"富润屋,德润身,心广体胖,故君子必诚其意。

　　所谓修身在正其心者:身有所忿懥⑧,则不得其正;有所恐惧,则不得其正;有所好乐,则不得其正;有所忧患,则不得其正。心不在焉,视而不见,听而不闻,食而不知其味。此谓修身在正其心。

　　所谓齐其家在修其身者:人之其所亲爱而辟焉㊴,之其所贱恶而辟焉,之其所敬畏而辟焉,之其所哀矜而辟焉㊵,之其所敖惰而辟焉㊶。故好而知其恶,恶而知其美者㊷,天下鲜矣。故谚有之曰:"人莫知其子之恶,莫知其苗之硕㊸。"此谓身不修,不可以齐其家。

　　所谓治国必先齐其家者:其家不可教,而能教人者,无之。故君子不出家而成教于国。孝者,所以事君也;弟者,所以事长也;慈者,所以使众也。《康诰》曰:"如保赤子㊹。"心诚求之,虽不中,不远矣。未有学养子而后嫁者也㊺。一家仁,一国兴仁;一家让,一国兴让㊻;一人贪戾㊼,一国作乱。其机如此。此谓一言偾事㊽,一人定国。尧、舜帅天下以仁㊾,而民从之;桀、纣帅天下以暴㊿,而民从之。其所令反其所好,而民不从㊶。是故君子有诸己而后求诸人㊷,无诸己而后非诸人。所藏乎身不恕㊸,而能喻诸人者㊹,未之有也。故治国在齐其家。《诗》云:"桃之夭夭,其叶蓁蓁。之子于归,宜其家人。"宜其家人,而后可以教国人。《诗》云:"宜兄宜弟㊺。"宜兄宜弟,而后可以教国人。《诗》云:"其仪不忒,正是四国㊻。"其为父子兄弟足法,而后民法之也。此谓治国在齐其家。

　　所谓平天下在治其国者:上老老,而民兴孝;上长长,而民兴弟;上恤孤,而民不倍㊼。是以君子有絜矩之道也㊽。所恶于上,毋以使下;所恶于下,毋以事上;所恶于前,毋以先后㊾;所恶于后,毋以从前;所恶于右,毋以交于左;所恶于左,毋以交于右。此之谓絜矩之道。《诗》云:"乐只君子,民之父母㊿。"民之所好好之,民之所恶恶之,此之谓民之父母。《诗》云:"节彼南山,维石岩岩。赫赫师尹,民具尔瞻㉟。"有国者不可以不慎,辟,则为天下僇矣㊱。《诗》云:"殷之未丧师,克配上帝。仪监于殷,峻命不易㊲。"道得众则得国,失众则失国。是故君子先慎乎德。有德此有人,有人此有土,有土此有财,有财此有用。德者本也,财者末也。外本内末㊳,争民施夺㊴。是故财聚则民散,财散则民聚。

是故言悖而出者,亦悖而入⑦;货悖而入者,亦悖而出。《康诰》曰:"惟命不于常⑦!"道善则得之,不善则失之矣。《楚书》曰:"楚国无以为宝,惟善以为宝⑫。"舅犯曰:"亡人无以为宝,仁亲以为宝⑬。"《秦誓》曰:"若有一个臣,断断兮无他技,其心休休焉,其如有容焉。人之有技,若己有之,伤人之彦圣,其心好之,不啻若自其口出。实能容之,以能保我子孙黎民,尚亦有利哉。人之有技,媢嫉以恶之,人之彦圣,而违之俾不通。实不能容,以不能保我子孙黎民,亦曰殆哉⑭!"唯仁人放流之,迸诸四夷⑮,不与同中国。此谓"唯仁人为能爱人,能恶人。"见贤而不能举⑯,举而不能先,命也;见不善而不能退,退而不能远,过也。好人之所恶,恶人之所好,是谓拂人之性⑰,菑必逮夫身⑱。是故君子有大道,必忠信以得之,骄泰以失之⑲。

生财有大道:生之者众,食之者寡,为之者疾㉑,用之者舒,则财恒足矣。仁者以财发身,不仁者以身发财。未有上好仁而下不好义者也,未有好义其事不终者也,未有府库财非其财者也。孟献子曰:"畜马乘不察于鸡豚,伐冰之家不畜牛羊,百乘之家不畜聚敛之臣。与其有聚敛之臣,宁有盗臣㉒。"此谓国不以利为利,以义为利也。长国家而务财用者㉓,必自小人矣。彼为善之,小人之使为国家,菑害并至。虽有善者,亦无如之何矣。此谓国不以利为利,以义为利也。

【注释】

①本文选自《四书五经(全新校勘精注今译本)》,徐寒编译,线装书局2017年版。

②大学:即大人之学。大,古时读作"太"。古代人,八岁时入小学,学习洒、扫、应、对等日常的礼节。十五岁时入大学,学习做人的道理。本篇讲的是"大学"做学问的途径。

③明,彰明、发扬。明德:美德,先天固有的德性。《孟子·告子》:"仁义礼智,非由外铄我也,我固有之也。"这种先天固有的德性,就其本体来说,是明净的,所以叫作"明德"。

④亲民:有两种解释。按二程、朱熹说,"亲"和"新"字通用。新民,革除旧习,做一个"新民"。按王阳明说,亲:亲爱、亲善;和民众相亲爱,或相亲善,叫作"亲民"。两种说法都通。

⑤止于至善:达到最完善的境地;指在明明德、亲民两个方面达到最完善的境地。明明德、亲民、止于至善,三者是"大学"做学问的纲领。

⑥知止:知道所要到达的境地。定:立定志向。

⑦静:心不妄动。

⑧安:居处安稳。

⑨虑:思虑周详。

⑩得:得到最善的境界。

⑪欲明明德于天下:要想使天下人都能够发扬"明德"。

⑫致:研究、探求。知:知识。致知:探求知识。格:至,即研讨。物:事物。格物、致知、诚意、正心、修身、齐家、治国、平天下,是儒家做学问的八条目。

⑬庶人:老百姓。

⑭壹是:一切。

⑮否:没有。

⑯其所厚者薄,而其所薄者厚,未之有也:就其家而言,当厚的反薄,当薄的反厚,这样的事是没有的。

⑰《康诰》:《尚书》的篇名。克:能够。

⑱《大甲》:大,读作"太",《尚书》的篇名。顾諟:諟,古"是"字;正是。天之明命:上天关于明德的命令。

⑲《帝典》:即《尧典》,《尚书》的篇名。克明峻德:能够彰明大德。峻,大。

⑳汤:成汤,商代的开国君主。《盘铭》:刻在浴盆上的自警辞句。苟日新,日日新,又日新:诚然能够一日革新旧的思想,就应当一日又一日地不间断地革新下去。苟,诚然。

㉑作新民:做一个新的人。作,同"做"。

㉒《诗》:指《诗经·大雅·文王》篇。旧邦:到文王时,周已立国百余年,所以称"旧邦"。其命维新:文王自新其德,所以能够受天命。

㉓《诗》:指《诗经·商颂·玄鸟》篇。邦畿(jī):古时天子的都城及其周围地区,称为"邦畿"。惟:语助词,无义。止:居住的地方。诗的大意是:天子的都城有千里那样广大,都是老百姓居住的地方。

㉔《诗》:指《诗经·小雅·緜蛮》篇。緜蛮(mín mán):形容鸟叫的声音。止:栖息。丘隅:山丘的一个角落。诗的大意是:緜蛮,緜蛮,鸣叫的黄鸟,栖息在山丘的一个角落里。

㉕子:指孔子。于止:知其所止,可以人而不如鸟乎:就居止的地方来说,黄鸟尚且知道它所应当栖息的地方,可是有些人却贪图禄位,不知道自己所应当居止的地方;这样的人连黄鸟都不如啊。

㉖《诗》:指《诗经·大雅·文王》篇。穆穆:形容文王道德深远的样子。于:感叹词,无义。缉(jī):继续。熙(xī):光明。敬止:没有一件事不是做到敬的地步。诗的大意是:道德深远的文王啊!继续不断地发扬光大起来,没有一件事不做到敬的地步。

㉗《诗》:指《诗经·卫风·淇澳》篇。淇:水名。澳:水靠岸的地方。菉:通"绿"。猗猗(yī yī):形容茂盛的样子。斐:文质彬彬的样子。如切如磋(cuō):好像治骨像一样,切开后还要磋光。如琢如磨:好像治玉石一样,琢好后还要磨平。两句都是形容君子对于道德修养所下的功夫。瑟:严密的样子。僩(xiàn):宽大的样子。赫、喧:又作赫煊,盛大的样子。谊(xuān):忘记。诗的大意是:看那淇水的岸边,绿竹青青多茂盛。有位文质彬彬的君子,他的道德修养功夫好像切磋骨像、琢磨玉石一般。他是那样威严啊!胸怀宽大啊!是那样文采煊赫啊!像这样的君子,终究是不可忘怀的呵!

㉘恂栗(xùn lì):恐惧、害怕。

㉙《诗》:指《诗经·周颂·烈文》篇。于戏和"呜呼"同,感叹词。前王:指周文王、武王。诗的大意是:先王(指周文王、武王)的德泽是那样深远,人们是不会忘记的。

㉚听讼,吾犹人也,必也使无讼乎:审讯诉讼之类的事情,我和人是一样的。我以德服人心,所以讼事不待听自然就没有了。

㉛程颐认为:这句是衍文。

㉜朱熹说,这是一句结语,它的前面另有缺文。

㉝恶(wù):讨厌。恶(è)臭,脏臭的东西。

㉞好(hào):喜爱、爱好。好(hǎo)色,美好的颜色。

㉟谦:通"慊"(qiè),满足,快活。

㊱厌然:遮遮掩掩的样子。

㊲掩:遮掩,掩盖。

㊳忿懥(zhì):怨恨,愤怒。

㊴辟:通"僻",偏僻。

㊵哀矜:哀怜。

㊶敖惰：骄傲和懒惰。敖，通“傲”。

㊷好(hào)而知其恶，恶(wù)而知其美：对于自己喜爱的人要知道他有坏处，对于自己讨厌的人要知道他有美德。

㊸人莫知其子之恶，莫知其苗之硕：人由于溺爱自己的儿子，看不到他的坏处；人由于贪得心切，看不到自己的田苗长得丰硕。

㊹《康诰》：《尚书》的篇名。如保赤子：对待一切人，无论是家人还是国人，都应像对待赤子一般地加以爱护。

㊺未有学养子而后嫁者：没有先学习养孩子的方法，然后嫁人的。

㊻让：礼让。

㊼一人：指君主。贪戾：贪婪，残暴。

㊽偾(fèn)：败坏、覆败。

㊾尧：传说中的古代原始父系氏族社会的部落联盟领袖，陶唐氏，名放勋，史称唐尧。传说他推选舜作继承人。舜：传说中的古代原始父系氏族社会的部落聪明领袖，有虞氏，姓姚，名重华，史称虞舜。

㊿桀：夏桀，夏代最末一代的国君，名履癸，荒淫残暴，为商代所推翻。纣：又称帝辛，商代最后的君主，暴虐无道，为周武王所灭。

(51)其所令反其所好，而民不从：要求别人为善，自己做的却和要求别人的相反。这样老百姓是不会服从的。

(52)君子有诸己：君子自己能够做到的。诸，“之于”的谐音。

(53)所藏乎身不恕：自己本身不行恕道。

(54)而能喻诸人者：而能够以恕道晓谕别人的人。喻，晓谕。

(55)《诗》：指《诗经·周南·桃夭》篇。夭夭：形容桃花鲜红的颜色。蓁蓁(zhēn zhēn)：形容树叶茂盛的样子。之子：之，指示代词，这个；子，女子，指出嫁的女子。归：女子出嫁叫作归。宜：友善，和睦。诗的大意是火红的桃花盛开着，绿绿的叶子多茂盛。这个女子出嫁了，和和睦睦一家人。

(56)《诗》：指《诗经·小雅·蓼蓼》篇。宜：友善，和睦。诗的大意是：和和睦睦两兄弟。

(57)《诗》：指《诗经·曹风·鸣鸠》篇。仪：仪表，言语行动。忒(tè)：差错。正：匡正，治理。四国：四方的邦国。诗的大意是：君主的举止不错，匡正那四方的邦国。

(58)老老：前面的“老”字是动词，当孝养讲；后面的“老”字是宾词，指老人。

(59)长长(zhǎng zhǎng)：前面的“长”字是动词，当尊敬、敬重讲；后面的“长”字是宾词，指长者，或长辈。

(60)倍：通“背”；违背。

(61)絜(xiè)矩之道：絜，度量；矩，作方的量具；以自己合于礼仪准则的言语、行为，去影响并规范他人的言语和行为，这种方法叫作“絜矩之道”。

(62)恶(wù)：讨厌，厌恶。本段上下、左右、前后各“恶”字，均与此同。

(63)所恶于前，毋以先后：不希望前面人做的事，自己不要先于后面的人去做。

(64)《诗》：指《诗经·小雅·南山有台》篇。只：语助词，无义。诗的大意是：快乐的君子，是老百姓的父母。

(65)《诗》：指《诗经·小雅·节南山》篇。节：通“截”，截然高大的样子。维：语助词，无义。岩岩(yān yān)：高峻的样子。赫赫：威严的样子。师尹：周太师尹氏。具：通“俱”。瞻：瞻仰。诗的大意是：截然高大的南山，岩石高高地耸起。威严赫赫的师尹，老百姓都瞻仰着他。

(66)辟：通“僻”，偏私、偏僻。僇(lù)：通“戮”，杀戮，一作羞辱。

⑥⑦《诗》:指《诗经·大雅·文王》篇。师:众,指众民。仪:通"宜"。监:通"鉴",戒鉴。峻:大。诗的大意是:殷的先王没有失去民众的拥戴,能够配享于上帝。周应该以殷为戒鉴,得到天的大命是不容易的。

⑥⑧外本内末:远离德而亲近财。外,疏远。本,仁义。内,亲近。末,财货。

⑥⑨争民:争夺民利。施夺:施行侵掠。

⑦⑩言悖而出者,亦悖而入:人君讲出悖逆于礼义德行的言论,民众也用悖逆于礼义德行的言论对待他。悖,悖逆。

⑦①《康诰》:《尚书》的篇名。惟命不于常:惟独天命是无常的。惟,惟独。命,天命。

⑦②《楚书》:指《国语·楚语》。《国语·楚语》记载:楚大夫王孙圉到晋国行聘礼,晋国赵简子问起楚国的国宝白珩璧玉之事。王孙圉回答说:楚国并不以白珩璧玉为宝,而是以观射父和左史倚相两个善人为宝。这个故事说明楚国能够内本外末。

⑦③舅犯:晋文公母舅狐偃,字子犯。亡人:出亡在外之人。《礼记·檀弓》记载:晋公子重耳出亡在翟国,舅犯随行。晋献公丧,秦穆公遗使到翟吊问,并劝公子重耳趁机返国夺取君位。舅犯劝阻说:"孺子其辞焉。丧人无宝,仁亲以为宝。"这件事说明晋文公也能内本外末。

⑦④《秦誓》:《尚书》的篇名。断断:诚实专一的样子。休休:宽容的样子。有容:能宽容人。彦圣:英才聪敏之士。媢(mào)疾:妒忌。违之俾不通:阻抑之使不能上达。殆:危险。

⑦⑤迸诸四夷:驱逐到边远的夷狄地方去。迸,驱逐。

⑦⑥举:举用,任用。

⑦⑦拂:违反。

⑦⑧菑必逮夫身:灾祸必然加到自己身上来。菑,古"灾"字。逮,及。

⑦⑨骄:骄傲。泰:侈肆。

⑧⑩疾:不懒惰。

⑧①舒:宽舒,宽裕。

⑧②孟献子:鲁大夫仲孙蔑。畜马乘:畜养一乘之马,指士初为大夫时。察:料理。伐冰之家:卿、大夫丧祭时用冰以防尸体或祭品变味,所以称卿、大夫之家为伐冰之家。百乘之家:有封地和采邑的大夫之家。聚敛:搜刮分外之财。盗臣:偷窃府库财货之臣。

⑧③长:君长。

【《大学》简介】

《大学》原为《礼记》中的一篇。西汉宣帝时,戴德、戴圣叔侄二人从秦汉以前各种礼仪论著中辑录了两个选本,后人分别称为《大戴礼记》和《小戴礼记》。戴圣传《小戴礼记》有四十九篇,就是我们现在所说的《礼记》。《大学》是《礼记》中的第四十二篇。唐代韩愈等人首先强调《大学》的重要性,认为它是和《孟子》《易经》同等重要的"经书"。北宋理学家程颢、程颐更是推崇,特地将它从《礼记》中抽出,分别作《改正大学》,使之独立出来,成为儒家一部重要的经典。南宋理学家朱熹将《大学》重新编排,分为"经""传"两部分,其中"经"一章是孔子的原话,由孔子的学生曾子记录;"传"十章是曾子对"经"的理解和阐述,由曾子的学生记录。他还对亡佚的"传之五章"进行"补传",将他的格物致知论共一百三十四字补进《大学》。至朱熹撰《四书章句集注》,《大学》便与《中庸》《论语》《孟子》一起合称"四书"。

四、修身养性

大医精诚①

孙思邈

张湛曰②：夫经方之难精③，由来尚矣。今病有内同而外异④，亦有内异而外同，故五脏六腑之盈虚，血脉荣卫之通塞⑤，固非耳目之所察，必先诊候以审之。而寸口关尺，有浮沉弦紧之乱；腧穴流注⑥，有高下浅深之差，肌肤筋骨，有厚薄刚柔之异。唯用心精微者，始可与言于兹矣。今以至精至微之事⑦，求之于至粗至浅之思，其不殆哉！若盈而益之，虚而损之，通而彻之，塞而壅之，寒而冷之，热而温之，是重加其疾，而望其生，吾见其死矣。故医方卜筮⑧，艺能之难精者也。既非神授，何以得其幽微？世有愚者，读方三年，便谓天下无病可治；及治病三年，乃知天下无方可用。故学者必须博极医源，精勤不倦，不得道听途说，而言医道已了⑨，深自误哉。

凡大医治病，必当安神定志，无欲无求，先发大慈恻隐之心⑩，誓愿普救含灵之苦。若有疾厄来求救者⑪，不得问其贵贱贫富，长幼妍媸⑫，怨亲善友⑬，华夷愚智⑭，普同一等，皆如至亲之想。亦不得瞻前顾后，自虑吉凶，护惜身命。见彼苦恼，若己有之，深心凄怆⑮，勿避险巇、昼夜寒暑、饥渴、疲劳⑯，一心赴救，无作功夫形迹之心⑰。如此可为苍生大医，反此则是含灵巨贼。自古名贤治病，多用生命以济危急，虽曰贱畜贵人，至于爱命，人畜一也。损彼益己，物情同患⑱，况于人乎⑲？夫杀生求生，去生更远。吾今此方所以不用生命为药者，良由此也。其虻虫、水蛭之属，市有先死者，则市而用之⑳，不在此例。只如鸡卵一物，以其混沌未分㉑，必有大段要急之处㉒，不得已隐忍而用之㉓。能不用者，斯为大哲㉔，亦所不及也。其有患疮痍下痢，臭秽不可瞻视，人所恶见者，但发惭愧、凄怜、忧恤之意，不得起一念蒂芥之心㉕，是吾之志也。

夫大医之体㉖，欲得澄神内视㉗，望之俨然㉘，宽裕汪汪㉙，不皎不昧㉚；省病诊疾，至意深心；详察形候，纤毫勿失；处判针药，无得参差。虽曰病宜速救，要须临事不惑。唯当审谛覃思㉛，不得于性命之上，率尔自逞俊快㉜，邀射名誉㉝，甚不仁矣。又到病家，纵绮罗满目，勿左右顾眄㉞；丝竹凑耳㉟，无得似有所娱；珍羞迭荐，食如无味；醽醁兼陈㊱，看有若无。所以尔者，夫一人向隅，满堂不乐，而况病人苦楚，不离斯须，而医者安然欢娱，傲然自得，兹乃人神之所共耻，至人之所不为㊲，斯盖医之本意也。

夫为医之法，不得多语调笑，谈谑喧哗㊳，道说是非，议论人物，衒耀声名，訾毁诸医，自矜己德㊴。偶然治瘥一病，则昂头戴面㊵，而有自许之貌㊶，谓天下无双。此医人之膏肓也㊷。

老君曰㊸：人行阳德㊹，人自报之；人行阴德㊺，鬼神报之。人行阳恶，人自报之；人行阴恶,鬼神害之。寻此贰途,阴阳报施,岂诬也哉㊹。所以医人不得恃己所长,专心经略财物㊼,但作救苦之心,于冥运道中㊽,自感多福者耳。又不得以彼富贵,处以珍贵之药,令彼难求,自衒功能,谅非忠恕之道㊾。志存救济㊿,故亦曲碎论之㉛,学者不可耻言之鄙俚也㉜。

【注释】

①本文选自《千金方》第一卷,光明时报出版社2015年版。
②张湛:字处度,高平(今山东金乡西北)人,东晋学者。
③经方:《汉书·艺文志》载"经方十一家"。后世一般指《伤寒杂病论》等著作中的医方。此泛指医道。
④今:语首助词。
⑤荣:通"营"。指营气。
⑥流注:谓经络气血运行灌注。
⑦今:若。
⑧卜筮:占卜。
⑨了:尽;毕。
⑩大慈:佛教用语,谓心肠极其慈善。恻隐:怜悯,不忍。
⑪疾厄:疾病,困苦。
⑫妍蚩:美丑。妍,娇美。蚩,丑陋。
⑬怨亲善友:关系亲疏。善,交往一般者。友,过从密切者。
⑭华夷:指不同民族之人。
⑮凄怆:伤感,悲痛。
⑯险巇:艰险崎岖。
⑰作:起;产生。功夫:时间。这里指耽搁时间。形迹:拘礼,客套。意思是婉言推托。
⑱患:厌恨。
⑲于人:这里指圣人。
⑳市:购买。
㉑混沌:古人想象中天地未分时浑然一体的状态。这里指鸡雏成形前的状态。
㉒大段:重要。唐人熟语。与下文"要急"同义复用。
㉓隐忍:勉强忍痛。
㉔哲:哲人,才能见识超越寻常的人。
㉕蒂芥:又作芥蒂。细小的梗塞物。喻淤积在胸中的怨恨或不快。
㉖体:风度,气质。
㉗澄神:澄清神志。内视:指不视外物,排除杂念。
㉘俨然:庄重的样子。
㉙宽裕:气度宽宏。
㉚不皎不昧:不亢不卑。皎,明亮,引申为傲慢。昧,昏暗,这里意思为卑微。
㉛审谛:详审。审,周详。谛,审察。覃思:深思。
㉜率尔:轻率的样子。

㉝邀射：追求，猎取。
㉞顾眄：顾盼。顾，回视。眄，斜视。
㉟凑：入，传入。
㊱醽醁：美酒名。
㊲至人：古代指思想道德达到最高境界的人。
㊳谈谑：谈笑。
㊴矜：夸耀。
㊵戴面：仰面。
㊶许：称许，赞许。
㊷膏肓：比喻恶劣习气。
㊸老君：即老子，春秋时的思想家。
㊹阳德：指公开做的有德于人的事。
㊺阴德：指暗中做的有德于人的事。
㊻诬：欺骗。
㊼经略：谋取。
㊽冥运道中：阴间世界的轮回路上。
㊾谅：确实。
㊿救济：救世济民。
(51)曲碎：琐碎。
(52)鄙俚：粗俗。

【作者简介】

孙思邈(581—682)，唐代著名道士，医药学家。被人称为“药王”。京兆华原(今陕西耀县)人。幼聪颖好学。自谓“幼遭风冷，屡造医门，汤药之资，罄尽家产”。及长，通老、庄及百家之说，兼好佛典。年十八立志究医，“颇觉有悟，是以亲邻中外有疾厄者，多所济益”。先隐居太白山(在今陕西耀县)学道，炼气、养形，究养生长寿之术。隋亡，隐于终南山，与高僧道宣相友善。唐太宗李世民即位，召至京师，以其“有道”，授予爵位，固辞不受，再入峨眉炼“太一神精丹”。显庆三年(658)，唐高宗又征召至京，居于鄱阳公主废府。翌年，高宗召见，拜谏议大夫，仍固辞不受。咸亨四年(673)，高宗患疾，令其随御。上元元年(674)，辞疾还山，高宗赐良马，假鄱阳公主邑司以属之。永淳元年卒。宋徽宗崇宁二年(1103)追封为妙应真人。

一生著述丰富，主要有《备急千金要方》(简称《千金要方》或《千金方》)、《千金翼方》各三十卷，另有《千金髓方》二十卷，已佚。《大医精诚》一文出自《备急千金要方》第一卷，是中医学典籍中论述医德的一篇极重要文献，为习医者所必读。

进学解①

韩　愈

国子先生晨入太学②，招诸生立馆下③，诲之曰：“业精于勤荒于嬉④，行成于思毁于随⑤。方今圣贤相逢,治具毕张⑥,拔去凶邪,登崇畯良⑦。占小善者率以录⑧,名一艺者无不庸⑨。爬罗剔抉⑩,刮垢磨光⑪,盖有幸而获选,孰云多而扬⑫?诸生业患不能精,无患有司之不明;行患不能成,无患有司之不公。"

言未既,有笑于列者曰:"先生欺余哉!弟子事先生于兹有年矣。先生口不绝吟于六艺之文⑭,手不停披于百家之编⑮;记事者必提其要⑯,纂言者必钩其玄⑰;贪多务得,细大不捐;焚膏油以继晷⑱,恒兀兀以穷年⑲:先生之业,可谓勤矣。觝排异端⑳,攘斥佛、老㉑,补苴罅漏㉒,张皇幽眇㉓,寻坠绪之茫茫㉔,独旁搜而远绍,障百川而东之㉕,回狂澜于既倒㉖:先生之于儒,可谓有劳矣。沉浸酝郁,含英咀华㉗,作为文章,其书满家;上规姚、姒㉘,浑浑无涯㉙,周《诰》殷《盘》,佶屈聱牙㉚;《春秋》谨严㉛,《左氏》浮夸㉜;《易》奇而法㉝,《诗》正而葩㉞;下逮《庄》《骚》,太史所录;子云、相如㉟,同工异曲:先生之于文,可谓闳其中而肆其外矣㊶。少始知学,勇于敢为,长通于方㊷,左右具宜:先生之于为人,可谓成矣。然而公不见信于人,私不见助于友,跋前踬后㊸,动辄得咎。暂为御史,遂窜南夷㊹;三年博士,冗不见治㊺。命与仇谋,取败几时?冬暖而儿号寒,年丰而妻啼饥;头童齿豁㊻,竟死何裨㊼?不知虑此,而反教人为㊽?"

先生曰:"吁㊾,子来前。夫大木为杗㊿,细木为桷,榱楹侏儒,椳闑扂楔,各得其宜,施以成室者,匠氏之工也。玉札丹砂,赤箭青芝,牛溲马勃,败鼓之皮,俱收并蓄,待用无遗者,医师之良也。登明选公,杂进巧拙,纡余为妍,卓荦为杰,校短量长,惟器是适者,宰相之方也。昔者孟轲好辩,孔道以明,辙环天下,卒老于行;荀卿守正,大论是弘,逃谗于楚,废死兰陵。是二儒者,吐辞为经,举足为法,绝类离伦,优入圣域,其遇于世何如也?今先生学虽勤而不繇其统,言虽多而不要其中,文虽奇而不济于用,行虽修而不显于众。犹且月费俸钱,岁靡廪粟。子不知耕,妇不知织,乘马从徒,安坐而食,踵常途之促促,窥陈编以盗窃。然而圣主不加诛,宰臣不见斥,兹非其幸欤?动而得谤,名亦随之;投闲置散,乃分之宜。若夫商财贿之有亡,计班资之崇庳,忘己量之所称,指前人之瑕疵,是所谓诘匠氏之不以杙为楹、而訾医师以昌阳引年、欲进其豨苓也。"

【注释】

①本文选自《韩愈诗文选评》,孙昌武撰,上海古籍出版社2017年版。进学:使学问精进。解:辨析。

②国子先生:韩愈自称,当时他任国子博士。国子指国子监中的国子学。西晋咸宁二年(276)始立国子学,教育五品以上官僚子弟。因公卿大夫子弟曰国子,故曰国子学。以后或称国学,或称太学。北齐始立专署,称国子寺。唐代改为国子监,辖国子学、太学、广文学、四门学、律学、书学、算学等七学,各学置博士。唐代的国子学设博士五人,正五品上,掌教三品以上国公子孙、从二品以上曾孙之为生者。太学:这里指国子监。

③馆:学舍。

④业:学业。嬉:玩乐。

⑤行:德行。随:随声附和,盲目随从。

四、修身养性

⑥治具:指法令。《史记·酷吏列传》:"法令者,治之具。"毕:全部。张:指建立、施行。

⑦登崇:提拔重用。畯:通"俊"。畯良:贤才。

⑧占:占有、具有。小善:小的美德。率:一概。录:录用。

⑨名一艺者:以一技之长著称的人。名:因……出名。庸:任用。

⑩爬罗剔抉:比喻选拔人才。爬罗,搜罗。剔抉,挑选。

⑪刮垢磨光:刮去污垢,磨出光亮,比喻培养人才。

⑫扬:举,选用。

⑬有司:古代设官分职,各有专司,故称主管的官吏或官府为有司。这里指负责选拔人才的官吏。

⑭六艺:指儒家六经,即《诗》《书》《礼》《乐》《易》《春秋》六部儒家经典。

⑮披:翻阅。

⑯记事者:记事的著作。

⑰纂言者:立论的著作。纂,同"撰"。钩:钩取,探求。玄:深奥的道理。

⑱膏油:油脂,指灯烛。晷:日影。此句意谓夜以继日。

⑲恒:总是。兀(wù)兀:勤苦的样子。穷:终、尽。

⑳觝排:抵制排斥。觝,"抵"的异字体。异端:不合儒家主张的学说,此处指佛老等学说。

㉑攘:排斥,反对。老:老子,道家的创始人,这里借指道家。

㉒补苴罅漏:意谓弥补儒术的缺漏之处。苴,鞋里垫的草,引申为填补。罅,裂缝。

㉓张皇:张大的意思。皇,大。幽眇:指儒家思想的幽微之处。幽,深。眇,微小。

㉔坠绪:指失传的儒家道统。韩愈《原道》认为,儒家之道从尧舜传到孔子、孟轲,以后就失传了,而他以继承这个传统自居。

㉕旁搜:多方搜求。绍:继承。

㉖障百川而东之:堵百川而使东流入海,比喻防止佛老学说泛滥,使人们的思想归于儒家道统。

㉗回:扭转。狂澜:比喻异端邪说。既倒:已倒,指狂澜横决。

㉘沉浸:沉潜其中,用心体会。酿郁:浓烈的香味,指古籍中的精华。酿,通"浓"。

㉙含、咀:品味,咀嚼。英、华:指文章中的精华。

㉚规:取范、效法。姚、姒:相传虞舜姓姚,夏禹姓姒。这里分别指《尚书》中的《虞书》《夏书》。

㉛浑浑:深厚博大。

㉜周《诰》:《尚书》中的《周书》有《大诰》《康诰》《酒诰》《召诰》《洛诰》等篇。诰是古代一种训诫勉励的文告。殷《盘》:《尚书》中的《商书》有《盘庚》上、中、下三篇。

㉝佶屈聱牙:形容文句艰涩,拗口难读。

㉞《春秋》谨严:儒家认为《春秋》体例严格,记事言简意赅,能寓褒贬于一字之中,故说"谨严"。

㉟《左氏》浮夸:指《左传》文辞富艳夸张。

㊱《易》奇而法:意谓《周易》中卦象的变化奇妙而有法则。

㊲《诗》正而葩:指《诗经》思想纯正而文采华美。

㊳逮:及,到。《庄》:《庄子》。《骚》:《离骚》。太史:指司马迁,曾任太史令,也称太史公,著《史记》。

㊴子云:指西汉辞赋家扬雄,字子云。相如:汉代辞赋家司马相如。

㊵同工异曲:乐曲不同而同样精妙,喻文章风格不同而各尽其妙。

㊶闳:博大。中:指文章内容。肆:奔放。外:指文章的外在形式、文辞。

㊷方:礼仪、礼法。

㊸跋前疐后:进退两难。跋,踩。疐,绊倒。一作疌。语出《诗经·豳风·狼跋》:"狼跋其胡,载疌其尾。"疌:跌倒。

㊹御史:韩愈曾为监察御史。窜:贬谪。南夷:南方边远地区,韩愈曾被贬为阳山令。

㊺三年博士:韩愈自贞元十八年春到贞元十九年,授四门博士。在宪宗元和元年至四年六月任国子博士。元和七年二月至八年三月复为国子博士。韩愈此文为第三次任博士时所作。一说"三年"当作"三为"。冗不见治:指国子博士为闲职,不能表现理政的才能。冗,闲散。见,通"现"。

㊻几时:不时。

㊼头童:头秃。齿豁:牙齿残缺。

㊽竟:终。裨:补益。

㊾为:语助词,表示疑问、反诘。

㊿吁:叹词,表示惊疑。

㉛宗:屋大梁。

㉜桷:方形的椽子。

㉝榑栌:斗栱,柱顶上承托栋梁的方木。侏儒:指梁上短柱。

㉞椳:门枢。阒:门中央所竖的短木,在两扇门相交处。扂:门闩之类。楔:门两旁所竖的长木柱。

㉟玉札:地榆。丹砂:朱砂。

㊱赤箭:天麻。青芝:龙芝。以上四种都是名贵药材。

㊲牛溲:牛尿,治水肿、腹胀等,一说为车前草。马勃:马屁菌,治恶疮。

㊳败鼓之皮:破败的鼓皮,治蛊毒。

㊴登明选公:选拔人才做到公平合理。

㊵纡余:委婉周全。妍:美。

㊶卓荦:超群出众。

㊷器:才能。适:适用,适合。

㊸"荀卿"四句:荀卿即荀况,战国后期时儒家大师。齐襄王时,三为祭酒,后被人谗毁,逃到楚国,被楚相春申君任为兰陵令。春申君死后,被废,死在兰陵,著有《荀子》。守正:指坚守儒道。大论:指儒家学说。弘:发扬光大。

㊹绝类离伦:超越一般儒者。绝、离:超越。类、伦:同类,同辈。

㊺优入圣域:已进入圣人的境界。优,有余,足够。

㊻不繇其统:不成系统。繇,通"由",从。

㊼不要其中:不能遵从中庸之道。一说不合乎要领。

㊽靡:浪费。廪:粮仓。

㊾踵:追随。常途:常人之道,即世俗之道。促促:拘谨小心的样子。一作"役役"。

㊿陈编:古籍。盗窃:此处指抄袭。

㋁诛:责罚。

㋂"动而"二句:一动就受到毁谤,名声亦因此大起来。

㋃"投闲"二句:意谓自己被安排在闲散的位置上,是分所应当的。

㋄商:计较。财贿:财物,这里指俸禄。亡:通"无"。

㋅班资:官位、品级。崇庳:高低。庳,通"卑"。

㋆己量:自己能力的大小。称:相当,适合。

四、修身养性

⑰指:指责。前人:指职位在自己前列的人。
⑱诘:责问。杙:小木桩。楹:柱子。
⑲訾:诋毁。昌阳:菖蒲,相传久服可以延年。豨苓:又名猪苓,利尿,可作泻药。

【作者简介】

　　韩愈(768—824),字退之,河阳(今河南孟县)人。自称郡望昌黎(今属河北),故世称韩昌黎。三岁而孤,勤勉好学。贞元八年(792)进士,贞元十九年任监察御史。不久,因直言获罪,贬为阳山令。元和十二年(817),随裴度平淮西吴元济藩镇之乱,以功升为刑部侍郎。元和十四年(819),又因谏阻宪宗迎佛骨,贬潮州刺史。长庆元年(821),重回京城,历官国子监祭酒、兵部侍郎、吏部侍郎、京兆尹等职,世称韩吏部。卒谥文,世又称韩文公。

　　韩愈的思想极为复杂,"合儒墨,兼名法",以儒为主。他积极倡导儒学,大力排斥佛老。政治上要求改革弊政,主张中央集权,反对藩镇割据和宦官专权,主张任人唯贤,提倡仁政。文学上,他和柳宗元倡导古文运动,反对六朝以来的骈偶文风,主张文体改革,开辟了唐宋古文的发展道路。他的散文不拘一体,讲究布局,气势奔放,语言丰富且具有创造性,被誉为"唐宋八大家"之首。苏轼称其"文起八代之衰,而道济天下之溺"(《潮州韩文公庙碑》)。他是韩孟诗派的领袖,诗作多为古体,以文为诗,以议论为诗,语言和意象力求新奇,风格奇崛险怪,豪健奔放,但亦有平易清新之作。有《昌黎先生集》。

《北京大学月刊》发刊词①

蔡元培

　　北京大学之设立,既二十年于兹,向者自规程而外,别无何等印刷品流布于人间。自去年有《日刊》,而全校同人始有联络感情、交换意见之机关,且亦借以报告吾校现状于全国教育界。顾《日刊》篇幅无多,且半为本校通告所占,不能载长篇学说,于是有《月刊》之计划。

　　以吾校设备之不完全,教员之忙于授课,而且或于授课以外,兼任别种机关之职务,则夫《月刊》取材之难,可以想见。然而吾校必发行《月刊》者,有三要点焉:

　　一曰尽吾校同人所能尽之责任　所谓大学者,非仅为多数学生按时授课,造成一毕业生之资格而已也,实以是为共同研究学术之机关。研究也者,非徒输入欧化,而必于欧化之中为更进之发明;非徒保存国粹,而必以科学方法,揭国粹之真相。虽曰吾校实验室、图书馆等,缺略不具;而外界学会、工场之属,无可取资,求有所新发明,其难固倍蓰②于欧美学者。然十六、七世纪以前,欧洲学者,其所凭借,有以逾于吾人乎?即吾国周、秦学者,其所凭借,有以逾于吾人乎?苟吾人不以此自馁,利用此简单之设备、短少之时间,以从事于研究,要必有几许之新义,可以贡献于吾国之学者,若世界之学者。使无月刊以发表之,则将并此少许之贡献,而靳③而不与,吾人之愧歉当何如耶?

二曰破学生专己守残之陋见　吾国学子,承举子、文人之旧习,虽有少数高才生知以科学为单纯之目的,而大多数或以学校为科举,但能教室听讲,年考及格,有取得毕业证书之资格,则他无所求;或以学校为书院,媛媛姝姝④,守一先生之言,而排斥其他。于是治文学者,恒蔑视科学,而不知近世文学,全以科学为基础;治一国文学者,恒不肯兼涉他国,不知文学之进步,亦有资于比较;治自然科学者,局守一门,而不肯稍涉哲学,而不知哲学即科学之归宿,其中如自然哲学一部,尤为科学家所需要;治哲学者,以能读古书为足用,不耐烦于科学之实验,而不知哲学之基础不外科学,即最超然之玄学,亦不能与科学全无关系。有《月刊》以网罗各方面之学说,庶⑤学者读之,而于专精之余,旁涉种种有关系之学理,庶有以祛其褊狭之意见,而且对于同校之教员及学生,皆有交换知识之机会,而不至于隔阂矣。

三曰释校外学者之怀疑　大学者,"囊括大典,网罗众家"之学府也。《礼记》《中庸》曰:"万物并育而不相害,道并行而不相悖。"足以形容之。如人身然,官体之有左右也,呼吸之有出入也,骨肉之有刚柔也,若相反而实相成。各国大学,哲学之唯心论与唯物论,文学、美术之理想派与写实派,计学⑥之干涉论与放任论,伦理学之动机论与功利论,宇宙论之乐天观与厌世观,常樊⑦然并峙于其中,此思想自由之通则,而大学之所以为大也。吾国承数千年学术专制之积习,常好以见闻所及,持一孔之论。闻吾校有近世文学一科,兼治宋、元以后之小说、曲本,则以为排斥旧文学,而不知周、秦、两汉文学,六朝文学,唐、宋文学,其讲座固在也;闻吾校之伦理学用欧、美学说,则以为废弃国粹,而不知哲学门中,于周、秦诸子,宋、元道学,固亦为专精之研究也;闻吾校延聘讲师,讲佛学相宗,则以为提倡佛教,而不知此不过印度哲学之一支,借以资心理学、论理学⑧之印证,而初⑨无与于宗教,并不破思想自由之原则也。论者知其一而不知其二,则深以为怪。今有《月刊》以宣布各方面之意见,则校外读者,当亦能知吾校兼容并收之主义,而不至以一道同风之旧见相绳矣。

以上三者,皆吾校所以发行《月刊》之本意也。至《月刊》之内容,是否能副此希望,则在吾校同人之自勉,而静俟读者之批判而已。

【注释】

①选自《蔡元培全集》第三卷,中华书局1984年版,有删改。本文写于1918年11月10日,初次刊登于1919年1月出版的《北京大学月刊》第1卷第1号。

②倍蓰:数倍。蓰,五倍。

③靳:吝惜,不肯给予。《后汉书·崔实传》:"悔不小靳,可至千万。"

④媛媛姝姝:沾沾自喜,洋洋自得。媛,同"暖"。《庄子·徐无鬼》:"所谓暖姝者,学一先生之言,则暖暖姝姝,而私自说也,自以为足也。"

四、修身养性

⑤庶:庶几,将近,差不多。
⑥计学:今称经济学。
⑦樊:纷杂。
⑧论理学:今称逻辑学。
⑨初:本来。

【作者简介】

蔡元培(1868—1940),字鹤卿,号子民。绍兴人。近代民主革命家、教育家、思想家。清光绪年间进士,任翰林院编修。1898年,弃官从教。1902年与章炳麟等发起组织中国教育会并任会长,创办爱国学社、爱国女学。1904年与陶成章等组织光复会,次年参加同盟会。1907年赴德国莱比锡大学留学。武昌起义后回国,任南京临时政府教育总长。不久辞职,再赴德、法等国学习和考察。1915年在法国组织勤工俭学会。1916年回国,次年任北京大学校长。1919年五四运动爆发后被迫辞职。1927年,在国民政府任监察院长、代理司法部长、大学院院长等众多职务。1928年任中央研究院院长等职。1932年,同宋庆龄等在上海组织中华民权保障同盟。1939年,被推为国际反侵略运动大会第二届名誉主席。1940年3月5日在香港病逝。

蔡元培是中国资产阶级教育思想体系和教育制度的创造者。他明确提出废止忠君、尊孔、尚公、尚武、尚实的封建教育宗旨。倡导军国民教育、实利主义教育、道德教育、世界观教育、美感教育并举的资产阶级民主主义的教育方针。在任北京大学校长时,提倡学术自由,科学民主;主张学与术分校,文与理通科;将"学年制"改为"学分制",实行"选科制";实行学生自治,教授治校。主张"思想自由,兼容并包"。蔡元培也很重视平民教育、儿童教育、女子教育等,为近现代中国教育作出了不可磨灭的贡献。著作有《蔡元培选集》等。

赠与今年的大学毕业生[①]

胡 适

这一两个星期里,各地的大学都有毕业的班次,都有很多的毕业生离开学校去开始他们的成人事业。学生的生活是一种享有特殊优待的生活,不妨幼稚一点,不妨吵吵闹闹,社会都能纵容他们,不肯严格的要他们负行为的责任。现在他们要撑起自己的肩膀来挑他们自己的担子了。在这个国难最紧急的年头,他们的担子真不轻!我们祝他们的成功,同时也不忍不依据我们自己的经验,赠与他们几句送行的赠言,——虽未必是救命毫毛,也许作个防身的锦囊罢!

你们毕业之后,可走的路不出这几条:绝少数的人还可在国内或国外的研究院继续作学术研究;少数的人可以寻着相当的职业;此外还有做官,办党,革命三条路;此外就是在家享福或者失业闲居了。第一条继续求学之路,我们可以不讨论。走其余几条路的人,都不能没有堕落的危险。堕落的方式很多,总括起来,约有这两大类:

　　第一是容易抛弃学生时代的求知识的欲望。你们到了实际社会里,往往所用非所学,往往所学全无用处,往往可以完全用不着学问,而一样可以胡乱混饭吃,混官做。在这种环境里,即使向来抱有求知识学问的决心的人,也不免心灰意懒,把求知的欲望渐渐冷淡下去。况且学问是要有相当的设备的;书籍,试验室,师友的切磋指导,闲暇的工夫,都不是一个平常要糊口养家的人所能容易办到的。没有做学问的环境,又谁能怪我们抛弃学问呢?

　　第二是容易抛弃学生时代的理想的人生的追求。少年人初次与冷酷的社会接触,容易感觉理想与事实相去太远,容易发生悲观和失望。多年怀抱的人生理想,改造的热诚,奋斗的勇气,到此时候,好像全不是那么一回事。渺小的个人在那强烈的社会炉火里,往往经不起长时期的烤炼就熔化了,一点高尚的理想不久就幻灭了。抱着改造社会的梦想而来,往往是弃甲曳兵而走,或者做了恶势力的俘虏。你在那俘虏牢狱里,回想那少年气壮时代的种种理想主义,好像都成了自误误人的迷梦!从此以后,你就甘心放弃理想人生的追求,甘心做现成社会的顺民了。

　　要防御这两方面的堕落,一面要保持我们求知识的欲望,一面要保持我们对于理想人生的追求。有什么好法子呢?依我个人的观察和经验,有三种防身的药方是值得一试的。

　　第一个方子只有一句话:"总得时时寻一两个值得研究的问题!"问题是知识学问的老祖宗;古往今来一切知识的产生与积聚,都是因为要解答问题,——要解答实用上的困难或理论上的疑难。所谓"为知识而求知识",其实也只是一种好奇心追求某种问题的解答,不过因为那种问题的性质不必是直接应用的,人们就觉得这是"无所为"的求知识了。我们出学校之后,离开了做学问的环境,如果没有一个两个值得解答的疑难问题在脑子里盘旋,就很难继续保持追求学问的热心。可是,如果你有了一个真有趣的问题天天逗你去想他,天天引诱你去解决他,天天对你挑衅笑你无可奈何他,——这时候,你就会同恋爱一个女子发了疯一样,坐也坐不下,睡也睡不安,没工夫也得偷出工夫去陪她,没钱也得搏②衣节食去巴结她。没有书,你自会变卖家私去买书;没有仪器,你自会典押衣服去置办仪器;没有师友,你自会不远千里去寻师访友。你只要能时时有疑难问题来逼你用脑子,你自然会保持发展你对学问的兴趣,即使在最贫乏的智识环境中,你也会慢慢地聚起一个小图书馆来,或者设置起一所小试验室来。所以我说:第一要寻问题。脑子里没有问题之日,就是你的智识生活寿终正寝之时!古人说,"待文王而兴者,凡民也。若夫豪杰之士,虽无文王犹兴"。试想葛理略(Galieo)和牛敦(Newton)有多少藏书?有多少仪器?他们不过是有问题而已。有了问题而后,他们自会造出仪器来解答他们的问题。没有问题的人们,关在图书馆里也不会用书,锁在试验室里也不会有什么发现。

四、修身养性

　　第二个方子也只有一句话:"总得多发展一点非职业的兴趣。"离开学校之后,大家总得寻个吃饭的职业。可是你寻得的职业未必就是你所学的,或者未必是你所心喜的,或者是你所学而实在和你的性情不相近的。在这种状况之下,工作就往往成了苦工,就不感觉兴趣了。为糊口而作那种非"性之所近而力之所能勉"的工作,就很难保持求知的兴趣和生活的思想主义。最好的救济方法只有多多发展职业以外的正当兴趣与活动。一个人应该有他的职业,又应该有他的非职业的玩艺儿,可以叫作业余活动。凡一个人用他的闲暇来做的事业,都是他的业余活动。往往他的业余活动比他的职业还更重要,因为一个人的前程往往全靠他怎样用他的闲暇时间。他用他的闲暇来打麻将,他就成了赌徒;你用你的闲暇来做社会服务,你也许成个社会改革者;或者你用你的闲暇去研究历史,你也许成了史学家。你的闲暇往往定你的终身。英国十九世纪的两个哲人,弥儿(J. S. Mill)终身做东印度公司的秘书,然而他的业余工作使他在哲学上,经济学上,政治思想史上都占一个很高的位置;斯宾塞(Spencer)是一个测量工程师,然而他的业余工作使他成为前世纪晚期世界思想界的一个重镇。古来成大学问的人,几乎没有一个不是善用他的闲暇时间的。特别在这个组织不健全的中国社会,职业不容易适合我们性情,我们要想生活不苦痛或不堕落,只有多方发展业余的兴趣,使我们的精神有所寄托,使我们的剩余精力有所施展。有了这种心爱的玩艺儿,你就做六个钟头的抹桌子工夫也不会感觉烦闷了,因为你知道,抹了六点钟的桌子之后,你可以回家去做你的化学研究,或画完你的大幅山水,或写你的小说戏曲,或继续你的历史考据,或做你的社会改革事业。你有了这种称心如意的活动,生活就不枯寂了,精神也就不会烦闷了。

　　第三个方子也只有一句话:"你总得有一点信心。"我们生当这个不幸的时代,眼中所见,耳中所闻,无非是叫我们悲观失望的。特别是在这个年头毕业的你们,眼见自己的国家民族沉沦到这步田地,眼看世界只是强权的世界,望极天边好像看不见一线的光明,——在这个年头不发狂自杀,已算是万幸了,怎么还能够希望保持一点内心的镇定和理想的信任呢?我要对你们说:这时候正是我们要培养我们的信心的时候!只要我们有信心,我们还有救。古人说:"信心(Faith)可以移山。"又说:"只要工夫深,生铁磨成绣花针。"你不信吗?当拿破仑的军队征服普鲁士占据柏林的时候,有一位穷教授叫作菲希特(Fichte)的,天天在讲堂上劝他的国人要有信心,要信仰他们的民族是有世界的特殊使命的,是必定要复兴的。菲希特死的时候(1814),谁也不能预料德意志统一帝国何时可以实现。然而不满五十年,新的统一的德意志帝国居然实现了。

　　一个国家的强弱盛衰,都不是偶然的,都不能逃出因果的铁律的。我们今日所受的苦痛和耻辱,都只是过去种种恶因种下的恶果。我们要收将来的善果,必须努力种现在的新因。一粒一粒的种,必有满仓满屋的收,这是我们今日应该有的信心。

　　我们要深信:今日的失败,都由于过去的不努力。

　　我们要深信:今日的努力,必定有将来的大收成。

　　佛典里有一句话:"福不唐捐。"唐捐就是白白的丢了。我们也应该说:"功不唐捐!"

没有一点努力是会白白的丢了的。在我们看不见想不到的时候,在我们看不见想不到的方向,你瞧!你下的种子早已生根发叶开花结果了!

你不信吗?法国被普鲁士打败之后,割了两省地,赔了五十万万佛郎的赔款。这时候有一位刻苦的科学家巴斯德(Pasteur)终日埋头在他的试验室里做他的化学试验和微菌学研究。他是一个最爱国的人,然而他深信只有科学可以救国。他用一生的精力证明了三个科学问题:(1)每一种发酵作用都是由于一种微菌的发展;(2)每一种传染病都是由于一种微菌在生物体中的发展;(3)传染病的微菌,在特殊的培养之下,可以减轻毒力,使它从病菌变成防病的药苗。——这三个问题,在表面上似乎都和救国大事业没有多大的关系。然而从第一个问题的证明,巴斯德定出做醋酿酒的新法,使全国的酒醋业每年减除极大的损失。从第二个问题的证明,巴斯德教全国的蚕丝业怎样选种防病,教全国的畜牧农家怎样防止牛羊瘟疫,又教全世界的医学界怎样注重消毒以减除外科手术的死亡率。从第三个问题的证明,巴斯德发明了牲畜的脾热瘟的疗治药苗,每年替法国农家灭除了二千万佛郎的大损失;又发明了疯狗咬毒的治疗法,救济了无数的生命。所以英国的科学家赫胥黎(Huxley)在皇家学会里称颂巴斯德的功绩道:"法国给了德国五十万万佛郎的赔款,巴斯德先生一个人研究科学的成绩足够还清这一笔赔款了。"

巴斯德对于科学有绝大的信心,所以他在国家蒙奇辱大难的时候,终不肯抛弃他的显微镜与试验室。他绝不想他的显微镜底下能偿还五十万万佛郎的赔款,然而在他看不见想不到的时候,他已收获了科学救国的奇迹了。

朋友们,在你最悲观最失望的时候,那正是你必须鼓起坚强的信心的时候。你要深信:天下没有白费的努力。成功不必在我,而功力必不唐捐。

二十一,六,二十七夜

【注释】

①选自《胡适论读书》,安徽教育出版社2013年版,有删改。本文是胡适1932年6月写给即将走上社会的大学毕业生的。

②撙:节省,节制。

【作者简介】

胡适(1891—1962),原名洪骍,字适之,安徽绩溪人。1910年留学美国,先后就读于康奈尔大学和哥伦比亚大学,深受杜威实用主义哲学的影响。1917年1月在《新青年》上发表的《文学改良刍议》,是中国现代文学史上最早提出文学革命的文章。同年获哲学博士学位,1917年夏回国,任北京大学教授。1918年加入《新青年》编辑部,大力提倡白话文,率先从事白话新诗与文学史的写作,1920年3月出版的新诗集《尝试集》是中国第一部白话诗集。他与陈独秀、李大钊等同为新文化运动的领袖人物,积极宣扬民主、科学,宣传个性解放、思想自由。他主张改良,反对革命。1922年离开《新青年》,1923年与徐志摩等组织新月社。创

四、修身养性

办过《努力周报》《现代评论》《独立评论》等刊物。1938—1942年出任国民政府驻美大使。1946—1948年任北京大学校长。1948年去美国。1958年任台湾"中央研究院院长"。1962年在台北病逝。

胡适的学术成就涉及哲学、文学、史学等诸多领域,文学创作除白话诗外,还有不少散文、传记、话剧等。主要著作有《中国哲学史大纲》《尝试集》《白话文学史》《胡适文存》(四集)、《中国章回小说考证》等。

论快乐①

钱钟书

在旧书铺里买回来维尼(Vigny)②的《诗人日记》信手翻开,就看见有趣的一条。他说,在法语里,"喜乐"一个名词是"好"和"钟点"两字拼成,可见好事多磨,只是个把钟头的玩意儿。我们联想到我们本国话的说法,也同样的意味深永,譬如快活或快乐的"快"字,就把人生一切乐事的飘瞥难留,极清楚地指示出来。所以我们又慨叹说:"欢娱嫌夜短!"因为人在高兴的时候,活得太快,一到困苦无聊,愈觉得日脚像跛了似的,走得特别慢。德语的"沉闷"一词,据字面上直译,就是"长时间"的意思,《西游记》里小猴子对孙行者说:"天上一日,下界一年。"这种神话,的确反映着人类的心理。天上比人间舒服欢乐,所以神仙活得快,人间一年在天上只当一日过。从此类推,地狱比人间更痛苦,日子一定愈加难度;段成式《酉阳杂俎》③就说:"鬼言三年,人间三日。"嫌人生短促的人,真是最"快活"的人;反过来说,真快活的人,不管活到多少岁死,只能算是短命夭折。所以,做神仙也并不值得,在凡间已经三十年做了一世的人,在天上还是个初满月的小孩。但是这种"天算",也有占便宜的地方:譬如戴君孚《广异记》载崔参军捉狐妖,"以桃枝决五下",长孙无忌说罚得太轻,崔答"五下是人间五百下,殊非小刑"。可见卖老祝寿等等,在地上最为相宜,而刑罚呢,应该到天上去受。

"永远快乐"这句话,不但渺茫得不能实现,并且荒谬得不能成立。快乐的决不会永久;我们说永远快乐,正好像说四方的圆形,静止的动作同样的自相矛盾。在高兴的时候,我们空对瞬息即逝的时间喊着说:"逗留一会儿吧!你太美了!"那有什么用④!你要永久,你该向痛苦里去找。不讲别的,只要一个失眠的晚上,或者有约不来的下午,或者一课沉闷的听讲——这许多,比一切宗教信仰更有效力,能使你尝到什么叫作"永生"的滋味。人生的刺,就在这里,留恋着不肯快走的,偏是你所不留恋的东西。

快乐在人生里,好比引诱小孩子吃药的方糖,更像跑狗场里引诱狗赛跑的电兔子。几分钟或者几天的快乐赚我们活了一世,忍受着许多痛苦。我们希望它来,希望它留,希望它再来——这三句话概括了整个人类努力的历史。在我们追求和等候的时候,生命又不知不觉地偷度过去。也许我们只是时间消费的筹码,活了一世不过是为那一世的岁月充当殉葬品,根本不会想到快乐。但是我们到死也不明白是上了当,我们还理想死后有个天堂,在那里——谢上帝,也有这一天! 我们终于享受到永远的快乐。你看,快乐的引诱,不仅像电兔子和方糖,使我们忍受了人生,而且仿佛钓钩上的鱼饵,竟使我们甘心去死。这样说来,人生虽痛苦,却不悲观,因为它终抱着快乐的希望;现在的账,我们预支了将来去付。为了快活,我们甚至于愿意慢死。

穆勒曾把"痛苦的苏格拉底"和"快乐的猪"比较⑤。假使猪真知道快活,那么猪和苏格拉底也相去无几了⑥。猪是否能快乐得像人,我们不知道;但是人会容易满足得像猪,我们是常看见的。把快乐分肉体的和精神的两种,这是最糊涂的分析。一切快乐的享受都属于精神的,尽管快乐的原因是肉体上的物质刺激。小孩子初生下来,吃饱了奶就乖乖地睡,并不知道什么是快活,虽然他身体感觉舒服。缘故是小孩子时的精神和肉体还没有分化,只是混沌的星云状态。洗一个澡,看一朵花,吃一顿饭,假使你觉得快活,并非全因为澡洗得干净,花开得好,或者菜合你口味,主要因为你心上没有挂碍,轻松的灵魂可以专注肉体的感觉,来欣赏,来审定。要是你精神不痛快,像将离别时的筵席,随它怎样烹调得好,吃来只是土气息、泥滋味。那时刻的灵魂,仿佛害病的眼怕见阳光,撕去皮的伤口接触空气,虽然空气和阳光都是好东西。快乐时的你,一定心无愧怍。假如你犯罪而真觉快乐,你那时候一定和有道德、有修养的人同样心安理得。有最洁白的良心,跟全没有良心或有最漆黑的良心,效果是相等的。

发现了快乐由精神来决定,人类文化又进一步。发现这个道理,和发现是非善恶取决于公理而不取决于暴力,一样重要。公理发现以后,从此世界上没有可被武力完全屈服的人。发现了精神是一切快乐的根据,从此痛苦失掉它们的可怕,肉体减少了专制。精神的炼金术能使肉体痛苦都变成快乐的资料。于是,烧了房子,有庆贺的人⑦;一箪食,一瓢饮,有不改其乐的人⑧;千灾百毒,有谈笑自若的人⑨。所以我们前面说,人生虽不快乐,而仍能乐观。譬如从写《先知书》的所罗门直到作《海风》诗的马拉梅(Mallarme),都觉得文明人的痛苦,是身体困倦。但是偏有人能苦中作乐,从病痛里滤出快活来,使健康的消失有种赔偿。苏东坡诗就说:"因病得闲殊不恶,安心是药更无方。"王丹麓《今世说》也记毛稚黄善病,人以为忧。毛曰:"病味亦佳,第不堪为躁热人道耳!"在注重体育的西洋,我们也可以找着同样达观的人,多愁善病的诺凡利斯(Novalis)在《碎金集》里建立一种病的哲学,说病是"教人学会休息的女教师"。罗登巴煦(Rodenbach)的诗集《禁锢的生活》里有专咏病味的一卷,说病是"灵魂的洗涤(epuration)"。身体结实、喜欢活动的人采用了这个观点,就对病痛也感到另有风味。顽健粗壮的十八世纪德国诗人白洛柯斯(B. H. Brockes)第一次害病,觉得是一个"可惊异的大发现"。对于这种人,人生还有什么威胁? 这种快乐,把忍受变为享受,是精神对于物质的最大胜利。灵魂可以自主——同时也许是自欺。能一贯抱这种态度的人,当然是大哲学家,但是谁知道

四、修身养性

他不也是个大傻子？

是的，这有点矛盾。矛盾是智慧的代价。这是人生对于人生观开的玩笑。

【注释】

①选自《传世经典散文99篇》长江文艺出版社2014年版，有删改。本文写于1941年。

②维尼(Vigny,Alfred de,1797－1863)：法国浪漫主义诗人，小说家，剧作家。生于贵族之家，当过王室禁卫军少尉。在雨果办的杂志上发表作品，接受圣西门的社会主义哲学。1845年当选法兰西院士。

③《酉阳杂俎》：笔记，唐代段成式撰。所记有仙佛、鬼怪、人事、动物等，包罗甚广，多有寓意。

④语出歌德《浮士德》。

⑤穆勒(Mill,John Stuart,1806－1873)：英国哲学家、经济学家、逻辑学家。幼年受父亲教育，8岁通希腊文，10岁学完大学的拉丁文作品，能领会柏拉图的著作。12岁专攻经院逻辑学。17岁入印度署任职，主管英国东印度公司与印度各邦政府间的关系协调事务。发表著作甚多，对后世思潮影响甚大。

⑥苏格拉底：古希腊哲学家，好谈论。其言行主要见于柏拉图的对话集和色诺芬的《苏格拉底言行回忆录》。

⑦语出古代典故。

⑧语出《论语·雍也》："子曰：'贤哉！回也，一箪食，一瓢饮，在陋巷，人也不堪其忧，回也不改其乐。贤哉！回也。'"

⑨语出禅林故事。

【作者简介】

钱钟书(1910—1998)，字默存，号槐聚，曾用笔名中书君，江苏无锡人。中国现当代著名作家、学者。自幼受传统经史教育，古典文学功底深厚。早年就读于教会办的苏州桃坞中学和无锡辅仁中学。1933年清华大学外语系毕业后，到上海光华大学任教。1935年赴英国牛津大学英文系留学。1937年毕业，获副博士学位。随后赴法国，在巴黎大学研究院进修法国文学。1938年秋回国，先后任昆明西南联大外文系教授、湖南蓝田国立师范学院英文系主任、上海暨南大学外语系教授、北京图书馆英文馆刊顾问、中央图书馆外文部总纂等。新中国成立后，任清华大学外文系教授、中国科学院文学研究所研究员、哲学社会科学部学部委员等。1982年任中国社会科学院副院长。

钱钟书博古通今，学贯中西，在文学、训诂学、哲学、心理学诸方面均有重要成就。文学作品主要有长篇小说《围城》(1947)、短篇小说集《人·兽·鬼》(1946)、散文集《写在人生边上》(1941)、诗集《槐聚诗存》等。学术专著主要有《管锥编》(五卷)、《谈艺录》《旧文四篇》《也是集》《七缀集》《宋诗选注》等。辑有《钱钟书全集》。

悼念玛丽·居里[①]

[德]爱因斯坦

在像居里夫人这样一位崇高人物结束她的一生的时候,我们不要仅仅满足于回忆她的工作成果对人类已经作出的贡献。第一流人物对于时代和历史进程的意义,在其道德品质方面,也许比单纯的才智成就方面还要大。即使是后者,它们取决于品格的程度,也远超过通常所认为的那样。

我幸运地同居里夫人有二十年崇高而真挚的友谊。我对她的人格的伟大愈来愈感到钦佩。她的坚强,她的意志的纯洁,她的律己之严,她的客观,她的公正不阿的判断——所有这一切都难得地集中在一个人的身上。她在任何时候都意识到自己是社会的公仆,她的极端的谦虚,永远不给自满留下任何余地。由于社会的严酷和不平等,她的心情总是抑郁的。这就使得她具有那样严肃的外貌,很容易使那些不接近她的人发生误解——这是一种无法用任何艺术气质来解释的少见的严肃性。一旦她认识到某一条道路是正确的,她就毫不妥协地并且极端顽强地坚持下去。

她一生中最伟大的科学功绩——证明放射性元素的存在并把它们分离出来——所以能取得,不仅是靠着大胆的直觉,而且也靠着在难以想象的极端困难情况下工作的热忱和顽强,这样的困难,在实验科学的历史中是罕见的。

居里夫人的品德力量和热忱,哪怕只要有一小部分存在于欧洲的知识分子中间,欧洲就会面临一个比较光明的未来。

(许良英等编译)

【注释】

① 选自《爱因斯坦文集》第一卷,许良英等编译,商务印书馆2010年版。

【作者简介】

爱因斯坦(1879—1955),20世纪最伟大的物理学家。1879年3月14日出生于德国乌尔姆镇。1896年考入瑞士联邦工业大学教育系。毕业后到瑞士伯尔尼联邦专利局任职员,在此工作8年。他利用业余时间进行科学研究,取得了丰硕成果。1905年,发表了物理学史上具有划时代意义的论文《狭义相对论》。1916年,又发表了《广义相对论的基础》,在物理学上引发了一场革命。他还发现了光电效应定律,为此他在1921年获诺贝尔物理学奖。因反对希特勒法西斯专制统治受到纳粹政权的迫害,1933年移居美国进行教学和研究。1955

四、修身养性

年在美国普林斯顿不幸逝世,享年76岁。除了科技论文,爱因斯坦还留下许多关于社会、人生等方面的作品,这些闪烁着智慧的文字精华,同样给人以无穷的启迪。

我有一个梦想①

[美]马丁·路德·金

今天,我高兴地同大家一起,参加这次将成为我国历史上为了争取自由而举行的最伟大的示威集会。

100年前,一位伟大的美国人——今天我们就站在他象征性的身影下——签署了《解放宣言》②。这项重要法令的颁布,对于千百万灼烤于非正义残焰中的黑奴,犹如带来希望之光的硕大灯塔,恰似结束漫漫长夜禁锢的欢畅黎明。

然而,100年后,黑人依然没有获得自由。100年后,黑人依然悲惨地蹒跚于种族隔离和种族歧视的枷锁之下。100年后,黑人依然生活在物质繁荣瀚海的贫困孤岛上。100年后,黑人依然在美国社会中间向隅而泣,依然感到自己在国土家园中流离漂泊。所以,我们今天来到这里,要把这骇人听闻的情况公之于众。

从某种意义上说,我们来到国家的首都是为了兑现一张支票。我们共和国的缔造者在拟写宪法和独立宣言的辉煌篇章时,就签署了一张每一个美国人都能继承的期票。这张期票向所有人承诺——不论白人还是黑人——都享有不可让渡的生存权、自由权和追求幸福权。

然而,今天美国显然对她的有色公民拖欠着这张期票。美国没有承兑这笔神圣的债务,而是开始给黑人一张空头支票——一张盖着"资金不足"的印戳被退回的支票。但是,我们决不相信正义的银行会破产。我们决不相信这个国家巨大的机会宝库会资金不足。

因此,我们来兑现这张支票。这张支票将给我们以宝贵的自由和正义的保障。

我们来到这块圣地还为了提醒美国:现在正是万分紧急的时刻。现在不是从容不迫悠然行事或服用渐进主义镇静剂的时候。现在是实现民主诺言的时候。现在是走出幽暗荒凉的种族隔离深谷,踏上种族平等的阳关大道的时候。现在是使我们国家走出种族不平等的流沙,踏上充满手足之情的磐石的时候。现在是使上帝所有孩子真正享有公正的时候。

忽视这一时刻的紧迫性,对于国家将会是致命的。自由平等的朗朗秋日不到来,黑人顺情合理哀怨的酷暑就不会过去。1963年不是一个结束,而是一个开端。

如果国家依然我行我素,那些希望黑人只需出出气就会心满意足的人将大失所望。

在黑人得到公民权之前,美国既不会安宁,也不会平静。反抗的旋风将继续震撼我们国家的基石,直至光辉灿烂的正义之日来临。

但是,对于站在通向正义之宫艰险门槛上的人们,有一些话我必须要说。在我们争取合法地位的过程中,切不要错误行事导致犯罪。我们切不要吞饮仇恨辛酸的苦酒,来解除对于自由的饮渴。

我们应该永远得体地、纪律严明地进行斗争。我们不能容许我们富有创造性的抗议沦为暴力行动。我们应该不断升华到用灵魂力量对付肉体力量的崇高境界。

席卷黑人社会的新的奇迹般的战斗精神,不应导致我们对所有白人的不信任——因为许多白人兄弟已经认识到:他们的命运同我们的命运紧密相连,他们的自由同我们的自由休戚相关。他们今天来到这里参加集会就是明证。

我们不能单独行动。当我们行动时,我们必须保证勇往直前。我们不能后退。有人问热心民权运动的人:"你们什么时候会感到满意?"只要黑人依然是不堪形容的警察暴行恐怖的牺牲品,我们就决不会满意。只要我们在旅途劳顿后,却被公路旁汽车游客旅社和城市旅馆拒之门外,我们就决不会满意。只要黑人的基本活动范围只限于从狭小的黑人居住区到较大的黑人居住区,我们就决不会满意。只要我们的孩子被"仅供白人"的牌子剥夺个性,损毁尊严,我们就决不会满意。只要密西西比州的黑人不能参加选举,纽约州的黑人认为他们与选举毫不相干,我们就决不会满意。不,不,我们不会满意,直至公正似水奔流,正义如泉喷涌。

我并非没有注意到你们有些人历尽艰难困苦来到这里。你们有些人刚刚走出狭小的牢房。有些人来自因追求自由而遭受迫害风暴袭击和警察暴虐狂飙摧残的地区。你们饱经风霜,历尽苦难。继续努力吧,要相信:无辜受苦终得拯救。

回到密西西比去吧;回到亚拉巴马去吧;回到南卡罗来纳去吧;回到佐治亚去吧;回到路易斯安那去吧;回到我们北方城市中的贫民窟和黑人居住区去吧。要知道,这种情况能够而且将会改变。我们切不要在绝望的深渊里沉沦。

朋友们,今天我要对你们说,尽管眼下困难重重,但我依然怀有一个梦。这个梦深深植根于美国梦之中。

我梦想有一天,这个国家将会奋起,实现其立国信条的真谛:"我们认为这些真理不言而喻:人人生而平等。"

我梦想有一天,在佐治亚州的红色山冈上,昔日奴隶的儿子能够同昔日奴隶主的儿子同席而坐,亲如手足。

我梦想有一天,甚至连密西西比州——一个非正义和压迫的热浪逼人的荒漠之州,也会改造成为自由和公正的青青绿洲。

我梦想有一天,我的四个小女儿将生活在一个不是以皮肤的颜色,而是以品格的优劣作为评判标准的国家里。

我今天怀有一个梦。

四、修身养性

我梦想有一天,亚拉巴马州会有所改变——尽管该州州长现在仍滔滔不绝地说什么要对联邦法令提出异议和拒绝执行——在那里,黑人儿童能够和白人儿童兄弟姐妹般地携手并行。

我今天怀有一个梦。

我梦想有一天,深谷弥合,高山夷平,歧路化坦途,曲径成通衢,上帝的光华再现,普天下生灵共谒。

这是我们的希望。这是我将带回南方去的信念。有了这个信念,我们就能从绝望之山开采出希望之石。有了这个信念,我们就能把这个国家嘈杂刺耳的争吵声,变为充满手足之情的悦耳交响曲。有了这个信念,我们就能一同工作,一同祈祷,一同斗争,一同入狱,一同维护自由,因为我们知道,我们终有一天会获得自由。

到了这一天,上帝的所有孩子都能以新的含义高唱这首歌:

我的祖国,可爱的自由之邦,我为您歌唱。这是我祖先终老的地方,这是早期移民自豪的地方,让自由之声,响彻每一座山冈。

如果美国要成为伟大的国家,这一点必须实现。因此,让自由之声响彻新罕布什尔州的巍峨高峰!

让自由之声响彻纽约州的崇山峻岭!

让自由之声响彻宾夕法尼亚州的阿勒格尼高峰!

让自由之声响彻科罗拉多州冰雪皑皑的洛基山!

让自由之声响彻加利福尼亚州的婀娜群峰!

不,不仅如此;让自由之声响彻佐治亚州的石山!

让自由之声响彻田纳西州的望山!

让自由之声响彻密西西比州的一座座山峰,一个个土丘!

让自由之声响彻每一个山冈!

当我们让自由之声轰响,当我们让自由之声响彻每一个大村小庄,每一个州府城镇,我们就能加速这一天的到来。那时,上帝的所有孩子,黑人和白人,犹太教徒和非犹太教徒,耶稣教徒和天主教徒,将能携手同唱那首古老的黑人灵歌:"终于自由了!终于自由了!感谢全能的上帝,我们终于自由了!"

(佚名译)

【注释】

①这是马丁·路德·金 1963 年在华盛顿大规模和平示威集会上的著名演讲词。

②《解放宣言》:即《解放黑奴宣言》。在 1861 年爆发的南北战争中,美国总统林肯起草,并于 1862 年 9 月 22 日发表草案,1863 年元旦正式颁布的一项法令,旨在使南部叛乱的黑人奴隶成为自由民。根据宣言,有 400 万黑奴获得自由。1865 年和 1868 年,美国国会分别通过宪法第 13 条、第 14 条修正案,正式宣布废除奴隶制。《解放宣言》是联邦成立以来美国历史上最重要的文件之一。一位伟大的美国人:指签署《解放

宣言》草案的美国总统林肯。

【作者简介】

马丁·路德·金(1929—1968),美国当代黑人领袖。出生于佐治亚州,在波士顿大学获博士学位后任亚拉巴马州蒙哥马利市浸礼会牧师。1955—1956年,成功领导该市黑人历时一年之久的罢乘公共汽车运动,一举成为全国性的民权运动领袖。此后多次领导黑人群众性运动,反对种族隔离政策,争取黑人平等权益。1963年,马丁·路德·金组织了美国历史上影响深远的"自由进军"运动,率领游行队伍向华盛顿进军,为美国黑人争取人权,在林肯纪念堂前向25万人发表了著名的演说《我有一个梦想》。他献身人类平等事业的行为,赢得了全世界人民的广泛尊敬。1964年获诺贝尔和平奖。1968年4月4日,在田纳西州遇刺身亡。

延展阅读

刘义庆《世说新语》
颜之推《颜氏家训》
顾炎武《日知录》
曾国藩《曾国藩家书》
洪应明《菜根谭》
傅雷《傅雷家书》
蔡元培《中国人的修养》
钱钟书《写在人生边上》
张元济《中华民族的人格》
(法)拉罗什福科《道德箴言录》
(美)雅克·蒂洛,基思·克拉斯曼《伦理学与生活》

五、情感人生

诗经·周南·关雎①

关关雎鸠,在河之洲。窈窕淑女②,君子好逑③。
参差荇菜④,左右流之⑤。窈窕淑女,寤寐求之。
求之不得,寤寐思服⑥。悠哉悠哉⑦,辗转反侧。
参差荇菜,左右采之。窈窕淑女,琴瑟友之。
参差荇菜,左右芼之⑧。窈窕淑女,钟鼓乐之⑨。

【注释】

①本诗选自《诗经·周南》。关关:和声也。雎鸠:鱼鹰。
②窈窕淑女:毛传:"窈窕,幽闲也。淑,善。"
③逑(qiú),毛传:"匹也。"好逑,好的配偶。
④荇:多年生草本,并根连水底,叶浮水上。自古供食用。
⑤流:毛传:"求也。"朱熹曰:"顺水之流而取之也。"
⑥思:语助词。服:毛传:"思之也。"

⑦悠哉悠哉:朱熹曰:"悠,长也。"悠哉悠哉,即思念深长。
⑧芼(mào):毛传:"择也。"择取。
⑨钟鼓:金奏也,是盛礼时的音乐。钟鼓乐之,用钟鼓来使"淑女"喜乐。

诗经·秦风·蒹葭①

蒹葭苍苍②,白露为霜③。所谓伊人④,在水一方⑤。
溯洄从之⑥,道阻且长⑦。溯游从之⑧,宛在水中央⑨。
蒹葭萋萋⑩,白露未晞⑪。所谓伊人,在水之湄⑫。
溯洄从之,道阻且跻⑬。溯游从之,宛在水中坻⑭。
蒹葭采采⑮,白露未已⑯。所谓伊人,在水之涘⑰。
溯洄从之,道阻且右⑱。溯游从之,宛在水中沚⑲。

【注释】

①本诗选自《诗经·秦风》。秦:周朝时诸侯国名,在今陕西中部和甘肃东部一带。蒹:荻,像芦苇。葭:芦苇。
②苍苍:茂盛的样子。后两章"萋萋""采采"义同。
③为:凝结成。
④所谓:所念。伊人:这个人或那个人,指诗人所思念追寻的人。
⑤在水一方:在河的另一边。
⑥溯洄(sù huí)从之:意思是沿着河道走向上游去寻找她。溯洄,逆流而上。从,追,追求。
⑦阻:险阻,难走。
⑧溯游从之:沿着直流的河道走向上游寻找她。游,流,指直流的水道。
⑨宛在水中央:(那个人)仿佛在河的中间。宛,仿佛,好像。
⑩萋萋:茂盛的样子。
⑪晞(xī):干。
⑫湄(méi):水和草交接的地方,指岸边。
⑬跻(jī):登,上升。
⑭坻(chí):水中的小洲或高地。
⑮采采:茂盛鲜明的样子。
⑯已:止,这里的意思是"干,变干"。
⑰涘(sì):水边。
⑱右:向右拐弯,这里是(道路)弯曲的意思。

⑲沚(zhǐ):水中的小块陆地。

【《诗经》简介】

《诗经》是我国第一部诗歌总集,也是儒家"六艺"之一。它共收入自西周初期至春秋中叶约500年间的诗歌305篇,原名《诗》,或《诗三百》。汉以后称为《诗经》。约编成于春秋中叶,相传由孔子删定。《诗经》共有风、雅、颂三个部分。其中风包括15"国风",有诗160篇;雅分"大雅""小雅",有诗105篇;颂分"周颂""鲁颂""商颂",有诗40篇。

《诗经》是中国韵文的源头,是中国诗史的光辉起点。它形式多样:史诗、讽刺诗、叙事诗、恋歌、战歌、颂歌、节令歌以及劳动歌谣样样都有。它内容丰富,对周代社会生活的各个方面,如劳动和爱情、战争与徭役、压迫与反抗、风俗与婚姻、祭祖与宴会,甚至天象、地貌、动物、植物等各个方面都有所反映。可以说,《诗经》是周代社会的一面镜子。《诗经》的语言是研究公元前11世纪到公元前6世纪汉语概貌的最重要的资料。

汉乐府·上邪①

上邪!我欲与君相知②,长命无绝衰③。山无陵④,江水为竭,冬雷震震⑤,夏雨雪⑥,天地合⑦,乃敢与君绝⑧!

【注释】

①本诗选自《乐府诗集》。上邪:犹言"天啊"。上,指天。邪,音义同"耶"。
②相知:相爱。
③命:古与"令"字通,使。这句是说,让我们的爱情永不衰绝。
④陵:大土山。
⑤震震:雷声。
⑥雨雪:降雪。雨:音yù,动词。
⑦天地合:天与地合而为一。
⑧乃敢:才敢。"敢"字是委婉的用语。

【作者简介】

本篇是汉乐府《铙歌》中的一首情歌,全诗以第一人称的口吻呼天为誓,直抒胸臆,表达了一个女子对爱情的热烈追求和执着坚定。与文人诗词喜欢描写少女初恋时的羞涩情态相反,在民歌中最常见的是以少女自述的口吻来表现她们对于幸福爱情的无所顾忌的追求。

这首诗属于汉代乐府民歌中的《鼓吹曲辞》。

汉乐府就是指汉时乐府官署所采制的诗歌。汉乐府掌管的诗歌一部分是供执政者祭祀祖先神明使用的郊庙歌辞,其性质与《诗经》中"颂"相同;另一部分则是采集民间流传的俗乐,世称乐府民歌。据《汉书·艺文志》载,"有代、赵之讴,秦、楚之风,皆感于哀乐,缘事而发,亦可以观风俗,知薄厚云"。可见这部分作品乃是汉乐府之精华。

汉乐府是继《诗经》之后古代民歌的又一次大汇集。汉乐府民歌中女性题材作品占重要位置,它用通俗的语言构造贴近生活的作品,由杂言渐趋向五言,采用叙事写法,刻画人物细致入微,创造人物性格鲜明,故事情节较为完整,而且能突出思想内涵,着重描绘典型细节,开拓叙事诗发展成熟的新阶段,是中国诗史五言诗体发展的一个重要阶段。

古诗十九首·迢迢牵牛星①

迢迢牵牛星,皎皎河汉女②。
纤纤擢素手③,札札弄机杼④。
终日不成章⑤,泣涕零如雨。
河汉清且浅,相去复几许?
盈盈一水间,脉脉不得语⑥。

【注释】

①本诗选自《古诗十九首》。迢(tiáo)迢:遥远的样子。
②河汉女:指织女星。
③纤(xiān)纤:形容小巧或细长而柔美。擢(zhuó):举。
④札(zhá)札:织布机发出的声音。杼(zhù):织布机上的工具。
⑤章:这里指布匹。
⑥脉(mò)脉:默默地用眼神或行动表达情谊。

【作者简介】

《古诗十九首》形成诗名,最早见于《文选》,为南朝梁萧统从传世无名氏《古诗》中选录19首编入,编者把这些亡佚作者名的五言诗汇集起来,冠以此名,列在"杂诗"类之首,后世遂作为组诗看待。

《古诗十九首》习惯上以首句为标题,依次为:《行行重行行》《青青河畔草》《青青陵上柏》《今日良宴会》《西北有高楼》《涉江采芙蓉》《明月皎夜光》《冉冉孤生竹》《庭中有奇树》《迢迢牵牛星》《回车驾言迈》《东城高且长》《驱车上东门》《去者日以疏》《生年不满百》《凛凛岁云暮》《孟冬寒气至》《客从远方来》《明月何皎皎》。

《古诗十九首》是乐府古诗文人化的显著标志。汉末文人对个体生存价值的关注，使他们与自己生活的社会环境、自然环境，建立起更为广泛而深刻的情感联系。过去与外在事功相关联的，诸如帝王、诸侯的宗庙祭祀、文治武功、畋猎游乐乃至都城宫室等，曾一度霸踞文学的题材领域，而这时却让位于与诗人的现实生活、精神生活息息相关的进退出处、友谊爱情乃至街衢田畴、物候节气等，因此，文学的题材、风格、技巧，也发生巨大的变化。

《古诗十九首》在五言诗的发展上有重要地位，在中国诗史上也有相当重要的意义，它的题材内容和表现手法为后人师法，几至形成模式。它的艺术风格，也影响到后世诗歌的创作与批评。就古代诗歌发展的实际情况而言，称它为"五言之冠冕""千古五言之祖"是并不过分的。诗史上有认为《古诗十九首》为五言古诗之权舆的评论，例如，明王世贞称"（十九首）谈理不如《三百篇》，而微词婉旨，碎足并驾，是千古五言之祖"。

登楼赋①

王 粲

登兹楼以四望兮，聊暇日以销忧。览兹宇之所处兮，实显敞而寡仇②。挟清漳之通浦兮，倚曲沮之长洲③。背坟衍之广陆兮，临皋隰之沃流④。北弥陶牧，西接昭丘⑤。华实蔽野，黍稷盈畴⑥。虽信美而非吾土兮，曾何足以少留⑦！

遭纷浊而迁逝兮，漫逾纪以迄今⑧。情眷眷而怀归兮，孰忧思之可任⑨！凭轩槛以遥望兮，向北风而开襟⑩。平原远而极目，蔽荆山之高岑⑪。路逶迤而修迥兮，川既漾而济深⑫。悲旧乡之壅隔兮，涕横坠而弗禁⑬。昔尼父之在陈兮，有归欤之叹音⑭。钟仪幽而楚奏兮⑮，庄舄显而越吟⑯。人情同于怀土兮，岂穷达而异心⑰！

惟日月之逾迈兮，俟河清其未极⑱。冀王道之一平兮，假高衢而骋力⑲。惧匏瓜之徒悬兮，畏井渫之莫食⑳。步栖迟以徙倚兮，白日忽其将匿㉑。风萧瑟而并兴兮，天惨惨而无色㉒。兽狂顾以求群兮，鸟相鸣而举翼㉓。原野阒其无人兮，征夫行而未息㉔。心凄怆以感发兮，意忉怛而憯恻㉕。循阶除而下降兮，气交愤于胸臆㉖。夜参半而不寐兮，怅盘桓以反侧㉗。

【注释】

①本文选自《古文鉴赏辞典》，上海辞书出版社2014年版。
②兹楼：这座城楼。城楼所在古今说法不一。据"挟清漳之通浦兮，倚曲沮之长洲"，或可认为在当阳东

南夹在沮、漳二水间的麦城。兹宇:宇,屋,此处指代整座城楼。寡仇:少有匹敌。仇,匹。

③漳:漳水,源出湖北南漳县西南蓬莱洞山,东南流至麦城南与沮水会合,再东南流经江陵县注入长江。浦:注入大河的支流或水渠。曲沮:曲折蜿蜒的沮水。沮水源出湖北保康县西南,东南流与漳水会合而注入长江。

④背坟衍之广陆:城楼背后是高平宽广的陆地。坟,高起。衍,平坦。皋:水边高地。隰(xí):低湿的原野。沃流:可供灌溉的河流。沃,灌溉。此处指水量充足。

⑤弥:终极。陶牧:陶朱公墓地所在的郊原。盛弘之《荆州记》称:"江陵县西有陶朱公冢。"传说陶朱公即春秋时帮助越王勾践灭吴的谋士范蠡,功成身退,隐于陶,称朱公,经商致富,十九年三致千金。牧,远郊。昭丘:楚昭王墓。

⑥黍稷:均谷类。此处泛指农作物。盈畴:满田。畴,已耕治的田地。

⑦信美:确实美好。此处指故乡。

⑧遭纷浊:犹言逢乱世。纷浊,纷扰秽浊,指董卓之乱。迁逝:迁徙远去。指由长安避乱到荆州。逾纪:超过了十二年。纪,十二年。迄:至。

⑨眷眷:顾念深切的样子。可任:能承受得了。

⑩轩槛(jiàn):楼上四通长廊边的栏杆。

⑪极目:纵目眺望。蔽荆山之高岑(cén):被远方荆山上的峰峦遮住了视线。岑,小而高的山峰。

⑫逶迤(wēi yí):曲折的样子。修迥(jiǒng):遥远。修,长。迥,远。漾:水流长。一说指水宽势盛。

⑬壅隔:遮挡隔阻。壅,壅蔽、遮挡。横坠:纵横下落。弗禁:不能止住。

⑭尼父:即孔子。孔子字仲尼。"父"同"甫",古时对男子的美称,常连用于表字后。归欤:孔子在陈三年,政治主张无法实现。鲁季桓子卒,康子代立,使使召冉求,孔子遂产生了返鲁的念头。

⑮钟仪幽而楚奏:钟仪是公元前584年楚郑交兵时被郑人俘获献给晋国的楚国乐官。幽,拘系。楚奏,弹奏楚国乐章。

⑯庄舄(xì)显而越吟:据《史记·张仪列传》:"越人庄舄仕楚执珪,有顷而病。楚王曰:'舄故越之鄙(偏远)细(地位低贱)人也,今仕楚执珪,富贵矣,亦思越不?'中谢(楚王侍御之官)对曰:'凡人之思故,在其病也,彼思越则越声,不思越则楚声。使人往听之,犹尚越声也。'"

⑰此二句是说,怀念乡土之情人人相同,岂因仕途的穷通而有所区别!

⑱日月之逾迈:指时光飞快流逝。语出《尚书·泰誓》。逾,过。迈,行。俟(sì)河清其未极:用逸周诗"俟河之清,人寿几何"句意。俟,等待。河,黄河。古人认为黄河清则圣人出,圣人出则天下将反乱为治。其,犹"则"。

⑲冀王道之一平:冀,希望。《尚书·洪范》:"无偏无党,王道平平。"王道本帝王车驾所由之路。王道坦荡,平衍正直,所以古人用以比喻理想的社会治理。假高衢而骋力:此句借纵马奔驰,比喻在宇内清平的政治环境中尽情施展自己的才干。假,借。高衢,高平宽敞的大道。骋,纵马奔驰。

⑳匏(páo)瓜:葫芦。《论语·阳货》:"子曰:'吾岂匏瓜也哉,焉能系而不食?'"孔子有济世之志,不愿闲置自老,故如此说。畏井渫(xiè)之莫食:渫,淘去污泥。《周易·井卦》:"井渫不食,为我心恻。"意思是说井水已淘治清洁,但仍无人食用,这是令人心伤的。王粲以"井渫"喻自身修养的成熟,担心终不为世用,致使才智不能施展。

㉑栖迟:游息、流连。徙倚:徘徊。忽其:忽然间,形容时间过得快。匿:隐藏。

㉒萧瑟:形容风声阴冷萧索。并兴:同时由各方兴起。

㉓狂顾:张皇地转头看。举翼:展翅。

㉔闃(qù):寂静。
㉕悽怆(chuàng):悽凉悲伤。感发:感动触发。忉怛(dāo dá):忧伤不安。忉,忧念。怛,惊惧而悲伤。憯恻(cǎn cè):痛伤的样子。憯,同"惨"。恻,悲伤。
㉖阶除:楼梯台阶。交:纠结。愤:郁愤。胸臆:即胸中。臆,当胸之处。
㉗参半:直至半夜。参,及、至。

【作者简介】

王粲(177—217),字仲宣,山阳高平(今山东邹县)人。出生于东汉的上层官僚之家,曾祖王龚在顺帝时官至太尉,祖父王畅在灵帝时官至司空,都曾位列三公。父亲王谦是大将军何进的长史。王粲是我国东汉末年著名的文学家和幕府名士。优越的家庭条件,加上本人的刻苦努力,终于使王粲成就了自己在文学上的不朽事业,写下了著名的《登楼赋》和《七哀诗》等作品。当时,有7位创作成就很高的人被称作"建安七子",王粲不仅名列其中,而且是七子中成就较大的一员,与曹植并称"曹王"。梁朝大文学评论家刘勰在《文心雕龙·才略》中赞誉王粲为"七子之冠冕"。同时,王粲的特殊经历和贡献,也使他成为我国古代幕府中的一名佼佼者。

闺 怨^①

王昌龄

闺中少妇不知愁,春日凝妆上翠楼②。
忽见陌头杨柳色,悔教夫婿觅封侯。

【注释】

①本诗选自《河岳英灵集》。
②凝妆:盛妆。

【作者简介】

王昌龄(690—756),字少伯,盛唐著名边塞诗人,后人誉为"七绝圣手"。关于王昌龄的籍贯,有太原、京兆两说。

王昌龄是盛唐时享有盛誉的一位诗人。殷璠《河岳英灵集》认为他是体现"风骨"的代表,誉其诗为"中兴高作",选入的数量也为全集之冠。这些都可见他在诗坛上的地位。《全唐诗》对王昌龄诗的评价是"绪密而思清",他的七绝诗尤为出色,甚至可与李白诗媲美,故被冠以"七绝圣手"的名号。尤其是他的边塞诗,流畅通脱,高昂向上,深受后人推崇。

相思①

王 维

红豆生南国②,春来发几枝。
劝君多采撷③,此物最相思!

【注释】

①本诗选自《王维集校注》。
②红豆:又名相思子。一种生在岭南地区的植物,结实如豌豆,色鲜红。
③撷:采摘。

【作者简介】

王维(701—761),字摩诘,盛唐时期的著名诗人,官至尚书右丞,原籍祁(今山西祁县),迁至蒲州(今山西永济),崇信佛教,晚年居于蓝田辋川别墅。善画人物、丛竹、山水。唐人记载其山水面貌有二:其一类似李氏父子,另一类则以破墨法画成,其名作《辋川图》即为后者。可惜至今已无真迹传世。苏轼评价说"味摩诘之诗,诗中有画;观摩诘之画,画中有诗"。他是唐代山水田园派的代表。

宣州谢朓楼饯别校书叔云①

李 白

弃我去者,昨日之日不可留。
乱我心者,今日之日多烦忧。
长风万里送秋雁②,对此可以酣高楼③。
蓬莱文章建安骨④,中间小谢又清发⑤。
俱怀逸兴壮思飞⑥,欲上青天揽明月⑦。
抽刀断水水更流,举杯销愁愁更愁⑧。
人生在世不称意⑨,明朝散发弄扁舟⑩。

【注释】

①宣州:今安徽宣城一带。谢朓(tiǎo)楼:又名北楼、谢公楼,在陵阳山上,是南齐诗人谢朓任宣城太守时所建,并改名为叠嶂楼。李白曾多次登临,并且写过一首《秋登宣城谢朓北楼》。饯别:以酒食送行。校(jiào)书:官名,即秘书省校书郎,掌管朝廷的图书整理工作。叔云:李白的叔叔李云。

②长风:远风,大风。

③此:指上句的长风秋雁的景色。酣(hān):畅饮。高楼:指谢朓楼。

④蓬莱文章:借指李云的文章。蓬莱,此指东汉时藏书之东观。《后汉书》卷二三《窦融列传》附窦章传:"是时学者称东观为老氏藏室,道家蓬莱山。"李贤注:"言东观经籍多也。蓬莱,海中神山,为仙府,幽经秘录并皆在焉。"建安骨:指刚健遒劲的诗文风格。汉末建安(汉献帝年号,196—220)年间,"三曹"和"七子"等作家所作之诗风骨遒劲,后人称之为"建安风骨"。

⑤小谢:指谢朓,字玄晖,南朝齐诗人。后人将他和谢灵运并称为大谢、小谢。这里用以自喻。清发(fā):指清新秀发的诗风。发:诗文俊逸。

⑥俱怀:两人都怀有。逸兴(xìng):飘逸豪放的兴致,多指山水游兴,超迈的意兴。王勃《滕王阁序》:"遥襟甫畅,逸兴遄飞。"李白《送贺宾客归越》:"镜湖流水漾清波,狂客归舟逸兴多。"壮思飞:卢思道《卢记室诔》:"丽词泉涌,壮思云飞。"壮思,雄心壮志,豪壮的意思。

⑦揽:摘取。

⑧销:一本作"消"。更:一本作"复"。

⑨称(chèn)意:称心如意。

⑩明朝(zhāo):明天。散发(fà):去冠披发,指隐居不仕。这里是形容狂放不羁。古人束发戴冠,散发表示闲适自在。弄扁(piān)舟:乘小舟归隐江湖。扁舟,小舟,小船。春秋末年,范蠡辞别越王勾践,"乘扁舟浮于江湖"(《史记·货殖列传》)。散发弄扁舟:一作"举棹还沧洲"。

【作者简介】

李白(701—762),字太白,号青莲居士。祖籍陇西成纪(今甘肃省秦安县),生于安西都护府之碎叶城(今吉尔吉斯斯坦境内),5岁时随其父迁居绵州彰明县(今四川省江油市)之青莲乡。李白年轻时,漫游全国各地。天宝初,因道士吴筠及贺知章推荐,供奉翰林,但不久即遭谗去职。安史之乱中,因参加永王李璘幕府,被流放夜郎,途中遇赦。晚年漂泊东南一带,最后病逝于安徽当涂。

李白深切关怀时局安危,热爱祖国山川,同情下层人民,鄙夷世俗,蔑视权贵。他的诗歌创作充满了发兴无端的澎湃激情和神奇想象,既有气势浩瀚、变幻莫测的壮观奇景,又有标举风神情韵而自然天成的明丽意境。他善于从民间文学吸取营养,想象丰富奇特,风格雄健奔放,色调瑰玮绚丽,语言清新自然,是继屈原之后,出现在我国诗坛的伟大的浪漫主义诗人。他与杜甫齐名,二人并称"李杜"。诗现存900多首,有《李太白集》。

无 题①

李商隐

相见时难别亦难②,东风无力百花残③。
春蚕到死丝方尽,蜡炬成灰泪始干④。
晓镜但愁云鬓改,夜吟应觉月光寒⑤。
蓬山此去无多路⑥,青鸟殷勤为探看⑦。

【注释】

①本诗选自《李商隐诗歌集解》。诗以无题命篇,是李商隐的创造。其内容或因不便明言,或因难用一个恰当的题目表现。大都意义比较晦涩,有的可能别有寄托。本篇旧注家多说有政治寓意,现在多数人把它作为一般爱情诗看待。
②"相见"句:二"难"字含义不同。前一个"难"字指难得、困难。后一个"难"字指难堪、难分难舍。
③东风:春风。
④"春蚕"二句:比喻到死方休的刻骨铭心的相思离恨。丝:与"思"谐音。蜡炬:蜡烛。
⑤"晓镜"二句:这是悬想猜测之辞,设想对方的情况。意思是说:晨起照镜,只怕因相思之苦而容颜憔悴;凉夜吟诗,也应因心情悲愁而觉得月色凄寒。镜:照镜子,作动词用。
⑥蓬山:蓬莱山,传说中的海上三座仙山(蓬莱、方丈、瀛洲)之一。这里借指对方的住处。
⑦青鸟:传说中为西王母传递信息的三足神鸟,这里借指信使。探看:探望。

【作者简介】

李商隐(约813—约858),字义山,号玉溪生、樊南生,晚唐诗人。原籍怀州河内(今河南沁阳市),祖辈迁荥阳(今属河南)。诗作文学价值很高,和杜牧合称"小李杜",与温庭筠合称"温李",与同时期的段成式、温庭筠风格相近,且都在家族里排行十六,故其诗并称为"三十六体"。其诗各体皆工,成就斐然,尤以七律最为突出。他的一些七律,辞采华美,属对精工,擅用比兴、象征、暗示、典故等手法,给人以兴寄深微、声情俱美的感觉,耐人玩味。尤其是一些爱情诗写得缠绵悱恻,为人传诵。但其诗过于隐晦迷离,令人难以索解,因有"诗家都爱西昆好,只恨无人作郑笺"之诮。因处于牛李党争的夹缝之中,他一生很不得志。

五、情感人生

梦江南·梳洗罢①

温庭筠

梳洗罢,独倚望江楼。过尽千帆皆不是,斜晖脉脉水悠悠②,肠断白蘋洲③。

【注释】

①本词选自《温庭筠词全集》。
②斜晖:偏西的阳光。脉脉:相视含情的样子。后多用以寄情思。
③白蘋洲:长满了白色蘋花的小洲。

【作者简介】

温庭筠(约812—866),本名岐,字飞卿,太原祁(今山西祁县)人。唐宰相温彦博之裔孙。其诗辞藻华丽,少数作品对时政有所反映。与李商隐齐名,并称"温李"。温庭筠诗词兼工,而词的成就尤高,被称为"花间鼻祖"。他精通音律,在词的格律形式上起了规范化的作用。内容偏重写闺情,辞藻艳丽。其《花间集》对后世词风有巨大影响。

鹊踏枝·谁道闲情抛弃久①

冯延巳

谁道闲情抛弃久?每到春来,惆怅还依旧。日日花前常病酒②,不辞镜里朱颜瘦③。河畔青芜堤上柳④,为问新愁,何事年年有⑤?独立小桥风满袖,平林新月人归后⑥。

【注释】

①本词选自《历代绝妙好词》,上海辞书出版社2017年版。
②病酒:饮酒过量而有难受的感觉。
③不辞:不惜。
④青芜:指青草丛生。
⑤何事:为何。
⑥新月:月初形状如钩的月亮。

【作者简介】

冯延巳(903—960),五代南唐词人,字正中,广陵(今扬州)人。南唐中主时,官至中书侍郎左仆射同平章事。词作近百首,多写男女的离情别恨。思深词丽,风格深婉,造诣极高。开北宋晏欧词风。有《阳春集》。

浣溪沙·一曲新词酒一杯①

晏 殊

一曲新词酒一杯,去年天气旧亭台②。夕阳西下几时回?
无可奈何花落去③,似曾相识燕归来。小园香径独徘徊④。

【注释】

①本词选自《唐宋词选》。浣溪沙:此调原为唐教坊曲名,因西施浣纱于若耶溪,故又名《浣溪纱》或《浣纱溪》。有平韵、仄韵两体,均为双调四十二字,后用为词牌名。
②"去年"句:语本唐人郑谷《和知己秋日伤怀》诗"流水歌声共不回,去年天气旧池台"。
③无可奈何:不得已,没有办法。
④香径:花园里的小路。

【作者简介】

晏殊(991—1055),字同叔。北宋抚州临川县文港乡(今南昌)人,北宋前期著名词人。14岁以神童入试,赐进士出身,命为秘书省正字。谥号元献,世称晏元献。晏殊历任要职,更兼提拔后进,如范仲淹、韩琦、欧阳修等,皆出其门。他以词著称于文坛,尤擅小令,有《珠玉词》130余首,风格含蓄婉丽。其代表作为《浣溪沙》《蝶恋花》《踏莎行》《破阵子》《鹊踏枝》等,其中《浣溪沙》中"无可奈何花落去,似曾相识燕归来"为千古传诵的名句。他亦工诗善文,原有诗文240卷,现存不多,大都以典雅华丽见长。

其词擅长小令,多表现诗酒生活和悠闲情致,语言婉丽,颇受南唐冯延巳的影响。晏词造语工巧秾丽,音韵和谐,风流蕴藉,温润秀洁。现仅存《珠玉词》及清人所辑《晏元献遗文》。

五、情感人生

虞美人·春花秋月何时了①

李 煜

春花秋月何时了②,往事知多少？小楼昨夜又东风,故国不堪回首月明中。雕栏玉砌③应犹在,只是朱颜改④。问君⑤能有几多愁,恰似一江春水向东流。

【注释】

①唐玄宗时教坊曲名,后用为词调。本词选自《历代绝妙好词》,上海辞书出版社2017年版。
②了:了结,完结。
③雕栏玉砌:指远在金陵的南唐故宫。砌,台阶。应犹:一作"依然"。
④朱颜改:指所怀念的人已衰老。
⑤君:作者自称。能:或作"都""那""还""却"。

【作者简介】

李煜(937—978),五代十国时南唐国君,亦为五代时出色的词人。字重光,初名从嘉,号钟隐,莲峰居士。南唐最后一位君主,史称后主。开宝八年(975),国破降宋,俘至汴京,被封为右千牛卫上将军、违命侯。后为宋太宗所毒死。

李煜在政治上虽庸弩无能,但其艺术才华却非凡。他工书法,善绘画,精音律,诗和文均有一定造诣,尤以词的成就最高。他的词内容主要可分作两类:第一类为降宋之前所写的,主要反映宫廷生活和男女情爱,题材较窄;第二类为降宋后,他因亡国的深痛,对往事的追忆,富以自身感情而作,此时期的作品成就远远超过前期。其中的杰作包括《虞美人》《浪淘沙》《乌夜啼》等。此时期的词作大都哀婉凄绝,主要抒写了自己凭栏远望、梦里重归的情景,表达了对"故国""往事"的无限留恋。李煜在中国词史上占有重要的地位,对后世影响很大。他继承了晚唐以来花间派词人的传统,但又通过具体可感的个性形象,反映现实生活中具有一般意义的某种意境,由是将词的创作向前推进了一大步,扩大了词的表现领域。艺术上,李煜词以语言明白晓畅、形象鲜明生动、情韵隽永深长为后人所一致称赏。其文、词及书、画创作均丰。后人将他与李璟的作品合辑为《南唐二主词》。

八声甘州·对潇潇暮雨洒江天①

柳 永

对潇潇暮雨洒江天,一番洗清秋。渐霜风凄紧②,关河冷落③,残照当楼④。是处红翠衰减⑤,苒苒物华休⑥。惟有长江水,无语东流。

不忍登高临远,望故乡渺邈,归思难收。叹年来踪迹,何事苦淹留⑦?想佳人妆楼颙望⑧,误几回、天际识归舟⑨。争知我,倚阑干处,正恁凝愁⑩!

【注释】

①本词选自《历代绝妙好词》,上海辞书出版社2017年版。
②凄紧:形容秋风寒冷萧瑟。
③关河:关山河流。
④残:夕阳。
⑤是处红翠衰减:语出李商隐《赠荷枪实弹花》"此荷此叶常相映,红衰翠减愁煞人"句。是处,到处。红翠衰减,花朵凋零,绿叶枯萎。
⑥苒苒:渐渐地。物华休:美好的景致已不复存在。
⑦淹留:久留。
⑧颙:抬头。
⑨天际识归舟:谢朓之《宣城出新林浦向板桥》诗:"天际识归舟,云中辨江树。""误几回、天际识归舟"指多少次将远处来的船误认作丈夫的归舟,极写思情之深。
⑩争知:怎知。恁:如此,这样。凝愁:愁思凝结难解。

【作者简介】

柳永(约987—约1053),崇安(今福建武夷山)人。北宋词人,婉约派创始人。原名三变,字景庄。后改名永,字耆卿。排行第七,又称柳七。宋仁宗朝进士,官至屯田员外郎,故世称柳屯田。由于仕途坎坷、生活潦倒,他由追求功名转而厌倦官场,沉溺于绮旎繁华的都市生活,在"倚红偎翠""浅斟低唱"中寻找寄托。作为北宋第一个专力作词的词人,他不仅开拓了词的题材内容,而且制作了大量的慢词,发展了铺叙手法,促进了词的通俗化、口语化,在词史上产生了较大的影响。柳永为人放荡不羁,终身潦倒,死时靠妓女捐钱安葬。其词多描绘城市风光和歌妓生活,尤长于抒写羁旅行役之情。词作流传极广,"凡有井水饮处,皆能歌柳词"。有《乐章集》。

蝶恋花·花褪残红青杏小^①

苏 轼

花褪残红青杏小。燕子飞时,绿水人家绕。枝上柳绵吹又少^②,天涯何处无芳草! 墙里秋千墙外道。墙外行人,墙里佳人笑。笑渐不闻声渐悄,多情却被无情恼^③。

【注释】

①此词原为唐教坊曲,调名取义简文帝"翻阶蛱蝶恋花情"句。又名《鹊踏枝》《凤栖梧》等。宋哲宗绍圣三年(1096)作于惠州贬所,甚或更早。

②柳绵:柳絮。

③悄:消失。多情:指墙外行人。无情:指墙里佳人。

【作者简介】

苏轼(1037—1101),字子瞻,号东坡居士,北宋眉山(今四川眉山市)人。著名的文学家,唐宋八大家之一。学识渊博,多才多艺,在书法、绘画、诗词、散文各方面都有很高造诣。书法与蔡襄、黄庭坚、米芾合称"宋四家";善画竹木怪石,其画论、书论也有卓见。他是北宋继欧阳修之后的文坛领袖,在散文方面与欧阳修齐名。他的词气势磅礴,风格豪放,一改词的婉约,与南宋辛弃疾并称"苏辛",共为豪放派词人。

嘉祐二年(1057)进士,任福昌县主簿、大理评事、签书凤翔府节度判官,召直史馆。神宗元丰二年(1079)知湖州时,以讪谤系御史台狱,三年贬黄州团练使,筑室于东坡,自号东坡居士。哲宗元祐元年(1086)还朝,为中书舍人,翰林学士,知制诰。九年,又被劾奏讥斥先朝,远贬惠州、儋州,元符三年(1100),始被召北归,卒于常州。有《东坡全集》一百十五卷,今存。

鹊桥仙·纤云弄巧^①

秦 观

纤云弄巧^②,飞星传恨^③,银汉迢迢暗度^④。金风玉露一相逢^⑤,便胜却人间无数。 柔情似水,佳期如梦,忍顾鹊桥归路^⑥。两情若是久长时,又岂在朝朝暮暮^⑦。

【注释】

①此调专咏牛郎织女七夕相会事。始见欧阳修词,中有"鹊迎桥路接天津"句,故名。又名《金风玉露相逢曲》《广寒秋》等。
②纤云:轻盈的云彩。弄巧:指云彩在空中幻化成各种巧妙的花样。
③飞星:流星。一说指牵牛、织女二星。
④银汉:银河。迢迢:遥远的样子。暗度:悄悄渡过。
⑤金风玉露:指秋风白露。李商隐《辛未七夕》:"由来碧落银河畔,可要金风玉露时。"
⑥忍顾:怎忍回视。
⑦朝朝暮暮:指朝夕相聚。语出宋玉《高唐赋》。

【作者简介】

秦观(1049—1100),字少游,一字太虚,号淮海居士,扬州高邮(今江苏)人,北宋文学家。宋神宗元丰八年(1085)进士。哲宗时,历任太学博士、秘书省正字、国史院编修官。绍圣初坐元祐党籍,累遭贬谪,先出为杭州通判,旋又远徙郴州(今湖南郴县)、雷州(今广东海康)等地。徽宗立,诏许放还,死于道中。少见苏轼于徐州,苏轼以为有屈宋才,遂得列门墙,为"苏门四学士"之一。擅诗文,尤工于词。其词学步《花间》,淡雅轻柔,情韵兼胜,被誉为"婉约之宗"。有《淮海居士长短句》。

如梦令·昨夜雨疏风骤①

李清照

昨夜雨疏风骤。浓睡不消残酒。试问卷帘人②,——却道"海棠依旧"。知否,知否?应是绿肥红瘦③!

【注释】

①此调原名《忆仙姿》,相传为后唐庄宗自度曲,因词中叠言"如梦,如梦"故改为今名。又名《宴桃源》。
②卷帘人:指正在卷帘的侍女。
③绿肥红瘦:指绿叶繁茂,红花凋零。

【作者简介】

李清照(1084—约1151),号易安居士,南宋杰出女文学家,齐州章丘(今属山东)人,婉约词宗。历史上与济南历城人辛弃疾并称"济南二安"。她以词著名,兼工诗文并著有词论。

前期词多写闺情相思,后期词融入家国之恨与身世之感,风格顿变。她兼擅令慢,每能创意出奇,以经过提炼的口语表达其独特真切的感受,形成辛弃疾所称道的"易安体"。有《漱玉词》。

菩萨蛮·书江西造口壁①

辛弃疾

郁孤台下清江水②,中间多少行人泪。西北望长安,可怜无数山③。
青山遮不住,毕竟东流去。江晚正愁余④,山深闻鹧鸪⑤。

【注释】

①菩萨蛮:词牌名。造口:即皂口,镇名。在今江西省万安县西南60里处。
②郁孤台:在今赣州西北田螺岭上。清江:赣江与袁江合流处旧称清江。
③可怜:可惜。
④愁余:使我发愁。
⑤鹧鸪:鸟名,传说它的叫声像"行不得也,哥哥",啼声凄苦。

【作者简介】

辛弃疾(1140—1207),南宋词人。历城(今山东济南)人。原字坦夫,后改字幼安,别号稼轩居士。出生时,山东已为金兵所占。绍兴三十一年(1161),他21岁参加抗金义军,不久归南宋。历任湖北、江西、湖南、福建、浙东安抚使等职。其词继承苏轼豪放风格,与苏轼并称"苏辛"。刘辰翁《辛稼轩词序》说:"词至东坡,倾荡磊落,如诗,如文,如天地奇观。"一生坚决主张抗击金兵,收复失地。曾进奏《美芹十论》,分析敌我形势,提出强兵复国的具体规划;又上宰相《九议》,进一步阐发《美芹十论》的思想,都未得到采纳和施行。在各地任上认真革除积弊,积极整军备战,又累遭投降派掣肘,甚至受到革职处分,曾在江西上饶一带长期闲居。光复故国的大志雄才得不到施展,一腔忠愤发而为词,由此造就了南宋词坛一代大家。今存词629首,数量为宋人词之冠。

卜算子·咏梅①

陆 游

驿外断桥边,寂寞开无主。已是黄昏独自愁,更著风和雨②。
无意苦争春,一任群芳妒③。零落成泥碾作尘④,只有香如故。

【注释】

①《词律》以为调名取义于"卖卜算命之人"。《词谱》以苏轼词为正体。又名《百尺楼》《眉峰碧》《缺月挂疏桐》等。
②著:值,遇。
③一任:完全听凭。
④碾:轧碎。

【作者简介】

陆游(1125—1210),字务观,号放翁,山阴(今浙江绍兴)人。南宋诗人。12岁即能诗文,一生著述丰富,有《剑南诗稿》《渭南文集》等数十种存世,存诗9300多首,是我国现有存诗最多的诗人。陆游具有多方面文学才能,尤以诗的成就为最。自言"六十年间万首诗"。其中许多诗篇抒写了抗金杀敌的豪情和对敌人、卖国贼的仇恨,风格雄奇奔放、沉郁悲壮,洋溢着强烈的爱国主义激情。南宋四大家诗人之一。词作量不如诗篇巨大,但和诗同样贯穿了气吞残虏的爱国主义精神。有《放翁词》一卷,《渭南词》二卷。

观书有感①

朱 熹

半亩方塘一鉴开②,天光云影共徘徊③。
问渠那得清如许④?为有源头活水来。

【注释】

①本文选自《历代绝妙好诗》,上海辞书出版社2017年版。

②方塘:又称半亩塘,在福建尤溪城南郑义斋馆舍(后为南溪书院)内。朱熹父松与郑交好,故尝有《蝶恋花·醉宿郑氏别墅》词云:"清晓方塘开一境。落絮如飞,肯向春风定。"鉴:镜。古人以铜为境,包以镜袱,用时打开。

③这句是说天的光和云的影反映在塘水之中,不停地变动,犹如人在徘徊。

④渠:他,指方塘。那得:怎么会。如许:这样。

【作者简介】

见《诗集传序》作者简介。

木兰花令·拟古决绝词①

纳兰性德

人生若只如初见②,何事秋风悲画扇③。等闲变却故人心④,却道故人心易变!骊山语罢清宵半⑤,泪雨霖铃终不怨。何如薄幸锦衣郎⑥,比翼连枝当日愿!

【注释】

①这是一首拟古之作,其所拟之《决绝词》本是古诗中的一种,是以女子的口吻控诉男子的薄情,从而表态与之决绝。这里的拟作是借用汉唐典故而抒发"闺怨"之情。

②"人生"句:意思是说与意中人相处应当总像刚刚相识的时候那样甜蜜、那样温馨、那样深情和快乐。

③"何事"句:此用汉班婕妤被弃典故。班婕妤为汉成帝妃,被赵飞燕谗害,退居冷宫,后有诗《怨歌行》,以秋扇为喻抒发被弃之怨情。南北朝梁刘孝绰《班婕妤怨》诗又点明"妾身似秋扇",后遂以秋扇喻女子被弃。这里是说本应当相亲相爱,但却成了今日的相离相弃。

④"等闲"二句:意思是说如今轻易地变了心,却反而说情人间就是容易变心的。故人,指情人。

⑤"骊山"二句:《太真外传》载,唐明皇与杨玉环曾于七月七日夜,在骊山华清宫长生殿里盟誓,愿世世为夫妻。白居易《长恨歌》:"在天愿作比翼鸟,在地愿为连理枝。"对此作了生动的描写。后安史乱起,明皇入蜀,于马嵬坡赐死杨玉环。杨死前说:"妾诚负国恩,死无恨矣。"又,明皇此后于途中闻雨声、铃声而悲伤,遂作《雨霖铃》曲以寄哀思。这里借用此典表白即使是最后作决绝之别,也不生怨。

⑥"何如"二句:化用唐李商隐《马嵬》"如何四纪为天子,不及卢家有莫愁"之句意。薄幸:薄情。锦衣郎:指唐明皇。又,意谓怎比得上当年的唐明皇呢,他总还是与杨玉环有过比翼鸟、连理枝的誓愿!意思是说纵死而分离,也还是刻骨地念念不忘旧情。

【作者简介】

纳兰性德(1655—1685):原名成德,字容若,号楞伽山人,满洲正黄旗人。清代著名大词人。为武英殿大学士明珠长子。年少聪颖过人,文武全才。康熙进士。授三等侍卫,后循进一等,武官正三品,死时年仅31岁。其著作颇丰:《通志堂集》二十卷(含赋一卷、诗词各四卷、经解序三卷、文二卷、《渌水亭杂识》四卷),《词林正略》;辑《大易集义粹言》八十卷,《陈氏礼记说补正》三十八卷;编选《近词初集》《名家绝句钞》《全唐诗选》等书。而且,这些多是其鞍马扈从之余完成,笔力惊人。纳兰性德的主要成就在于词。其词现存349首,刊印为《侧帽》《饮水》集,后多称《纳兰词》,风格清新隽秀,哀感顽艳,有南唐后主遗风,王国维有评:"北宋以来,一人而已。"

偶　然①

徐志摩

我是天空里的一片云,
偶尔投影在你的波心——
你不必讶异,
更无须欢喜——
在转瞬间消灭了踪影。
你我相逢在黑夜的海上,
你有你的,我有我的,方向;
你记得也好,
最好你忘掉
在这交会时互放的光亮!

【注释】

①《偶然》是一首玲珑剔透、别具一格的著名诗篇。它很可能仅仅是一首情诗,是写给一位偶然相爱一场而后又天各一方的情人的。

【作者简介】

徐志摩(1897—1931),现代诗人、散文家。名章垿,笔名南湖、云中鹤等。浙江海宁人。1915年毕业于杭州一中,先后就读于上海沪江大学、天津北洋大学和北京大学。1918年赴美国学习银行学。1921年赴英国留学,入伦敦剑桥大学当特别生,研究政治经济学。在剑桥两年深受西方教育的熏陶及欧美浪漫主义和唯美派诗人的影响。

1921年开始创作新诗。1922年回国后在报刊上发表大量诗文。1923年,参与发起成立新月社。加入文学研究会。曾主编《晨报》副刊《诗镌》《新月》和《诗刊》等。著有诗集《志摩的诗》《翡冷翠的一夜》《猛虎集》《云游》,散文集《落叶》《巴黎的鳞爪》《自剖》《秋》,小说散文集《轮盘》,戏剧《卞昆冈》(与陆小曼合写),日记《爱眉小札》《志摩日记》,译著《曼殊斐尔小说集》等。他的作品已编为《徐志摩文集》出版。徐诗字句清新,韵律谐和,比喻新奇,想象丰富,意境优美,神思飘逸,富于变化,并追求艺术形式的整饬、华美,具有鲜明的艺术个性,为新月派的代表诗人。他的散文也自成一格,取得了不亚于诗歌的成就,其中《自剖》《想飞》《我所知道的康桥》《翡冷翠山居闲话》等都是传世的名篇。

七子之歌①(节选)

闻一多

澳门

你可知"妈港"不是我的真名姓?……
我离开你的襁褓太久了,母亲!
但是他们掳去的是我的肉体,
你依然保管着我内心的灵魂。
三百年来梦寐不忘的生母啊!
请叫儿的乳名,叫我一声"澳门"!
母亲!我要回来,母亲!

【注释】

①《七子之歌》是中国著名学者闻一多于1925年在美国留学期间创作的一组诗,全文共7首,象征被外国列强侵占的七处中国国土,即澳门、香港、台湾、威海卫、广州湾、九龙、旅大(旅顺—大连)。《七子之歌·澳门》,是7首之中的第一首。

《七子之歌》作于1925年3月,当时闻一多正在美国留学。在诗中,闻一多以拟人的手法,将我国当时被列强掠去的七处"失地"比作远离母亲的七个孩子,哭诉他们受尽异族欺凌、渴望回到母亲怀抱的强烈情感。诗歌一方面抒发了对祖国的怀念和赞美,另一方面表达了对帝国主义列强的诅咒。

《七子之歌》发表时,正值中国人民反帝反封建斗争的高潮期。因此,此作一问世立刻就引起了强烈共鸣。诗人自己未曾预见的是,《七子之歌·澳门》在70多年后的今天也产生了巨大的影响,而且被谱成歌曲,作为1998年12月20日迎接澳门回归祖国怀抱的主题歌广为传唱。改编版的歌词突出的特点就是把闻一多原文中的"妈港"改为"Macau"。

【作者简介】

闻一多(1899—1946),爱国诗人,文史学者。名亦多,字友三,亦字友山,家族排行叫家骅。

后改名多,又改名一多。生于湖北浠水。自幼爱好古典诗词和美术。1920年7月,第一首新诗《西岸》发表,以后连续发表新诗。早期的诗,形式多为自由体,较为突出地表现了唯美的倾向和秾丽的风格。他致力于研究新诗格律化的理论,在论文《诗的格律》中,他要求新诗具有"音乐的美(音节),绘画的美(词藻),并且有建筑的美(节的匀称和句的均齐)"。著有诗集《红烛》(1923)、《死水》(1928)。学术著作有《神话与诗》《唐诗杂论》《古典新义》《楚辞校补》等。主要著作收集在《闻一多全集》中,共四册八集,1948年8月由开明书店出版。

断　章①

卞之琳

你站在桥上看风景,
看风景的人在楼上看你。

明月装饰了你的窗子,
你装饰了别人的梦。

【注释】

①《断章》写于1935年10月,原为诗人一首长诗中的片段,后将其独立成章,因此标题名之为《断章》。这是中国现代文学史上文字简短然而意蕴丰富而又朦胧的著名短诗。这四行诗语言明白易懂,也没有使用明喻和隐喻,但读者却在其中获得极其丰富、复杂的感受。

【作者简介】

卞之琳(1910—2000),江苏海门人,新文化运动中重要的诗歌流派"新月派"的代表诗人。曾任北京大学西语系教授,中国社科院文学所研究员(二级),享受终身制待遇;曾任国务院学位委员会第一、二届外国文学评议组成员,中国莎士比亚研究会副会长;历任中国作家协会理事、顾问;曾作客英国牛津(1947—1949)。

在半个多世纪中,诗人坚持不懈地进行诗歌创作和理论研究,成功地实验和引进了西方多种现代诗歌形式,为中国象征主义、现代主义诗歌的发展开拓了新的景观,有着很大的启蒙意义和重要的贡献,并取得了相当的艺术成就。有诗集《三秋草》《鱼目集》和《十年诗草》等。

乡愁①

余光中

小时候，
乡愁是一枚小小的邮票，
我在这头，
母亲在那头。

长大后，
乡愁是一张窄窄的船票，
我在这头，
新娘在那头。

后来啊，
乡愁是一方矮矮的坟墓，
我在外头，
母亲在里头。

而现在，
乡愁是一湾浅浅的海峡，
我在这头，
大陆在那头。

【注释】

①《乡愁》是台湾思归诗作中很有特色的一首。这首诗放得开，收得紧，以小写大，跳跃很大，思归的情感表现深刻。

【作者简介】

余光中(1928—2017)，福建永春人，出生于南京。台湾当代著名诗人、散文家。抗战时期在四川读中学，后来在金陵大学与厦门大学上学，毕业于台湾大学外文系。1959年获爱荷华大学硕士学位。曾任教于台湾多所高校及香港中文大学。

余光中作品多产,风格多变,各地出版的诗选、散文选、评论选、翻译等书,近20种。出版的诗集有《舟子的悲歌》《白玉苦瓜》《天狼星》等。

一代人[①]

顾 城

黑夜给了我黑色的眼睛,
我却用它寻找光明。

【注释】

①诗人为这短短的两行诗冠以《一代人》这个博大的标题,为我们规定了进入此诗的视角——社会评判性质的视角。"黑夜"象征着那场空前的浩劫。这首诗体制短小,但有筋有肉有骨有气,是深层意象诗中的佼佼者。

【作者简介】

顾城(1956—1993),原籍上海。1979年在《今天》发表诗作后在诗歌界引起强烈反响,并成为朦胧诗派代表诗人之一,后成为北京市作家协会会员,中国作家协会会员。1987年5月应邀出访欧美等国。1988年赴新西兰讲授中国古典文学,并被聘为奥克兰大学亚语系研究员,后辞职隐居激流岛。1992年获德国DAAD创作年金。1993年获伯尔创作基金,并在德国写作。1993年3月回国探亲。同年10月8日,在新西兰奥克兰岛激流岛的寓所中自杀身亡。

主要著作有《黑眼睛》《英儿》《灵台独语》《顾城诗集》《顾城童话寓言诗选》《城》等,部分作品被译为英、德、法等多国文字。另有文集《生命停止的地方,灵魂在前进》,组诗《城》《鬼进城》《从自然到自我》《没有目的的我》。

回 答[①]

北 岛

卑鄙是卑鄙者的通行证,

高尚是高尚者的墓志铭。

看吧,在那镀金的天空中,
飘满了死者弯曲的倒影。

冰川纪过去了,
为什么到处都是冰凌?
好望角发现了,
为什么死海里千帆相竞?

我来到这个世界上,
只带着纸、绳索和身影,
为了在审判之前,
宣读那些被判决的声音。

告诉你吧,世界
我——不——相——信!
纵使你脚下有一千名挑战者,
那就把我算作第一千零一名。

我不相信天是蓝的,
我不相信雷的回声,
我不相信梦是假的,
我不相信死无报应。

如果海洋注定要决堤,
就让所有的苦水都注入我心中,
如果陆地注定要上升,
就让人类重新选择生存的峰顶。

新的转机和闪闪星斗,
正在缀满没有遮拦的天空。
那是五千年的象形文字,
那是未来人们凝视的眼睛。

【注释】

①这首诗写于1976年清明节四五运动之后。北岛是朦胧诗主要代表人物之一,他的《回答》在当代诗歌中占有重要位置。

【作者简介】

北岛(1949—),本名赵振开,曾用笔名北岛、石默。祖籍浙江湖州,生于北京,朦胧诗的代表性诗人。1978年同诗人芒克创办民间诗歌刊物《今天》。1990年旅居美国,现任教于加利福尼亚州戴维斯大学。曾获得诺贝尔文学奖提名。他的诗刺穿了乌托邦的虚伪,呈现出了世界的本来面目。一句"我不相信"的呐喊,震醒了茫茫黑夜酣睡的人们。

北岛的诗歌创作开始于十年动乱后期,反映了从迷惘到觉醒的一代青年的心声,十年动乱的荒诞现实,造成了诗人独特的"冷抒情"的方式——出奇的冷静和深刻的思辨性。他在冷静的观察中,发现了"那从蝇眼中分裂的世界"如何造成人的价值观的全面崩溃、人性的扭曲和异化。他想"通过作品建立一个自己的世界,这是一个真诚而独特的世界,正直的世界,正义和人性的世界"。在这个世界中,北岛建立了自己的"理性法庭",以理性和人性为准绳,重新确定人的价值,恢复人的本性;悼念烈士,审判刽子手;嘲讽怪异和异化的世界,反思历史和现实;呼唤人性的高贵,寻找"生命的湖"和"红帆船"。

清醒的思辨与直觉思维产生的隐喻、象征意象相结合,是北岛诗显著的艺术特征;具有高度概括力的悖论式警句,造成了北岛诗独有的振聋发聩的艺术力量。著有诗集《太阳城札记》《北岛诗选》《北岛顾城诗选》等。

祖国啊,我亲爱的祖国①

舒 婷

我是你河边上破旧的老水车,
数百年来纺着疲惫的歌;
我是你额上熏黑的矿灯,
照你在历史的隧洞里蜗行摸索;
我是干瘪的稻穗;是失修的路基;
是淤滩上的驳船
把纤绳深深
勒进你的肩膊;

——祖国啊!

我是贫困,
我是悲哀。
我是你祖祖辈辈
痛苦的希望啊,
是"飞天"袖间
千百年来未落在地面的花朵;
——祖国啊!

我是你簇新的理想,
刚从神话的蛛网里挣脱;
我是你雪被下古莲的胚芽;
我是你挂着眼泪的笑涡;
我是新刷出的雪白的起跑线;
是绯红的黎明
正在喷薄;
——祖国啊!

我是你的十亿分之一
是你九百六十万平方的总和;
你以伤痕累累的乳房
喂养了
迷惘的我、深思的我、沸腾的我;
那就从我的血肉之躯上
去取得
你的富饶、你的荣光、你的自由;
——祖国啊,我亲爱的祖国!

【注释】

①《祖国啊,我亲爱的祖国》是舒婷的代表作之一,旨在表达诗人对祖国的一种深情。习惯上,人们将《祖国啊,我亲爱的祖国》《致橡树》《这也是一切》《暴风雨过去之后》这类作品称为舒婷诗歌的"高音区"。它们直接表达了诗人的政治情绪与时代理想,因而获得较多的称誉与赞许。

【作者简介】

舒婷(1952—),原名龚佩瑜,祖籍福建泉州,生长在厦门。朦胧诗派的代表作家之一,其《致橡树》是朦胧诗潮的代表作之一。她与北岛、顾城齐名。著有诗集《双桅船》《会唱歌的鸢尾花》《始祖鸟》,散文集《心烟》《秋天的情绪》《硬骨凌霄》《露珠里的"诗想"》《舒婷文集》(3卷)等。诗歌《祖国啊,我亲爱的祖国》获1980年全国中青年优秀诗歌作品奖,《双桅船》获全国首届新诗优秀诗集奖。舒婷的诗既有鲜明的时代叛逆精神,又有执着而深切的热爱之情,发自内心而优美,被人誉为"心灵世界的歌"。

亚 洲 铜[①]

海 子

亚洲铜,亚洲铜
祖父死在这里,父亲死在这里,我也会死在这里
你是唯一的一块埋人的地方

亚洲铜,亚洲铜
爱怀疑和飞翔的是鸟,淹没一切的是海水
你的主人却是青草,住在自己细小的腰上
守住野花的手掌和秘密

亚洲铜,亚洲铜
看见了吗?那两只白鸽子,它是屈原遗落在沙滩上的白鞋子
让我们——我们和河流一起,穿上它吧

亚洲铜,亚洲铜
击鼓之后,我们把在黑暗中跳舞的心脏叫作月亮
这月亮主要由你构成

【注释】

①《亚洲铜》是海子的成名作,也是最早为海子带来广泛声誉且奠定他日后在中国诗坛重要地位的杰出诗篇。作为一个统领全篇的核心意象,"亚洲铜"在此具有深刻的双重象征含义,它既是贫穷祖国形象的精妙比喻,同时又是民族传统文化的形象命名与概括,表达了诗人对于民族苦难生存景况的深沉广阔的文化反思。

【作者简介】

海子(1964—1989),本名查海生,安徽省怀宁县人。1979年考入北京大学法律系。1982年开始诗歌创作。1983年大学毕业,分配至中国政法大学校刊编辑部工作。1984年调至中国政法大学哲学系任教,并开始长诗《河流》《传说》的创作。1985年完成长诗《但是水,水》创作,同时开始《太阳》的初步构思。1986年第一次进藏,加入"中国当代新诗潮诗歌十一人研究会"(北大中文系发起,谢冕任名誉顾问)。完成《太阳·断头篇》及《太阳·土地篇》的部分。1987年开始《太阳·大札撒》的创作。1988年第二次进藏,6月13日至9月22日完成《太阳·弑》。同年完成《太阳·你是父亲的好女儿》。1989年3月26日自杀于山海关。2001年获人民文学诗歌奖。

延展阅读

余冠英《诗经选》《乐府诗选》

《唐诗三百首》

《元曲选》

龙榆生《唐宋名家词选》

《毛泽东诗词集》

《李白诗歌选集》

《杜甫诗歌选集》

《陶渊明集》

《海子诗全集》

《顾城诗选》

《舒婷诗选》

阎月君《朦胧诗选》

《拜伦 雪莱 济慈抒情诗精选集》

六、山水风光

滕王阁序①

王 勃

豫章故郡,洪都新府②。星分翼轸③,地接衡庐④。襟三江而带五湖⑤,控蛮荆而引瓯越⑥。物华天宝,龙光射牛斗之墟⑦;人杰地灵⑧,徐孺下陈蕃之榻⑨。雄州雾列⑩,俊采星驰⑪。台隍枕夷夏之交⑫,宾主尽东南之美。都督阎公之雅望⑬,棨戟遥临⑮;宇文新州之懿范⑯,襜帷暂驻⑰。十旬休假⑱,胜友如云⑲;千里逢迎,高朋满座。腾蛟起凤⑳,孟学士之词宗;紫电青霜,王将军之武库㉑。家君作宰㉒,路出名区㉓;童子何知㉔,躬逢胜饯㉕。

时维九月,序属三秋㉖。潦水尽而寒潭清㉗,烟光凝而暮山紫。俨骖䮘于上路㉘,访风景于崇阿㉙。临帝子之长洲㉚,得仙人之旧馆。层峦耸翠,上出重霄㉛;飞阁流丹,下临无地。鹤汀凫渚,穷岛屿之萦回;桂殿兰宫,列冈峦之体势㉟。披绣闼㊱,俯雕甍㊲。山原旷其盈视㊳,川泽纡其骇瞩㊴。闾阎扑地,钟鸣鼎食之家;舸舰迷津,青雀黄龙之舳㊶。云销雨霁,彩彻区明㊷。落霞与孤鹜齐飞,秋水共长天一色。渔舟唱晚,响穷彭蠡之滨㊹;雁阵惊寒,声断衡阳之浦㊺。

遥襟俯畅㊻,逸兴遄飞㊼。爽籁发而清风生㊽,纤歌凝而白云遏㊾。睢园绿竹㊿,气凌彭泽之樽;邺水朱华,光照临川之笔。四美具㊷,二难并㊴。穷睇眄于中天,极娱游于

— 136 —

六、山水风光

暇日⑤。天高地迥㊱,觉宇宙之无穷;兴尽悲来,识盈虚之有数㊲。望长安于日下,目吴会于云间㊳。地势极而南溟深,天柱高而北辰远㊴。关山难越,谁悲失路之人㊵?萍水相逢,尽是他乡之客。怀帝阍而不见㊶,奉宣室以何年㊷?

嗟乎!时运不齐,命途多舛㊸。冯唐易老,李广难封。屈贾谊于长沙,非无圣主;窜梁鸿于海曲㊹,岂乏明时?所赖君子安贫,达人知命㊺。老当益壮,宁移白首之心?穷且益坚,不坠青云之志㊻。酌贪泉而觉爽㊼,处涸辙以犹欢㊽。北海虽赊,扶摇可接㊾;东隅已逝,桑榆非晚㊿。孟尝高洁㋀,空余报国之情;阮籍猖狂,岂效穷途之哭㋁?

勃,三尺微命,一介书生㋂。无路请缨,等终军之弱冠㋃;有怀投笔,慕宗悫之长风㋄。舍簪笏于百龄㋆,奉晨昏于万里。非谢家之宝树,接孟氏之芳邻㋇。他日趋庭,叨陪鲤对㋈;今晨捧袂,喜托龙门㋉。杨意不逢㋊,抚凌云而自惜;钟期相遇,奏流水以何惭㋋?

呜呼!胜地不常,盛筵难再。兰亭已矣㋌,梓泽丘墟㋍。临别赠言㋎,幸承恩于伟饯;登高作赋,是所望于群公。敢竭鄙怀,恭疏短引㋏。一言均赋,四韵俱成㋐。请洒潘江,各倾陆海云尔㋑:

　　　　滕王高阁临江渚,佩玉鸣鸾罢歌舞。
　　　　画栋朝飞南浦云,珠帘暮卷西山雨。
　　　　闲云潭影日悠悠,物换星移几度秋。
　　　　阁中帝子今何在?槛外长江空自流。

【注释】

①原题作《秋日登洪府滕王阁饯别序》。滕王阁,故址在今江西省南昌市赣江畔,唐高祖之子滕王元婴任洪州都督时所建。高宗时,都督阎某曾对此阁重加修缮,并于上元二年(675)九月九日在阁中大宴宾客。

②豫章:汉郡名,郡治在南昌。隋曾改为洪州,不久又恢复豫章郡之名,所以称"故郡"。唐又改为洪都,设都督府,所以又称"新府"。

③星分翼轸:古人将天上恒星分为二十八宿,并将地面的每一区域都划分在相应的某一星宿的范围之内,称为分野。翼、轸都是星宿名,其分野在楚。豫章古属楚地,正当翼轸二星的分野。

④接:连接。衡:湖南的衡山。庐:江西的庐山。

⑤襟三江:以三江为襟。三江,泛指长江中下游。《尚书·禹贡》伪孔传"自彭蠡江(长江)分为三"。彭蠡即今鄱阳湖,在豫章附近。带五湖:以五湖为带。五湖,太湖、鄱阳湖、青草湖、丹阳湖、洞庭湖。

⑥蛮荆:古代称楚国为蛮荆,指今湖南、湖北一带。瓯越:东瓯、西瓯、闽越、南越等地,指今浙江南部以及福建、广东、广西一带。

⑦物华天宝:意为物的光华,焕发为天上的宝气。龙光:宝剑的光辉。斗、牛,二十八宿中二星之名。《晋书·张华传》载,西晋张华见斗、牛二星之间常有紫气照射,问雷焕是怎么回事。雷焕说是宝剑之精,上通于天的缘故。张华命雷焕为豫章郡的丰城令,于牢狱的屋基下,发掘出宝剑一双,张、雷各佩一,后没入水中,化为双龙而去。

⑧人杰地灵:即地灵人杰。地之灵气,为人所钟,因而产生出俊杰。

⑨徐孺:名穉(zhì),字孺子,东汉时豫章名士。《后汉·徐孺传》:"陈蕃为(豫章)太守……蕃在郡不接

宾客:唯檐来特设一榻,去则悬之。"

⑩雄州雾列:形容洪州的繁华富庶。雄州,指洪州。雾列,房屋像云雾一样布列。

⑪采:一作彩。俊采:指杰出人才。星驰:如群星奔驰,比喻洪州人才众多。

⑫台隍:城池。夷:外族。夏:中国。此句指洪州城池处于夷夏交界要害之处。

⑬美:名词,指杰出人才。东南之美:东南方的杰出人才。

⑭都督阎公:名不详。一说是指洪州都督阎伯玙。雅望:好名望。

⑮棨(qǐ)戟:以赤黑色缯作套的戟。古代大官出行时所用的前导仪仗之一。此句说阎公从远道来到这儿。

⑯宇文新州:复姓宇文的新州刺史(名不详)。新州,唐属岭南道,治所在今广东省新兴县。懿范:美好的风范。

⑰襜(chān)帷:车帷,此处借指车辆。意即宇文路过洪州,参加了滕王阁的宴会。

⑱旬:十天,"十旬"是同义词连用。唐代官吏每十天休假一天,称为旬休。此句意谓滕王阁的宴会,正逢十旬休假之日。

⑲胜友:才华出众的朋友。

⑳腾蛟起凤:形容孟学士文章之华美。《西京杂记》载董仲舒梦蛟龙入怀,乃作《春秋繁露》;扬雄著《太玄经》,梦凤凰集于书上。

㉑"紫电青霜"二句:紫电、青霜,皆宝剑名。《古今注》载东吴孙权有六把宝剑,其二名紫电。《西京杂记》载,刘邦斩蛇之剑,十二年一磨,锋刃光亮如霜雪。古人认为青女乃秋天主霜雪之神,故称霜为"青霜"。武库:本义是收藏兵器之仓库,此处借指军事家胸中之韬略。以上二句赞美王将军娴于韬略,用兵有如利剑,所向披靡。

㉒家君:家父。作宰:作县令。当时王勃之父任交趾县令。

㉓名区:有名的地方。这儿指洪州。

㉔童子:小儿。王勃自称。

㉕胜饯:盛大的饯别宴会。可能当时滕王阁的宴会同时是给某个重要人物饯行。

㉖"时维九月"二句:维,语助词。序:时序。三秋:秋天有七、八、九三个月,分为孟秋、仲秋、季秋。九月为秋季第三月,故云三秋。

㉗潦(lǎo):地上的积水。潭:大的深水池。

㉘俨(yǎn):整肃的样子。骖騑(cān fēi):《礼记·曲礼上》孔颖达疏:"车有一辕,而四马驾之,中央两马夹辕者名服马,两边名骈马,亦名骖马。"俨骖騑:即整顿车驾之意。上路:地势高的路。

㉙崇阿:高的山陵。

㉚帝子:古称帝王之儿子或女儿为帝子,这儿指滕王元婴。长洲:指阁前的沙洲。

㉛仙人:一作天人。三国时邯郸淳称曹植为天人,这里指滕王元婴。旧馆:指滕王阁。此句意为来到了滕王阁。

㉜重霄:指高空。

㉝飞阁:高阁。流丹:一作翔丹,指丹彩飞流。无地:极力形容飞阁之高峻。

㉞"鹤汀"二句:汀(tīng):水边平地。凫:野鸭。渚(zhǔ):水中小块陆地。穷:极。二句意为滕王阁旁江中小岛上有白鹤、野鸭栖息,这些小岛极尽萦回曲折之致。

㉟"桂殿"二句:意为以桂和木兰修建的宫殿,顺着山峦的体势,高低起伏地排列着。兰即木兰,一种名贵树木。

㊱披：推开。绣闼：装饰华美的小门。

㊲俯：俯视。雕甍(méng)：雕饰精美的屋脊。

㊳旷：(使之)开阔。盈视：指山原尽入眼中。此句意为尽入眼中的山原，使人视野开阔。

㊴骇瞩(zhǔ)：因惊讶而注视。此句意为，迂回曲折的山泽，令人惊讶而注视。

㊵“闾阎”二句：闾阎，指住宅。扑地：盖地，遍地。此二句是说，遍地的住宅都是鸣钟鼎而食的富贵人家。

㊶“舸舰”二句：舸舰，指大船。迷津：迷乱了渡口。舳(zhú)：船尾或船头，这儿指船。句意为形状像青龙或黄雀的大船，迷乱了渡口。

㊷销：通消，消散。霁(jì)：雨止。彩，日光。区：区宇，区间，指天空和大地。明：明朗。

㊸“落霞”二句：仿庾信《马射赋》“落花与芝盖同飞，杨柳共春旗一色”。鹜(wù)：鸭，这儿指野鸭。

㊹响：声响。穷：极。滨：水边。渔舟唱晚意为，在傍晚，渔船上传出歌声。彭蠡：即鄱阳湖。

㊺雁阵：大雁群飞时常排列成队形，故称为“阵”。惊寒：因感到寒冷而惊叫。据《统一志》载，湖南衡阳有回雁峰，雁至此不过，遇春而回。断：这儿指叫声渐渐听不见了。浦：水边。

㊻遥：指远望。俯：向下望，一作甫。此句意为登上高阁四望而吟唱，心情极为舒畅。

㊼逸兴：超逸豪迈的兴致。遄：急速地。

㊽爽籁：排箫：《文选》殷仲文《南州桓公九井作》“爽籁警幽律”李善注：“《尔雅》曰‘爽，差也。’箫管非一，故言爽焉。”

㊾纤歌：柔细的歌声。凝：指歌声余音不绝。遏：停住。

㊿睢(suī)园：西汉梁孝王在睢阳修建的菟园，园中多绿竹。梁孝王好客，常在睢园招集文士，饮酒赋诗。这儿用“睢园绿竹”借指在滕王阁举办的盛大的宴饮。

(51)凌：超过。彭泽，指陶渊明，他曾任彭泽令。其《归去来辞》中有“携幼入室，有酒盈樽”之句。这里用“彭泽之樽”借指隐居者的个人独饮。

(52)“邺水朱华”二句：邺：魏都。朱华：指荷花。曹植《公宴诗》有“朱华冒绿池”句。邺水朱华指邺下风流，建安文采。这里借指在滕王阁宴集的文人学士们即席作诗。临川：指谢灵运，他曾任临川太守。二句意为：在滕王阁宴集的文人学士们所作之诗，其文采可与谢灵运媲美。

(53)四美：指良辰、美景、赏心、乐事。谢灵运曾说：“天下良辰、美景、赏心、乐事，四者难并。”(《拟魏太子邺中集诗序》)

(54)二难：指贤主、嘉宾，二者难得并有。

(55)睇眄(dì miǎn)，极目而视。中天：天中，天空。娱游：娱乐游嬉。穷、极在此都用作动词。

(56)迥(jiǒng)：远。

(57)盈虚：自然界和人事的盛衰变化。数：定数，命中注定的运数。

(58)“望长安”二句：写登高望远。意思是：遥望长安在日下，遥望吴会在云间。日下：日之下；长安是唐代都城，古人把京都也称日下。云间：云之间；吴地古时又称云间。这里的日下和云间都是双关语。

(59)极：尽头。南溟：南海。

(60)天柱：《神异经》载，昆仑山上有铜柱，其高入天，谓之天柱。北辰：《论语·为政》：“为正以德，譬如北辰，居其所而众星共之。”这儿天柱、北辰都暗指朝廷。

(61)失路之人：喻不得志之人。

(62)帝阍：天帝的守门人，这里指朝廷。

(63)宣室：汉未央宫正殿，文帝曾在此召见贾谊。奉宣室：在宣室侍奉皇帝，指再受重用。

64 "时运"二句:时运不齐,齐通"济"。时运不济即时运不好。命途多舛(chuǎn):命运不顺。
65 冯唐:西汉人,文帝、景帝时都因机遇不好,未被重用。武帝时求贤良,有人推荐他,却因年已九十余,不能再做官。
66 李广:汉武帝时名将,曾屡立战功,但终身未得封侯。
67 贾谊:西汉文帝时人,有贤才,文帝曾想任他为公卿,但因受大臣排挤,被贬为长沙王傅,郁郁不得志而死。
68 梁鸿:东汉章帝时高士。曾作《五噫歌》讥讽帝王滥用民力修建豪华宫殿。章帝很不高兴,派人去找他,他只得改名换姓,逃隐于齐鲁之间。窜:逃隐,这里是使动用法。海曲:这里指齐鲁滨海地带。
69 明时:政治清明之时。
70 赖:仗恃。知命:知道天命。《周易·系辞上》:"乐天知命,故不忧。"
71 青云之志:指远大志向。《史记·伯夷列传》:"闾巷之士,欲砥行立名者,非附青云之士,恶能施于后世哉!"
72 贪泉:泉名。《晋书·吴隐之传》载,广州城北二十里的石门有水名贪泉,谁喝了都会变得贪得无厌。隐之曾喝泉水并赋诗云:"古人云此水,一歃怀千金,试使夷齐饮,终当不易心。"爽:清爽。这里指神志清醒,不被贪欲所迷惑。
73 涸(hé)辙:积水枯竭了的车辙。比喻困境。《庄子·外物》有一则寓言,写一条鱼在涸辙之中奄奄待毙,亟待别人救助。
74 "北海"二句:赊,远。扶摇:旋风。接:达到。庄子《逍遥游》:"鹏之徙于南冥也,水击三千里,抟扶摇而上者九万里。"
75 "东隅"二句:东隅:日出处,喻早年时光。桑榆:日落处,喻未来日子。《后汉书·冯异传》:"可谓失之东隅,收之桑榆。"
76 孟尝:东汉会稽人,志行高洁,顺帝时曾任合浦太守,后因病辞职,一直未被起用,老死家中。
77 阮籍:魏晋闻人。因不满现实,佯作狂放。《晋书·阮籍传》说他"常率意独驾,不由径路,车迹所穷,辄痛哭而反"。
78 三尺:这儿指"绅"的长度。古时衣带结余下垂的部分称"绅"。《礼记·玉藻》:"绅长制,士三尺。"微命:一命之士,指官阶卑微。周代任官自一命至九命。介:微小。一介书生意为一个微不足道的书生。
79 终军:西汉人,二十多岁时,曾向武帝请受长缨去缚南越王。等:相同,相等。指年龄与终军相等。弱冠:二十岁。《礼记·曲礼》:"二十曰弱冠。"
80 投笔:东汉班超曾做抄写工作,后来投笔从戎,因立功而封定远侯。
81 宗悫(què):南朝宋南阳人。年少时,叔父问其志向,他答道:"愿乘长风,破万里浪。"后官至将军。
82 簪笏:古代官员所用的冠簪和手版。舍簪笏:意即舍去官职。百龄:指一生。
83 奉晨昏:指早晚向父母问安和照料其生活。以上二句是说自己舍掉一生的功名前程,而到万里之外去侍奉父母。
84 谢家之宝树:《世说新语·言语》载,东晋谢安曾问子侄们,为何人们都希望子弟好?其侄谢玄答道:"譬如芝兰玉树,欲使其生于庭阶尔。"这里的宝树即玉树之意,比喻杰出的子弟。
85 《列女传·母仪篇》载,孟子的母亲为了利于儿子的教育而选择好的邻居,曾三次搬家。接:接近,往来。
86 "他日"二句:说自己将去南海接受父教。趋庭:从庭中快步走过(趋是一种礼节)。叨(tāo):忝辱。鲤对:指孔鲤回答父亲孔丘的问题,接受父亲的指教。

(87)捧袂(mèi):举起双袖,表示恭敬。

(88)龙门:在黄河中游,地势险峻。古代传说,鱼能跃过龙门,就可以变化为龙。《后汉书》载,东汉李膺,名望很高,能有幸被他接见,被称为登龙门。这里是恭维阎公的话。

(89)杨意:杨得意的简称。他是汉武帝的狗监(管猎犬的官),司马相如曾因他的推荐而被武帝任用。

(90)凌云:借指自己的富有文采的词章。司马相如曾作《大人之颂》赋,汉武帝读后十分高兴,称赞说“飘飘有凌云之气”。

(91)“钟期”二句:钟期,即钟子期,春秋时人,善听琴。《列子·汤问》载,楚人伯牙鼓琴,“志在流水”,钟子期皆知其意,说“善哉,洋洋乎若江河”。这里,王勃以伯牙自喻,以钟期比阎公,以“奏流水”喻写这篇《滕王阁序》。

(92)兰亭:在今绍兴县境内。晋王羲之曾与孙统、孙绰、谢安等四十一人在此举行文人集会并作《兰亭集序》。

(93)梓泽:西晋石崇所建金谷园的别称,在今洛阳市西北。

(94)赠言:指写此序。

(95)疏:陈述。短引:小序。

(96)一言:古人集会赋诗,参加者各分一言(字)为韵。均赋:每人赋诗一首。

(97)四韵:诗一般是两句为一韵,四韵共八句。

(98)“请洒潘江”二句:潘,指潘岳。陆:指陆机。钟嵘《诗品》:“陆才如海,潘才如江。”江、海,比喻才学渊博。云尔:语气词,表示结束。二句意为:请在座诸君,施展大才,各赋诗一首。

【作者简介】

王勃(650—676),字子安,绛州龙门(今山西省河津县)人。隋末文中子王通之孙。六岁能文,未冠应幽素科试及第,授朝散郎,为沛王(李贤)府修撰。因作文得罪高宗被逐,漫游蜀中,客于剑南,后补虢州参军。又因私杀官奴获死罪,遇赦除名,父福畤受累贬交趾令。勃渡南海看望父,溺水受惊而死。与杨炯、卢照邻、骆宾王并称“初唐四杰”。于“四杰”之中,王勃成就最大。其诗气象浑厚,音律谐畅,开初唐新风,尤以五言律诗为工;其骈文绘章绮句,对仗精工。《滕王阁序》极负盛名。诗文集早佚,明人辑有《王子安集》。

山居秋暝①

王　维

空山新雨后,天气晚来秋②。
明月松间照,清泉石上流。
竹喧归浣女③,莲动下渔舟。
随意春芳歇④,王孙自可留⑤。

【注释】

①本诗选自《王维集校注》。山居：山中的住所。暝：黄昏，晚。
②晚来秋：夜晚天气渐凉更有秋意。
③这句意思是：竹林间人声喧闹，那是洗衣的女子们归来了。
④这句意思是：任凭春天的花草香气都消失了。随意：任凭。歇：消歇、消失。
⑤这句是说：秋光大好，而王孙公子依旧可以待在山中。刘安《楚辞·隐士》中有"王孙兮归来，山中不可以久留"，王维在这里反其意而用之，表达了自己希望归隐山林的意思。王孙：原指贵族子弟，这里是诗人的自喻。

【作者简介】

见《相思》作者简介。

旅夜书怀①

杜 甫

细草微风岸，危樯独夜舟②。
星垂平野阔，月涌大江流。
名岂文章著，官应老病休③。
飘飘何所似，天地一沙鸥④。

【注释】

①书怀：书写胸中意绪。该诗作于代宗永泰元年(765)，诗人由华州解职离成都去重庆途中。全诗流露出诗人奔波不遇之情。
②危樯(qiáng)：高高的船桅杆。独夜舟：是说自己孤零零的一个人夜泊江边。岸：指江岸边。
③"名岂"二句：言我岂止是因文章而得名，但我的官职的确是因老病而休止了。《唐诗别裁》："胸怀经济，故云名岂以文章而著；官以论事罢，而云老病应休。立言之妙如此。"著：著名。
④"飘飘"二句：作者自谓飘然一身像个什么呢？不过像广阔的天地间的一只沙鸥罢了。

【作者简介】

杜甫(712—770)，字子美，尝自称少陵野老。杜甫举进士不第，曾任检校工部员外郎，故世称杜工部，是唐代最伟大的现实主义诗人，宋以后被尊为"诗圣"，与李白并称"李杜"。其诗大胆揭露当时社会矛盾，对穷苦人民寄予深切同情，内容深刻。许多优秀作品显示了唐代由盛转衰的历史过程,因而被称为"诗史"。在艺术上,善于运用各种诗歌形式,尤长于律诗;风格多样,以沉郁为主;语言精练,具有高度的表达能力。存诗1400多首,有《杜工部集》。

滁州西涧[①]

韦应物

独怜幽草涧边生[②],上有黄鹂深树鸣。
春潮带雨晚来急,野渡无人舟自横。

【注释】

①本诗选自《韦应物集校注》。滁州:在今安徽滁州以西。西涧:在滁州城西,俗名称上马河。
②幽草:幽谷里的小草。

【作者简介】

韦应物(737—792或793),唐代诗人。京兆万年(今陕西西安)人。自天宝十载(751)至天宝末,以三卫郎为玄宗近侍,常出入宫闱,扈从游幸。安史乱起,玄宗奔蜀,他流落失职,始立志读书。广德二年(764)前后,为洛阳丞。后因惩办不法军吏,被讼于府衙,愤而辞官,闲居东城同德精舍。大历十年(775)为京兆府功曹参军,代理高陵宰。十三年,任鄠县令。建中二年(781)擢尚书比部员外郎,在长安与畅当、刘太真、李儋、吉中孚等相交游。次年出为滁州刺史。兴元元年(784)冬罢任,因贫不能归长安,暂居滁州西涧。贞元元年(785),为江州刺史。贞元四年,入朝为左司郎中。次年出为苏州刺史,与顾况、秦系、孟郊、丘丹、皎然等均有唱酬往来。贞元七年退职,寄居苏州永定寺。世称"韦江州""韦左司"或"韦苏州"。

韦应物诗中最为人们传诵的是山水田园诗。后人每以"陶韦"或"王孟韦柳"并称,把他归入山水田园诗派。今传韦应物集有《四部丛刊》影印明嘉靖十卷本《韦江州集》,清汪立名辑订两卷本《韦苏州诗集》,民国时陶风楼影印南宋刘辰翁校点十卷本《韦苏州集》。《千唐志斋藏石》有韦应物广德元年所撰《唐东平郡巨野县令李璀墓志》,为诸本韦集及《全唐文》所不载,韦应物传世散文仅此一篇。

暮江吟①

白居易

一道残阳铺水中,半江瑟瑟半江红②。
可怜九月初三夜③,露似真珠月似弓④。

【注释】

①本诗选自《白居易笺校》。
②瑟瑟:宝石名,碧绿色。
③可怜:可爱。
④真珠:珍珠。

【作者简介】

白居易(772—846),唐代著名诗人,字乐天,号香山居士,祖籍太原,后迁居下邽。贞元进士,历任左拾遗、东宫赞善大夫、江州司马、杭州及苏州刺史、太傅等职。白居易是一位伟大的现实主义诗人。他的诗歌题材广泛,形式多样,语言平易通俗。他所写的《秦中吟》《新乐府》,敢于揭露当权者的弊政,反映人民疾苦,深刻地揭露社会矛盾。他又是中唐新乐府运动的主要倡导人。白居易的叙事诗如《长恨歌》《琵琶行》,描写细腻,生动感人,具有独特的艺术风格,影响极为广泛。在诗歌创作理论上,他提出"文章合为时而著""诗歌合为事而作"的主张。现存诗3000多首,有《白氏长庆集》。

超然台记①

苏 轼

凡物皆有可观。苟有可观,皆有可乐,非必怪奇伟丽者也。餔糟啜醨,皆可以醉②;果蔬草木皆可以饱。推此类也,吾安往而不乐?夫所为求福而辞祸者,以福可喜而祸可悲也。人之所欲无穷,而物之可以足吾欲者有尽③。美恶之辨战乎中,而去取之择交乎前,则可乐者常少,而可悲者常多。是谓求祸而辞福。夫求祸而辞福,岂人之情也哉?物

六、山水风光

有以盖④之矣。彼游于物之内,而不游于物之外。物非有大小也,自其内而观之,未有不高且大者也。彼挟其高大以临我,则我常眩乱反覆,如隙中之观斗,又乌知胜负之所在?是以美恶横⑤生,而忧乐出焉,可不大哀乎?

余自钱塘移守胶西,释舟楫之安,而服车马之劳;去雕墙之美,而庇采椽之居;背⑥湖山之观,而行桑麻之野。始至之日,岁比不登⑦,盗贼满野,狱讼充斥。而斋厨索然,日食杞菊。人固疑余之不乐也。处之期年,而貌加丰,发之白者日以反黑。余既乐其风俗之淳,而其吏民亦安余之拙也。于是治其园圃,洁其庭宇,伐安丘、高密之木,以修补破败,为苟完⑧之计。而园之北,因城以为台者旧矣,稍葺而新之。

时相与登览,放意肆志焉。南望马耳、常山,出没隐见,若近若远,庶几有隐君子乎?而其东则卢山,秦人卢敖之所从遁也。西望穆陵,隐然如城郭,师尚父、齐桓公之遗烈⑨,犹有存者。北俯潍水,慨然太息,思淮阴之功,而吊其不终。台高而安,深而明,夏凉而冬温。雨雪之朝,风月之夕,余未尝不在,客未尝不从。撷园蔬,取池鱼,酿秫酒,瀹⑩脱粟而食之,曰:"乐哉游乎!"

方是时,余弟子由,适在济南,闻而赋之,且名其台曰"超然",以见余之无所往而不乐者,盖游于物之外也。

【注释】

①苏轼反对王安石变法,为新党所不容,被排挤出朝廷,先任开封府推官,继任杭州通判。宋神宗熙宁七年(1074)被批准改任密州太守。第二年,政局初定,他便开始治园圃,洁庭宇,把园圃北面的一个旧台修葺一新。他的弟弟苏辙给这个台取名叫"超然"。故此,苏轼写了这篇《超然台记》。

②餔:吃。啜:喝。醨:米酒。

③而物之可以足吾欲者有尽:而可以足吾欲之物者有尽,译为"但是能满足我们欲望的东西却是有限的"。

④盖:蒙蔽。

⑤横:意外发生。

⑥背:远离。

⑦比:连续,常常。登:丰收。

⑧苟完:大致完备。

⑨遗烈:前辈留下来的功业。

⑩瀹(yuè):煮。

【作者简介】

见《蝶恋花·花褪残红青杏小》作者简介。

游黄山后记(后)①

徐弘祖

戊午九月初三日　出白岳榔梅庵②,至桃源桥。从小桥右下,陡甚,即旧向黄山路也③。七十里,宿江村④。

初四日　十五里,至汤口⑤。五里,至汤寺⑥,浴于汤池⑦。扶杖望朱砂庵而登⑧。十里,上黄泥冈。向时云里诸峰,渐渐透出,亦渐渐落吾杖底。转入石门⑨,越天都之胁而下⑩,则天都、莲花二顶⑪,俱秀出天半,路旁一岐东上,乃昔所未至者,遂前趋直上,几达天都侧。复北上,行石罅中。石峰片片夹起;路宛转石间,塞者凿之,陡者级之⑫,断者架木通之,悬者植梯接之。下瞰峭壑阴森,枫松相间,五色纷披,灿若图绣。因念黄山当生平奇览,而有奇若此,前未一探,兹游快且愧矣!时夫仆俱阻险行后,余亦停弗上;乃一路奇景,不觉引余独往。既登峰头,一庵翼然,为文殊院⑬,亦余昔年欲登未登者。左天都,右莲花,背倚玉屏风⑭,两峰秀色,俱可手揽。四顾奇峰错列,众壑纵横,真黄山绝胜处!非再至,焉知其奇若此?遇游僧澄源至⑮,兴甚勇。时已过午,奴辈适至。立庵前,指点两峰。庵僧谓:"天都虽近而无路,莲花可登而路遥。只宜近盼天都,明日登莲顶。"余不从,决意游天都。挟澄源、奴子⑯仍下峡路。至天都侧,从流石蛇行而上。攀草牵棘,石块丛起则历块,石崖侧削则援崖。每至手足无可着处,澄源必先登垂接。每念上既如此,下何以堪?终亦不顾。历险数次,遂达峰顶。惟一石顶壁起犹数十丈,澄源寻视其侧,得级,挟予以登⑰。万峰无不下伏,独莲花与抗耳。时浓雾半作半止,每一阵至,则对面不见。眺莲花诸峰,多在雾中。独上天都,予至其前,则雾徙于后;予越其右,则雾出于左。其松犹有曲挺纵横者;柏虽大干如臂,无不平贴石上,如苔藓然。山高风巨⑱,雾气去来无定,下盼诸峰,时出为碧峤⑲,时没为银海⑳。再眺山下,则日光晶晶,别一区宇也。日渐暮,遂前其足,手向后据地,坐而下脱。至险绝处,澄源并肩手相接。度险,下至山坳,瞑色已合。复从峡度栈以上,止文殊院。

初五日　平明㉑,从天都峰坳中北下二里,石壁㟏然㉒。其下莲花洞㉓正与前坑石笋对峙㉔,一坞幽然。别澄源,下山至前歧路侧,向莲花峰而趋。一路沿危壁西行,凡再降升,将下百步云梯,有路可直跻莲花峰㉕。既陟而磴绝,疑而复下。隔峰一僧高呼曰:"此正莲花道也!"乃从石坡侧度石隙。径小而峻,峰顶皆巨石鼎峙㉖,中空如室。从其中叠级直上,级穷洞转,屈曲奇诡,如下上楼阁中,忘其峻出天表也㉗。一里得茅庐,倚石罅中。方徘徊欲升,则前呼道之僧至矣,僧号凌虚,结茅于此者,遂与把臂陟顶㉘。顶上一石,悬隔二丈,僧取梯以度。其巅廓然,四望空碧,即天都亦俯首矣。盖是峰居黄山之中,独出诸峰上，四面岩壁环耸，遇朝阳霁色，鲜映层发，令人狂叫欲舞。久之，返茅庵，凌虚出粥相饷[29]，啜一盂，乃下。至歧路侧，过大悲顶[30]，上天门[31]。三里，至炼丹台[32]。循台嘴而下，观玉屏风、三海门诸峰[33]，悉从深坞中壁立起。其丹台一冈中垂，颇无奇峻，惟瞰翠微之背[34]，坞中峰峦错耸，上下周映，非此不尽瞻眺之奇耳。还过平天矼[35]，下后海[36]，入智空庵，别焉。三里，下狮子林[37]，趋石笋矼[38]，至向年所登尖峰上。倚松而坐，瞰坞中峰石回攒[39]，藻缋满眼[40]，始觉匡庐[41]、石门[42]，或具一体[43]，或缺一面[44]，不若此之闳博富丽也！久之，上接引崖，下眺坞中，阴阴觉有异。复至冈上尖峰侧，践流石，援棘草，随坑而下，愈下愈深，诸峰自相掩蔽，不能一目尽也。日暮，返狮子林。

初六日　别霞光[45]，从山坑向丞相原[46]下七里，至白沙岭[47]，霞光复至。因余欲观牌楼石[48]，恐白沙庵无指者[49]，追来为导。遂同上岭，指岭右隔坡，有石丛立，下分上并，即牌楼石也。余欲逾坑溯涧，直造其下。僧谓："棘迷路绝，必不能行。若从坑直下丞相原，不必复上此岭；若欲从仙灯而往[50]，不若即由此岭东向。"余从之，循岭脊行。岭横亘天都、莲花之北，狄甚，旁不容足，南北皆崇峰夹映。岭尽北下，仰瞻右峰罗漠石，圆头秃顶，俨然二僧也。下至坑中，逾涧以上，共四里，登仙灯洞。洞南向，正对天都之阴。僧架阁连板于外，而内犹穹然[51]，天趣未尽刊也[52]。复南下三里，过丞相原，山间一夹地耳。其庵颇整，四顾无奇，竟不入。复南向循山腰行，五里，渐下。涧中泉声沸然，从石间九级下泻，每级一下有潭渊碧，所谓九龙潭也[53]。黄山无悬流飞瀑，惟此耳。又下五里，过苦竹滩[54]，转循太平县路[55]，向东北行。

【注释】

①本文选自《徐霞客游记》，作于明万历四十六年(1618)。
②白岳：山名，在黄山西南。
③"即旧"句：指万历四十四年(1616)作者初游黄山时所走之路。
④江村：镇名，在黄山东北。
⑤汤口：镇名，在黄山脚下，是上山必经之处。
⑥汤寺：即祥符寺，因靠近汤泉，故俗称汤寺。
⑦汤池：即汤泉。
⑧朱砂庵：在朱砂峰下，又名慈光寺。
⑨石门：峰名。
⑩天都：天都峰。
⑪莲花：莲花峰。与天都并称黄山两大峰。
⑫陡者级之：陡的地方就凿出石级来。
⑬文殊院：寺名，在天都、莲花两峰之间。
⑭玉屏风：即玉屏峰。
⑮游僧：游方和尚。
⑯奴子：奴仆。
⑰挟：此处作扶持解。

⑱巨:大。

⑲碧峤:因满山松柏,青翠蔚然,故称“碧峤”。峤,山锐而高。

⑳银海:因云雾弥漫似大海波涛,故称银海。

㉑平明:天正明。《史记·留侯世家》:“平明,与我会此。”

㉒岈然:山谷深空貌。

㉓莲花洞:在莲花峰下。

㉔石笋:峰名。

㉕跻:登。

㉖鼎峙:如鼎之三足而立。

㉗天表:天上。班固《西都赋》:“若游目于天表,似无依而洋洋。”

㉘把臂:挽臂。《后汉书·吕布传》:“相待甚厚,临别把臂言誓。”

㉙相饷:指招待。

㉚大悲顶:山峰名。

㉛上天门:在天都峰脚。

㉜炼丹台:在炼丹峰上。相传黄帝曾在此炼丹仙去,故名。

㉝三海门:峰名,在石门峰与炼丹峰之间。

㉞翠微:峰名,在清潭峰北。

㉟平天矼:在炼丹峰。

㊱后海:峰名。

㊲狮子林:在炼丹峰左。

㊳石笋矼:在始信峰上。

㊴回攒:曲折簇聚。

㊵藻缋:即藻绘,文采。《文心雕龙·原道》:“龙凤以藻绘呈瑞。”此处指山下的五光十色。

㊶匡庐:指江西庐山。

㊷石门:浙江青田县的石门山。

㊸具一体:具备黄山的某一体。

㊹缺一面:缺少黄山的某一方面。

㊺霞光:僧名。

㊻丞相原:在石门峰、钵盂峰之间。相传宋理宗丞相程元凤曾在此谓尝,故名。

㊼白沙岭:在皮篷岭与丞相原之间。

㊽牌楼石:即天牌石,俗称“仙人榜”。

㊾白沙庵:在白沙岭下。

㊿仙灯:洞名,在钵盂峰下。

(51)穹然:大且深也。

(52)“天趣”句:天然之致没有失掉。刊:削除。

(53)九龙潭:在丞相原附近。

(54)苦竹滩:即苦竹溪,在九龙潭下。

(55)太平县:今安徽省黄山区。

六、山水风光

【作者简介】

徐弘祖(1586—1641),字振之,号霞客,江苏江阴人。明地理学家、旅行家和文学家。他经30年考察撰成的60万字《徐霞客游记》,开辟了地理学上系统观察自然、描述自然的新方向;既是系统考察祖国地貌地质的地理名著,又是描绘华夏风景资源的旅游巨篇,还是文字优美的文学佳作,在国内外具有深远的影响。

同金十一沛恩游栖霞寺望桂林诸山①

袁 枚

奇山不入中原界,走入穷边才逞怪。桂林天小青山大,山山都立青天外。我来六月游栖霞,天风拂面吹霜花。一轮白日忽不见,高空都被芙蓉遮②。山腰有洞五里许③,秉火直入冲乌鸦。怪石成形千百种,见人欲动争谽谺④。万古不知风雨色,一群仙鼠依为家⑤。出穴登高望众山,茫茫云海坠眼前。疑是盘古死后不肯化,头目手足骨节相钩连⑥。又疑女娲氏,一日七十有二变,青红隐现随云烟⑦。蚩尤喷妖雾⑧,尸罗袒右肩⑨。猛士植竿发⑩,鬼母戏青莲⑪。我知混沌以前乾坤毁,水沙激荡风轮颠⑫。山川人物熔在一炉内,精灵腾踔有万千⑬,彼此游戏相爱怜。忽然刚风一吹化为石⑭,清气既散浊气坚⑮。至今欲活不得,欲去不能,只得奇形诡状蹲人间。不然造化纵有千手眼⑯,亦难一一施雕镌⑰。而况唐突真宰岂无罪⑱,何以耿耿群飞欲刺天?金台公子酌我酒⑲,听我狂言呼否否。更指奇峰印证之,出入白云乱招手。几阵南风吹落日,骑马同归醉兀兀。我本天涯万里人,愁心忽挂西斜月。

【注释】

①本文选自《小仓山房诗文集》。
②芙蓉:莲花。此指奇秀的山峰。李白《望九华山赠青阳韦仲堪》诗:"天河挂绿水,秀出九芙蓉。"
③山腰有洞:指七星岩中的栖霞洞。
④谽(hān)谺(xiā):山谷空荡的样子。《六书故》:"谽谺,谷口张也。"此指狰狞怪石如张巨口。
⑤仙鼠:蝙蝠。李白《答族侄僧中孚赠玉泉仙人掌茶》诗序云:"余闻荆州玉泉寺近清溪诸山,山洞往往有乳窟,窟中多玉泉交流。其中有白蝙蝠,大如鸦。"
⑥"疑是"二句:怀疑群山是盘古头目手足骨节所化。按,任昉《述异记》卷上云:"秦汉间俗说,盘古氏头为东岳,腹为中岳,左臂为南岳,右臂为北岳,足为西岳。"
⑦"又疑"三句:怀疑群山或为女娲所化,随着云烟变幻,时隐时现,时青时红。
⑧"蚩尤"句:《通监外纪》卷一:"轩辕征师与蚩尤战于涿鹿之野,蚩尤为大雾,军士昏迷,轩辕作指南车

以示四方,遂禽蚩尤。"

⑨尸罗:国名。郦道元《水经注·河水》:"释法显所谓礼尸罗国,汉言截头也。佛为菩萨时,以头施人,故因名国。"

⑩"猛士"句:张衡《西京赋》:"育获之畴,朱鬓鬅鬙,植发如竿。""育"指夏育,"获"指乌获,都是古代有名的猛士。

⑪"鬼母"句:任昉《述异记》:"南海小虞山中有鬼母……今苍梧有鬼姑神是也,虎头龙足,蟒目蛟眉。"青莲,僧肇《维摩诘经注》:"天竺有青莲花,其叶修广,青白分明。"

⑫"水沙"句:意为地的最深处都被翻转上来。《楼炭经》云:"地深九亿万里,第四是地轮,第五水轮,第六风轮。"

⑬腾踔:跳跃,凌空。

⑭刚风:亦作罡风,道家语,指刚劲之风。《抱朴子·杂应》:"太清之中,其气甚刚。"

⑮"清气"句:我国古代认为轻清之气上浮为天,重浊之气下沉为地。

⑯造化:指造化天地者。

⑰雕镂:雕刻。

⑱真宰:此处指天。

⑲金台公子:贵公子,此处指金沛恩。

【作者简介】

袁枚(1716—1798),字子才,号简斋,又号随园老人。钱塘(今浙江省杭州市)人。乾隆间进士,曾任江宁等地知县。辞官后,于江宁(今江苏省南京市)小仓山购置花园,称"随园"。袁枚在此过了五十多年游乐生活。所著诗文颇多。论诗主张抒写性情,创性灵说,对当时影响很大。著有《小仓山房诗文集》《随园诗话》等。

秋天的况味①

林语堂

秋天的黄昏,一人独坐沙发上抽烟,看烟头白灰之下露出红光,微微透露出暖气,心头的情绪便跟着那蓝烟缭绕而上,一样的轻松,一样的自由。不转眼,缭烟变成缕缕细丝,慢慢不见了,而那霎时,心上的情绪也跟着消沉于大千世界,所以也不讲那时的情绪,只讲那时的情绪的况味。待要再划一根洋火再点起那已点过三四次的雪茄,却因白灰已积得太多而点不着,乃轻轻的一弹,烟灰静悄悄地落在铜炉上,其静寂如同我此时用毛笔写在纸上一样,一点的声息也没有。于是再点起来,一口一口地吞云吐雾,香气扑鼻,宛如偎红依翠温香在抱情调。于是想到烟,想到这烟一股温煦的热气,想到室中缭绕暗淡的烟霞,想到秋天的意味。这时才忆起,向来诗文上秋的含义,并不是这样的,使人联想的是肃杀、是凄凉、是秋扇、是红叶、是荒林、是姜草。然而秋确有另一意味,没有春天的阳气勃勃,也没有夏天炎烈迫人,也不像冬天之全入于枯槁凋零。我所爱的是秋林古气磅礴气象。有人以老气横秋骂人,可见是不懂得秋林古色之滋味。在四时中,我于秋是有偏爱的,所以不妨说说。秋是代表成熟,对于春天之明媚妖艳,夏日的茂密浓深,都是过来人,不足为奇了,所以其色淡,叶多黄,有古色苍茏之概,不单以葱翠争荣了。这是我所谓秋天的意味。大概我所爱的不是晚秋,是初秋,那时暄气初消,月正圆,蟹正肥,桂花馥洁,也未陷入憔烈萧瑟气态,这是最值得赏乐的。那时的温和,如我烟上的红灰,只是一股熏热的温香罢了。或如文人已排脱下笔惊人的格调,而渐趋纯熟练达,宏毅坚实,其文读来有深长意味。这就是庄子所谓"正得秋而万宝成"结实的意义。在人生上最享乐的就是这一类的事。比如酒以醇以老为佳。烟也有和烈之辨。雪茄之佳者,远胜于香烟,因其意味较和。倘是烧得得法,慢慢地吸完一支,看那红光炙光,有无穷的意味。鸦片吾不知,然看见人在烟灯上烧,听那微微毕剥的声音,也觉得有一种诗意,大概凡是古老、纯熟、薰黄、熟练的事物,都使我得到同样的愉快。如一只薰黑的陶锅在烘炉上用慢火炖猪肉时所发出的锅中徐吟的声调,使我感到同看人烧大烟一样的兴趣。或如一本用过二十年而尚未破烂的字典,或是一张用了半世的书桌,或如看见街上一涂薰黑了老气横秋的招牌,或是看见书法大家苍劲雄浑的笔迹,都令人有同样的快乐。人生世上如岁月之有四时,必须要经过这纯熟时期,如女人发育健全遭遇安顺的,亦必有一时徐娘半老的风韵,为二八佳人所不及者。使我最佩服的是邓肯的佳句:"世人只会吟咏春天与恋爱,真无道理,须如秋天的景色,更华丽,更恢奇,而秋天的快乐有万倍的雄壮、惊奇、都丽。我真可怜那些妇女识见褊狭,使她们错过爱之秋天的宏大的赠赐。"若邓肯者,可谓识趣之人。

【注释】

①本文选自《林语堂随笔精选》。

【作者简介】

林语堂(1895—1976),福建龙溪人。原名和乐,后改玉堂,又改语堂。1925年获莱比锡大学博士学位后回国,任北京大学教授、北京女子师范大学教务长和英文系主任。《语丝》主要撰稿人之一。曾先后创办《人世间》《宇宙风》,提倡"以自我为中心,以闲适为格调"的小品文。在美国用英文写《吾国与吾民》《京华烟云》《风声鹤唳》等文化著作和长篇小说。

"正得秋而万宝成",林语堂的秋有着豁达的人生观,他的《秋天的况味》制造出一种温馨而富有人情味的氛围。

江南的冬景[①]

郁达夫

凡在北国过过冬天的人，总都道围炉煮茗，或吃涮羊肉、剥花生米、饮白干的滋味。而有地炉、暖炕等设备的人家，不管它门外面是雪深几尺，或风大若雷，而躲在屋里过活的两三个月的生活，却是一年之中最有劲的一段蛰居异境；老年人不必说，就是顶喜欢活动的小孩子们，总也是个个在怀恋的，因为当这中间，有的萝卜、雅儿梨等水果的闲食，还有大年夜、正月初一元宵等热闹的节期。

但在江南，可又不同；冬至过后，大江以南的树叶，也不至于脱尽。寒风——西北风——间或吹来，至多也不过冷了一日两日。到得灰云扫尽，落叶满街，晨霜白得像黑女脸上的脂粉似的清早，太阳一上屋檐，鸟雀便又在吱叫，泥地里便又放出水蒸气来，老翁小孩就又可以上门前的隙地里去坐着曝背谈天，营屋外的生涯了；这一种江南的冬景，岂不也可爱得很么？

我生长在江南，儿时所受的江南冬日的印象，铭刻特深；虽则渐入中年，又爱上了晚秋，以为秋天正是读读书，写写字的人的最惠节季，但对于江南的冬景，总觉得是可以抵得过北方夏夜的一种特殊情调，说得摩登些，便是一种明朗的情调。

我也曾到过闽粤，在那里过冬天，和暖原极和暖，有时候到了阴历的年边，说不定还不得不拿出纱衫来着；走过野人的篱落，更还看得见许多杂七杂八的秋花！一番阵雨雷鸣过后，凉冷一点；至多也只好换上一件夹衣，在闽粤之间，皮袍棉袄是绝对用不着的；这一种极南的气候异状，并不是我所说的江南的冬景，只能叫它作南国的长春，是春或秋的延长。

江南的地质丰腴而润泽，所以含得住热气，养得住植物；因而长江一带，芦花可以到冬至而不败，红叶也有时候会保持得三个月以上的生命。像钱塘江两岸的乌桕树，则红叶落后，还有雪白的桕子着在枝头，一点一丛，用照相机照将出来，可以乱梅花之真。草色顶多成了赭色，根边总带点绿意，非但野火烧不尽，就是寒风也吹不倒的。若遇到风和日暖的午后，你一个人肯上冬郊去走走，则青天碧落之下，你不但感不到岁时的肃杀，并且还可以饱觉着一种莫名其妙的含蓄在那里的生气；"若是冬天来了，春天也总马上会来"的诗人的名句，只有在江南的山野里，最容易体会得出。

说起了寒郊的散步，实在是江南的冬日，所给与江南居住者的一种特异的恩惠；在北方的冰天雪地里生长的人，是终他的一生，也决不会有享受这一种清福的机会的。我不知道德国的冬天，比起我们江浙来如何，但从许多作家的喜欢以 Spaziergang（散步）一

六、山水风光

字来做他们的创造题目的一点看来,大约是德国南部地方,四季的变迁,总也和我们的江南差仿不多。譬如说十九世纪的那位乡土诗人洛在格(Peter Rosegger,1843—1918)罢,他用这一个"散步"做题目的文章尤其写得多,而所写的情形,却又是大半可以拿到中国江浙的山区地方来适用的。

江南河港交流,且又地滨大海,湖沼特多,故空气里时含水分;到得冬天,不时也会下着微雨,而这微雨寒村里的冬霖景象,又是一种说不出的悠闲境界。你试想想,秋收过后,河流边三五家人家会聚在一道的一个小村子里,门对长桥,窗临远阜,这中间又多是树枝桠丫的杂木树林;在这一幅冬日农村的图上,再洒上一层细得同粉也似的白雨,加上一层淡得几不成墨的背景,你说还够不够悠闲?若再要点景致进去,则门前可以泊一只乌篷小船,茅屋里可以添几个喧哗的酒客,天垂暮了,还可以加一味红黄,在茅屋窗中画上一圈暗示着灯光的月晕。人到了这一个境界,自然会得胸襟洒脱起来,终至于得失俱亡,死生不同了;我们总该还记得唐朝那位诗人作的"暮雨潇潇江上树"的一首绝句罢?诗人到此,连对绿林豪客都客气起来了,这不是江南冬景的迷人又是什么?

一提到雨,也就必然地要想到雪:"晚来天欲雪,能饮一杯无?"自然是江南日暮的雪景。"寒沙梅影路,微雪酒香村",则雪月梅的冬宵三友,会合在一道,在调戏酒姑娘了。"柴门闻犬吠,风雪夜归人",是江南雪夜,更深人静后的景况。"前村深雪里,昨夜一枝开",又到了第二天的早晨,和狗一样喜欢弄雪的村童来报告村景了。诗人的诗句,也许不尽是在江南所写,而作这几句诗的诗人,也许不尽是江南人,但假了这几句诗来描写江南的雪景,岂不直截了当,比我这一枝愚劣的笔所写的散文更美丽得多?

有几年,在江南,在江南也许会没有雨没有雪地过一个冬,到了春间阴历的正月底或二月初,再冷一冷下一点春雪的;去年(一九三四年)的冬天是如此,今年的冬天恐怕也不得不然,以节气推算起来,大约太冷的日子,将在一九三六年的二月尽头,最多也总不过是七八天的样子。像这样的冬天,乡下人叫作旱冬,对于麦的收成或者好些,但是人口却要受到损伤;旱得久了,白喉、流行性感冒等疾病自然容易上身,可是想恣意享受江南的冬景的人,在这一种冬天,倒只会得到快活一点,因为晴和的日子多了,上郊外去闲步逍遥的机会自然也多;日本人叫作 Hiking,德国人叫作 Spaziergang 狂者,所最欢迎的也就是这样的冬天。

窗外的天气晴朗得像晚秋一样;晴空的高爽,日光的洋溢,引诱得使你在房间里坐不住,空言不如实践,这一种无聊的杂文,我也不再想写下去了,还是拿起手杖,搁下纸笔,上湖上散散步罢!

【注释】

①本文是郁达夫随笔的代表作,从各个角度描写江南的冬天,写自己的切身感受,描绘出一幅江南暖冬的水墨画。

【作者简介】

郁达夫(1896—1945),中国现代著名作家。原名郁文,字达夫,浙江富阳人。1921年6月,与郭沫若、成仿吾、张资平等人酝酿成立了新文学团体创造社。7月,第一部短篇小说集《沉沦》问世,在当时产生很大影响。1922年5月,主编的《创造季刊》创刊号出版。7月,小说《春风沉醉的晚上》发表。1926年底返沪后主持创造社出版部工作,主编《创造月刊》《洪水》半月刊,发表了《小说论》《戏剧论》等大量文艺论著。1928年加入太阳社,并在鲁迅支持下,主编《大众文艺》。1930年3月,中国左翼作家联盟成立,郁达夫为发起人之一。12月,小说《迟桂花》发表。1933年4月移居杭州后,写了大量山水游记和诗词。1936年任福建省府参议。1938年,赴武汉参加军委会政治部第三厅的抗日宣传工作,并在中华全国文艺界抗敌协会成立大会上当选为常务理事。1938年12月至新加坡,主编《星洲日报》等报刊副刊,写了大量政论、短评和诗词。1942年,日军进逼新加坡,与胡愈之、王任叔等人撤退至苏门答腊的巴爷公务,化名赵廉。1945年日本投降后,被日军宪兵杀害。

延安街市记①

贾平凹

街市在城东关,窄窄的,那么一条南低北高的漫坡儿上;说是街市,其实就是河堤,一个极不讲究的地方。延河在这里掉头向东去了,街市也便弯成个弓样;一边临着河,几十米下,水是深极深极的,一边是货棚店舍,仄仄斜斜,买卖人搭起了,小得可怜,出进都要低头。棚舍门前,差不多设有小桌矮凳;白日摆出来,夜里收回去。小商小贩的什物摊子,地点是不可固定,谁来得早,谁便坐了好处;常常天不明就有人占地了,或是用绳在堤栏杆上绷出一个半圆,或是搬来几个石头垒成一个模样。街面不大宽阔,坡度又陡,卖醋人北头跌了跤,醋水可以一直流到南头;若是雨天,从河滩看上去,尽是人的光腿;从延河桥头看下去,——满是浮动着的草帽。在陕北的高原上,出奇的有这么个街市,便觉得活泼泼的新鲜,情思很有些撩拨人的了。

站在街市上,是可以看到整个延安城的轮廓。抬头就是宝塔,似乎逢着天晴好日头,端碗酒,塔影就要在碗里;向南便看得穿整个南街;往北,一直是望得见延河的河头了。乍进这个街市,觉得不大协调,而环顾着四周的一切,立即觉得妥帖极了:四面山川沟岔,现代化的楼房和古老式的窑洞错落混杂,以山形而上,随地势而筑,对称里有区别,分散里见联系,各自都表现着恰到好处呢。

街市开得很早,天亮的时候,赶市的就陆陆续续来了。才下过一场雨,山川河谷有了灵气,草木绿的深,有了黑青,生出一种呈蓝的气霭。东川里河畔,原是作机场用的,如今机场迁移了,还留下条道路来,人们喜欢的是那水泥道两边的小路,草萋萋的,一尺来高,夹出的路面平而干净无尘,蚂蚱常常从脚下溅起,逗人情性,走十里八里,脚腿不会打硬了。山峁上,路瘦而白,有人下来,蹑手蹑脚地走那河边的一片泥沼地,泥起了盖儿,恰好负起脚,稀而并不沾鞋底。一头小毛驴,快活地跑着。突然一个腾跃,身子扭得像一张弓。

一入街市,人便不可细辨了,暖和和的太阳照着他们,满脸浮着油汗。他们都是匆匆的,即使闲逛的人,也要紧迫起来,似乎那是一个竞争者的世界,人的最大的乐趣和最起码的本能就是拥挤。最红火的是那些卖菜者:白菜洗得无泥,黄瓜却带着蒂巴,洋芋是奇特的,大如瓷碗小,小如拳头大,一律紫色。买卖起来,价钱是不必多议,秤都翘得高高的,末了再添上一点,要么三个辣子,要么两根青葱,临走,不是买者感激,偏是卖主道声"谢谢"。叫卖声不绝的,要数那卖葵籽的,卖甜瓜的。延安的葵籽大而饱满,炒的焦脆;常言卖啥不吃啥,卖葵籽的却自个嗑一颗在嘴里了,喊一声叫卖出来。一般又不用秤、一抓一两,那手比秤还准呢。瓜是虎皮瓜,一拳打下去,"砰"地就开了,汁液四流,粘手有胶质。

饭店是无言的,连牌子也不曾挂,门开得最早,关得最迟。店主人多是些婆姨,干净而又利落。一口小锅,既烧粉丝汤,也煮羊肉面;现吃现下。买饭的,坐在桌前,端碗就吃,吃饱了,见空碗算钱,然而,坐桌吃的多是外地人,农民是不大坐的,常常赶了毛驴,陕北的毛驴瘦筋筋的,却身负重载,被拴在堤河栏杆上,主人买得一碗米酒,靠毛驴站着,一口酒,一口黄面馍干粮。吃毕,一边牵着毛驴走,一边眼瞅着两旁货摊,一边舌头舔着嘴唇。还在说:好酒,好酒。

中午的时分,街市到了洪期,这里是万千景象,时髦的和过时的共存:小摊上,有卖火镰的,也有卖气体打火机的;人群中,有穿高跟皮鞋的女子,也有头扎手巾的老汉,时常是有卖刮舌子的就倚在贴有出售洗衣机的广告牌下。人们都用鼻音颇重的腔调对话,深沉而有铜的音韵。陕北是出英雄和美人的地方,小伙子都强悍英俊,女子皆丰满又极耐看。男女的青春时期,他们是山丹丹的颜色,而到了老年,则归返于黄土高原的气质,年老人都面黄而不浮肿,鼻耸且尖,脸上皱纹纵横,俨然是一张黄土高原的平面图。

两个老人,收拾得壅壅肿肿的,蹲在街市的一角,反复推让着手里的馍馍,然后一疙瘩一疙瘩塞进口里,没牙的嘴那么噜噜着,脸上的皱纹,一齐向鼻尖集中,嘴边的胡子就一根根乍起来:"新窑一满弄好了。"

"尔格儿就让娃们家订日子去。"

这是一对亲家,在街市上相遇了,拉扯着。在闹哄哄的世界,寻着一块空地,谈论着儿女的婚事。他们说得很投机,常常就仰头笑喷了唾沫溅出去,又落在脸上。拴在堤栏杆上的毛驴,便偷空在地上打个滚儿,叫了一声;整个街市差不多就麻酥酥的颤了。

傍晚,太阳慢慢西下了,延安的山,多不连贯,一个一个浑圆状的模样,山头上是被开垦了留作冬麦子的,太阳在那里泛着红光。河川里,一行一行的也是浑圆状的河柳却都成了金黄色。街市慢慢散去了,末了,一条狗在那里走上来,叼起一根骨头,很快地跑走了。

北方的农民,从田地里走到了街市,获得了生活的物质和精神的愉快,回到了每一孔窑洞里,坐在了每一家土炕上,将葵籽皮留在街市,留下了新生活的踪迹。延河滩上,多了一层结实的脚印,安静下来了。水依然没有落,起着浪,从远远的雾里过来,一会儿开阔,一会儿窄小,弯了,直了,深沉地流去。

【注释】

①本文是《陕北八记》中的一篇,是地道的陕北地方风物志。

【作者简介】

贾平凹(1952—),原名贾平娃,陕西丹凤人。1975年毕业于西北大学中文系。全国政协委员,陕西省作家协会副主席,西安市人大代表,西安市作家协会主席。著有小说集《贾平凹获奖中篇小说集》《贾平凹自选集》,长篇小说《商州》《白夜》《怀念狼》《高老庄》,自传体长篇《我是农民》等。《腊月·正月》获第三届全国优秀中篇小说奖;《满月》获1978年全国优秀短篇小说奖;《废都》获1997年法国费米娜文学奖;《浮躁》获1987年美国美孚飞马文学奖。贾平凹还曾获由法国文化交流部颁发的"法兰西共和国文学艺术荣誉奖"。贾平凹是有名的小说、散文两栖作家。他的散文取材广泛,或咏物寄怀,阐发某种人生哲理;或伤时怀旧,流露对亲情友情的依恋;或针砭时弊,传达对人生况味的体验;或忘情山水,勾画出一幅幅地方风情……总之,他靠白描传神,构筑起一个朴拙恢宏、沉稳深邃的艺术世界。

红高粱①(节选)

莫 言

一九三九年古历八月初九,我父亲这个土匪种十四岁多一点。他跟着后来名满天下的传奇英雄余占鳌司令的队伍去胶平公路伏击日本人的汽车队。奶奶披着夹袄,送他们到村头。余司令说:"立住吧。"奶奶就立住了。奶奶对我父亲说:"豆官,听你干爹的话。"父亲没吱声,他看着奶奶高大的身躯,嗅着奶奶的夹袄里散出的热烘烘的香味,突然感到凉气逼人,他打了一个颤。肚子咕噜噜响一阵。余司令拍了一下父亲的头。说:"走,干儿。"

天地混沌,景物影影绰绰,队伍的杂沓脚步声已响出很远。父亲眼前挂着蓝白色的雾幔,挡住他的视线,只闻队伍脚步声,不见队伍形和影。父亲紧紧扯住余司令的衣角,双腿快速挪动。奶奶像岸愈离愈远,雾像海水愈近愈汹涌,父亲抓住余司令,就像抓住一条船舷。

六、山水风光

父亲就这样奔向了耸立在故乡通红的高粱地里属于他的那块无字的青石墓碑。他的坟头上已经枯草瑟瑟,曾经有一个光屁股的男孩牵着一只雪白的山羊来到这里,山羊不紧不忙地啃着坟头上的草,男孩子站在墓碑上,怒气冲冲地撒了一泡尿,然后放声高唱:高粱红了——日本来了——同胞们准备好——开枪开炮——

有人说这个放羊的男孩就是我,我不知道是不是我。我曾经对高密东北乡极端热爱,曾经对高密东北乡极端仇恨,长大后努力学习马克思主义,我终于悟到:高密东北乡无疑是地球上最美丽最丑陋、最超脱最世俗、最圣洁最龌龊、最英雄好汉最王八蛋最能喝酒最能爱的地方。生存在这块土地上的我的父老乡亲们,喜食高粱,每年都大量种植。八月深秋,无边无际的高粱红成汪洋的血海。高粱高密辉煌,高粱凄婉可人,高粱爱情激荡。秋风苍凉,阳光很旺,瓦蓝的天上游荡着一朵朵丰满的白云,高粱上滑动着一朵朵丰满白云的紫红色影子。一队队暗红色的人在高粱棵子里穿梭拉网,几十年如一日。他们杀人越货,精忠报国,他们演出过一幕幕英勇悲壮的舞剧,使我们这些活着的不肖子孙相形见绌,在进步的同时,我真切感到种的退化。

出村后,队伍在一条狭窄的土路上行进,人的脚步声中夹杂着路边碎草的窸窣声响。雾奇浓,活泼多变。我父亲的脸上,无数密集的小水点凝成大颗粒的水珠,他的一撮头发,粘在头皮上。从路两边高粱地里飘来的幽淡的薄荷气息和成熟高粱苦涩微甘的气味,我父亲早已经闻惯,不新不奇。在这次雾中行军里,父亲闻到了那种新奇的、黄红相间的腥甜气息。那味道从薄荷和高粱的味道中隐隐约约地透过来,唤起父亲心灵深处一种非常遥远的回忆。

七天之后,八月十五日,中秋节。一轮明月冉冉升起,遍地高粱肃然默立,高粱穗子浸在月光里,像蘸过水银,汩汩生辉。我父亲在剪破的月影下,闻到了比现在强烈无数倍的腥甜气息。那时候,余司令牵着他的手在高粱地里行走,三百多个乡亲叠股枕臂、陈尸狼藉,流出的鲜血灌溉了一大片高粱,把高粱下的黑土浸泡成稀泥,使他们拔脚迟缓。腥甜的气味令人窒息,一群前来吃人肉的狗,坐在高粱地里,目光炯炯地盯着父亲和余司令。余司令掏出自来得手枪,甩手一响,两只狗眼灭了;又一甩手,灭了两只狗眼。群狗一哄而散,坐得远远的,呜呜地哮着,贪婪地望着死尸。腥甜味愈加强烈,余司令大喊一声:"日本狗!狗娘养的日本!"他对着那群狗打完了所有的子弹,狗跑得无影无踪。余司令对我父亲说:"走吧,儿子!"一老一小,便迎着月光,向高粱深处走去。那股弥漫田野的腥甜味浸透了我父亲的灵魂,在以后更加激烈更加残忍的岁月里,这股腥甜味一直伴随着他。

……

很快,队伍钻进了高粱地。我父亲本能地感觉到队伍是向着东南方向开进的。适才走过的这段土路是由村庄直接通向墨水河边的唯一的道路。这条狭窄的土路在白天颜色青白,路原是由乌油油的黑土筑成,但久经践踏,黑色都沉淀到底层,路上叠印过多少牛羊的花瓣蹄印和骡马毛驴的半圆蹄印,马骡驴粪像干萎的苹果,牛粪像虫蛀过的薄饼,羊粪稀拉拉像震落的黑豆。父亲常走这条路,后来他在日本炭窑中苦熬岁月时,眼前常常闪过这条路。

……

拐进高粱地后,雾更显凝滞,质量加大,流动感少,在人的身体与人负载的物体碰撞高粱秸秆后,随着高粱嚓嚓啦啦的幽怨鸣声,一大滴一大滴的沉重水珠扑簌簌落下。水珠冰凉清爽,味道鲜美,我父亲仰脸时,一滴大水珠准确地打进他的嘴里。父亲看到舒缓的雾团里,晃动着高粱沉甸甸的头颅。高粱沾满了露水的柔韧叶片,锯着父亲的衣衫和面颊。高粱晃动激起的小风在父亲头顶上短促出击,墨水河的流水声愈来愈响。

父亲在墨水河里玩过水,他的水性好像是天生的,奶奶说他见了水比见了亲娘还急。父亲五岁时,就像小鸭子一样潜水,粉红的屁眼儿朝着天,双脚高举。父亲知道,墨水河底的淤泥乌黑发亮,柔软得像油脂一样。河边潮湿的滩涂上,丛生着灰绿色的芦苇和鹅绿色车前草,还有贴地爬生的野葛蔓,支支直立的接骨草。滩涂的淤泥上,印满螃蟹纤细的爪迹。秋风起,天气凉,一群群大雁往南飞,一会儿排成个"一"字,一会儿排成个"人"字,等等。高粱红了,成群结队的、马蹄大小的螃蟹都在夜间爬上河滩,到草丛中觅食。螃蟹喜食新鲜牛屎和腐烂的动物的尸体。父亲听着河声,想着从前的秋天夜晚,跟着我家的老伙计刘罗汉大爷去河边捉螃蟹的情景。夜色灰葡萄,金风串河道,宝蓝色的天空深邃无边,绿色的星辰格外明亮。北斗勺子星——北斗主死,南斗簸箕星——南斗司生,八角玻璃井——缺了一块砖,焦灼的牛郎要上吊,忧愁的织女要跳河……都在头上悬着。刘罗汉大爷在我家工作了几十年,负责着我家烧酒作坊的全面工作,父亲跟着罗汉大爷脚前脚后地跑,就像跟着自己的爷爷一样。

父亲被迷雾扰乱的心头亮起了一盏四块玻璃插成的罩子灯,洋油烟子从罩子灯上盖的铁皮、钻眼的铁皮上钻出来。灯光微弱,只能照亮五六米方圆的黑暗。河里的水流到灯影里,黄得像熟透的杏子一样可爱,但可爱一霎霎,就流过去了,黑暗中的河水倒映着一天星斗。父亲和罗汉大爷披着蓑衣,坐在罩子灯旁,听着河水的低沉呜咽——非常低沉的呜咽。河道两边无穷的高粱地不时响起寻偶狐狸的兴奋鸣叫。螃蟹趋光,正向灯影聚拢。父亲和罗汉大爷静坐着,恭听着天下的窃窃秘语,河底下淤泥的腥味,一股股泛上来。成群结队的螃蟹团团围上来,形成一个躁动不安的圆圈。父亲心里惶惶,跃跃欲起,被罗汉大爷按住了肩头。"别急!"大爷说,"心急喝不得热黏粥"。父亲强压住激动,不动。螃蟹爬到灯光里就停下来,首尾相衔,把地皮都盖住了。一片青色的蟹壳闪亮,一对对圆杆状的眼睛从凹陷的眼窝里打出来。隐在倾斜的脸面下的嘴里,吐出一串一串的五彩泡沫。螃蟹吐着彩沫向人类挑战,父亲身上披着大蓑衣长毛耸起。罗汉大爷说:"抓!"父亲应声弹起,与罗汉大爷抢过去,每人抓住一面早就铺在地上的密眼罗网的两角,把一块螃蟹抬起来,露出了螃蟹下的河滩涂地。父亲和罗汉大爷把网角系起扔在一边,又用同样的迅速和熟练抬起网片。每一网都是那么沉重,不知网住了几百几千只螃蟹。

六、山水风光

【注释】

①本文选自《红高粱家族》,是莫言代表作之一。

【作者简介】

莫言(1955—),原名管谟业,出生于山东高密县,中国当代著名作家。他的作品深受魔幻现实主义影响,写的是一出出发生在山东高密东北乡的"传奇"。《红高粱家族》系列小说是莫言的代表作品,本文有删节。它的独特价值在于它所呈现出的富有魅力的特征:独特的人物性格;新异的感觉;灵活的叙述视角;"莫言式"的语言。莫言在这部作品中塑造了一些背离传统价值取向的人物性格,以一种新异的感觉,独特灵活的叙述视角,天马行空式的语言建构了自己虚拟的红高粱世界。2011年凭长篇小说《蛙》获第八届茅盾文学奖,2012年10月11日莫言以其"用魔幻现实主义将民间故事、历史和现代融为一体"而获得诺贝尔文学奖,是首位获得该奖的中国籍作家。

延展阅读

柳宗元《永州八记》

欧阳修《醉翁亭记》

王安石《游褒禅山记》

徐霞客《徐霞客游记》

老舍《济南的冬天》

朱自清《欧游杂记》《桨声灯影里的秦淮河》

俞平伯《桨声灯影里的秦淮河》

沈从文《湘行散记》

(美)梭罗《瓦尔登湖》

(日)东山魁夷《听泉》《和风景的对话》

(俄)米·普里什文《大自然的日历》

(英)托尼·赖斯《发现之旅——历史上最伟大的十次自然探险》

七、闲情逸致

饮酒① · 其五

陶渊明

结庐在人境,而无车马喧②。
问君何能尔?心远地自偏③。
采菊东篱下,悠然见南山④。
山气日夕佳,飞鸟相与还⑤。
此中有真意,欲辨已忘言⑥。

【注释】

①本诗是陶渊明组诗《饮酒》二十首中的第五首。
②结庐在人境:构筑房舍。结,建造、构筑。庐,简陋的房屋。人境,人聚居的地方。无车马喧:没有车马的喧闹声,指没有世俗的交往。
③"问君"二句:设为问答之辞,意谓思想远离尘世,虽处喧嚣之境也如同住在偏僻之地。君:陶渊明自谓。尔:如此、这样。
④悠然:自得的样子。南山:指庐山。

⑤"山气"二句:意谓傍晚山色秀丽,飞鸟结伴而还。山气:指山景。日夕:傍晚。相与:相交、结伴。

⑥"此中"二句:意谓此中含有人生的真义,想辨别出来,却忘了如何用语言表达。辨:辨识。言:名词作动词,用言语表达。

【作者简介】

陶渊明(365—427),字元亮(一说名潜,字渊明),私谥靖节。浔阳柴桑(今江西九江)人,东晋著名诗人。据传陶渊明曾祖为东晋名臣陶侃,后家道中落他先后担任过江州祭酒、镇军参军、彭泽县令等小官,因不满官场黑暗,辞官归隐,从此躬耕自资,直至贫病而卒。

陶渊明是我国最早大量创作田园诗的诗人,其诗质朴自然,冲和平淡,对唐以后的诗歌有很大影响。部分作品表达愤世嫉俗之情,呈现出"金刚怒目"的一面。有《陶渊明集》存世。

苦 雨①

周作人

伏园兄:

北京近日多雨,你在长安道上不知也遇到否,想必能增你旅行的许多佳趣。雨中旅行不一定是很愉快的,我以前在杭沪车上时常遇雨,每感困难。所以我于火车的雨不能感到什么兴味,但卧在乌篷船里,静听打篷的雨声,加上欸乃的橹声以及"靠塘来,靠下去"的呼声,却是一种梦似的诗境。倘若更大胆一点,仰卧在脚划小船内,冒雨夜行,更显出水乡住民的风趣,虽然较为危险,一不小心,拙劣地转一个身,便要使船底朝天。二十多年前往东浦吊先父的保姆之丧,归途遇暴风雨,一叶扁舟在白鹅似的波浪中间滚过大树港,危险极也愉快极了。我大约还有好些"为鱼"时候——至少也是断发文身时候的脾气,对于水颇感到亲近,不过北京的泥塘似的许多"海"实在不很满意,这样的水没有也并不怎么可惜。你往"陕半天"去似乎要走好两天的准沙漠路,在那时候倘若遇见风雨,大约是很舒服的,遥想你胡坐骡车中,在大漠之上,大雨之下,喝着四打之内的汽水,悠然进行,可以算是"不亦快哉"之一。但这只是我的空想,如诗人的理想一样的靠不住,或者你在骡车中遇雨,很感困难,正在叫苦连天也未可知,这须等你回京后问你再说了。

我住在北京,遇见这几天的雨,却叫我十分难过。北京向来少雨,所以不但雨具不很完全,便是家屋构造,于防雨亦欠周密。除了真正富翁以外,很少用实垛砖墙,大抵只用泥墙抹灰敷衍了事。近来天气转变,南方酷寒而北方淫雨,因此两方面的建筑上都露出缺陷。一星期前的雨把后园的西墙淋坍,第二天就有"梁上君子"来摸索北房的铁丝窗,从次日起赶紧邀了七八位匠人,费两天工夫,从头改筑,已经成功十分八九,总算可以高枕而卧,前夜的雨却又将门口的南墙冲倒二三丈之谱。这回受惊的可不是我了,乃是川岛君"佢们"俩,因为"梁上君子"如再见光顾,一定是去躲在"佢们"的窗下窃听的了。为消除"佢们"的不安起见,一等大气晴正,急须大举地修筑,希望日子不至于很久,这几天只好暂时拜托川岛君的老弟费神代为警护罢了。

前天十足下了一夜的雨,使我夜里不知醒了几遍。北京除了偶然有人高兴放几个爆仗以外,夜里总还安静,那样哗喇哗喇的雨声在我的耳朵已经不很听惯,所以时常被它惊醒,就是睡着也仿佛觉得耳边粘着面条似的东西,睡得很不痛快。还有一层,前天晚间据小孩们报告,前面院子里的积水已经离台阶不及一寸,夜里听着雨声,心里糊里糊涂地总是想水已上了台阶,浸入西边的书房里了。好容易到了早上五点钟,赤脚撑伞,跑到西屋一看,果然不出所料,水浸满了全屋,约有一寸深浅,这才叹了一口气,觉得放心了,倘若这样兴高采烈地跑去,一看却没有水,恐怕那时反觉得失望,没有现在那样的满足也说不定。幸而书籍都没有湿,虽然是没有什么价值的东西,但是湿成一饼一饼的纸糕,也很是不愉快。现今水虽已退,还留下一种涨过大水后的普通的臭味,固然不能留客座谈,就是自己也不能在那里写字,所以这封信是在里边炕桌上写的。

这回的大雨,只有两种人最喜欢。第一是小孩们。他们喜欢水,却极不容易得到,现在看见院子里成了河,便成群结队地去"蹚河"去。赤了足伸到水里去,实在很有点冷,但是他们不怕,下到水里还不肯上来。大人们见小孩玩的有趣,也一个两个地加入,但是成绩却不甚佳,那一天里滑倒了三个人,其中两个都是大人——其一为我的兄弟[②],其一是川岛君。第二种喜欢下雨的则为蛤蟆。从前同小孩住高亮桥去钓鱼钓不着,只捉了好些蛤蟆,有绿的,有花条的,拿回来都放在院子里,平常偶叫几声,在这几天里便整日叫唤,或者是荒年之兆,却极有田村的风味。有许多耳朵皮嫩的人,很恶喧嚣,如麻雀蛤蟆或蝉的叫声,凡足以妨碍他们的甜睡者,无一不痛恶而深绝之,大有欲灭此而午睡之意,我觉得大可以不必如此,随便听听都是很有趣味的,不但是这些久成诗料的东西,一切鸣声其实都可以听。蛤蟆在水田里群叫,深夜静听,往往变成一种金属音,很是特别,又有时仿佛是狗叫,古人常称蛙蛤为吠,大约也是从实验而来。我们院子里的蛤蟆现在只见花条的一种,它的叫声更不漂亮,只是格格格这个叫法,可以说是革音,平常自一声至三声,不会更多,唯在下雨的早晨,听它一口气叫上十二三声,可见它是实在喜欢极了。

这一场大雨恐怕在乡下的穷朋友是很大的一个不幸,但是我不曾亲见,单靠想象是不中用的,所以我不去虚伪地代为悲叹了,倘若有人说这所记的只是个人的事情,于人生无益,我也承认,我本来只想说个人的私事,此外别无意思。今天太阳已经出来,傍晚可以出外去游嬉,这封信也就不再写下去了。

我本等着看你的秦游记,现在却由我先写给你看,这也可以算是"意表之外"的事罢。

十三年七月十七日在京城书

【注释】

①本文是周作人写给友人的一封信。伏园,即孙伏园(1894—1966),名福源,又名伏园,字养泉,笔名柏

七、闲情逸致

生。浙江绍兴人,是周作人在浙江省立第一中学任教时的学生,也是鲁迅任山会初级师范学堂监督时的学生。后考入北京大学国文系,于1921年毕业。参加新潮社、语丝社,担任《国民公报》副刊、《晨报》副刊、《京报》副刊编辑,与周作人、鲁迅来往均很密切。《伏园游记》中收有《长安道上》,是长安道上读到周作人的《苦雨》后与周作人的通信,详尽描述了途中见闻。孙伏园的著作还有《丽芒湖》《鲁迅先生二三事》等。

②我的兄弟,即周建人(1889—1984),原名松寿,改名建人。字乔峰,生物学家,著有《进化与退化》《科学杂谈》《鲁迅故家的败落》等书,晚年写有《鲁迅和周作人》(载《新文学史料》1983年第4期),回忆周氏三兄弟的关系。

【作者简介】

周作人(1885—1967),现代散文家、诗人,文学翻译家。原名槐寿,字启明,晚年改名遐寿。浙江绍兴人。青年时代留学日本,与兄周树人(鲁迅)一起翻译介绍外国文学。五四运动时任北京大学教授,并从事新文学写作。论文《人的文学》、新诗《小河》均有影响。30年代和林语堂一起倡导"闲适幽默"小品。抗战时期曾任伪华北政务委员会教育总署督办。新中国成立后,从事翻译工作。著有《自己的园地》《雨天的书》《瓜豆集》及《中国新文学的源流》等,译有《日本狂言选》《伊索寓言》等。

女 人①

朱自清

白水是个老实人,又是个有趣的人。他能在谈天的时候,滔滔不绝地发出长篇大论。这回听勉子说,日本某杂志上有《女?》一文,是几个文人以"女"为题的桌话的记录。他说,"这倒有趣,我们何不也来一下?"我们说,"你先来!"他搔了搔头发道:"好! 就是我先来;你们可别临阵脱逃才好。"我们知道他照例是开口不能自休的。果然,一番话费了这多时候,以致别人只有补充的工夫,没有自叙的余裕。那时我被指定为临时书记,曾将桌上所说,拉杂写下。现在整理出来,便是以下一文。因为十之八是白水的意见,便用了第一人称,作为他自述的模样;我想,白水大概不至于不承认吧?

老实说,我是个欢喜女人的人;从国民学校时代直到现在,我总一贯地欢喜着女人。虽然不曾受着什么"女难",而女人的力量,我确是常常领略到的。女人就是磁石,我就是一块软铁;为了一个虚构的或实际的女人,呆呆地想了一两点钟,乃至想了一两个星期,真有不知肉味光景——这种事是屡屡有的。在路上走,远远的有女人来了,我的眼睛便像蜜蜂们嗅着花香一般,直攫过去。但是我很知足,普通的女人,大概看一两眼也就够了,至多再掉一回头。像我的一位同学那样,遇见了异性,就立正——向左或向右转,仔细用他那两只近视眼,从眼镜下面紧紧追出去半日半日,然后看不见,然后开步走——

我是用不着的。我们地方有句土话说:"乖子望一眼,呆子望到晚。"我大约总在"乖子"一边了。我到无论什么地方,第一总是用我的眼睛去寻找女人。在火车里,我必走遍几辆车去发见女人;在轮船里,我必走遍全船去发见女人。我若找不到女人时,我便逛游戏场去,赶庙会去,——我大胆地加一句——参观女学校去;这些都是女人多的地方。于是我的眼睛更忙了!我拖着两只脚跟着她们走,往往直到疲倦为止。

  我所追寻的女人是什么呢?我所发见的女人是什么呢?这是艺术的女人。从前人将女人比作花,比作鸟,比作羔羊;他们只是说,女人是自然手里创造出来的艺术,使人们欢喜赞叹——正如艺术的儿童是自然的创作,使人们欢喜赞叹一样。不独男人欢喜赞叹,女人也欢喜赞叹;而"妒"便是欢喜赞叹的另一面,正如"爱"是欢喜赞叹的一面一样。受欢喜赞叹的,又不独是女人,男人也有。"此柳风流可爱,似张绪当年",便是好例;而"美丰仪"一语,尤为"史不绝书"。但男人的艺术气分,似乎总要少些;贾宝玉说得好:男人的骨头是泥做的,女人的骨头是水做的。这是天命呢?还是人事呢?我现在还不得而知;只觉得事实是如此罢了。——你看,目下学绘画的"人体习作"的时候,谁不用了女人作他的模特儿呢?这不是因为女人的曲线更为可爱么?我们说,自有历史以来,女人是比男人更其艺术的;这句话总该不会错吧?所以我说,艺术的女人。所谓艺术的女人,有三种意思:是女人中最为艺术的,是女人的艺术的一面,是我们以艺术的眼去看女人。我说女人比男人更其艺术的,是一般的说法;说女人中最为艺术的,是个别的说法。——而"艺术"一词,我用它的狭义,专指眼睛的艺术而言,与绘画,雕刻,跳舞同其范类。艺术的女人便是有着美好的颜色和轮廓和动作的女人,便是她的容貌,身材,姿态,使我们看了感到"自己圆满"的女人。这里有一块天然的界碑,我所说的只是处女,少妇,中年妇人,那些老太太们,为她们的年岁所侵蚀,已上了凋零与枯萎的路途,在这一件上,已是落伍者了。女人的圆满相,只是她的"人的诸相"之一;她可以有大才能,大智慧,大仁慈,大勇毅,大贞洁等,但都无碍于这一相。诸相可以帮助这一相,使其更臻于充实;这一相也可帮助诸相,分其圆满于它们,有时更能遮盖它们的缺处。我们之看女人,若被她的圆满相所吸引,便会不顾自己,不顾她的一切,而只陶醉于其中;这个陶醉是刹那的,无关心的,而且在沉默之中的。

  我们之看女人,是欢喜而决不是恋爱。恋爱是全般的,欢喜是部分的。恋爱是整个"自我"与整个"自我"的融合,故坚深而久长;欢喜是"自我"间断片的融合,故轻浅而飘忽。这两者都是生命的趣味,生命的姿态。但恋爱是对人的,欢喜却兼人与物而言。——此外本还有"仁爱",便是"民胞物与"之怀;再进一步,"天地与我并生,万物与我为一",便是"神爱","大爱"了。这种无分物我的爱,非我所要论;但在此又须立一界碑,凡伟大庄严之像,无论属人属物,足以吸引人心者,必为这种爱;而优美艳丽的光景则始在"欢喜"的阈中。至于恋爱,以人格的吸引为骨子,有极强的占有性,又与二者不同。Y君以人与物平分恋爱与欢喜,以为"喜"仅属物,"爱"乃属人;若对人言"喜",便是蔑视他的人格了。现在有许多人也以为将女人比花,比鸟,比羔羊,便是侮辱女人;赞颂女人的

七、闲情逸致

体态,也是侮辱女人。所以者何?便是蔑视她们的人格了!但我觉得我们若不能将"体态的美"排斥于人格之外,我们便要慢慢地说这句话!而美若是一种价值,人格若是建筑于价值的基石上,我们又何能排斥那"体态的美"呢?所以我以为只须将女人的艺术的一面作为艺术而鉴赏它,与鉴赏其他优美的自然一样;艺术与自然是"非人格"的,当然便说不上"蔑视"与否。在这样的立场上,将人比物,欢喜赞叹,自与因袭的玩弄的态度相差十万八千里,当可告无罪于天下。——只有将女人看作"玩物",才真是蔑视呢;即使是在所谓的"恋爱"之中。艺术的女人,是的,艺术的女人!我们要用惊异的眼去看她,那是一种奇迹!

我之看女人,十六年于兹了,我发现了一件事,就是将女人作为艺术而鉴赏时,切不可使她知道;无论是生疏的,是较熟悉的。因为这要引起她性的自卫的羞耻心或他种嫌恶心,她的艺术味便要变稀薄了;而我们因她的羞耻或嫌恶而关心,也就不能静观自得了。所以我们只好秘密地鉴赏;艺术原来是秘密的呀,自然的创作原来是秘密的呀。但是我所欢喜的艺术的女人,究竟是怎样的呢?您得问了。让我告诉您:我见过西洋女人,日本女人,江南江北两个女人,城内的女人,名闻浙东西的女人;但我的眼光究竟太狭了,我只见过不到半打的艺术的女人!而且其中只有一个西洋人,没有一个日本人!那西洋的处女是在 Y 城里一条僻巷的拐角上遇着的,惊鸿一瞥似地便过去了。其余有两个是在两次火车里遇着的,一个看了半天,一个看了两天;还有一个是在乡村里遇着的,足足看了三个月。——我以为艺术的女人第一是有她的温柔的空气;使人如听着箫管的悠扬,如嗅着玫瑰花的芬芳,如躺着在天鹅绒的厚毯上。她是如水的密,如烟的轻,笼罩着我们;我们怎能不欢喜赞叹呢?这是由她的动作而来的;她的一举步,一伸腰,一掠鬓,一转眼,一低头,乃至衣袂的微扬,裙幅的轻舞,都如蜜的流,风的微漾;我们怎能不欢喜赞叹呢?最可爱的是那软软的腰儿;从前人说临风的垂柳,《红楼梦》里说晴雯的"水蛇腰儿",都是说腰肢的细软的;但我所欢喜的腰呀,简直和苏州的牛皮糖一样,使我满舌头的甜,满牙齿的软呀。腰是这般软了,手足自也有飘逸不凡之概。你瞧她的足胫多么丰满呢!从膝关节以下,渐渐的隆起,像新蒸的面包一样;后来又渐渐渐渐地缓下去了。这足胫上正罩着丝袜,淡青的?或者白的?拉得紧紧的,一些儿皱纹没有,更将那丰满的曲线显得丰满了;而那闪闪的鲜嫩的光,简直可以照出人的影子。你再往上瞧,她的两肩又多么亭匀呢!像双生的小羊似的,又像两座玉峰似的;正是秋山那般瘦,秋水那般平呀。肩以上,便到了一般人讴歌颂赞所集的"面目"了。我最不能忘记的,是她那双鸽子般的眼睛,伶俐到像要立刻和人说话。在惺忪微倦的时候,尤其可喜,因为正像一对睡了的褐色小鸽子。和那润泽而微红的双颊,苹果般照耀着的,恰如曙色之与夕阳,巧妙的相映衬着。再加上那覆额的,稠密而蓬松的发,像天空的乱云一般,点缀得更有情趣了。而她那甜蜜的微笑也是可爱的东西;微笑是半开的花朵,里面流溢着诗与画与无声的音乐。是的,我说的已多了;我不必将我所见的,一个人一个人分别说给你,我只将她们融合成一个 Sketch② 给你看——这就是我的惊异的型,就是我所谓艺术的女子的型。但我的眼光究竟太狭了!我的眼光究竟太狭了!

在女人的聚会里,有时也有一种温柔的空气;但只是笼统的空气,没有详细的节目。所以这是要由远观而鉴赏的,与个别的看法不同;若近观时,那笼统的空气也许会消失了的。说起这艺术的"女人的聚会",我却想着数年前的事了,云烟一般,好惹人怅惘的。在P城一个礼拜日的早晨,我到一所宏大的教堂里去做礼拜;听说那边女人多,我是礼拜女人去的。那教堂是男女分坐的。我去的时候,女坐还空着,似乎颇遥遥的;我的遐想便去充满了每个空坐里。忽然眼睛有些花了,在薄薄的香泽当中,一群白上衣,黑背心,黑裙子的女人,默默的,远远的走进来了。我现在不曾看见上帝,却看见了带着翼子的这些安琪儿了!另一回在傍晚的湖上,暮霭四合的时候,一只插着小红花的游艇里,坐着八九个雪白雪白的白衣的姑娘;湖风舞弄着她们的衣裳,便成一片浑然的白。我想她们是湖之女神,以游戏三昧,暂现色相于人间的呢!第三回在湖中的一座桥上,淡月微云之下,倚着十来个,也是姑娘,朦朦胧胧的与月一齐白着。在抖荡的歌喉里,我又遇着月姊儿的化身了!——这些是我所发现的又一型。

是的,艺术的女人,那是一种奇迹!

【注释】

①本文选自《朱自清散文集》,有删改。
②英文:素描。

【作者简介】

朱自清(1898—1948),字佩弦,号秋实。著名的诗人、散文作家、学者。出生于江苏省东海县,因祖父、父亲都定居扬州,故又自称扬州人。1916年中学毕业后考入北京大学哲学系,1920年毕业后在江苏、浙江多所中学教书。在大学学习和中学任教时期开始了新诗创作。1923年发表长诗《毁灭》,影响很大。1925年任清华大学教授,开始创作散文并致力于古典文学的研究。1928年出版第一本散文集《背影》,成了著名散文作家。其散文以朴素缜密、清隽沉郁、语言洗练、文笔清丽著称,极富真情实感。代表作有《荷塘月色》《背景》《桨声灯影里的秦淮河》等。

雅　舍

梁实秋

到四川来,觉得此地人建造房屋最是经济。火烧过的砖,常常用来做柱子,孤零零的砌起四根砖柱,上面盖上一个木头架子,看上去瘦骨嶙峋,单薄得可怜;但是顶上铺了瓦,

七、闲情逸致

四面编了竹篦墙，墙上敷了泥灰，远远地看过去，没有人能说不像是座房子。我现在住的"雅舍"正是这样一座典型的房子。不消说，这房子有砖柱，有竹篦墙，一切特点都应有尽有。讲到住房，我的经验不算少，什么"上支下摘""前廊后厦""一楼一底""三上三下""亭子间""茅草棚""琼楼玉宇"和"摩天大厦"，各式各样，我都尝试过。我不论住在哪里，只要住得稍久，对那房子便发生感情，非不得已我还舍不得搬。这"雅舍"，我初来时仅求其能蔽风雨，并不敢存奢望，现在住了两个多月，我的好感油然而生。虽然我已渐渐感觉它是并不能蔽风雨，因为有窗而无玻璃，风来则洞若凉亭，有瓦而空隙不少，雨来则渗如滴漏。纵然不能蔽风雨，"雅舍"还是自有它的个性。有个性就可爱。

"雅舍"的位置在半山腰，下距马路约有七八十层的土阶。前面是阡陌螺旋的稻田。再远望过去是几抹葱翠的远山，旁边有高粱地，有竹林，有水池，有粪坑，后面是荒僻的榛莽未除的土山坡。若说地点荒凉，则月明之夕，或风雨之日，亦常有客到，大抵好友不嫌路远，路远乃见情谊。客来则先爬几十级的土阶，进得屋来仍须上坡，因为屋内地板乃依山势而铺，一面高，一面低，坡度甚大，客来无不惊叹，我则久而安之，每日由书房走到饭厅是上坡，饭后鼓腹而出是下坡，亦不觉有大不便处。

"雅舍"共是六间，我居其二。篦墙不固，门窗不严，故我与邻人彼此均可互通声息。邻人轰饮作乐，咿唔诗章，喁喁细语，以及鼾声、喷嚏声、吮汤声、撕纸声、脱皮鞋声，均随时由门窗户壁的隙处荡漾而来，破我岑寂。入夜则鼠子瞰灯，才一合眼，鼠子便自由行动，或搬核桃在地板上顺坡而下，或吸灯油而推翻烛台，或攀缘而上帐顶，或在门框桌脚上磨牙，使得人不得安枕。但是对于鼠子，我很惭愧地承认，我"没有法子"。"没有法子"一语是被外国人常常引用着的，以为这话最足代表中国人的懒惰隐忍的态度。其实我的对付鼠子并不懒惰。窗上糊纸，纸一戳就破；门户关紧，而相鼠有牙，一阵咬便是一个洞洞。试问还有什么法子？洋鬼子住到"雅舍"里，不也是"没有法子"？比鼠子更骚扰的是蚊子。"雅舍"的蚊风之盛，是我前所未见的。"聚蚊成雷"真有其事！每当黄昏时候，满屋里磕头碰脑的全是蚊子，又黑又大，骨骼都像是硬的。在别处蚊子早已肃清的时候，在"雅舍"则格外猖獗，来客偶不留心，则两腿伤处累累隆起如玉蜀黍，但是我仍安之。冬天一到，蚊子自然绝迹，明年夏天——谁知道我还是住在"雅舍"！

"雅舍"最宜月夜——地势较高，得月较先。看山头吐月，红盘乍涌，一霎间，清光四射，天空皎洁，四野无声，微闻犬吠，坐客无不悄然！舍前有两株梨树，等到月升中天，清光从树间筛洒而下，地上阴影斑斓，此时尤为幽绝。直到兴阑人散，归房就寝，月光仍然逼进窗来，助我凄凉。细雨濛濛之际，"雅舍"亦复有趣。推窗展望，俨然米氏章法，若云若雾，一片弥漫。但若大雨滂沱，我就又惶悚不安了，屋顶湿印到处都有，起初如碗大，俄而扩大如盆，继则滴水乃不绝，终乃屋顶灰泥突然崩裂，如奇葩初绽，砉然一声而泥水下注，此刻满室狼藉，抢救无及。此种经验，已数见不鲜。

"雅舍"之陈设，只当得简朴二字，但洒扫拂拭，不使有纤尘。我非显要，故名公巨卿之照片不得入我室；我非牙医，故无博士文凭张挂壁间；我不业理发，故丝织西湖十景以及电影明星之照片亦均不能张我四壁。我有一几一椅一榻,酣睡写读,均已有着,我亦不复他求。但是陈设虽简,我却喜欢翻新布置。西人常常讥笑妇人喜欢变更桌椅位置,以为这是妇人天性喜变之一征。诬否且不论,我是喜欢改变的。中国旧式家庭,陈设千篇一律,正厅上是一条案,前面一张八仙桌,一边一把靠椅,两旁是两把靠椅夹一只茶几。我以为陈设宜求疏落参差之致,最忌排偶。"雅舍"所有,毫无新奇,但一物一事之安排布置俱不从俗。人入我室,即知此是我室。笠翁《闲情偶寄》之所论,正合我意。

"雅舍"非我所有,我仅是房客之一。但思"天地者万物之逆旅",人生本来如寄,我住"雅舍"一日,"雅舍"即一日为我所有。即使此一日亦不能算是我有,至少此一日"雅舍"所能给予之苦辣酸甜,我实躬受亲尝。刘克庄词:"客里似家家似寄。"我此时此刻卜居"雅舍","雅舍"即似我家。其实似家似寄,我亦分辨不清。

长日无俚,写作自遣,随想随写,不拘篇章,冠以"雅舍小品"四字,以示写作所在,且志因缘。

【注释】

①本文选自梁实秋《雅舍小品》一书的首篇。《雅舍》是梁实秋先生的一篇行文雅洁、潇洒幽默的散文。文章描写了作者所居住的"雅舍"的地理位置、环境、特点以及作者对其陈设的看法,体现了作者豁然超脱的心境。

【作者简介】

梁实秋(1903—1987),现代著名的散文家、学者、文学批评家、翻译家,原籍浙江杭县,出生于北京。学名梁治华,字实秋,一度以秋郎、子佳为笔名。曾赴美留学,后任教于南京东南大学和暨南大学。曾与徐志摩、闻一多创办新月书店,主编《新月》月刊。后迁至台湾,历任台北师范学院英语系主任、英语教研所主任、文学院院长、国立编译馆馆长。

代表作有《雅舍小品》《雅舍谈吃》《看云集》《偏见集》《秋室杂文》,长篇散文集《槐园梦忆》等,译有《莎士比亚全集》等。主编有《远东英汉大辞典》。

梁实秋散文集文人散文与学者散文的特点于一体,旁征博引,内蕴丰盈,行文崇尚简洁,重视文调,追求"绚烂之极趋于平淡"的艺术境界及文调雅洁与感情渗入的有机统一。且因洞察人生百态,文笔机智闪烁,谐趣横生,严肃中见幽默,幽默中见文采。晚年怀念故人、思恋故土的散文更写得深沉浓郁,感人至深。

他文章取材很世俗,人人都有此经历,一经点出其中的闪光点,自然引起普遍共鸣。行文幽默、情趣高雅、文字简洁、文采斐然、文笔活泼,深得读者珍玩。琐事入笔,典雅出锋,这是梁文的成功之处。

七、闲情逸致

牛津童话[①]

余秋雨

一出门就后悔了,天那么冷,还起得那么早。

昨天与两位在这里留学的中国学生约好,今天起个大早去攀登牛津大学最高的圣玛丽教堂。起个大早,是贪图整个牛津还在沉睡时的抽象性,便于我们把许多有关它的想象填补进去。如果到了处处都是人影晃动的时刻,它就太具体了。

他们说,教堂的大门当然不会那么早就开,但背后有一个小侧门,里边有个咖啡馆,供应早餐,即便未到开门时间也应该有人在忙碌了。这只是推测,谁也没有这么早来过,比较有把握的是,如果能够叫开这个小侧门,就能找到登高的楼梯,他们从前就从那里上去过。

找到那个小侧门很容易,但要敲开它却不容易。一遍重,一遍轻,接连敲了几十遍,都没有人答应,只好缩着脖子在寒冷中苦等。我几乎冻得站不住了,就在石路上一圈圈跑步。好久终于等来了一个瘦个子中年男人,见我们已经冻成了脸青鼻子红的模样,连忙掏出钥匙开门,问明我们不是来喝咖啡而是要来登高,便把我们引到了一个陈旧的内门口。

那里有一个木梯,我带头往上爬。木梯一架架交错着向上,转了两个大弯换成了铁梯。铁梯很长,哐当哐当地攀踏了好久终于变成了仅能一人挤入的石梯。石梯跨度大、坡度高,塔楼中间悬下一根粗绳,供攀缘者抓手。我已经气喘吁吁,却看见身边墙上刻有大量攀登者的名字,有的可能是本校的毕业生,有的则是前来参观的各国学者,因为他们在自己的名字前还刻了国籍和所属校名。

终于攀到了教堂的塔顶,很狭,仅可容身。冷风当然比底下更加尖利,我躲在一堵石壁凹进处抬眼一看,昨夜重霜,已把整个牛津覆盖成一片银白,万窗垂帘,教授和学生都还没有苏醒。

这个塔顶,我在很多年前就闭眼想象过。那时正在写作欧洲戏剧理论史,由伊丽莎白女王到牛津大学看莎士比亚戏剧这样的事件为起因,回溯牛津历史,知道这所大学曾与周围居民一再发生冲突,而这座圣玛丽教堂一度还是冲突的堡垒。

好像每次冲突都是从小酒馆里的口角开始的,快速发展到拳脚,然后两方都一呼百应,酿成大规模斗殴。当时的学生都是教会的修士,穿着具有宗教气息的学袍,殴斗起来,只见市民的杂色服装与学生的黑色学袍扭打在一起,形成英语里一个对立组合的专门词汇:"市袍"town and gown,两个只差一个字母的冤家。这两个冤家因文化观念截然

169

不同而完全无法调解,冲突最激烈时数千市民涌入大学进行围攻,互相使用弓箭,两方都有伤亡。我猜这座圣玛丽教堂的功用,一是以"一夫当关、万夫莫开"的险隘之势卫护学生,二是以钟声发出战斗号令,三是射箭。但在这么高的尖顶之上射箭显然不行,当时站在这里的应该是战斗的指挥者,便于居高临下地观察双方阵势。

大学生与市民打架,大学校长管不了,市长也管不了,只能一次次请国王仲裁。本来英国的学生大多渡海去巴黎上学,到十二世纪中叶英国法国成了对头,国王就召回自己国家的学生,在牛津办学。因此,牛津的大事确实关及国家痛痒,也只有国王才能处理。不同的国王处理时有不同的偏向,直到十四世纪中叶那次大斗殴后,爱德华三世才下令在这个教堂追悼斗殴致死的学生,并把斗殴开始的那一天当作纪念日,每年都要在这个教堂举行仪式,规定牛津市的市长和士绅必须参加。

那场延绵久远的冲突也有一个正面成果,那就是有一批牛津的师生想离开这个一触即发的环境,便东行八十公里,在那里继续教学事业,这便是剑桥的雏形。

很多年后,一位剑桥校友又在美国办了哈佛。

这么一想,不禁对眼下的一片银白愈加虔诚起来。牛津,这个朴素的意译名词,正巧表明这里是真正意义上的渡口,一切存在,只为了彼岸。

在斗殴中成长起来的牛津大学和剑桥大学,似乎是用漫长的时间在表明,自己与这块土地有多大的差别。

一切高度,都是以叛离土地的方式出现的;一切叛离,都是以遭到围攻的事实来证明的;一切围攻,都是以对被围攻对象的无知为共同特征的;一切无知,都是以昂贵的时间代价来获得救赎的。

具体分析起来,当年一次次斗殴的引起,学生也会有很大责任,例如因年轻气盛而口出狂言,引起市民不快。但从总体而言,主要责任在市民,他们把自己保守、落后的生态看成是天下唯一合理的生态,因而产生了对他们不熟悉的生态的极度敏感和激烈抗拒。

历史总是以成果来回答大地的。先是昂昂然站出了牛顿和达尔文,以后,几乎整个近代的科学发展,每一个环节都很难离得开牛津和剑桥。地球被"称量"了,电磁波被"预言"了,电子、中子、原子核被透析了,DNA的结构链被发现了⋯⋯这些大事背后,站着一个个杰出的智者。直到现代,还络绎不绝地走出了凯恩斯、罗素和英国绝大多数首相,一批又一批。周围的居民赶着瞻仰风采都来不及,哪里还会来围攻?身在大学城,有时会产生一种误会,以为人类文明的步伐全然由此踏出。正是在这种误会下,站出来一位让中国人感到温暖的李约瑟先生,他花费几十年时间细细考订,用切实材料提醒人们不要一味陶醉在英国和西方,忘记了辽阔的东方、神秘的中国。

但愿中国读者不要抽去他著作产生的环境,只从他那里寻找单向安慰,以为人类的进步全都笼罩在中国古代的那几项发明之下。须知就在他写下这部书的同时,英国仍在不断地制造第一。第一瓶青霉素,第一个电子管,第一台雷达,第一台计算机,第一台电视机……即便在最近他们还相继公布了第一例克隆羊和第一例试管婴儿的消息。英国人在这样的创造浪潮中居然把中国古代的发明创造整理得比中国人自己还要完整,实在是一种气派。我们如果因此而沾沾自喜,反倒小气。

我问两位留学生:"在这里读书,心里紧张吗"他们说:"还好,英国人怎么着都不乏幽默,三下两下把压力调侃掉了一大半。"

我要他们举几个例子,他们有一搭没一搭地说着,终于又一次证实了我多年前的一个感觉:幽默的至高形态是自嘲。

例如,他们说起的十六世纪某个圣诞日发生在牛津的故事,就很有这样的味道。说是那天,一名学生拿着书包在山路上行走,遇到一头野猪,已经躲不开了,只能搏斗。野猪一次次张开大嘴扑向学生,学生灵机一动,觉得必须找一个嚼不碎、吞不下的东西塞到野猪嘴里,把它噎住。什么东西呢?学生立即醒悟,从书包中取出一本刚才还读得头昏脑胀的亚里士多德著作,往野猪嘴里塞去。

野猪果然消受不了亚里士多德,吞噎几下便憋死了。学生回到学校一讲,同学们上山割下那个野猪头,把它烤熟了,当夜就端到了教师的圣诞餐桌上。意思不言自明:尊敬的老师,你们教的学问真了不起,活生生把一头野猪给憋死了。

教师们哈哈一笑,便去享受那喷香的美味。

从此,这道美味成了圣诞晚餐上的招牌菜。

我想,这是教师的自嘲,也是学生们对自己学业的自嘲,更是牛津的总体自嘲。

想到这里,我不能不感念吴小莉。前些天她托人远道带给我一部英国当代童话《哈利·波特》,还在书的扉页上写了一封信,说不仅供我在旅途中解闷,而且要证明在繁忙的劳务中读点童话好玩极了。

小莉是对的。虽然我很早就明白人类文化的起点和终点都是游戏和童话,但在实际深入的时候又常常会被纷乱的现实所掩盖,心情变得沉重起来,因此总要有人提醒。

正是小莉送的书,使我昨天在牛津的一家书店里看到《爱丽丝漫游奇境记》时会心而笑。这个童话小时候就熟悉,后来才知道它的作者居然是牛津大学的数学教师查尔斯·道奇森。

这位数学教师也正是在一次旅行中,给一位小女孩讲了这个自己随口编出来的童话,讲完,无论是小女孩还是他自己都觉得有意思,他便用刘易斯·卡罗尔的笔名写了出来。他当然没有预料到,这将成为一部世界名著。

维多利亚女王也读了这本童话,爱不释手,下令这位作者下次不管出什么书都必须立即呈送给她。于是,她不久就收到了一本作者的新著:《行列式——计算数值的简易方法》。

女王当然很吃惊,但我想她很快就能领悟:越是严肃的人群越是蕴藏着顽皮和天真,否则无法解释她自己为什么政事繁忙、威权隆重还会着迷于年龄早不相称的童话。

领悟于此,也就领悟了牛津大学一种隐秘的风范。

【注释】

①本文选自《行者无疆》。

【作者简介】

余秋雨(1946—),浙江余姚人,艺术理论家,中国文化史学者,散文作家。代表作有《笛声何处》《一个王朝的背影》《行者无疆》《千年一叹》《山居笔记》《文化苦旅》《文明的碎片》《霜冷长河》《出走十五年》等。

中国人的吃①

车前子

鲁迅日记里,记得最多的,我印象里一是上书店,一是下饭馆。人饿了,思饮食;吃得饱肚子了,就又想吃得好些。这是人之常情。再说我们历史上战乱频繁,灾荒连绵,而作为农业国家,自然条件却并不理想,日常饮食,理所当然成了一件大事。

有客说中国的文化是饮食文化,西洋文化是男女文化,这是老生常谈了。话虽不新鲜,但道理好像还是有的。不是说我们不男女,西洋不饮食,法国人的饮食和我们相比,是有过之而无不及,他们当代最负盛名的一位大厨师,在烹调某款菜肴时,连装菜盘子的温度都要考虑进去——先放在冰箱里冰一下子。这种说法得以成立,我想是与明清两朝有关。尽管源头更长,但已流到皮肤下的血液里,平素就不易察觉。因为所谓传统,更多的是离我们最近的朝代里的行为、习惯。远的不说,我是相信唐朝人是绝对没有我们现在吃得这么讲究的。川菜中的"杜甫鱼",肯定是伪托的,但伪托者多少还是把握住当时的整体风格,即无多少滋味。碰巧鱼新鲜的话,吃点鱼鲜。在宋代,饮食还是很单一的,就是美食家如苏东坡者,也无非在烧猪肉时说道:"多著火,少著水。""涮羊肉"传说与成吉思汗有关,但作料是断没有现在精致的。明清以前,吃的是"烹","调"还没上升到艺术的高度。也就是说,明清以来人们花在饮食上的工夫是比过去多得多了。明清是一变。民国是一变。当代也是一变,既恢复传统,又努力变革。比如苏帮菜里的传统名菜"冰糖甲鱼",我想许多人已无多少胃口了。口味当随时代。对一个时代有所了解的话,大致也能推算出这个时代的口味。

尽管我们的饮食源远流长,但成熟的时期离当代却并不遥远。其中不乏一代又一代人的努力。饮食是我们舌尖上的典籍,也是活着的、在我们身边的典籍。第一个美食家我想是孔子吧,他是想通过建立饮食新秩序,以使他的思想能被日常生活化,从而潜形地教化人心。而庄子的远庖厨,无非也是反秩序的一种具体的说法。孔子编《诗经》,在我看来是最具仁爱之心的举措。熟读《诗经》三百篇,逃荒路上难饿死,也难病死。一部《诗经》,其中就有许多可吃的东西。圣人让我们多识草木鸟兽之名,一是增长见识,二也有丰富食物来源的意思。《诗经》中的植物,可当药吃,可当饭吃,它既是药方,也是食单。如"采采芣苢"一首,就是个药方,能治妇女不孕。而蕨、薇、荠、荇,全可食用。既做菜,吃多了,也当饭。现在酒家多有野菜供应,我们多不识了,但《诗经》时代的人们,却是主食。吃,是最怀古的行为。通过饮食,我们能更好地进入我们的传统:是饮食行为,成就了我们现在这个样子。"荠菜肉丝豆腐羹",春天的时令菜,清清爽爽地一吃,不料就吃到了千年之前的《谷风》"其甘如荠"。吃传统,吃文化,在暗处成了我们饮食的精髓。为什么说我们的文化是饮食文化,因为源头在《论语》。如果道家在我们的文化里占了主流,说不定我们的文化就是男女文化了。道家节制饮食,动不动就辟谷,但从没放弃过对炼人丹的研究。房中术就是炼人丹。所以儒家弟子,是不忌讳自己的好美食。祖师爷如此了,后代理应青出于蓝,再说上溯的几百年里,社会动荡,大多数文人已无终南可隐,四海闲地少,而最方便的莫过于隐于吃喝。

  吃喝有时就成了斗争。记不清是古代哪个君王,死到临头,想吃熊掌,实在是一条计谋。因为熊掌难熟,可以争取点时间,等救兵赶到。鸿门宴众所周知,金圣叹的"火腿味"流传颇广。民间故事林则徐与英国大臣斗法的故事,也很有趣:英国大臣报复林则徐禁烟,捉弄他,请他吃雪糕。林则徐没吃过雪糕,拿在手上一看冒着白汽,就以为很烫,噘起嘴呼呼大吹。英国大臣环顾左右,呵呵大笑,林则徐也不言语,告辞的时候说明天回请。第二天,英国大臣来了,林则徐只上一道菜——"老母鸡汤炖南豆腐"。老母鸡汤的油厚厚一层,煮得再滚,也是看不出热气的,英国大臣以为是冷菜,舀起勺子猛吃一大口,基本上烫晕了,又吐不出,因为南豆腐入口即化,直往嗓子眼滑溜而去。"林则徐的厉害,中国饮食的厉害。"据说这道菜传到欧洲,就叫"厉害"。

  过去做一个文人,不容易。除了满腹经纶外,还要会琴棋书画。更要会吃。不比现在,写几首诗,两三篇小说,就是文人了。如果还通一门外语的话,就是大文人无疑。在那些会吃的古代文人中,最一门心思的可能要数袁枚了。他吃得好,咋呼得更好。很虔诚,也很可爱的。他采诗时不免有阿谀奉承之嫌,但在吃时,觉得不味美就口无遮拦。袁枚的可爱之处,是还会说怪话。他说:"三年出得了一个状元,三年出不了一只火腿。"其实袁枚的性情与日常生活,和"扬州八怪"是差不多的,只是"扬州八怪"是混在盐商堆里喝酒,袁枚多在宰相人家吃饭。

  袁枚的《食单》,也就是通常所说的《随园食单》,是很有名的。我曾参考它的"鱼翅二法"做过几回,"萝卜丝"一法还有点意思。但我更把它看作小品文字,从这个角度,倒能看出袁枚的性情,当时一个著名文人的日常生活以及他的交游。一个古代文人的交游,从他们遗留下的一些有关吃吃喝喝的诗文中能够窥见一二。杜甫的《饮中八仙歌》不但让我大致领略了天宝年间的神仙日子,更让我了解了严肃的杜甫也有他很放得开的交

游生活。不仅如此,还使我觉得杜甫也是一仙,是饮中的第九仙,只是有点苦中作乐:

叹我凄凄求友篇(《追酬故高蜀州人日见寄》),

天地为之久低昂(《观公孙大娘弟子舞剑器行》);

白日放歌须纵酒,

青春作伴好还乡(《闻官军收河南河北》)。

我集了杜甫的四句诗,放在了《饮中八仙歌》的后面,就是《饮中九仙歌》了。

在袁枚的《食单》中,我是读出袁枚的天真,甚至他的轻信。在《羽族单》"鸡蛋"条下,袁枚写道:

鸡蛋去壳放碗中,将竹箸打一千回蒸之,绝嫩。

厨师在给袁枚开玩笑,袁枚信以为真了。也许袁枚有一回吃到绝嫩的蒸蛋,随口一问,厨师也就信口一说。这是袁枚听来的无疑。就像如见到这样的"炒西芹,色拉油二两,盐一钱"一样,看似精确,但是绝不能信的。是炒半斤西芹呢,还是一斤?原料没个准数,作料和手法倒如此一板一眼。在同一单中,还有个"栗子炒鸡"这道菜吃的是一种透香,炒是炒不出的,完全靠焖,也不能下笋,笋会减栗子味。"青菜烧豆腐,日子照样过",指的是清贫人家,而在《食单》中的《杂素菜单》中,有许多豆腐的吃法,却是富贵的:蒋侍郎豆腐,杨中丞豆腐,王太守八宝豆腐,这寻常百姓家的豆腐,被袁枚一写,就成了飞回王谢堂前的燕了。"程立万豆腐"一篇,倒是绝妙小品:

乾隆廿三年,同金寿门在扬州程立万家食煎豆腐,精绝无双。其腐两面黄干,无丝毫卤汁,微有蟹螯味,然盘中并无蟹螯及他杂物也。次日告查宣门,查曰:"我能之!我当特请。"已而,同杭堇浦同食于查家,则上箸大笑;乃纯是鸡雀脑为之,并非真豆腐,肥腻难耐矣。其费十倍于程,而味远不及也。惜其时余以妹丧急归,不及向程求方。程逾年亡。至今悔之。仍存其名,以俟再访。

这绝妙小品像是悼文,为一款菜肴的亡失。金寿门就是"扬州八怪"里的金农,他有写鱼的一句诗:

三十六鳞如抹朱

真是做汤的好原料。还有几管碧绿的葱段,一撮黄金般的姜丝,而汤早炖得乳白。

饮食,到最后饮的是一份心情,食的也是一份心情。饮食时的环境重要,朋友更重要。"酒肉朋友",在我看来倒不是一个贬词。要找一位能在一起多年吃喝又不犯嫌的朋友,比找一位在创作上志同道合风雨兼程的同仁更难。这几年的文坛艺林,能让我见识到多少团体,但酒肉的流派凤毛麟角。因为它是一种心情,无名无利,一天天地流失。流而不派,因为派生出的全是各有打算。酒肉朋友就单纯得很,有打算也只打算酒肉。有一种回忆,当时吃了什么,已很惘然了,但当时的环境,却越发地清晰和亲切:

借住在保圣寺附近的木楼里,喊饭店送几个菜一瓶酒来,就在天井里摆下桌子,一个人慢慢地吃,慢慢地看月光。天井里有一颗香蕉花,就是含笑。含笑这种植物在这里绝无仅有的,当地人叫它香蕉花,是花开得出香蕉的香气。霜娥下凡,树影上身,如梦似幻,欲醒还醉,我醉倒在一百年前。

【注释】

①本文选自《好吃》,山东画报出版社 2004 年版,有删改。

【作者简介】

车前子(1963—),原名顾盼,苏州人。1982 年开始创作,有诗集《纸梯》,散文集《江南话本》《好吃》等。

延展阅读

李清照《漱玉词》
王维《王维诗选》
余光中《听听那冷雨》
汪曾祺《人间草木》《寻常茶话》
王实甫《西厢记》
汤显祖《牡丹亭》
《胡适文集》
《徐志摩诗歌选集》
《泰戈尔诗选》
《余光中诗选》
(法)《蒙田随笔》
(德)海德格尔《人,诗意地安居》

八、科学技术

疏五过论①

黄 帝

黄帝曰：呜呼远哉！闵闵乎②若视深渊，若迎浮云，视深渊尚可测，迎浮云莫知其际。圣人之术，为万民式③，论裁志意，必有法则，循经守数，按循医事，为万民副④，故事有五过四德，汝知之乎？雷公避席再拜曰：臣年幼小，蒙愚以惑，不闻五过与四德，比类形名⑤，虚引其经，心无所对。

帝曰：凡未诊病者，必问尝贵后贱，虽不中邪，病从内生，名曰脱营。尝富后贫，名曰失精，五气留连，病有所并。医工诊之，不在藏府，不变躯形，诊之而疑，不知病名。身体日减，气虚无精，病深无气，洒洒然时惊。病深者，以其外耗于卫，内夺于荣⑥。良工所失，不知病情，此亦治之一过也。

凡欲诊病者，必问饮食居处，暴乐暴苦，始乐后苦，皆伤精气，精气竭绝，形体毁沮⑦。暴怒伤阴，暴喜伤阳，厥气上行，满脉去形⑧。愚医治之，不知补泻，不知病情，精华日脱，邪气乃并，此治之二过也。

善为脉者，必以比类奇恒，从容知之，为工而不知道，此诊之不足贵⑨，此治之三过也。

— 176 —

诊有三常,必问贵贱,封君败伤,及欲侯王⑩。故贵脱势,虽不中邪,精神内伤,身必败亡。始富后贫,虽不伤邪,皮焦筋屈,痿躄为挛⑪。医不能严,不能动神⑫,外为柔弱,乱至失常,病不能移,则医事不行,此治之四过也。

凡诊者必知终始,有知余绪,切脉问名,当合男女⑬。离绝菀结⑭,忧恐喜怒,五藏空虚,血气离守,工不能知,何术之语。尝富大伤,斩筋绝脉,身体复行,令泽不息⑮。故伤败结积,留薄归阳,脓积寒炅⑯。粗工治之,亟刺阴阳,身体解散,四肢转筋,死日有期⑰,医不能明,不问所发,唯言死日,亦为粗工,此治之五过也。

凡此五者,皆受术不通,人事不明也。故曰:圣人之治病也,必知天地阴阳,四时经纪,五藏六府,雌雄表里⑱,刺灸砭石,毒药所主,从容人事,以明经道,贵贱贫富,各异品理,问年少长,勇怯之理,审于分部,知病本始,八正九候⑲,诊必副矣。

治病之道,气内为宝,循求其理,求之不得,过在表里。守数据治,无失俞理,能行此术,终身不殆。不知俞理,五藏菀熟,痈发六府,诊病不审,是谓失常。谨守此治,与经相明,《上经》《下经》,揆度阴阳,奇恒五中,决以明堂。审于终始,可以横行。

【注释】

①本文选自《黄帝内经·素问》疏五过论篇第七十七。疏:陈也。
②闵闵乎:言妙用之不穷也。
③式:榜样。
④副:辅助。
⑤比类形名:从病的症状和名目上来比类。
⑥外耗于卫,内夺于荣:在外耗损了卫气,在内劫夺了营血。
⑦精气竭绝,形体毁沮:精气遏绝,形体败坏。
⑧厥气上行,满脉去形:使人气厥逆而上行,充满于经脉,而神亦浮越,去离于形体。
⑨为工而不知道,此诊之不足贵:如果医生不懂得这个道理,他的诊治技术就没有什么可贵之处。
⑩"诊有三常"四句:诊病时须注意三种情况,即必须问其社会地位的贵贱、是否曾有被削爵失势之事,以及是否有欲作侯王的妄想。
⑪皮焦筋屈,痿躄为挛:皮毛憔枯,筋脉拘屈,痿弱拘挛不能行走。
⑫动神:触动思想,改变精神面貌。
⑬当合男女:应当结合男女在生理及脉证上的特点。
⑭离绝菀结:因亲爱之人分离而怀念不绝,致情志郁结难解。
⑮斩筋绝脉,身体复行,令泽不息:筋脉严重损伤,形体虽然能够行动,但津液已不再滋生了。泽,液也。
⑯留薄归阳,脓积寒炅:血气内结,留而不去,薄于阳脉,则化为脓,久积腹中,则外为寒热。阳,谓诸阳脉之六腑。
⑰亟刺阴阳,身体解散,四肢转筋,死日有期:多次刺其阴阳经脉,使其气血更虚,致身体懈散,四肢转筋,死期已不远了。
⑱天地阴阳,四时经纪,五藏六府,雌雄表里:自然界阴阳的变化,四时寒暑的规律,五脏六腑之间的关系,经脉之阴阳表里。

⑲八正九候：四时八风正气及三部九候脉象。

【作者简介】

黄帝（约公元前2717—前2599），古华夏部落联盟首领，中国远古时代华夏民族的共主，五帝之首，被尊为中华"人文初祖"。据说他本姓公孙，后改姬姓，故称姬轩辕。居轩辕之丘（今河南新郑），号轩辕氏，建都于有熊，亦称有熊氏，也有人称之为"帝鸿氏"。史载黄帝因有土德之瑞，故号黄帝。黄帝以统一华夏部落与征服东夷、九黎族而统一中华的伟绩载入史册，在位期间，播百谷草木，大力发展生产，始制衣冠、建舟车、制音律、创医学。

《黄帝内经》是中国传统医学四大经典著作之一，是我国医学宝库中现存成书最早的一部医学典籍，它是研究人的生理学、病理学、诊断学、治疗原则和药物学的医学巨著。书中除了包含医学的内容还包括伦理学的内容，其中《素问》篇中有大量关于医德的记述。

用药如用兵论①

徐大椿

圣人②之所以全民生也，五谷③为养，五果④为助，五畜⑤为益，五菜⑥为充，而毒药⑦则以之攻邪。故虽甘草、人参，误用致害，皆毒药⑧之类也。古人好服食者⑨，必生奇疾，犹之好战胜者，必有奇殃。是故兵之设也以除暴，不得已而后兴。药之设也以攻疾，亦不得已而后用，其道同也。

故⑩病之为患也，小则耗精，大则伤命，隐然一敌国⑪也。以草木之偏性，攻脏府之偏胜，必能知彼知己⑫，多方以制之，而后无丧身殒命之忧。是故传经之邪⑬，而先夺其未至，则所以断敌之要道⑭也。横暴之疾，而急保其未病，则所以守我之岩疆也⑮。挟宿食⑯而病者，先除其食，则敌之资粮已焚。合旧疾而发者，必防其并，则敌之内应既绝⑰。辨经络⑱而无泛用之药，此之谓向导之师。因寒热而有反用之方⑲，此之谓行间之术⑳。一病而分治之㉑，则用寡可以胜众，使前后不相救，而势自衰。数病而合治之㉒，则并力捣其中坚㉓，使离散无所统，而众悉溃。病方进，则不治其太甚，固守元气所以老其师㉔。病方衰，则必穷其所之，更益精锐，所以捣其穴㉕。若夫虚邪之体㉖攻不可过，本和平之药㉗而以峻药㉘补之，衰敝之日不可穷民力也。实邪之伤㉙攻不可缓，用峻厉之药而以常药和之，富强之国可以振威武也。

然而选材必当，器械必良，克期不愆㉚，布阵有方㉛，此又不可更仆数也㉜。孙武子十三篇㉝，治病之法尽之矣。

八、科学技术

【注释】

①本文选自《医学源流论》卷上。

②圣人:原指道德和智能极高的人。此指《内经》的作者。

③五谷:五种谷物。在古代有多种不同说法,最主要的有两种:一种指稻、黍、稷、麦、菽;另一种指麻、黍、稷、麦、菽。两者的区别是:前者有稻无麻,后者有麻无稻。后以"五谷"为谷物的通称,不定限于五种。

④五果:《灵枢·五味》:"五果:枣甘,李酸,栗咸,杏苦,桃辛。"即枣、李、栗、杏、桃五种果类。

⑤五畜:《灵枢·五味》:"五畜:牛甘,犬酸,猪咸,羊苦,鸡辛。"即牛、犬、羊、猪、鸡五种畜类。

⑥五菜:《灵枢·五味》:"五菜:葵甘,韭酸,藿咸,薤苦,葱辛。"即葵、韭、藿、豆叶、葱。薤(xiè),多年生草本植物,地下有鳞茎,鳞茎和嫩叶可食。

⑦毒药:祛邪治病之药。《素问·脏气法时论》王冰注:"然辟邪安正,惟毒乃能,以其能然,故通谓之毒药也。"毒的含义有三:指药物的偏性,如干姜偏热,黄芩偏寒;指药物副作用;指药物的毒性,如水银等。

⑧毒药:指危害人体的毒性猛烈的药物。

⑨服食:服食又名服饵,指服食药物以养生。道教认为,某些药物人食之可以祛病延年,乃至长生不死。我国六朝时人每喜以此为求仙之道,而效果往往适得其反。

⑩故:连词,无义。

⑪隐然一敌国:即"隐若敌国",语见《史记·游侠列传》:"吴楚反时,条侯为太尉,乘传车将至河南,得剧孟,喜曰:'吴楚举大事而不求孟,吾知其无能为已矣。'天下骚动,宰相得之若得一敌国云。"本意指对国家起举足轻重作用的人。此指对人体具有重大危害作用的疾病。隐,威严庄重的样子。敌,匹敌,同等。敌国,相当于一国。

⑫彼:这里指"脏府之偏胜",即疾病。己:这里指"草木之偏性",即药物。

⑬传经之邪:按六经顺序传导的病邪。传经,从某一经的症候发展为另一经的症候。

⑭要道:犹要津,比喻显要的道路。此指病邪必经之路。

⑮岩疆:险要的疆域。此指将要受病邪侵袭的部位。

⑯宿食:指积食之症。

⑰内应:隐伏在敌方内部以进行策应的人。此指"旧疾"。

⑱辨经络:此指诊断疾病的所在。一种说法指药物的归经,即某药对某些脏腑经络的病变所产生的治疗作用。

⑲反用:即反治。指和常规方法相反的治法。当疾病出现假象,或大寒症、大热症对正治法产生格拒现象时所采用的治法。如热因热用、寒因寒用等,皆属反治法。

⑳行间:离间。这里指用寒性药治假寒证、热性药治假热证。两寒或两热本应相亲,而使之相仇,故曰"行间"。

㉑"一病"句:《医学源流论·治病分合论》:"一病而当分治者,如痢疾腹痛胀满,则或先治胀满,或先治腹痛。即胀满之中亦不同,或因食,或因气,或先治食,或先治气种种不同,皆当视其轻重而审之。"

㉒"数病"句:《医学源流论·治病分合论》:"有当合治者,如寒热腹痛,头疼泄泻,厥冒胸满,内外上下无一不病,则当求其因何而起,先于诸症中择最甚者为主,而其余症每症加专治之药一二味以成方,则一剂而诸症皆备。"

㉓中坚:本意指全军的主力。此指主要的病症。

㉔老:疲怠。此为使动用法。

㉕穴:巢穴。此处指病邪之根源。
㉖若夫:至于。虚邪之体:指邪气侵入、正气已衰的人。
㉗本:与下文"用峻厉之药"的"用"对举,都是"主用"的意思。
㉘峻药:猛烈的药物。
㉙实邪之伤:指邪气伤身而正气尚实的人。
㉚克期:约定或限定日期。愆(qiān):耽误。
㉛布阵:排列阵势。此指方剂配伍。方:规律。
㉜不可更仆数:即"更仆难数"。形容事物繁多,数不胜数。
㉝孙武子十三篇:指《孙子兵法》。古代兵书,共13篇,春秋时齐国孙武著,又称《孙子》《孙武兵法》。

【作者简介】

徐大椿(1693—1772),原名大业,字灵胎,晚号洄溪老人。吴江(今属江苏)人,清代著名医学家。他精勤于学,除医药学外,还通天文、晓水利、解声律、谙兵法、工诗文,尤精于医。在多年行医过程中,徐大椿积累了丰富的临症经验,也具有较高的理论修养。平生著述甚丰,医学论著主要有《医学源流论》《医贯砭》《兰台轨范》《神农本草经百种录》《伤寒类方》等,乃是中医史上难得一见的医学评论大家。后人将其所著辑为《徐氏医学全书十六种》等刊行,影响极大。

医学源流①

陈念祖

医之始,本岐黄②;《灵枢》③作,《素问》④详。《难经》⑤出,更洋洋⑥!越汉季,有南阳⑦。六经⑧辨,圣道⑨彰⑩。《伤寒》⑪著,《金匮》⑫藏⑬。垂方法,立津梁。李唐⑭后,有《千金》⑮;《外台》⑯继,重医林。后作者,渐浸淫⑰;红紫色⑱,郑卫音⑲。追东垣⑳,重脾胃;温燥行,升清气;虽未醇,亦足贵。若河间㉑,专主火;遵之经,断自我;一二方,奇而妥。丹溪㉒出,罕与俦㉓;阴宜补,阳勿浮;杂病法,四字㉔求。若子和㉕,主攻破;中病良,勿太过。四大家,声名噪;《必读》㉖书,错名号。明以后,须酌量;详而备,王肯堂㉗。薛氏㉘按,说骑墙;士材说,守其常;景岳㉙出,著新方;石顽㉚续,温补乡;献可㉛论,合二张;诊脉法,濒湖㉜昂。数子着,各一长;揆㉝诸古,亦荒唐。长沙㉞室,尚彷徨。惟韵伯㉟,能宪章㊱;徐尤㊲著,本喻昌㊳。大作者,推钱塘㊴。取法上,得慈航㊵。

【注释】

①本文选自福建科学技术出版社1987年版《医学三字经》。《医学三字经》共4卷,24个部分,分别是

医学源流第一,中风第二,虚痨第三,咳嗽第四,疟疾第五,痢疾第六,心腹痛胸痹第七,隔食反胃第八,气喘第九,血症第十,水肿第十一,胀满蛊胀第十二,暑症第十三,泄泻第十四,眩晕第十五,呕哕吐第十六,癫狂痫第十七,五淋癃闭赤白浊遗精第十八,疝气第十九,痰饮第二十,消渴第二十一,伤寒瘟疫第二十二,妇人经产杂病第二十三,小儿第二十四,另有附录,从医学史到某些常见病征及其诊治都作了简明扼要的介绍,是一部学习中医的启蒙读物。

②岐黄:指岐伯和黄帝。黄帝是古代的帝王,生于公元前2700年前后。岐伯是黄帝的臣子,同时也是指导黄帝研究医学的老师。

③《灵枢》:又名《灵枢经》《黄帝内经灵枢经》,为《内经》的组成部分。原书共9卷81篇,又名《针经》,别称《九卷》。隋唐之际出现多种不同名称的传本,包括《九灵》《九墟》和《灵枢》。宋代以后,原本及传本大多散失,现存《灵枢》传本系南宋史崧据其家藏9卷本重新编校,改为24卷。本书与《素问》所论述的内容相近,尤详于经络、针灸而略于运气学说。在介绍基础理论和临床方面则与《素问》内容互有补充,是我国战国时期医学理论,特别是针灸学的重要文献,向来为历代医家所重视。

④《素问》:又名《黄帝内经素问》。为《内经》组成部分。原书9卷,共81篇。唐王冰注释此书时改为24卷,并补入7篇"大论",但仍缺《刺法论》《本病论》2篇。经北宋林亿等校注后,成为今存《素问》传本的依据。本书包括人体生理、解剖(脏象、经络)、病因、病理、诊断、治疗、预防、养生,以及人与自然、阴阳五行、运气学说等多方面内容。较系统地反映了战国时期的医学成就。特别是用朴素辩证的指导思想,综括了医学基础理论和临床实践,为历代医家所遵循。

⑤《难经》:据史书记载,相传为春秋战国时名医扁鹊(姓秦名越人,约生于公元前5世纪)所作。原名《黄帝八十一难经》。本书以问答释难的方式编纂而成。论述以基础理论为主,兼析病征。其中,1—22难论脉,23—29难论经络,30—47难论脏腑,48—61难论病,62—68难论穴道,69—81难论针法。全书内容简要,辨析亦颇精微。诊法以"独取口"为主,对经络学说和脏腑中命门、三焦等论则在《内经》的基础上有所发展。

⑥洋洋:盛大的意思。

⑦南阳:指张仲景,名机,河南南阳人。从前为了对某人表示崇敬,往往以他出生的地名来称呼他。

⑧六经:即太阳、阳明、少阳、太阴、少阴、厥阴。六经辨证是指张仲景根据外感病传变情况总结出来的六个辨证纲领,亦即外感病过程六个不同层次的综合征候。六经彼此间是相互联系的,可以合病、并病和相互传变,不能截然分开。

⑨圣道:这里是指中医学。

⑩彰:显著发扬的意思。

⑪《伤寒》:即《伤寒论》。东汉张仲景所撰《伤寒杂病论》中有关伤寒病征为主的部分内容,原书经晋王叔和整理,复经北宋校正医书局校订而成《伤寒论》。现存较早的有金成无己和明赵开美影宋刻本《伤寒论》。以六经辨证为纲,对伤寒各阶段的辨脉审证法和立法用药规律,以条文形式作了较全面的论述。

⑫《金匮》:即《金匮要略》。又称《金匮要略方论》。东汉张仲景所撰《伤寒杂病论》,经晋王叔和整理后,其古传本之一名《金匮玉函要略方》,共3卷。经北宋校正医书局根据当时所存的蠹简重予编校,取其中以杂病为主的内容,改名《金匮要略方论》。全书共25篇,方剂262首,所述病征以内科杂病为主,兼有部分外科、妇产科病征。本书总结了东汉以前丰富的临床经验,提供了辨证论治及方药配伍的一些基本原则,介绍了不少实用有效的方剂,为临床医学奠定了基础。

⑬藏:这里作宝藏解释。

⑭李唐:唐朝(618—906)的统治者姓李,故称李唐。

⑮《千金》:指《千金要方》和《千金翼方》。均为孙思邈所著。《千金要方》又名《备急千金要方》,作者以

人命重于千金,故取以为名。该书成书于682年,共30卷,分医学总论、妇人、少小婴孺、诸风脚气、伤寒、食治、养性等门,总计232门,有方5300余首。它收集的方子非常广泛,并记载了很多有效的药物,以及有关征候、处方、用药制剂、服药、藏药等方面的宝贵经验,较系统地总结了唐代以前的医学成就。《千金翼方》共30卷,在《千金要方》的基础上又有新的补充。首载本草,其次为妇产、伤寒、小儿、养生、内科、外科、针灸及禁经等。除了记载古典经方外,并采集了当时的民间单方,以发扬民间医药。

⑯外台:指《外台秘要》。为王焘编著,书成于752年,共40卷,分1104门,载方6000余首。收集的医方较《千金要方》为更丰富,保存了唐以前很多古医书资料,故除为一本医药历史文献外,至今仍为临床实用的参考书。

⑰浸淫:渐进。增多的意思。这里是说衰败。

⑱红紫色:这里是说明杂色(紫色)不能与正色(红色)相比。

⑲郑卫音:郑、卫是春秋时两国名。这两国的音乐都是很淫荡的。因此,后世称淫荡的音乐为郑卫音。

⑳东垣:姓李名杲,字明之,晚号东垣(1180—1251),为金元四大家之一。由于他在医学上认为"胃气为本",主张用温燥药补脾胃,故后世称他为"补土派"的始创者。著有《脾胃论》《内外伤辨惑论》《医学发明》等书。

㉑河间:指刘完素,字守真(1110—1200),河北河间人。为金元四大家之一。重视《内经》理论,并有所发挥。根据当时疾病流行,多数医者用辛燥之品治疗无效的情况,提出"六气皆从火化"的理论,对热病和其他杂病的治疗,有很丰富的经验。主张降心火,益肾水,善于用清热泻火的方剂来治疗,故后世称他为"寒凉派"的创始者。著有《运气要旨》《素问宣明论方》《素问玄机原病式》等书。

㉒丹溪:姓朱,名震亨,字彦修,号丹溪(1281—1358),浙江义乌人,为金元四大家之一。他治病主张滋阴,故后世称他为"滋阴派"的始创者。著有《丹溪心法》《格致余论》《局方发挥》等书。

㉓罕与俦:"罕"是稀少;"俦"是同辈的人。

㉔四字:指气、血、痰、郁。朱丹溪以此四者归纳疾病的各种原因。

㉕子和:姓张,名从正,字子和(1156—1228)。河南考城人,为金元四大家之一。治病强调以祛邪为主,认为邪去正自安。多采用攻法以祛邪,善用汗、吐、下三法,因此,后世称他为"攻下派"的创始者。著有《儒门事亲》等书。

㉖《必读》:指《医宗必读》,为明末李中梓所著。中梓名士材,号念莪。此书以简明扼要见称,且能提纲挈领,因此颇为一般读者所欢迎。

㉗王肯堂:字宇泰,号损庵(1552—1639),江苏金坛人。是明代著名医学家。所著《证治准绳》120卷,包括杂病证治准绳、伤寒证治准绳、杂病证治类方准绳、女科证治准绳、幼科证治准绳、疡医证治准绳六种,故又称为《六科准绳》。内容丰富,条理分明,为明代医学巨著之一,为后人所推崇。另著有《医论》《医辨》《郁冈斋笔尘》《古今医统正脉全书》。

㉘薛氏:指薛己,字新甫,号立斋,江苏吴县人,明代著名医学家,曾任御医及太医院使。通内、外、妇儿、眼、齿科,尤精于疡科。主张治病务求其本原,倡用补真阴真阳的方剂。著有《薛氏医按》。

㉙景岳:名介宾,字惠卿,号景岳,浙江山阴人(1561—1639)。学术上先尊崇朱丹溪。后又有不同见解,提出"阳非有余""真阴不足"等理论。主张补益真阴元阳,慎用寒凉攻伐之品,以温补为主,对后世医家影响很大。著述颇丰,历三十余年编成《类经》一书,又有《类经图翼》《类经附翼》《质疑录》,晚年辑成《景岳全书》,对后世影响较大。

㉚石顽:张璐,字路玉,晚号石顽老人,清代医学家,江苏苏州人。著有《张氏医通》《伤寒缵论》《伤寒绪论》《本经逢原》《诊宗三昧》《千金方衍义》。

㉛献可:赵献可,号养葵,浙江宁波人,明代著名医学家。所著《医贯》一书,议论甚精,很受医家欢迎。此外,尚有《内经抄》《素问注》《经络考正》《脉论》等书。

㉜濒湖:李时珍,字东璧,号濒湖,湖北蕲春人(1518—1593),明代伟大医药学家,著有《本草纲目》《濒湖脉学》《奇经八脉考》等书。

㉝揆:衡量一下的意思。

㉞长沙:指张仲景。据说张仲景做过长沙太守,所以学医的人常尊称他为张长沙。

㉟韵伯:柯琴,字韵伯,号似峰,浙江慈溪人。清代著名医学家。著有《伤寒来苏集》《伤寒论翼》等书;阐发《伤寒论》的道理,甚为精细明了。

㊱宪章:法度。此处指《伤寒论》的学术思想。

㊲徐尤:徐指徐彬,字忠可,浙江嘉兴人;尤指尤怡,字在泾,号饲鹤山人,江苏吴县人。他们都是清代著名医学家。徐彬著有《金匮要略论注》等书;尤怡著有《伤寒贯珠集》《金匮心典》《金匮翼》等书。

㊳喻昌:字嘉言,江西南昌人,清代著名医学家,著有《伤寒尚论篇》《医门法律》《寓意草》等书。

㊴钱塘:指张隐庵(名志聪)和高士宗(名士拭),他们都是浙江钱塘人,清代著名的医学家。曾在杭州侣山堂讲述医学,极一时之盛。他们主张集体创作。他们著有《素问集注》《灵枢集注》《侣山堂类辨》等书。

㊵慈航:在茫茫大海中,忽然得到渡船,安稳渡到彼岸的意思。此处指研究中医学的正确道路。

【作者简介】

陈念祖(约1753—1823),字修园,一字良友,号慎修。福建长乐人。清代著名医学家、教育学。现存世有16部医学著作,包括《灵素节要浅注》10卷、《金匮要略浅注》10卷、《金匮方歌括》6卷、《伤寒论浅注》6卷、《长沙方歌括》6卷、《医学实在易》8卷、《医学从众录》8卷、《女科要旨》4卷、《神农本草经读》4卷、《医学三字经》4卷、《时方妙用》4卷、《时方歌括》2卷、《景岳新方砭》4卷、《伤寒真方歌括》6卷、《伤寒医诀串解》6卷、《十药神书》1卷。陈念祖的著作大多流传甚广,他的文字质朴洗练,畅达优美,多为歌诀形式,深入浅出,理论与实际相结合,非常适合初学者作为入门参考书。因此陈念祖的著作对于医学普及来说有着深远的影响。

预测科学未来[①]

杨振宁

两百多年前,美国科学家富兰克林曾经讲过这样一句话,他说:将来人类的知识将会大大增长,今天我们想不到的新发明将会屡屡出现,我有时候几乎后悔我自己出生过早,以致不能知道将要发生的新事物。

我坐下来想一想,他所讲的新事物,包括些什么呢?我可以随手列出一个很长很长的单子:火车、轮船、飞机、高楼、升降机、自来水、电话、电灯、电影、电视、手提电话、光纤、计算机、胰岛素、器官移植、心脏搭桥、原子弹、核能发电、人造卫星……几乎无穷无尽。

为什么能够在这两百年产生这么多的新事物呢?归根到底,其实原因很简单,是因为工业的发展大大增长了人类的生产力。这个变化是一个非常惊人的事情。

我可以随便举个例子:100年以前,世界的农业人口占人口总数的80%以上;今天,美国的农业人口,只占全国人口的1%到2%,他们生产出来的成果,不仅可以供全美国人食用,还可以出口到世界各地去。

我可以再举个例子。去年《财富》杂志说,近30年来新成立的科技公司的总资产,已经接近1万亿美元,而这个增长速度还在与日俱增。所以,我们可以想一想,这200年尤其是近100年、50年来,世界是由3个互相关联的环节推动着前进的:一个是科学,科学带动了工业;工业则带动了经济;而经济的发展反过来又促进了科技的发展。工业发展过程中提出来的问题、题目,由科学家来研究解决。科学研究也可以直接促进经济的发展,如20世纪发展出来的统计学,在农业、工业、医学等方面都有决定性的影响,当然经济的发展也可以使得更多的投资在工业。科技、工业、经济这三个互相连锁的因素,是近代世界发展的总的趋势。这个趋势发展下去,对将来的世界会发生什么影响,今天很难讲。比如说,前些时候我在报纸上看到了一个很惊人的消息,它说,有生物学家估计,到2050年,人类的平均寿命可能增长到150岁。我不知道将来是否会发生这样的事情。我想很多人可能会同意我的想法,就是希望这件事情不要发生。因为这件事情如果发生,对整个世界不可想象的影响实在是太大了。

我们再看看过去50年的发展,就会得出另一个重要的结论,就是从基本原理转变为工业的速度在这50年尤其是近二三十年大大增加。我可以举出的例子:在半导体方面,有名的"摩尔定律"在1965年提出,芯片的容量每18个月就要加倍;1971年,一个芯片上差不多有3000个晶体管,但到去年就已经有10的7次方个晶体管在一个芯片上,而且没有人知道这个发展的极限在哪里。我们现在可以得出的结论是:更新的事物将会层出不穷,一些今天不容易梦想到的东西不久将会变成事实;人类的生产力将会大大提高,自然科学将会更蓬勃的发展;科学、工业、经济的连锁发展将会持续下去。我想这些都是我们今天可以有很大的自信心讲的话。

在这种情形之下,对于每一个人、每一所学校、每一个国家,都会立刻产生这样一个问题,就是你是多用"科",还是多用"技"?我们知道,全世界每一个国家都有"科技部",科技部既要管"科",也要管"技",问题是对"科"多注进一点资源,还是对"技"多注进一点资源。这是一个非常复杂的问题。对个人、学校、国家,都会是一个非常困扰的问题。

在1921年4月,爱因斯坦第一次到了美国,准备到爱迪生的机构去做研究,抵美后受到盛大欢迎。他到波士顿的时候,有一个记者给了他一张纸,上边有一系列实际的问题,包括谁发明"对数"?美国哪一个城市制造最多的洗衣机?纽约到水牛城有多远?声音的速度是多少?……因为爱迪生对每一个要聘用的人都会进行考试,问的就是这一类题目,所以记者就先拿这些题目来考一考爱因斯坦,结果爱因斯坦完全不合格。这个故事要描述的是爱迪生和爱因斯坦这两个人,他们的着眼点不一样,价值观不一样,所

八、科学技术

以会发生刚才那个故事。这是一个真的故事。对"科"与"技"哪一个更重要一些的问题，没有一个简单的回答。

今天，大家在讲科技的时候都要讲创新，"创新"在中国已经是一个非常流行的名词，在报上经常都可以看到。究竟怎样才可鼓励创新呢？这又是一个非常复杂的问题。在这个问题上，我个人有深深的感受。因为我是在中国出生、成长，念完了中学、大学，还拿到了一个硕士学位之后才到美国去的；博士学位是在美国拿的，然后做研究、教书，到现在已经50多年。我觉得自己对中国、美国的教育哲学都有相当深入的认识。这两个教育哲学是相当不一样的，而这两个不同的教育哲学在怎样鼓励创新这件事情上的差异，是值得我们深思的。到底这两种教育哲学哪个好、哪个不好？这是一个非常复杂的问题，得要用辩证的方法来仔细了解。我认为这两种教育哲学都能够鼓励创新，不过它们各自对不同类型的学生产生的最大效应是不一样的。我觉得，美国的教育哲学对排在前面的30%～40%的学生是有益的，因为这些学生不需要按部就班地训练，他们可以跳跃式学习，给了他自由，他可以自己发展出很多东西，当然他的知识不可避免地会有很多漏洞，但如果他真是很聪明的话，将来他自己可以弥补这些漏洞。所以这种学生受到美国式的教育训练，会比较快、比较容易成功。可是，亚洲的教育哲学对排在后面的30%～40%的学生较有益处，为什么呢？因为这些学生通过按部就班地训练，可以成才，而且成才之后可以跟比他聪明的人竞争，因为他有扎扎实实的知识，可以了解很多不是几天就可以学会的东西。

究竟哪一种教育哲学比较好呢？或者说，对于学生来讲，应该着重哪一种哲学？我最后得出的结论是：如果你在讨论的是一个美国学生，那就要鼓励他多学一些有规则的训练；如果讨论的是一个亚洲学生，他的教育是从亚洲开始的，那么就需要多鼓励他去挑战权威，以免他永远太胆怯。

那么，如果你要问这样一个问题，中国血统的科学工作者在世界所有不同的科目里头，哪些科目可以最先达到领先的地位？这可以很容易地回答：数学是最先的。华罗庚、陈省身，毫无问题在40年代就已经达到世界的最前线。其次是理论物理，到了50年代，华裔的理论物理学者也达到了最前线。那时如果看最重要的生物科学的杂志，那上面中国学者写的文章是很少的，可是到今天，中国人的名字在这些杂志上已屡见不鲜。

这里面是什么原因呢？其实很简单，因为数学跟理论物理比较简单。我们学物理的人很聪明，专门选能够解决的问题去解决。而人的身上可能发生的病可以有好几百种，所以选题很难。数学和物理是非常深奥，但是可以单刀直入，所以如果是非常聪明的小孩，你给了他方向以后，他可以非常快的一下子就达到最前线。所以，数学最先成功，理论物理最先成功，然后是实验物理，才到生物学。有新闻记者问我：杨教授，你觉得华裔的学者什么时候才能够得到生物学的诺贝尔奖？我说，我相信10年之内就可以得到。到现在，最少已经有5位华裔的生物学家被提名过诺贝尔奖。

然后第二个问题是，在中国本土上的中国学者能拿到诺贝尔奖又是什么时候呢？

这个问题比较复杂。因为里面有一个很重要的问题是经费的限制,今天中国的科研经费比起 20 年以前已经有大大的增长,比起 50 年前更是天文数字的增长,可是比起先进国家还是差很远。这是第一个困难原因。第二个困难是,这还需要有传统,这传统不是一天两天、一年两年甚至 10 年 20 年可以建立起来的。因为这些困难,所以到今天还没有一个在中国本土上的学者得到诺贝尔的科学奖。但我跟那个新闻记者说,我相信 20 年到四五十年内,这件事一定会发生。

【注释】

①本文选自《杨振宁文录——一位科学大师看人与这个世界》,海南出版社 2002 年版,有删改。

【作者简介】

杨振宁(1922—),安徽合肥人,美籍华人,诺贝尔奖获得者。

外科解剖刀就是剑[①]
——怎样成为一个外科医生

郎景和

对于一般人,甚至实习医生,外科大夫总是有些神秘感;对于非外科医生而言,外科也有相当大的风险性。应该说,外科医生需要有特别的人格修养、品德作风,以及技能训练。外科医生的手术刀就是剑,用以披荆斩棘于病患毒瘤,不能伤害病人,同时也不要误伤自己。怎样游刃有余、安全有力呢?本文提出几点,愿与同道商讨。

一、掌握四个基本技能(CASE)

C(Concept,观念)——这里指一个外科医生对于疾病诊断和治疗的正确观念,是施行外科操作的基础。外科医生不是一个只会进行手术的匠人,他应该具有深厚的理论知识,准确地掌握手术适应证、术式选择,以及在何种情况下扩大手术范围或保守处理适可而止。当然,这一切应从病人、病情和外科原则出发,在术前与术中考虑和作出抉择。

A(Anatomy,解剖)——解剖如同行车路线,陌生或不明则寸步难行。不仅要对通常状况下的解剖了如指掌,而且能够发现和分辨某种变异。特别是在炎症、肿瘤和病变时,解剖不清,组织粘连、糟脆,亦能"开山劈路",找出门径来。一个外科医生最好能根据自己的专业进行一阶段局部解剖的训练;一个外科医生应该有经常研读局部图谱的习惯;一个外科医生要善于在写手术记录时画图描绘手术情况,培养形象思维能力。

八、科学技术

S(Skill,技巧)——切(剪)开、缝合、结扎、止血是基本操作手法,它们的重要自不待言,技巧则是各种外科手法的娴熟掌握和灵活运用。技巧还在于把"眼睛"长在刀尖、剪尖和针尖上,动作总是准确无误、恰到好处。技巧还在于或者用器械,或者用手指去探、去分、去断、去托时那种只能意会体验而又难以言传的丰富经验。不能简单地理解技巧就是动作如何快捷,其实除非一个生手,就切、剪、缝、扎而言,速度的差距是很小的,关键在于每一个动作都"一步一个脚印",清爽稳妥,看似不快但没有多余动作,不浪费时间。否则,"拖泥带水",走过去又要回头处理自己弄出来的麻烦,欲速则不达。当今还有许多不断涌现的"特种"技术,如心血管外科、显微外科、腔镜外科、整复再造、导管介入等,都为外科医生充分施展技巧开拓了新领域。

E(Emergency,应急)——这不仅在于如何去处理急诊、急救,还有在手术中遇到的各种难以避免或可能发生的紧急情况,如大出血、脏器损伤,甚至病人危笃。一个称职的司机,不仅会驾车,也应该会修车。一个优秀的外科医生要对术中出现的问题应付裕如,化险为夷。普通外科医生在以急性阑尾炎开腹后发现并不是阑尾问题,应该会去探查和处理宫外孕、卵巢囊肿蒂扭转或黄体破裂等;同样,妇瘤科医生应该自己能缝合血管破口,修补膀胱或做肠管吻合等。这不排除科技帮助和协作,但总是让别人来"保驾",那么我们将永远没有胆量,不得成熟。

于是,我们要靠一例接一例(case by case)手术的用心积累,使经验丰富起来,做手术时才会如有神韵。

二、处理三个关系(G&G,M&M,Q&Q)

G&G(General and Group,将军和团队)——手术通常是由一个手术组共同完成的,术者是将军,其他人是他的团队成员。手术是一场战斗,紧张激烈,要求指挥员机敏、果断,迟缓、优柔寡断不是外科医生应有的品格。所以外科医生多少有些主观武断,但是他应该尊重他的助手,发挥他们的积极性。默契的合作是必要的,他们的意见和提醒有时可以避免大错。有人这样描述外科医生和实习医生,虽然有失偏颇,但也耐人寻味:外科医生什么都会做,做什么都不知道;实习医生什么都知道,可什么都不会做。

M&M(Major and Menor,大手术和小手术)——年轻的外科医生总想做大手术,年老的外科医生又失去了做小手术的机会,但每个外科医生都是从做小手术开始的。有经验的外科医生甚至深刻地认为小手术是不可小视的,可以套用那句"外(科)事无小事"的话。一个阑尾炎手术做上几个小时、一个阴道壁囊肿竟然做不下来的事并不罕见。皮肤的切开与缝合被认为是最简单的、最初始的外科操作,手术做到缝皮的时候,资深的医师下台了,年轻的大夫谈笑间就完成了。可是,我们却要想到病人对于切口是多么关注:切口多长、缝了几针,愈合得是否漂亮,更不要说伤口感染、裂开和疤痕了。他们无从知道内部的状况,他们看到的手术只是切口,切口是外科医生给病人留下的永久纪念!

Q&Q(Quantity and Quality,数量和质量)——这里讲的数量与质量不仅意味着一个外科医生应该对施行的手术保质保量,从外科医生的培养和成长而言,数量和质量还有另一层辩证关系。外科手术更强调实践和经验,纸上谈兵是不行的。但是单靠重复的"练"却是不够的,也应强调思考和总结。有出息的外科医生对自己的每一次手术,不论其大小、难易、顺利与不顺利,过后都要"反刍"一番,从中悟出点感受来。有意思的手术,记录一式两份,留一份备案供自己总结复习。再经历这样的手术,自然有深一步领会。即使做助手或参观手术,也要勤于思考。这样用心的外科医生也许在最初的两三年,由于经验不足,的确不如高他两三年的大夫;但经过六七年认真下功夫,他的本领便不一定亚于高他两三年的大夫,甚至会超过他们。有一次,我做腹股沟淋巴结清除,解剖股三角,沿股动脉向下游离淋巴脂肪组织,见一分支,问助手和参观者"这是什么动脉?"无人回答,我亦未说话。翌日晨查房,我又问"昨天我说的那个动脉是什么?"仍无动静。却有一位年轻大夫说他回去查了解剖书,结合术中情况,应该是股深动脉。至少可以说这是一位善于学习的年轻医生。

三、避免三件事(NOT)

我将开空手术、遗物及病人死于手术台认为是外科医生的三大忌讳!

N(Nothing to Find)——并不是指某些情况下的探查手术,而是诊断有无肿瘤或其他病变,拟行某种手术,可是开进去却什么都没有。这会使术者陷入非常尴尬的境地,也使病人遭受一次不必要的损伤和痛苦。所以,我们一定要在术前详细地询问病史,进行全面的身体检查以及必要的影像学和其他实验室检查,甚至诊断性腔镜检查,根据病情、时间和条件,尽量做得周全。疑难复杂的病例邀请多科会诊,做出手术方案。不可仓促上阵,或抱着"打开再说"的态度。外科医生是动刀子的,但并不是什么都要动刀子或只会动刀子。让我们记住希波克拉底的格言吧——请你不要损伤!

O(Foreign Object or Foreign Body)——遗留纱布、纱垫或器械之类是最糟糕、最不幸的事情。无论什么原因,都不应该,也没有理由犯这样的错误,一次也不行,一辈子都不要。每一次手术都要认真清点用物,少了不对,多了也不对。不要以为清点只是护士的事,固执和侥幸是危险的,数字对不上,要用各种方法把它弄清楚,否则将不会安心。若留有遗物,才应了那句话——隐瞒是不能持久的,总有一天会暴露出来。

T(Dead on Table)——由于病情危重,病人心肺功能不佳、手术复杂、时间长,或术中严重并发症、麻醉意外等,病人可能死在手术台上。无论怎样,这也使外科医生颇为难堪。为了避免这一情况的发生,要做好充分的术前准备,如病情允许,要给予一定的支持疗法,纠正心肺功能衰竭,使病人能够经得起手术。术中要加强监护和麻醉管理,避免严重并发症并有相应的紧急处理措施。如情况使手术难以继续完成,亦应立即停止,积极抢救。要有 ICU(加强医疗科)、CCU(心脏监护科)医生共同协作,做好急救及转运。

外科医生是个神圣而令人自豪的职业,胆大心细、灵活应变,既动脑又动手,文武相兼,其乐无穷。美国《读者文摘》曾有一则征询:什么人最快乐?答案有三:一是经过千辛万苦把肿瘤切除的外科医生;二是完成了作品,叼着烟斗自我欣赏的画家;三是正在给婴儿洗澡的母亲。外科医生竟名列榜首。

外科医生之乐在于手到病除,为患者解除痛苦;还在于外科不仅是一门技术,也是一门艺术、一门哲学。经过多年磨一剑,外科医生会有一种"得气"的感觉,一招一式都见功夫,做到得心应手。但学无止境,平生需谨慎。要能有创意、有革新就更难了。

【注释】

①本文选自《一个医生的人文》,湖北科学技术出版社2015年版,有删改。

【作者简介】

郎景和(1940—),出生于吉林。1964年毕业于白求恩医科大学医疗系,在中国医学科学院、中国协和医科大学北京协和医院工作,妇产科主任,教授。兼任中国科普作家协会副理事长,中国作家协会会员。有科学文化随笔集《一个医生的哲学》。

科学家的科学良心

李醒民

在科学共同体内部工作的科学家,经过代代相传、亲身实践、自我反思和直觉领悟,逐渐形成了一套合乎道德规范的、并非都成文的外在行为准则。这些准则在科学家的心理世界中的内化就是科学家的科学良心,即科学家内心对科学及其相关领域中各种涉及价值和伦理问题的是非、善恶的正确信念,以及对自己应该承担的道德责任的意识、反省乃至自责。对于科学家个人来说,科学良心会自觉或不自觉地规范他的一言一行;对科学家共同体而言,科学良心往往形成一种"集体无意识",从而确保科学能够在正常的轨道上比较顺利地运行。科学良心是科学家应有的道德品格,也是科学研究和科学进步的内在要素。下面,我们拟从六个方面展开论述。

(1)科学探索的动机和目的:追求真理,建构客观知识

科学是以追求真理或真知为价值导向的,尽管真理或真知也具有相对性。因此,科学家的最高目标和价值取向,应该是追求真理和建构客观知识本身。彭加勒大力倡导为科学而科学;爱因斯坦把力图勾画世界图像、渴望看到安定和谐,看作无穷的毅力和耐心的源泉;莫诺把追求真理视为科学家至高无上的品德;莫尔强调,为知识而知识的追求不仅对科学家而言是高尚的理想,而且是科学进路的本质,同时也是文化进化的产物。历史上的伟大科学家——诸如开普勒、伽利略、牛顿、达尔文、麦克斯韦、马赫、彭加勒、爱因斯坦等等莫不如此。爱因斯坦还从更广阔的伦理道德视野看待对真理的追求。

他追随斯宾诺莎,把追求真理同追求善、追求人的道德完美联系起来。因此,科学家在献身于真理的追求时,也就是在履行科学家的社会责任和道德义务。对真理和知识的追求并为之奋斗,是科学家为之自豪的最高尚的品质之一。

(2)维护科学自主:自觉抗争,保持相对独立

科学的自主性有两方面的含义:它既是科学家个人的,也是科学共同体的。科学的自主性意指:科学对其社会环境的依赖与科学独立的核心能够自我决定和自我发展这样两种因素之间的张力。科学的自主性要求,科学家个人应有独立的人格和尊严,对于那些妨害科学进步的政治、经济、观念体系等方面的诱惑或压力,在思想上要高度警觉,在行动上要自觉抵制;科学共同体要协调其成员,力图把各种外部影响纳入到科学自身运动的固有逻辑之中,把各种不利的干扰加以排除,对威胁科学发展的逆流则应极力抗争,以维护科学的相对独立性。

(3)捍卫学术自由:争取外在自由,永葆内心自由

学术自由包括两个方面:社会应该为科学共同体提供一个宽容的环境和自由的氛围,同时制定相关的规范和法律,以惩戒那些危害学术自由的行为。作为科学家个人,则要始终保持内心的自由:摆脱权威、社会习俗、思想偏见、心理定势的束缚,敢于有条理地怀疑批判已有的科学成果,积极开展学术批评和反批评,勇于反对各种侵犯学术自由的行径。

(4)对研究后果的意识:防止科学异化,杜绝技术滥用

科学是人的理智的产物,科学本身是合理的。但是,科学本身只创造手段,而不创造目的,它对于价值和目的而言是盲目的。当它被不负责任的人滥用或被怀着邪恶目的的人利用时,科学的工具就变得毫无理性、极其危险。因此,科学家必须对自己研究的意义和目的有清醒的认识,为人类的尊严和长远福祉,为人与自然的和谐共处,为世界的永久和平而工作。科学家应该经常审视自己的研究,尽最大努力预防其可能出现的不利的应用后果。科学共同体也要及时制定有关律令或道德规范,教育、监督和约束科学家的行为,力求阻止科学异化和技术滥用。

(5)科学发现的传播:实事求是,控制误传

科学与技术的一个重大不同点在于,技术的专利制度是技术发展的保障,而科学的保密措施则贻害于科学的进步。因此,科学家要及时在专业刊物或学术会议上发表他们的研究成果,以利科学共同体共享、批评和审查,促进科学的自由竞争和健康发展。那种对外严密封锁信息,或几个人抱作一团共谋优势地位,或剽窃他人未公开发表的数据和成果等行为,都是有悖于科学良心的不轨之举。与此同时,科学家要有自律意识,不应该为争夺优先权而轻率公布很不成熟的东西;更不应该不负责任地信口开河、哗众取宠,误导公众。科学共同体的守门人要严把科学的"出口关",以免科学误传对社会和大众造成损害和危险,尤其是在医学、药学、营养学和食品学等与人的生命和健康直接相关的领域,更应谨慎从事。

(6)对科学荣誉的态度:尊重事实,宽厚谦逊

承认是科学王国的"硬通货",荣誉是对科学劳作的最大报偿。因此,科学家重视承认和荣誉是很正常的,这也有助于推动科学的自由竞争。有道德修养和自知之明的科

学家对此应抱着宽厚谦逊的态度。对于科学优先权之争,正直的科学家应该像爱因斯坦那样,既实事求是地讲清原委,又不纠缠于此而耗费精力。科学共同体也应该充分发挥科学奖励系统的积极功能,尽量减少"马太效应"和名不副实的现象发生。

总而言之,科学家在科学工作中追求真的理论,感受美的神韵,同时也应该承担善的责任,尤其是在对科学成果的前景意识和科学的应用方面。否则,即使不是犯罪,也玩世不恭。

【注释】

①本文原载于2004年3月30日《光明日报》,有删改。

【作者简介】

李醒民(1945—),曾任中国科学院《自然辩证法通讯》杂志社主编。著有《科学发现集》《纵一苇之所如》《中国现代科学思潮》《伟大心智的漫游》等。

医学是一门历史悠久的职业[①]

[美]希赛尔

我是在很久以前,在儿童时期第一次听到"医学伦理学"这个术语的。当时它是指一些非常明确的非关哲理方面的事件,关心的也只有医生及其家属,而且都与钱有关。对病人大吹大擂,收费过高;以不正当手段拉拢其他医生经治的病人;从其他医生处赚钱等,都是不道德的,所谓"医学伦理学"或"医德",就是这个意思。医生做流产虽说不是不道德,但也算歪门邪道甚至犯罪。拿人做实验不算不道德,因为没有这种活动,或者更确切地说,是由于还没有认识到:在正常医疗实践过程中,就是在对病人进行实验——然而就是正在这样做的临床医生,也没有意识到这点。

当然,这已是过去的事了,从那时以来,医学已经发生了很大变化,往事如烟,人们大多已经淡忘了;由于变化如此之大,就是那些在这期间享有足够高龄的人,也很难发现当年那个古老的事业与今天的新事业之间,有什么联系。从某种感受来说,好像是一方面放弃了一种称为医学的职业,一方面又拾起另一种职业。要发现这种改变,就得作一次漫长的回顾。

我的年龄和生活经历,正好可以作一次这样的回溯。我出生在一个医学家庭,过去几十年来,医学这门职业,是作为一种应用技艺而存在的。而我就是在致力于这门职业的家庭中成长起来的;以后又在医学开始向一门科学事业转变的关键时期接受医学教育;最后投身于经历了这样演变的职业。在那些年份里,人们是很容易从一个领域转移到另一个领域的,也许是由于当时还没有这样多的具体事物要掌握,需要具备的专门技能也不那么复杂。这样,我有机会先后同几种不同学科有过密切的接触,它们是:儿科、内科、病理、传染病、免疫学、行政管理。所有这些学科,近年来都发生了巨大的改变,很难设想还可以像我当年那样轻而易举地越过学科和专业的隔墙。但是另一方面我也确信:所有临床科学今后都将立足于同一基础科学知识。不要很久,通过内科和分子遗传学博士后阶段的培养,将使年轻的大学毕业生几乎可以从事医学领域里任何一门学科的工作,今后某个时期,医学就会成为这样一种科学。

  我父亲是在 1905 年开始从医的。在他一生的大部分岁月里,他都是一位繁忙而成功的全科开业医生,以后他通过自学把自己培养成个人认为合格的外科医生,当时都是这样做的。在他从事全科开业的年份里,他只具备很少一点科学基础,而且完全是用于诊断的,至于治疗,几乎谈不到有什么科学性,只不过是"看护"病人。这就是当时他(以及其他任何医生)所知道的一切,没有什么技术性可言。的确,在我生长的那个小城镇里,如果一位医生在当地居然以治疗这种或那种疾病的技术著称,当时有关部门难免就会对他的医德发生怀疑。要说某某医生能治病,虽非绝对但也几乎无异于指控此人坑骗有术,而这种指控往往也是站得住脚的。在那个时代,这样的江湖郎中还真不少见。

  当然不是说医生就不治病,但它更多是一种安慰的姿态,有时就像是符咒或护身符之类的东西。处方是用拉丁文写的,开出非常复杂、种类繁多的化合物,大多是绿色和苦辛味的,根本不知道它们的生物学特性,用于各种病情的人,实际上当时无论是我父亲还是别的医生,也并不真正相信它能治病。这样的治疗充其量只能说是于人无害吧,而在这之前,在父亲的父亲或父亲的祖父所处年代,还远远达不到这点。我记不起来在我父亲行医期间有过由于行医不当而遭诉讼的事,这不是因为别的,只是由于不会发生这样的问题。没有人会由于当时的那种治疗而被损害,至于因为缺乏这类治疗而受累的事就更少了。

  在父亲那个年代,医生大多是被动的,他们在临床中所能做的事,大多也只限于观察和等待。他们是在医学第一次大革命结束时接受教育的,大部分内容都在扬弃先辈医生们认为理所当然的大量错误认识的基础上产生的。

  千百年来所谓治疗技术就立足于这样的基础上,就像是十足的估猜,任何人的理论都有幸成为后人学习的教义。人们认为要使药物治疗收效,就得冒风险,医药就是一种激烈、冒险的行当,如果药石无功,那么即使是最普通的病,也一定以死亡告终。什么病都有一套治疗建议,真是无病不治。现在的医学生有时抱怨说:要学习和记住的"浓缩"知识堆积如山,记不胜记,而在我父亲上一代医学生中,这种抱怨还要多。看一看 19 世纪末年那些医学或儿科教科书吧,的确是使学生们望而生畏的:隔上一页就塞满了稀奇古怪、神秘莫测的治疗方剂,只能死记硬背,因为相互间看不出任何内在联系。以脊髓灰质炎来说,治疗内容就包括:注射士的宁,脊柱处放水蛭,口服颠茄和麦角浸膏,碘化钾,

八、科学技术

大量汞泻剂,感应电流刺激肌肉,放血和拔火罐等。脑膜炎病人除这些治疗外,还要在头和脊柱上涂布斑蝥油膏,含量强到足以激起大泡的程度。由于所有病人都是以大致相仿的方法治疗的,几乎没有什么对照研究,机遇性观察很快就由医林轶事转变为医学传统。即使是像 Abraham Jacobi 这样令人尊敬的卓越的医生,在他 1896 年出版的著名教科书中讨论丹毒时也是这样写的:"我认为,最近我见到的具有这些症状的青年男子之能恢复,完全是由于饮了大量白兰地。"

在家父从医之前,放血是通行全国的权威疗法。对结核病和风湿热的常规治疗方法是:每天放血约 1 品特,或放血至足以造成苍白、软弱、头晕和可以感觉出来的脉搏变弱程度,早期休克主要是由甘汞和锑剂造成的,所用剂量已达致人腹泻和呕吐的程度。这里还可顺便提一下美国第一任总统华盛顿的事,据报道,他最后死于扁桃体周围脓肿时,就是以放血 82 盎司的方法治疗的。所有这些疗法的论点,都是由若干世纪前的 Galen 观点一脉相承下来的,因为他认为疾病——任何疾病都是由于某一脏器充血造成的。

早在上一世纪[②] 30 年代,就对这种医疗提出异议,美国和外国少数观察敏锐的医生在认真考查当时对伤寒和震颤性谵妄的治疗后发现:这些疗法很多都是害甚于利的。人们终于慢慢地、慢慢地认识到:罹患各种疾病的人,很多都能不治自愈,当时很多风行的疗法,也许只会使病情更为恶化,但是放弃这种治疗方法,又经历了好几年漫长的时间。与此同时,还进行了真正的科学活动,相当于对疾病天然病史的观察;根据周密的临床观察,结合正在兴起的病理学研究所见,开始对人类疾病作出可靠的分类。19 世纪末叶,疾病的天然病史终于成为医学教育的主要内容,事情进展虽然很慢,但确实是这样发展过来的,临床医生的最高技艺和责无旁贷的工作就是对每一种疾病作出准确的诊断,指出其未来的结局。

这就是父亲那代医生的培养目标。与此同时,人们开始对疾病的治疗持怀疑态度,这主要是受到 William Osler 的影响。医生真正能做的事不多,真是屈指可数:疟疾可用奎宁;熟练的医生用洋地黄治疗心衰;吗啡则是镇痛的主药——在收入药典的所有药物中,它是最受人重视的。

本世纪[③] 30 年代中期,我本人进入医学院校时,又有了一些重要的进步,但也还是屈指可数的:肝浸膏治疗恶性贫血;胰岛素治疗糖尿病;维生素开始问世;白喉和破伤风的免疫方法;抗血清治疗肺炎球菌性肺炎,等等,大致如此。我在哈佛大学医学院所受的教育,与父亲当年在哥伦比亚大学时一样,即治疗被认为是最不重要的职责。医生的工作是准确地认识疾病的性质,从而能向病人及其家属说明得的是什么病,今后最可能的结局是什么。

这个说明病情的任务,就是当时所谓医学艺术的最重要内容,现在也还是这样。的确,这是医学的中心任务,它说明这门职业存在的光辉历史是不负所望的,一直可以追溯到它所源出的宗教(黄教)。当你想到它时,病人首先想知道的就是:"出了什么毛病?"几乎同时还会想到:"以后会怎样?""我还能活下去么?"病情越重,渴望知道这些的心情越是迫切。

　　从医学角度对这些问题作出的问答(这是医生最有用的地方),往往是不肯定的,直到 19 世纪末,医学取得重大改革以后,情况才有了好转。到 Osler 时代及其后几十年间,医生对病情的解释开始立足于科学基础,回答的内容也比较翔实可信了。

(王贤才译)

【注释】

①本文原载《希氏内科学》,该书被视为内科教学的标准参考书,是一部世界医学界公认的巨著。
②指 19 世纪。
③指 20 世纪。

【作者简介】

　　希赛尔(Ceil),美国著名内科专家、医学教育家。提倡并组织数百位内科专家编著世界上第一部权威的内科教学用书《希氏内科学》,于 1927 年出版,风行世界。

延展阅读

《黄帝内经》
沈括《梦溪笔谈》
刘慈欣《三体》《流浪地球》
(英)查尔斯·达尔文《物种起源》
(英)史蒂芬·霍金《时间简史》
(以色列)尤瓦尔·赫拉利《人类简史》
(美)乔治·伽莫夫《从一到无穷大》
(美)蕾切尔·卡逊《寂静的春天》
(美)塞缪尔·亨廷顿《文明冲突》
(美)阿尔温·托夫勒《第三次浪潮》
(美)托马斯·弗里德曼《世界是平的》
(美)查尔斯·罗森伯格《当代医学的困境》
(美)莉迪亚·康、内特·彼得森《荒诞医学史》

九、中国小说

杜十娘怒沉百宝箱①（节选）

冯梦龙

话中单表万历二十年间，日本国关白作乱，侵犯朝鲜。朝鲜国王上表告急，天朝发兵泛海往救。有户部官奏准，目今兵兴之际，粮饷未充，暂开纳粟入监之例。原来纳粟入监的，有几般便宜：好读书，好科举，好中，结末来又有个小小前程结果。以此宦家公子，富室子弟，到不愿做秀才，都去援例做太学生。自开了这例，两京太学生，各添至千人之外。内中有一人，姓李名甲，字干先，浙江绍兴府人氏。父亲李布政所生三儿，惟甲居长。自幼读书在庠，未得登科，援例入于北雍。因在京坐监，与同乡柳遇春监生同游教坊司院内，与一个名姬相遇。那名姬姓杜，名媺，排行第十，院中都称为杜十娘，生得：

　　浑身雅艳，遍体娇香，两弯眉画远山青，一对眼明秋水润。脸如莲萼，分明卓氏文君；唇似樱桃，何减白家樊素。可怜一片无瑕玉，误落风尘花柳中。

那杜十娘自十三岁破瓜，今一十九岁，七年之内，不知历过了多少公子王孙，一个个情迷意荡，破家荡产而不惜。院中传出四句口号来，道是：

　　坐中若有杜十娘，斗筲之量饮千觞；
　　院中若识杜老媺，千家粉面都如鬼。

却说李公子,风流年少,未逢美色,自遇了杜十娘,喜出望外,把花柳情怀,一担儿挑在他身上。那公子俊俏庞儿,温存性儿,又是撒漫的手儿,帮衬的勤儿,与十娘一双两好,情投意合。十娘因见鸨儿贪财无义,久有从良之志。又见李公子忠厚志诚,甚有心向他。奈李公子惧怕老爷,不敢应承。虽则如此,两下情好愈密,朝欢暮乐,终日相守,如夫妇一般,海誓山盟,各无他志。真个:

  恩深似海恩无底,义重如山义更高。

再说杜妈妈,女儿被李公子占住,别的富家巨室,闻名上门,求一见而不可得。初时李公子撒漫用钱,大差大使,妈妈胁肩谄笑,奉承不暇。日往月来,不觉一年有余,李公子囊箧渐渐空虚,手不应心,妈妈也就怠慢了。老布政在家闻知儿子嫖院,几遍写字来唤他回去。他迷恋十娘颜色,终日延挨。后来闻知老爷在家发怒,越不敢回。古人云:"以利相交者,利尽而疏。"那杜十娘与李公子真情相好,见他手头愈短,心头愈热。妈妈也几遍教女儿打发李甲出院,见女儿不统口,又几遍将言语触突李公子,要激怒他起身。公子性本温克,词气愈和。妈妈没奈何,日逐只将十娘叱骂道:"我们行户人家,吃客穿客,前门送旧,后门迎新,门庭闹如火,钱帛堆成垛。自从那李甲在此,混账一年有余,莫说新客,连旧主顾都断了,分明接了个钟馗老,连小鬼也没得上门。弄得老娘一家人家,有气无烟,成什么模样!"杜十娘被骂,耐性不住,便回答道:"那李公子不是空手上门的,也曾费过大钱来。"妈妈道:"彼一时,此一时,你只教他今日费些小钱儿,把与老娘办些柴米,养你两口也好。别人家养的女儿,便是摇钱树,千生万活,偏我家晦气,养了个退财白虎。开了大门七件事,般般都在老身心上。到替你这小贱人白白养着穷汉,教我衣食从何处来?你对那穷汉说:有本事出几两银子与我,到得你跟了他去,我别讨个丫头过活却不好?"十娘道:"妈妈,这话是真是假?"妈妈晓得李甲囊无一钱,衣衫都典尽了,料他没处设法,便应道:"老娘从不说谎,当真哩。"十娘道:"娘,你要他许多银子?"妈妈道:"若是别人,千把银子也讨了,可怜那穷汉出不起,只要他三百两,我自去讨一个粉头代替。只一件,须是三日内交付与我,左手交银,右手交人。若三日没有银时,老身也不管三七二十一,公子不公子,一顿孤拐,打那光棍出去。那时莫怪老身!"十娘道:"公子虽在客边乏钞,谅三百金还措办得来。只是三日忒近,限他十日便好。"妈妈想道:"这穷汉一双赤手,便限他一百日,他那里来银子。没有银子,便铁皮包脸,料也无颜上门。那时重整家风,嬷儿也没得话讲。"答应道:"看你面,便宽到十日。第十日没有银子,不干老娘之事。"十娘道:"若十日内无银,料他也无颜再见了。只怕有了三百两银子,妈妈又翻悔起来。"妈妈道:"老身年五十一岁了,又奉十斋,怎敢说谎?不信时与你拍掌为定。若翻悔时,做猪做狗。"

  从来海水斗难量,可笑虔婆意不良。
  料定穷儒囊底竭,故将财礼难娇娘。

是夜,十娘与公子在枕边,议及终身之事。公子道:"我非无此心。但教坊落籍,其费甚多,非千金不可。我囊空如洗,如之奈何!"十娘道:"妾已与妈妈议定只要三百金,但须十日内措办。郎君游资虽罄,然都中岂无亲友可以借贷?倘得如数,妾身遂为君之所有,省受虔婆之气。"公子道:"亲友中为我留恋行院,都不相顾。明日只做束装起身,各家告辞,就开口假贷路费,凑聚将来,或可满得此数。"起身梳洗,别了十娘出门。十娘道:"用心作速,专听佳音。"公子道:"不须分付。"公子出了院门,来到三亲四友处,假说起身告别,众人到也欢喜。后来叙到路费欠缺,意欲借贷。常言道:"说着钱,便无缘。"亲友们就不招架。他们也见得是,道李公子是风流浪子,迷恋烟花,年许不归,父亲都为他气坏在家。他今日抖然要回,未知真假。倘或说骗盘缠到手,又去还脂粉钱,父亲知道,将好意翻成恶意,始终只是一怪,不如辞了干净。便回道:"目今正值空乏,不能相济,惭愧!惭愧!"人人如此,个个皆然,并没有个慷慨丈夫,肯统口许他一十二十两。李公子一连奔走了三日,分毫无获,又不敢回绝十娘,权且含糊答应。到第四日又没想头,就羞回院中。平日间有了杜家,连下处也没有了,今日就无处投宿。只得往同乡柳监生寓所借歇。柳遇春见公子愁容可掬,问其来历。公子将杜十娘愿嫁之情,备细说了。遇春摇首道:"未必,未必。那杜媺曲中第一名姬,要从良时,怕没有十斛明珠,千金聘礼。那鸨儿如何只要三百两?想鸨儿怪你无钱使用,白白占住他的女儿,设计打发你出门。那妇人与你相处已久,又碍却面皮,不好明言。明知你手内空虚,故意将三百两卖个人情,限你十日。若十日没有,你也不好上门。便上门时,他会说你笑你,落得一场亵渎,自然安身不牢,此乃烟花逐客之计。足下三思,休被其惑。据弟愚意,不如早早开交为上。"公子听说,半响无言,心中疑惑不定。遇春又道:"足下莫要错了主意。你若真个还乡,不多几两盘费,还有人搭救。若是要三百两时,莫说十日,就是十个月也难。如今的世情,那肯顾缓急二字的。那烟花也算定你没处告债,故意设法难你。"公子道:"仁兄所见良是。"口里虽如此说,心中割舍不下。依旧又往外边东央西告,只是夜里不进院门了。公子在柳监生寓中,一连住了三日,共是六日了。杜十娘连日不见公子进院,十分着紧,就教小厮四儿街上去寻。四儿寻到大街,恰好遇见公子。四儿叫道:"李姐夫,娘在家里望你。"公子自觉无颜,回复道:"今日不得功夫,明日来罢。"四儿奉了十娘之命,一把扯住,死也不放,道:"娘叫咱寻你。是必同去走一遭。"李公子心上也牵挂着表子,没奈何,只得随四儿进院。见了十娘,嘿嘿无言。十娘问道:"所谋之事如何?"公子眼中流下泪来。十娘道:"莫非人情淡薄,不能足三百之数么?"公子含泪而言,道出二句:

"不信上山擒虎易,果然开口告人难。

一连奔走六日,并无铢两,一双空手,羞见芳卿,故此这几日不敢进院。今日承命呼唤,忍耻而来。非某不用心,实是世情如此。"

十娘道:"此言休使虔婆知道。郎君今夜且住,妾别有商议。"十娘自备酒肴,与公子欢饮。睡至半夜,十娘对公子道:"郎君果不能办一钱耶?妾终身之事,当如何也?"公子只是流涕,不能答一语。渐渐五更天晓。十娘道:"妾所卧絮褥内藏有碎银一百五十两,此妾私蓄,郎君可持去。三百金,妾任其半,郎君亦谋其半,庶易为力。限只四日,万勿迟误!"十娘起身将褥付公子,公子惊喜过望。唤童儿持褥而去。径到柳遇春寓中,又把夜来之情与遇春说了。将褥拆开看时，絮中都裹着零碎银子，取出兑时果是一百五十两。遇春大惊道："此妇真有心人也。既系真情，不可相负。吾当代为足下谋之。"公子道："倘得玉成，决不有负。"当下柳遇春留李公子在寓，自出头各处去借贷。两日之内，凑足一百五十两，交付公子道："吾代为足下告债，非为足下，实怜杜十娘之情也。"李甲拿了三百两银子，喜从天降，笑逐颜开，欣欣然来见十娘，刚是第九日，还不足十日。十娘问道："前日分毫难借，今日如何就有一百五十两？"公子将柳监生事情，又述了一遍。十娘以手加额道："使吾二人得遂其愿者，柳君之力也。"两个欢天喜地，又在院中过了一晚。次日，十娘早起，对李甲道："此银一交，便当随郎君去矣！舟车之类，合当预备。妾昨日于姊妹中借得白银二十两，郎君可收下为行资也。"公子正愁路费无出，但不敢开口，得银甚喜。话犹未了，鸨儿恰来敲门叫道："嫩儿，今日是第十日了。"公子闻叫，启户相迎道："承妈妈厚意，正欲相请。"便将银三百两放在桌上。鸨儿不料公子有银，嘿然变色，似有悔意。十娘道："儿在妈妈家中八年，所致金帛，不下数千金矣。今日从良美事，又妈妈亲口所订，三百金不欠分毫，又不曾过期。倘若妈妈失信不许，郎君持银去，儿即刻自尽。恐那时人财两失，悔之无及也。"鸨儿无词以对。腹内筹画了半响，只得取天平兑准了银子，说道："事已如此，料留你不住了。只是你要去时，即今就去。平时穿戴衣饰之类，毫厘休想。"说罢，将公子和十娘推出房门，讨锁来就落了锁。此时九月天气。十娘才下床，尚未梳洗，随身旧衣，就拜了妈妈两拜。李公子也作了一揖。一夫一妇，离了虔婆大门。

　　鲤鱼脱却金钩去，摆尾摇头再不来。

　　公子教十娘且住片时："我去唤个小轿抬你，权往柳荣卿寓所去，再作道理。"十娘道："院中诸姊妹平昔相厚，理宜话别。况前日又承他借贷路费，不可不一谢也。"乃同公子到各姊妹处谢别。姊妹中惟谢月朗、徐素素与杜家相近，尤与十娘亲厚。十娘先到谢月朗家。月朗见十娘秃髻旧衫，惊问其故。十娘备述来因，又引李甲相见。十娘指月朗道："前日路资，是此位姐姐所贷，郎君可致谢。"李甲连连作揖。月朗便教十娘梳洗，一面去请徐素素来家相会。十娘梳洗已毕，谢、徐二美人各出所有，翠钿金钏，瑶簪宝珥，锦袖花裙，鸾带绣履，把杜十娘装扮得焕然一新，备酒作庆贺筵席。月朗让卧房与李甲、杜嫩二人过宿。次日，又大排筵席，遍请院中姊妹。凡十娘相厚者，无不毕集，都与他夫妇把盏称喜。吹弹歌舞，各逞其长，务要尽欢，直饮至夜分。十娘向众姊妹一一称谢。众姊妹道："十姊为风流领袖，今从郎君去，我等相见无日。何日长行，姊妹们尚当奉送。"月朗道："候有定期，小妹当来相报。但阿姊千里间关，同郎君远去，囊箧萧条，曾无约束，此乃吾等之事。当相与共谋之，勿令姊有穷途之虑也。"众姊妹各唯唯而散。是晚，公子和十娘仍宿谢家。至五鼓，十娘对公子道："吾等此去，何处安身？郎君亦曾计议有定着否？"公子道："老父盛怒之下，若知娶妓而归，必然加以不堪，反致相累。展转寻思，尚未有万全之策。"十娘道："父子天性，岂能终绝。既然仓卒难犯，不若与郎君于苏杭胜地，权作浮居。郎君先回，求亲友于尊大人面前劝解和顺，然后携妾于归，彼此安妥。"公子道："此言甚当。"次日，二人起身辞了谢月朗，暂往柳监生寓中，整顿行装。杜十娘见了柳遇春，倒

九、中国小说

身下拜,谢其周全之德:"异日我夫妇必当重报。"遇春慌忙答礼道:"十娘钟情所欢,不以贫窭易心,此乃女中豪杰。仆因风吹火,谅区区何足挂齿!"三人又饮了一日酒。次早,择了出行吉日,雇请轿马停当。十娘又遣童儿寄信,别谢月朗。临行之际,只见肩舆纷纷而至,乃谢月朗与徐素素拉众姊妹来送行。月朗道:"十姊从郎君千里间关,囊中消索,吾等甚不能忘情。今合具薄赆,十姊可检收,或长途空乏,亦可少助。"说罢,命从人挈一描金文具至前,封锁甚固,正不知什么东西在里面。十娘也不开看,也不推辞,但殷勤作谢而已。须臾,舆马齐集,仆夫催促起身。柳监生三杯别酒,和众美人送出崇文门外,各各垂泪而别。正是:

他日重逢难预必,此时分手最堪怜。

再说李公子同杜十娘行至潞河,舍陆从舟,却好有瓜洲差使船转回之便,讲定船钱,包了舱口。比及下船时,李公子囊中并无分文余剩。你道杜十娘把二十两银子与公子,如何就没了?公子在院中嫖得衣衫蓝缕,银子到手,未免在解库中取赎几件穿着,又制办了铺盖,剩来只勾轿马之费。公子正当愁闷,十娘道:"郎君勿忧,众姊妹合赠,必有所济。"乃取钥开箱。公子在傍自觉惭愧,也不敢窥觑箱中虚实。只见十娘在箱里取出一个红绢袋来,掷于桌上道:"郎君可开看之。"公子提在手中,觉得沉重,启而观之,皆是白银,计数整五十两。十娘仍将箱子下锁,亦不言箱中更有何物。但对公子道:"承众姊妹高情,不惟途路不乏,即他日浮寓吴越间,亦可稍佐吾夫妻山水之费矣。"公子且惊且喜道:"若不遇恩卿,我李甲流落他乡,死无葬身之地矣!此情此德,白头不敢忘也。"自此每谈及往事,公子必感激流涕。十娘亦曲意抚慰。一路无话。

不一日,行至瓜洲,大船停泊岸口,公子别雇了民船,安放行李。约明日侵晨,剪江而渡。其时仲冬中旬,月明如水,公子和十娘坐于舟首。公子道:"自出都门,困守一舱之中,四顾有人,未得畅语。今日独据一舟,更无避忌。且已离塞北,初近江南,宜开怀畅饮,以舒向来抑郁之气,恩卿以为何如?"十娘道:"妾久疏谈笑,亦有此心,郎君言及,足见同志耳。"公子乃携酒具于船首,与十娘铺毡并坐,传杯交盏。饮至半酣,公子执卮对十娘道:"恩卿妙音,六院推首。某相遇之初,每闻绝调,辄不禁神魂之飞动。心事多违,彼此郁郁,鸾鸣凤奏,久矣不闻。今清江明月,深夜无人,肯为我一歌否?"十娘兴亦勃发,遂开喉顿嗓,取扇按拍,呜呜咽咽,歌出元人施君美《拜月亭》杂剧上"状元执盏与婵娟"一曲,名《小桃红》。真个:

声飞霄汉云皆驻,响入深泉鱼出游。

却说他舟有一少年,姓孙名富字善赉,徽州新安人氏。家资巨万,积祖扬州种盐。年方二十,也是南雍中朋友。生性风流,惯向青楼买笑,红粉追欢,若嘲风弄月,到是个轻薄的头儿。事有偶然,其夜亦泊舟瓜洲渡口,独酌无聊。忽听得歌声嘹亮,凤吟鸾吹,不足喻其美。起立船头,伫听半晌,方知声出邻舟。正欲相访,音响倏已寂然。乃遣仆者潜窥踪迹,访于舟人。但晓得是李相公雇的船,并不知歌者来历。孙富想道:"此歌者必非良家,怎生得他一见?"展转寻思,通宵不寐。挨至五更,忽闻江风大作。及晓,彤云密布,狂

雪飞舞。怎见得,有诗为证:

　　　千山云树灭,万径人踪绝。
　　　扁舟蓑笠翁,独钓寒江雪。

因这风雪阻渡,舟不得开。孙富命艄公移船,泊于李家舟之傍。孙富貂帽狐裘,推窗假作看雪。值十娘梳洗方毕,纤纤玉手,揭起舟傍短帘,自泼盂中残水,粉容微露,却被孙富窥见了,果是国色天香。魂摇心荡,迎眸注目,等候再见一面,杳不可得。沉思久之,乃倚窗高吟高学士《梅花诗》二句,道:

　　　雪满山中高士卧,月明林下美人来。

李甲听得邻舟吟诗,舒头出舱,看是何人。只因这一看,正中了孙富之计。孙富吟诗,正要引李公子出头,他好乘机攀话。当下慌忙举手,就问:"老兄尊姓何讳?"李公子叙了姓名乡贯,少不得也问那孙富。孙富也叙过了。又叙了些太学中的闲话,渐渐亲热。孙富便道:"风雪阻舟,乃天遣与尊兄相会,实小弟之幸也。舟次无聊,欲同尊兄上岸,就酒肆中一酌,少领清诲,万望不拒。"公子道:"萍水相逢,何当厚扰?"孙富道:"说那里话!'四海之内,皆兄弟也'。"喝教艄公打跳,童儿张伞,迎接公子过船,就于船头作揖。然后让公子先行,自己随后,各各登跳上涯。行不数步,就有个酒楼。二人上楼,拣一副洁净座头,靠窗而坐。酒保列上酒肴。孙富举杯相劝,二人赏雪饮酒。先说些斯文中套话,渐渐引入花柳之事。二人都是过来之人,志同道合,说得入港,一发成相知了。孙富屏去左右,低低问道:"昨夜尊舟清歌者,何人也?"李甲正要卖弄在行,遂实说道:"此乃北京名姬杜十娘也。"孙富道:"既系曲中姊妹,何以归兄?"公子遂将初遇杜十娘,如何相好,后来如何要嫁,如何借银讨他,始末根由,备细述了一遍。孙富道:"兄携丽人而归,固是快事,但不知尊府中能相容否?"公子道:"贱室不足虑。所虑者老父性严,尚费踌躇耳!"孙富将机就机,便问道:"既是尊大人未必相容,兄所携丽人,何处安顿?亦曾通知丽人,共作计较否?"公子攒眉而答道:"此事曾与小妾议之。"孙富欣然问道:"尊宠必有妙策。"公子道:"他意欲侨居苏杭,流连山水。使小弟先回,求亲友宛转于家君之前,俟家君回嗔作喜,然后图归。高明以为何如?"孙富沉吟半晌,故作愀然之色,道:"小弟乍会之间,交浅言深,诚恐见怪。"公子道:"正赖高明指教,何必谦逊?"孙富道:"尊大人位居方面,必严帷薄之嫌,平时既怪兄游非礼之地,今日岂容兄娶不节之人?况且贤亲贵友,谁不迎合尊大人之意者?兄枉去求他,必然相拒。就有个不识时务的进言于尊大人之前,见尊大人意思不允,他就转口了。兄进不能和睦家庭,退无词以回复尊宠。即使留连山水,亦非长久之计。万一资斧困竭,岂不进退两难!"

公子自知手中只有五十金,此时费去大半,说到资斧困竭,进退两难,不觉点头道是。孙富又道:"小弟还有句心腹之谈,兄肯俯听否?"公子道:"承兄过爱,更求尽言。"孙富道:"疏不间亲,还是莫说罢。"公子道:"但说何妨?"孙富道:"自古道妇人水性无常,况烟花之辈,少真多假。他既系六院名姝,相识定满天下;或者南边原有旧约,借兄之力,挈带而来,以为他适之地。"公子道:"这个恐未必然。"孙富道:"既不然,江南子弟,最工轻薄。兄留丽人独居，难保无逾墙钻穴之事。若挚之同归，愈增尊大人之怒。为兄之计，未有善策。况父子天伦，必不可绝。若为妾而触父，因妓而弃家，海内必以兄为浮浪不经之人。异日妻不以为夫，弟不以为兄，同袍不以为友，兄何以立于天地之间？兄今日不可不熟思也！"

公子闻言，茫然自失，移席问计："据高明之见，何以教我？"孙富道："仆有一计，于兄甚便。只恐兄溺枕席之爱，未必能行，使仆空费词说耳！"公子道："兄诚有良策，使弟再睹家园之乐，乃弟之恩人也。又何惮而不言耶？"孙富道："兄飘零岁余，严亲怀怒，闺阁离心，设身以处兄之地，诚寝食不安之时也。然尊大人所以怒兄者，不过为迷花恋柳，挥金如土，异日必为弃家荡产之人，不堪承继家业耳！兄今日空手而归，正触其怒。兄倘能割衽席之爱，见机而作，仆愿以千金相赠。兄得千金，以报尊大人，只说在京授馆，并不曾浪费分毫，尊大人必然相信。从此家庭和睦，当无间言。须臾之间，转祸为福。兄请三思，仆非贪丽人之色，实为兄效忠于万一也！"李甲原是没主意的人，本心惧怕老子，被孙富一席话，说透胸中之疑，起身作揖道："闻兄大教，顿开茅塞。但小妾千里相从，义难顿绝，容归与商之。得其心肯，当奉复耳。"孙富道："说话之间，宜放婉曲。彼既忠心为兄，必不忍使兄父子分离，定然玉成兄还乡之事矣。"二人饮了一回酒，风停雪止，天色已晚。孙富教家童算还了酒钱，与公子携手下船。正是：

逢人且说三分话，未可全抛一片心。

却说杜十娘在舟中，摆设酒果，欲与公子小酌，竟日未回，挑灯以待。公子下船，十娘起迎。见公子颜色匆匆，似有不乐之意，乃满斟热酒劝之。公子摇首不饮，一言不发，竟自床上睡了。十娘心中不悦，乃收拾杯盘，为公子解衣就枕，问道："今日有何见闻，而怀抱郁郁如此？"公子叹息而已，终不启口。问了三四次，公子已睡去了。十娘委决不下，坐于床头而不能寐。到夜半，公子醒来，又叹一口气。十娘道："郎君有何难言之事，频频叹息？"公子拥被而起，欲言不语者几次，扑簌簌掉下泪来。十娘抱持公子于怀间，软言抚慰道："妾与郎君情好已及二载，千辛万苦，历尽艰难，得有今日。然相从数千里，未曾哀戚。今将渡江，方图百年欢笑，如何反起悲伤？必有其故。夫妇之间，死生相共，有事尽可商量，万勿讳也！"公子再四被逼不过，只得含泪而言道："仆天涯穷困，蒙恩卿不弃，委曲相从，诚乃莫大之德也。但反覆思之，老父位居方面，拘于礼法，况素性方严，恐添嗔怒，必加黜逐。你我流荡，将何底止？夫妇之欢难保，父子之伦又绝。日间蒙新安孙友邀饮，为我筹及此事，寸心如割！"十娘大惊道："郎君意将如何？"公子道："仆事内之人，当局而迷。孙友为我画一计颇善，但恐恩卿不从耳！"十娘道："孙友者何人？计如果善，何不可从？"公子道："孙友名富，新安盐商，少年风流之士也。夜间闻子清歌，因而问及。仆告以来历，并谈及难归之故，渠意欲以千金聘汝。我得千金，可藉口以见吾父母；而恩卿亦得所天。但情不能舍，是以悲泣。"说罢，泪如雨下。

十娘放开两手，冷笑一声道："为郎君画此计者，此人乃大英雄也！郎君千金之资既得恢复，而妾归他姓，又不致为行李之累，发乎情，止乎礼，诚两便之策也。那千金在那里?"公子收泪道:"未得恩卿之诺,金尚留彼处,未曾过手。"十娘道:"明早快快应承了他,不可挫过机会。但千金重事,须得兑足交付郎君之手,妾始过舟,勿为贾竖子所欺。"

时已四鼓,十娘即起身挑灯梳洗道:"今日之妆,乃迎新送旧,非比寻常。"于是脂粉香泽,用意修饰,花钿绣袄,极其华艳,香风拂拂,光采照人。

装束方完,天色已晓。孙富差家童到船头候信。十娘微窥公子,欣欣似有喜色,乃催公子快去回话,及早兑足银子。公子亲到孙富船中,回复依允。孙富道:"兑银易事,须得丽人妆台为信。"公子又回复了十娘,十娘即指描金文具道:"可便抬去。"孙富喜甚,即将白银一千两,送到公子船中。

十娘亲自检看,足色足数,分毫无爽。乃手把船舷,以手招孙富。孙富一见,魂不附体。十娘启朱唇,开皓齿道:"方才箱子可暂发来,内有李郎路引一纸,可检还之也。"

孙富视十娘已为瓮中之鳖,即命家童送那描金文具,安放船头之上。十娘取钥开锁,内皆抽屉小箱。十娘叫公子抽第一层来看,只见翠羽明珰,瑶簪宝珥,充牣于中,约值数百金。十娘遽投之江中。李甲与孙富及两船之人,无不惊诧。又命公子再抽一箱,乃玉箫金管;又抽一箱,尽古玉紫金玩器,约值数千金。十娘尽投之于大江中。岸上之人,观者如堵。齐声道:"可惜,可惜!"正不知什么缘故。最后又抽一箱,箱中复有一匣。开匣视之,夜明之珠,约有盈把。其他祖母绿、猫儿眼,诸般异宝,目所未睹,莫能定其价之多少。众人齐声喝彩,喧声如雷。十娘又欲投之于江。李甲不觉大悔,抱持十娘恸哭,那孙富也来劝解。

十娘推开公子在一边,向孙富骂道:"我与李郎备尝艰苦,不是容易到此。汝以奸淫之意,巧为谗说,一旦破人姻缘,断人恩爱,乃我之仇人。我死而有知,必当诉之神明,尚妄想枕席之欢乎!"又对李甲道:"妾风尘数年,私有所积,本为终身之计。自遇郎君,山盟海誓,白首不渝。前出都之际,假托众姊妹相赠,箱中韫藏百宝,不下万金。将润色郎君之装,归见父母,或怜妾有心,收佐中馈,得终委托,生死无憾。谁知郎君相信不深,惑于浮议,中道见弃,负妾一片真心。今日当众目之前,开箱出视,使郎君知区区千金,未为难事。妾椟中有玉,恨郎眼内无珠。命之不辰,风尘困瘁,甫得脱离,又遭弃捐。今众人各有耳目,共作证明,妾不负郎君,郎君自负妾耳!"

于是众人聚观者,无不流涕,都唾骂李公子负心薄幸。公子又羞又苦,且悔且泣,方欲向十娘谢罪。十娘抱持宝匣,向江心一跳。众人急呼捞救。但见云暗江心,波涛滚滚,杳无踪影。可惜一个如花似玉的名姬,一旦葬于江鱼之腹!

　　　三魂渺渺归水府,七魄悠悠入冥途。

当时旁观之人,皆咬牙切齿,争欲拳殴李甲和那孙富。慌得李、孙二人,手足无措,急叫开船,分途遁去。李甲在舟中,看了千金,转忆十娘,终日愧悔,郁成狂疾,终身不痊。孙富自那日受惊得病,卧床月余,终日见杜十娘在傍诟骂,奄奄而逝。人以为江中之报也。

却说柳遇春在京坐监完满,束装回乡,停舟瓜步。偶临江净脸,失坠铜盆于水,觅渔人打捞。及至捞起,乃是个小匣儿。遇春启匣观看,内皆明珠异宝,无价之珍。遇春厚赏渔人,留于床头把玩。是夜梦见江中一女子,凌波而来,视之,乃杜十娘也。近前万福,诉以李郎薄幸之事。又道:"向承君家慷慨,以一百五十金相助,本意息肩之后,徐图报答。不意事无终始。然每怀盛情,悒悒未忘。早间曾以小匣托渔人奉致,聊表寸心,从此不复相见矣。"言讫,猛然惊醒,方知十娘已死,叹息累日。

后人评论此事,以为孙富谋夺美色,轻掷千金,固非良士。李甲不识杜十娘一片苦心,碌碌蠢才,无足道者。独谓十娘千古女侠,岂不能觅一佳侣,共跨秦楼之凤,乃错认李公子。明珠美玉,投于盲人,以致恩变为仇,万种恩情,化为流水,深可惜也!有诗叹云:

不会风流莫妄谈,单单情字费人参;

若将情字能参透,唤作风流也不惭。

【注释】

①《杜十娘怒沉百宝箱》选自《警世通言》卷32,是其中最为优秀的一篇,也是明代拟话本中成就较高的作品。

明万历二十年间,误落风尘的京城名妓杜十娘,渴望"落籍从良",摆脱其受侮辱被玩弄的处境。她爱上出身宦门的贵公子李甲,在经过再三考验、试探并深知李甲"忠厚志诚"之后,便设计赎身嫁于李甲。归途中,由于孙富的诱骗,孙李二人以千金易十娘。次日,杜十娘重着"迎新送旧"之艳妆,在痛斥孙之阴险、李之负心之后,怀抱象征自身价值的百宝箱,悲愤地投入滚滚大江之中。李甲"终日愧悔,郁成狂疾",奄奄而逝。

【作者简介】

冯梦龙(1574—1646),字犹龙,又字耳犹,号龙子犹,又号墨憨斋主人,长洲(今江苏吴县)人,明朝末年著名的文学家、戏曲家。他文思敏锐,诗文藻丽,一生中除在福建寿宁县任过五年知县外,主要以著述为务。冯梦龙以其对小说、戏曲、民歌、笑话等通俗文学的创作、搜集、整理、编辑,为我国文学作出了很大的贡献。前后由他编写或改写的著作数十种,其中最为有名的是《喻世明言》《警世通言》和《醒世恒言》(合称"三言"),代表了我国古代白话短篇小说的最高成就。

宝玉游太虚幻境①

曹雪芹

第四回中既将薛家母子在荣府内寄居等事略已表明,此回则暂不能写矣。

如今且说林黛玉自在荣府以来,贾母万般怜爱,寝食起居一如宝玉,迎春探春惜春三个亲孙女倒且靠后,便是宝玉和黛玉二人之亲密友爱处,亦自较别个不同,日则同行同坐,夜则同息同止,真是言和意顺,略无参商。不想如今忽然来了一个薛宝钗,年岁虽大不多,然品格端方,容貌丰美,人多谓黛玉所不及。而且宝钗行为豁达,随分从时,不比黛玉孤高自许,目无下尘,故比黛玉大得下人之心。便是那些小丫头子们,亦多喜与宝钗去顽。因此黛玉心中便有些悒郁不忿之意,宝钗却浑然不觉。那宝玉亦在孩提之间,况自天性所禀来的一片愚拙偏僻,视姊妹弟兄皆出一意,并无亲疏远近之别。其中因与黛玉同随贾母一处坐卧,故略比别个姊妹熟惯些。既熟惯,则更觉亲密;既亲密,则不免一时有求全之毁,不虞之隙②。这日不知为何,他二人言语有些不合起来,黛玉又气的独在房中垂泪,宝玉又自悔言语冒撞,前去俯就,那黛玉方渐渐的回转来。

因东边宁府中花园内梅花盛开,贾珍之妻尤氏乃治酒,请贾母、邢夫人、王夫人等赏花。是日先携了贾蓉之妻,二人来面请。贾母等于早饭后过来,就在会芳园游顽,先茶后酒,不过皆是宁荣二府女眷家宴小集,并无别样新文趣事可记。一时宝玉倦怠,欲睡中觉,贾母命人好生哄着,歇一回再来。贾蓉之妻秦氏便忙笑回道:"我们这里有给宝叔收拾下的屋子,老祖宗放心,只管交与我就是了。"又向宝玉的奶娘丫鬟等道:"嬷嬷、姐姐们,请宝叔随我这里来。"贾母素知秦氏是个极妥当的人,生的袅娜纤巧,行事又温柔和平,乃重孙媳中第一个得意之人,见他去安置宝玉,自是安稳的。

当下秦氏引了一簇人来至上房内间。宝玉抬头看见一幅画贴在上面,画的人物固好,其故事乃是《燃藜图》③,也不看系何人所画,心中便有些不快。又有一幅对联,写的是:世事洞明皆学问,人情练达即文章。

及看了这两句,纵然室宇精美,铺陈华丽,亦断断不肯在这里了,忙说:"出去!出去!"秦氏听了笑道:"这里还不好,可往那里去呢?不然往我屋里去吧。"宝玉点头微笑。有一个嬷嬷说道:"那里有个叔叔往侄儿房里睡觉的理?"秦氏笑道:"嗳哟哟,不怕他恼。他能多大呢,就忌讳这些个!上月你没看见我那个兄弟来了,虽然与宝叔同年,两个人若站在一处,只怕那个还高些呢。"宝玉道:"我怎么没见过?你带他来我瞧瞧。"众人笑道:"隔着二三十里,往那里带去,见的日子有呢。"说着大家来至秦氏房中。刚至房门,便有一股细细的甜香袭人而来。宝玉觉得眼饧④骨软,连说"好香!"入房向壁上看时,有唐伯虎画的《海棠春睡图》⑤,两边有宋学士秦太虚写的一副对联,其联云:"嫩寒锁梦因春冷,芳气笼人是酒香。"案上设着武则天当日镜室中设的宝镜,一边摆着飞燕立着舞过的金盘,盘内盛着安禄山掷过伤了太真乳的木瓜。上面设着寿昌公主于含章殿下卧的榻,悬的是同昌公主制的连珠帐⑥。宝玉含笑,连说"这里好"。秦氏笑道:"我这屋子,大约神仙也可以住得了。"说着亲自展开了西子浣过的纱衾,移了红娘抱过的鸳枕。于是众奶母伏侍宝玉卧好,款款散了,只留袭人、媚人、晴雯、麝月四个丫鬟为伴。秦氏便分咐小丫鬟们,好生在廊檐下看着猫儿狗儿打架。

那宝玉刚合上眼,便惚惚的睡去,犹似秦氏在前,遂悠悠荡荡,随了秦氏,至一所在。但见朱栏白石,绿树清溪,真是人迹希逢,飞尘不到。宝玉在梦中欢喜,想道:"这个去处有趣,我就在这里过一生,纵然失了家也愿意,强如天天被父母师傅打呢。"正胡思之间,忽听山后有人作歌曰:

九、中国小说

"春梦随云散,飞花逐水流,寄言众儿女,何必觅闲愁。"

宝玉听了是女子的声音。歌声未息,早见那边走出一个人来,蹁跹袅娜,端的与人不同。有赋为证:

"方离柳坞,乍出花房。但行处鸟惊庭树,将到时,影度回廊。仙袂乍飘兮,闻麝兰之馥郁,荷衣欲动兮,听环佩之铿锵。靥笑春桃兮,云堆翠髻;唇绽樱颗兮,榴齿含香。纤腰之楚楚兮,回风舞雪;珠翠之辉辉兮,满额鹅黄。出没花间兮,宜嗔宜喜;徘徊池上兮,若飞若扬。蛾眉颦笑兮,将言而未语,莲步乍移兮,待止而欲行。羡彼之良质兮,冰清玉润;羡彼之华服兮,闪灼文章。爱彼之貌容兮,香培玉琢;美彼之态度兮,凤翥龙翔。其素若何,春梅绽雪。其洁若何,秋菊被霜。其静若何,松生空谷。其艳若何,霞映澄塘。其文若何,龙游曲沼。其神若何,月射寒江。应惭西子,实愧王嫱。奇矣哉,生于孰地,来自何方,信矣乎,瑶池不二,紫府无双。果何人哉?如斯之美也!"

宝玉见是一个仙姑,喜的忙来作揖问道:"神仙姐姐不知从那里来,如今要往那里去?也不知这是何处,望乞携带携带。"那仙姑笑道:"吾居离恨天之上,灌愁海之中,乃放春山遣香洞太虚幻境警幻仙姑是也,司人间之风情月债,掌尘世之女怨男痴。因近来风流冤孽,缠绵于此处,是以前来访察机会,布散相思。今忽与尔相逢,亦非偶然。此离吾境不远,别无他物,仅有自采仙茗一盏,亲酿美酒一瓮,素练魔舞歌姬数人,新填《红楼梦》仙曲十二支,试随吾一游否?"宝玉听了,喜跃非常,便忘了秦氏在何处,竟随了仙姑至一所在,有石牌横建,上书"太虚幻境"四个大字,两边一副对联,乃是:

"假作真时真亦假,无为有处有还无。"

转过牌坊,便是一座宫门,上面横书四个大字,道是:"孽海情天。"又有一副对联,大书云:

"厚地高天,堪叹古今情不尽,痴男怨女,可怜风月债难偿。"

宝玉看了,心下自思道:"原来如此。但不知何为'古今之情',何为'风月之债'?从今倒要领略领略。"宝玉只顾如此一想,不料早把些邪魔招入膏肓了⑦。当下随了仙姑进入二层门内,至两边配殿,皆有匾额对联,一时看不尽许多,惟见有几处写的是:"痴情司""结怨司""朝啼司""夜怨司""春感司""秋悲司"。宝玉看了,因向仙姑道:"敢烦仙姑引我到那各司中游玩游玩,不知可使得?"仙姑道:"此各司中皆贮的是普天之下所有的女子过去未来的簿册,尔凡眼尘躯,未便先知的。"宝玉听了,那里肯依,复央之再四。仙姑无奈,说:"也罢,就在此司内略随喜随喜⑧罢了。"宝玉喜不自胜,抬头看这司的匾上,乃是"薄命司"三字,两边对联写的是:

"春恨秋悲皆自惹,花容月貌为谁妍。"

宝玉看了,便知感叹。进入门来,只见有十数个大厨,皆用封条封着。看那封条上,皆是各省的地名。宝玉一心只拣自己的家乡封条看,遂无心看别省的了。只见那边厨上封条上大书七字云:"金陵十二钗⑨正册"。宝玉问道:"何为'金陵十二钗正册'?"警幻道:"即贵省中十二冠首女子之册,故为正册。"宝玉道:"常听人说,金陵极大,怎么只十二个女子？如今单我家里，上上下下，就有几百女孩子呢。"警幻冷笑道："贵省女子固多，不过择其紧要者录之。下边二厨则又次之。余者庸常之辈，则无册可录矣。"宝玉听说，再看下首二厨上，果然写着"金陵十二钗副册"，又一个写着"金陵十二钗又副册"。宝玉便伸手先将"又副册"厨开了，拿出一本册来，揭开一看，只见这首页上画着一幅画，又非人物，也无山水，不过是水墨滃染的满纸乌云浊雾而已。后有几行字迹，写的是：

"霁月难逢，彩云易散。心比天高，身为下贱。风流灵巧招人怨。寿夭多因毁谤生，多情公子空牵念。"

宝玉看了，又见后面画着一簇鲜花，一床破席，也有几句言词，写道是：

"枉自温柔和顺，空云似桂如兰，堪羡优伶有福，谁知公子无缘。"

宝玉看了不解。遂掷下这个，又去开了副册厨门，拿起一本册来，揭开看时，只见画着一株桂花，下面有一池沼，其中水涸泥干，莲枯藕败，后面书云：

"根并荷花一茎香，平生遭际实堪伤。自从两地生孤木，致使香魂返故乡。"

宝玉看了仍不解。便又掷了，再去取"正册"看，只见头一页上便画着两株枯木，木上悬着一围玉带，又有一堆雪，雪下一股金簪。也有四句言词，道是：

"可叹停机德，堪怜咏絮才。玉带林中挂，金簪雪里埋。"

宝玉看了仍不解。待要问时，情知他必不肯泄漏，待要丢下，又不舍。遂又往后看时，只见画着一张弓，弓上挂着香橼。也有一首歌词云：

"二十年来辨是非，榴花开处照宫闱。三春争及初春景，虎兕相逢大梦归。"

后面又画着两人放风筝，一片大海，一只大船，船中有一女子掩面泣涕之状。也有四句写云：

"才自精明志自高，生于末世运偏消。清明涕送江边望，千里东风一梦遥。"

后面又画几缕飞云，一湾逝水。其词曰：

"富贵又何为，襁褓之间父母违。展眼吊斜晖，湘江水逝楚云飞。"

后面又画着一块美玉，落在泥垢之中。其断语云：

"欲洁何曾洁，云空未必空。可怜金玉质，终陷淖泥中。"

后面忽见画着个恶狼，追扑一美女，欲啖之意。其书云：子系中山狼，得志便猖狂。金闺花柳质，一载赴黄粱。

后面便是一所古庙，里面有一美人在内看经独坐。其判云：

"勘破三春景不长，缁衣顿改昔年妆。可怜绣户侯门女，独卧青灯古佛旁。"

后面便是一片冰山，上面有一只雌凤。其判曰：

"凡鸟偏从末世来，都知爱慕此生才。一从二令三人木，哭向金陵事更哀。"

后面又是一座荒村野店，有一美人在那里纺绩。其判云：

"势败休云贵，家亡莫论亲。偶因济刘氏，巧得遇恩人。"

后面又画着一盆茂兰，旁有一位凤冠霞帔的美人。也有判云：

"桃李春风结子完，到头谁似一盆兰。如冰水好空相妒，枉与他人作笑谈。"

九、中国小说

后面又画着高楼大厦,有一美人悬梁自缢。其判云:

"情天情海幻情身,情既相逢必主淫。漫言不肖皆荣出,造衅开端实在宁。"

宝玉还欲看时,那仙姑知他天分高明,性情颖慧,恐把仙机泄漏,遂掩了卷册,笑向宝玉道:"且随我去游玩奇景,何必在此打这闷葫芦!"

宝玉恍恍惚惚,不觉弃了卷册,又随了警幻来至后面。但见珠帘绣幕,画栋雕檐,说不尽那光摇朱户金铺地,雪照琼窗玉作宫。更见仙花馥郁,异草芬芳,真好个所在。又听警幻笑道:"你们快出来迎接贵客!"一语未了,只见房中又走出几个仙子来,皆是荷袂蹁跹,羽衣飘舞,姣若春花,媚如秋月。一见了宝玉,都怨谤警幻道:"我们不知系何'贵客',忙的接了出来!姐姐曾说今日今时必有绛珠妹子的生魂前来游玩,故我等久待。何故反引这浊物来污染这清净女儿之境?"

宝玉听如此说,便吓得欲退不能退,果觉自形污秽不堪。警幻忙携住宝玉的手,向众姊妹道:"你等不知原委。今日原欲往荣府去接绛珠,适从宁府所过,偶遇宁荣二公之灵,嘱吾云:'吾家自国朝定鼎以来,功名奕世,富贵传流,虽历百年,奈运终数尽,不可挽回者。故遗之子孙虽多,竟无可以继业。其中惟嫡孙宝玉一人,禀性乖张,生性怪谲,虽聪明灵慧,略可望成,无奈吾家运数合终,恐无人规引入正。幸仙姑偶来,万望先以情欲声色等事警其痴顽,或能使彼跳出迷人圈子,然后入于正路,亦吾兄弟之幸矣。'如此嘱吾,故发慈心,引彼至此。先以彼家上中下三等女子之终身册籍,令彼熟玩,尚未觉悟;故引彼再至此处,令其再历饮馔声色之幻,或冀将来一悟,亦未可知也。"说毕,携了宝玉入室。但闻一缕幽香,竟不知其所焚何物。宝玉遂不禁相问。警幻冷笑道:"此香尘世中既无,尔何能知!此香乃系诸名山胜境内初生异卉之精,合各种宝林珠树之油所制,名'群芳髓'。"宝玉听了,自是羡慕而已。大家入座,小丫鬟捧上茶来。宝玉自觉清香异味,纯美非常,因又问何名。警幻道:"此茶出在放春岩遣香洞,又以仙花灵叶上所带之宿露而烹,此茶名曰'千红一窟'。"宝玉听了,点头称赏。因看房内,瑶琴、宝鼎、古画、新诗,无所不有,更喜窗下亦有唾绒,奁间时渍粉污。壁上也见悬着一副对联,书云:"幽微灵秀地,无可奈何天。"宝玉看毕,无不羡慕。因又请问众仙姑姓名:一名"痴梦仙姑",一名"钟情大士",一名"引愁金女",一名"度恨菩提",各各道号不一。少刻,有小丫鬟来调桌安椅,设摆酒馔。真是:琼浆满泛玻璃盏,玉液浓斟琥珀杯。更不用再说那肴馔之盛。宝玉因闻得此酒清香甘冽,异乎寻常,又不禁相问。警幻道:"此酒乃以百花之蕊,万木之汁,加以麟髓之醅,凤乳之曲酿成,因名为'万艳同杯'。"宝玉称赏不迭。

饮酒间,又有十二个舞女上来,请问演何词曲。警幻道:"就将新制《红楼梦》十二支演上来。"舞女们答应了,便轻敲檀板,款按银筝,听他歌道是:"开辟鸿蒙……"方歌了一句,警幻便说道:"此曲不比尘世中所填传奇之曲,必有生旦净末之则,又有南北九宫之限。此或咏叹一人,或感怀一事,偶成一曲,即可谱入管弦。若非个中人,不知其中之妙。料尔亦未必深明此调。若不先阅其稿,后听其歌,翻成嚼蜡①矣。"说毕,回头命小丫鬟取了《红楼梦》原稿来,递与宝玉。宝玉揭起,一面目视其文,一面耳聆其歌曰:

〔红楼梦引子〕开辟鸿蒙,谁为情种?都只为风月情浓。趁着这奈何天,伤怀日,寂寥时,试遣愚衷。因此上,演出这怀金悼玉的《红楼梦》。

〔终身误〕都道是金玉良姻,俺只念木石前盟。空对着,山中高士晶莹雪;终不忘,世外仙姝寂寞林。叹人间,美中不足今方信。纵然是齐眉举案,到底意难平。

〔枉凝眉〕一个是阆苑仙葩,一个是美玉无瑕。若说没奇缘,今生偏又遇着他,若说有奇缘,如何心事终虚化?一个枉自嗟呀,一个空劳牵挂。一个是水中月,一个是镜中花。想眼中能有多少泪珠儿,怎经得秋流到冬尽,春流到夏!

宝玉听了此曲,散漫无稽,不见得好处,但其声韵凄惋,竟能销魂醉魄。因此也不察其原委,问其来历,就暂以此释闷而已。因又看下面唱道:

〔恨无常〕喜荣华正好,恨无常又到。眼睁睁,把万事全抛。荡悠悠,把芳魂消耗。望家乡,路远山高。故向爹娘梦里相寻告:儿命已入黄泉,天伦呵,须要退步抽身早!

〔分骨肉〕一帆风雨路三千,把骨肉家园齐来抛闪。恐哭损残年,告爹娘,休把儿悬念。自古穷通皆有定,离合岂无缘?从今分两地,各自保平安。奴去也,莫牵连。

〔乐中悲〕襁褓中父母叹双亡,纵居那绮罗丛,谁知娇养?幸生来,英豪阔大宽宏量,从未将儿女私情略萦心上。好一似霁月光风耀玉堂。厮配得才貌仙郎,博得个地久天长,准折得幼年时坎坷形状。终久是云散高唐,水涸湘江。这是尘寰中消长数应当,何必枉悲伤!

〔世难容〕气质美如兰,才华复比仙。天生成孤癖人皆罕。你道是啖肉食腥膻,视绮罗俗厌,却不知太高人愈妒,过洁世同嫌。可叹这青灯古殿人将老,辜负了红粉朱楼春色阑。到头来,依旧是风尘肮脏违心愿。好一似无瑕白玉遭泥陷,又何须王孙公子叹无缘。

〔喜冤家〕中山狼,无情兽,全不念当日根由。一味的骄奢淫荡贪还构。觑着那侯门艳质同蒲柳,作践的公府千金似下流。叹芳魂艳魄,一载荡悠悠。

〔虚花悟〕将那三春看破,桃红柳绿待如何?把这韶华打灭,觅那清淡天和。说什么天上夭桃盛,云中杏蕊多。到头来谁把秋捱过?则看那白杨村里人呜咽,青枫林下鬼吟哦。更兼着连天衰草遮坟墓。这的是昨贫今富人劳碌,春荣秋谢花折磨。似这般生关死劫谁能躲?闻说道西方宝树唤婆娑,上结着长生果。

〔聪明累〕机关算尽太聪明,反算了卿卿性命。生前心已碎,死后性空灵。家富人宁,终有个家亡人散各奔腾。枉费了意悬悬半世心;好一似荡悠悠三更梦。忽喇喇似大厦倾,昏惨惨似灯将尽。呀!一场欢喜忽悲辛。叹人世终难定!

〔留余庆〕留余庆,留余庆,忽遇恩人,幸娘亲,幸娘亲,积得阴功。劝人生,济困扶穷,休似俺那爱银钱、忘骨肉的狠舅奸兄!正是乘除加减,上有苍穹。

〔晚韶华〕镜里恩情,更那堪梦里功名!那美韶华去之何迅!再休提绣帐鸳衾。只这带珠冠,披凤袄,也抵不了无常性命。虽说是人生莫受老来贫,也须要阴鸷积儿孙。气昂昂头戴簪缨,簪缨;光灿灿胸悬金印;威赫赫爵禄高登,高登;昏惨惨黄泉路近。问古来将相可还存?也只是虚名儿与后人钦敬。

〔好事终〕画梁春尽落香尘。擅风情,秉月貌,便是败家的根本。箕裘颓堕皆从敬,家事消亡首罪宁。宿孽总因情。

〔飞鸟各投林〕为官的家业凋零;富贵的金银散尽;有恩的死里逃生;无情的分明报应。欠命的命已还;欠泪的泪已尽。冤冤相报实非轻,分离聚合皆前定。欲知命短问前生,老来富贵也真侥幸。看破的遁入空门;痴迷的枉送了性命。好一似食尽鸟投林,落了片白茫茫大地真干净!

【注释】

①本文节选自《红楼梦》第五回"游幻境指迷十二钗 饮仙醪曲演红楼梦",标题为编者另加。
②"求全之毁"二句:意外的误会。不虞:没想到。隙:指不和。
③燃藜图:《刘向别传》记载,汉代刘向在黑夜里独坐诵书,来了一个神人,手持青藜杖,吹杖头出火照着他,教给他许多古书。"燃藜图"就是用这个"勤学"为故事题材的古画。
④眼饧:眼似饴糖般的黏涩。
⑤海棠春睡图:古代小说记载,唐玄宗有一次把杨贵妃比作海棠春睡未醒,所以这幅画是所谓"香艳"的画面。
⑥"武则天的宝镜"等:用许多古代香艳故事中的器物来说明屋内的古玩陈设香艳华丽,同时更有讽刺的含义。
⑦膏肓:脏腑中的一个部分,古代故事,有"病鬼"在这里隐藏,针和药都达不到,后世对于病症到了不能医治的程度常说"病入膏肓"。
⑧随喜:佛家以为行善事可生"欢喜心",随人做善事称为"随喜",引申对于到庙中的一般行为也都称为"随喜"。
⑨金陵十二钗:太虚幻境"薄命司"里记录的南京十二个最优秀的女子。钗,女子头发上的饰品,这里用来指代女子。
⑩嚼蜡:形容无味。

【作者简介】

曹雪芹(约1715—约1763),名霑,字梦阮,号雪芹,又号芹圃、芹溪,清代伟大现实主义小说家。曹家曾显赫一时,后因受朝廷内部政治斗争牵连遭罢官抄家之祸,从此家道中落。曹雪芹性格豪放,喜欢饮酒,多才多艺,工诗善画,"生于繁华,终于沦落"的刻骨经历使他将自己的悲剧体验、探索精神都熔铸到了《红楼梦》中,在穷困艰难的环境里,"披阅十载,增删五次",完成了《红楼梦》前80回的创作(生前已传抄行世),80回以后也可能有部分残稿,但佚失不传。今传后40回,一般认为是高鹗所续。

《红楼梦》以贾、王、史、薛四大家族的兴衰为背景,以贾宝玉、林黛玉、薛宝钗的爱情婚姻故事为主线,对封建婚姻、道德、文化等多方面进行了揭露和批判,通过叛逆者的悲剧命运预见封建社会必然走向灭亡,揭示出封建末世危机,具有初步的民主主义思想。整部小说思想深邃、结构严谨、人物生动、语言典丽,是举世公认的中国古典小说巅峰之作。

聊斋志异·阿宝①(节选)

蒲松龄

粤西孙子楚,名士也。生有枝指。性迂讷,人诳之,辄信为真。或值座有歌妓,则必遥望却走。或知其然,诱之来,使妓狎逼之,则赪颜彻颈,汗珠珠下滴。因共为笑。遂貌其呆状,相邮传作丑语,而名之"孙痴"。

邑大贾某翁,与王侯埒富。姻戚皆贵胄。有女阿宝,绝色也。日择良匹,大家儿争委禽妆,皆不当翁意。生时失俪,有戏之者,劝其通媒。生殊不自揣,果从其教。翁素耳其名,而贫之。媒媪将出,适遇宝,问之,以告。女戏曰:"渠去其枝指,余当归之。"媪告生。生曰:"不难。"媒去,生以斧自断其指,大痛彻心,血益倾注,滨死。过数日,始能起,往见媒而示之。媪惊,奔告女。女亦奇之,戏请再去其痴。生闻而哗辨,自谓不痴;然无由见而自剖。转念阿宝未必美如天人,何遂高自位置如此? 由是曩念顿冷。

会值清明,俗于是日,妇女出游,轻薄少年,亦结队随行,恣其月旦。有同社数人,强邀生去。或嘲之曰:"莫欲一观可人否?"生亦知其戏己;然以受女挪揄故,亦思一见其人,忻然随众物色之。遥见有女子憩树下,恶少年环如墙堵。众曰:"此必阿宝也。"趋之,果宝也。审谛之,娟丽无双。少倾,人益稠。女起,遽去。众情颠倒,品头题足,纷纷若狂。生独默然。及众他适,回视,生犹痴立故所,呼之不应。群曳之曰:"魂随阿宝去耶?"亦不答。众以其素讷,故不为怪,或推之、或挽之以归。至家,直上床卧,终日不起,冥如醉,唤之不醒。家人疑其失魂,招于旷野,莫能效。强拍问之,则蒙胧应云:"我在阿宝家。"及细诘之,又默不语。家人惶惑莫解。

初,生见女去,意不忍舍,觉身已从之行,渐傍其衿带间,人无呵者。遂从女归,坐卧依之,夜辄与狎,甚相得;然觉腹中奇馁,思欲一返家门,而迷不知路。女每梦与人交,问其名,曰:"我孙子楚也。"心异之,而不可以告人。生卧三日,气休休若将澌灭。家人大恐,托人婉告翁,欲一招魂其家。翁笑曰:"平昔不相往还,何由遗魂吾家?"家人固哀之,翁始允。巫执故服、草荐以往。女诘得其故,骇极,不听他往,直导入室,任招呼而去。巫归至门,生榻上已呻。既醒,女室之香奁什具,何色何名,历言不爽。女闻之,益骇,阴感其情之深。

生既离床寝,坐立凝思,忽忽若忘。每伺察阿宝,希幸一再遘之。浴佛节,闻将降香水月寺,遂早旦往候道左,目眩睛劳。日涉午,女始至,自车中窥见生,以掺手搴帘,凝睇

210

不转。生益动,尾从之。女忽命青衣来诘姓字。生殷勤自展,魂益摇。车去,始归。归复病,冥然绝食,梦中辄呼宝名,每自恨魂不复灵。家旧养一鹦鹉,忽毙,小儿持弄于床。生自念:倘得身为鹦鹉,振翼可达女室。心方注想,身已翩然鹦鹉,遽飞而去,直达宝所。女喜而扑之,锁其肘,饲以麻子。大呼曰:"姐姐勿锁!我孙子楚也!"女大骇,解其缚,亦不去。女祝曰:"深情已篆中心。今已人禽异类,姻好何可复圆?"鸟云:"得近芳泽,于愿已足。"他人饲之,不食;女自饲之,则食。女坐,则集其膝;卧,则依其床。如是三日,女甚怜之,阴使人瞯生,生则僵卧,气绝已三日,但心头未冰耳。女又祝曰:"君能复为人,当誓死相从。"鸟云:"诳我!"女乃自矢。鸟侧目若有所思。少间,女束双弯,解履床下,鹦鹉骤下,衔履飞去。女急呼之,飞已远矣。女使妪往探,则生已寤。家人见鹦鹉衔绣履来,堕地死,方共异之。生既苏,即索履。众莫知故。适妪至,入视生,问履所在。生曰:"是阿宝信誓物。借口相覆:小生不忘金诺也。"妪反命。女益奇之,故使婢泄其情于母。母审之确,乃曰:"此子才名亦不恶,但有相如之贫。择数年得婿若此,恐将为显者笑。"女以履故,矢不他。翁媪从之。驰报生。生喜,疾顿瘳。翁议赘诸家。女曰:"婿不可久处岳家。况郎又贫,久益为人贱。儿既诺之,处蓬茅而甘藜藿,不怨也。"生乃亲迎成礼,相逢如隔世欢。

自是家得奁妆,小阜,颇增物产。而生痴于书,不知理家人生业;女善居积,亦不以他事累生。居三年,家益富。生忽病消渴,卒。女哭之痛,泪眼不晴,至绝眠食。劝之不纳,乘夜自经。婢觉之,急救而醒,终亦不食。三日,集亲党,将以殓生。闻棺中呻以息,启之,已复活。自言:"见冥王,以生平朴诚,命作部曹。忽有人白:'孙部曹之妻将至。'王稽鬼录,言:'此未应便死。'又白:'不食三日矣。'王顾谓:'感汝妻节义,姑赐再生。'因使驭卒控马送余还。"由此体渐平。值岁大比,入闱之前,诸少年玩弄之,共拟隐僻之题七,引生僻处与语,言:"此某家关节,敬秘相授。"生信之,昼夜揣摩,制成七艺。众隐笑之。时典试者虑熟题有蹈袭弊,力反常经。题纸下,七艺皆符。生以是抡魁。明年,举进士,授词林。上闻异,召问之。生具启奏。上大嘉悦。后召见阿宝,赏赉有加焉。

异史氏曰:"性痴则其志凝,故书痴者文必工,艺痴者技必良;世之落拓而无成者,皆自谓不痴者也。且如粉花荡产,卢雉倾家,顾痴人事哉!以是知慧黠而过,乃是真痴,彼孙子何痴乎!"

【注释】

①《阿宝》故事的展开是以孙子楚求婚,阿宝设"去枝指""去痴"二难题为起点的。书生孙子楚憨厚到人称"孙痴"。当地富豪王员外小女阿宝美若天仙,求婚者络绎不绝。阿宝由存心戏弄他到痴情誓婚嫁给孙子楚。可是,好景不长,孙子楚不幸魂归阴间,阿宝伤心痛绝,竟悬梁自尽,赶赴阴间相随。阎王被他俩生生死死的憨厚痴情所感动,奏准双双还阳。世间称道"憨人自有憨福"。

【作者简介】

蒲松龄(1640—1715),字留仙,又字剑臣,别号柳泉居士,世称聊斋先生,清代杰出文学家、小说家,山东省淄川县(今淄博市)人。蒲松龄毕生集中精力完成《聊斋志异》8 卷、491 篇,40 余万字。《聊斋志异》内容丰富多彩,故事多采自民间传说和野史轶闻,将花妖狐魅和幽冥世界的事物人格化、社会化,充分表达了作者的爱憎感情和美好理想。作品继承和发展了我国文学中志怪传奇文学的优秀传统和表现手法,情节幻异曲折,跌宕多变,文笔简练,叙次井然,被誉为我国古代文言短篇小说中成就最高的作品集。

除《聊斋志异》外,蒲松龄还有大量诗文、戏剧、俚曲以及有关农业、医药方面的著述存世。

风 波[①]

鲁 迅

临河的土场上,太阳渐渐地收了他通黄的光线了。场边靠河的乌桕树叶,干巴巴的才喘过气来,几个花脚蚊子在下面哼着飞舞。面河的农家的烟突里,逐渐减少了炊烟,女人孩子们都在自己门口的土场上泼些水,放下小桌子和矮凳;人知道,这已经是晚饭的时候了。

老人男人坐在矮凳上,摇着大芭蕉扇闲谈,孩子飞也似的跑,或者蹲在乌桕树下赌玩石子。女人端出乌黑的蒸干菜和松花黄的米饭,热蓬蓬冒烟。河里驶过文人的酒船,文豪见了,大发诗兴,说,"无思无虑,这真是田家乐呵!"

但文豪的话有些不合事实,就因为他们没有听到九斤老太的话。这时候,九斤老太正在大怒,拿破芭蕉扇敲着凳脚说:

"我活到七十九岁了,活够了,不愿意眼见这些败家相,——还是死的好。立刻就要吃饭了,还吃炒豆子,吃穷了一家子!"

伊的曾孙女儿六斤捏着一把豆,正从对面跑来,见这情形,便直奔河边,藏在乌桕树后,伸出双丫角的小头,大声说,"这老不死的!"

九斤老太虽然高寿,耳朵却还不很聋,但也没有听到孩子的话,仍旧自己说,"这真是一代不如一代!"

这村庄的习惯有点特别,女人生下孩子,多喜欢用秤称了轻重,便用斤数当作小名。九斤老太自从庆祝了五十大寿以后,便渐渐地变了不平家,常说伊年青的时候,天气没有现在这般热,豆子也没有现在这般硬;总之现在的时世是不对了。何况六斤比伊的曾祖,少了三斤,比伊父亲七斤,又少了一斤,这真是一条颠扑不破的实例。所以伊又用劲说,"这真是一代不如一代!"

伊的儿媳[②]七斤嫂子正捧着饭篮走到桌边,便将饭篮在桌上一摔,愤愤地说,"你老人家又这么说了。六斤生下来的时候,不是六斤五两么? 你家的秤又是私秤,加重称,十八两秤;用了准十六,我们的六斤该有七斤多哩。我想便是太公和公公,也不见得正是九斤八斤十足,用的秤也许是十四两……"

"一代不如一代!"

七斤嫂还没有答话,忽然看见七斤从小巷口转出,便移了方向,对他嚷道,"你这死尸怎么这时候才回来,死到那里去了! 不管人家等着你开饭!"

七斤虽然住在农村,却早有些飞黄腾达的意思。从他的祖父到他,三代不捏锄头柄了;他也照例的帮人撑着航船,每日一回,早晨从鲁镇进城,傍晚又回到鲁镇,因此很知道些时事;例如什么地方,雷公劈死了蜈蚣精;什么地方,闺女生了一个夜叉之类。他在村人里面,的确已经是一名出场人物了。但夏天吃饭不点灯,却还守着农家习惯,所以回家太迟,是该骂的。

七斤一手捏着象牙嘴白铜斗六尺多长的湘妃竹烟管,低着头,慢慢地走来,坐在矮凳上。六斤也趁势溜出,坐在他身边,叫他爹爹。七斤没有应。

"一代不如一代!"九斤老太说。

七斤慢慢地抬起头来,叹一口气说,"皇帝坐了龙庭了。"

七斤嫂呆了一刻,忽而恍然大悟的道,"这可好了,这不是又要皇恩大赦了么!"

七斤又叹一口气,说,"我没有辫子。"

"皇帝要辫子么?"

"皇帝要辫子。"

"你怎么知道呢?"七斤嫂有些着急,赶忙地问。

"咸亨酒店里的人,都说要的。"

七斤嫂这时从直觉上觉得事情似乎有些不妙了,因为咸亨酒店是消息灵通的所在。伊一转眼瞥见七斤的光头,便忍不住动怒,怪他恨他怨他;忽然又绝望起来,装好一碗饭,搡在七斤的面前道,"还是赶快吃你的饭罢! 哭丧着脸,就会长出辫子来么?"

太阳收尽了他最末的光线了,水面暗暗地回复过凉气来;土场上一片碗筷声响,人人的脊梁上又都吐出汗粒。七斤嫂吃完三碗饭,偶然抬起头,心坎里便禁不住突突地发跳。伊透过乌桕叶,看见又矮又胖的赵七爷正从独木桥上走来,而且穿着宝蓝色竹布的长衫。

赵七爷是邻村茂源酒店的主人,又是这三十里方圆以内的唯一的出色人物兼学问家;因为有学问,所以又有些遗老的臭味。他有十多本金圣叹批评的《三国志》③,时常坐着一个字一个字地读;他不但能说出五虎将姓名,甚而至于还知道黄忠表字汉升和马超表字孟起。革命以后,他便将辫子盘在顶上,像道士一般;常常叹息说,倘若赵子龙在世,天下便不会乱到这地步了。七斤嫂眼睛好,早望见今天的赵七爷已经不是道士,却变成光滑头皮,乌黑发顶;伊便知道这一定是皇帝坐了龙庭,而且一定须有辫子,而且七斤一定是非常危险。因为赵七爷的这件竹布长衫,轻易是不常穿的,三年以来,只穿过两次:

一次是和他怄气的麻子阿四病了的时候,一次是曾经砸烂他酒店的鲁大爷死了的时候;现在是第三次了,这一定又是于他有庆,于他的仇家有殃了。

七斤嫂记得,两年前七斤喝醉了酒,曾经骂过赵七爷是"贱胎",所以这时便立刻直觉到七斤的危险,心坎里突突地发起跳来。

赵七爷一路走来,坐着吃饭的人都站起身,拿筷子点着自己的饭碗说,"七爷,请在我们这里用饭!"七爷也一路点头,说道"请请",却一径走到七斤家的桌旁。七斤们连忙招呼,七爷也微笑着说"请请",一面细细的研究他们的饭菜。

"好香的菜干,——听到了风声了么?"赵七爷站在七斤的后面七斤嫂的对面说。

"皇帝坐了龙庭了。"七斤说。

七斤嫂看着七爷的脸,竭力陪笑道,"皇帝已经坐了龙庭,几时皇恩大赦呢?"

"皇恩大赦?——大赦是慢慢的总要大赦罢。"七爷说到这里,声色忽然严厉起来,"但是你家七斤的辫子呢,辫子?这倒是要紧的事。你们知道:长毛时候,留发不留头,留头不留发,……"

七斤和他的女人没有读过书,不很懂得这古典的奥妙,但觉得有学问的七爷这么说,事情自然非常重大,无可挽回,便仿佛受了死刑宣告似的,耳朵里嗡的一声,再也说不出一句话。

"一代不如一代,——"九斤老太正在不平,趁这机会,便对赵七爷说,"现在的长毛,只是剪人家的辫子,僧不僧,道不道的。从前的长毛,这样的么?我活到七十九岁了,活够了。从前的长毛是——整匹的红缎子裹头,拖下去,拖下去,一直拖到脚跟;王爷是黄缎子,拖下去,黄缎子;红缎子,黄缎子,——我活够了,七十九岁了。"

七斤嫂站起身,自言自语地说,"这怎么好呢?这样的一班老小,都靠他养活的人,……"

赵七爷摇头道,"那也没法。没有辫子,该当何罪,书上都一条一条明明白白写着的。不管他家里有些什么人。"

七斤嫂听到书上写着,可真是完全绝望了;自己急得没法,便忽然又恨到七斤。伊用筷子指着他的鼻尖说,"这死尸自作自受!造反的时候,我本来说,不要撑船了,不要上城了。他偏要死进城去,滚进城去,进城便被人剪去了辫子。从前是绢光乌黑的辫子,现在弄得僧不僧道不道的。这囚徒自作自受,带累了我们又怎么说呢?这活死尸的囚徒……"

村人看见赵七爷到村,都赶紧吃完饭,聚在七斤家饭桌的周围。七斤自己知道是出场人物,被女人当大众这样辱骂,很不雅观,便只得抬起头,慢慢地说道:

"你今天说现成话,那时你……"

"你这活死尸的囚徒……"

看客中间,八一嫂是心肠最好的人,抱着伊的两周岁的遗腹子,正在七斤嫂身边看热闹;这时过意不去,连忙解劝说,"七斤嫂,算了罢。人不是神仙,谁知道未来事呢?便

九、中国小说

是七斤嫂,那时不也说,没有辫子倒也没有什么丑么?况且衙门里的大老爷也还没有告示,……"

七斤嫂没有听完,两个耳朵早通红了;便将筷子转过向来,指着八一嫂的鼻子,说,"阿呀,这是什么话呵!八一嫂,我自己看来倒还是一个人,会说出这样昏诞胡涂话么?那时我是,整整哭了三天,谁都看见;连六斤这小鬼也都哭,……"六斤刚吃完一大碗饭,拿了空碗,伸手嚷着要添。七斤嫂正没好气,便用筷子在伊的双丫角中间,直扎下去,大喝道,"谁要你来多嘴!你这偷汉的小寡妇!"

扑的一声,六斤手里的空碗落在地上了,恰巧又碰着一块砖角,立刻破成一个很大的缺口。七斤直跳起来,捡起破碗,合上检查一回,也喝道,"入娘的!"一巴掌打倒了六斤。六斤躺着哭,九斤老太拉了伊的手,连说"一代不如一代",一同走了。

八一嫂也发怒,大声说,"七斤嫂,你'恨棒打人'……"

赵七爷本来是笑着旁观的;但自从八一嫂说了"衙门里的大老爷没有告示"这话以后,却有些生气了。这时他已经绕出桌旁,接着说,"'恨棒打人',算什么呢。大兵是就要到的。你可知道,这回保驾的是张大帅①。张大帅就是燕人张翼德的后代,他一支丈八蛇矛,就有万夫不当之勇,谁能抵挡他,"他两手同时捏起空拳,仿佛握着无形的蛇矛模样,向八一嫂抢进几步道,"你能抵挡他么!"

八一嫂正气得抱着孩子发抖,忽然见赵七爷满脸油汗,瞪着眼,准对伊冲过来,便十分害怕,不敢说完话,回身走了。赵七爷也跟着走去,众人一面怪八一嫂多事,一面让开路,几个剪过辫子重新留起的便赶快躲在人丛后面,怕他看见。赵七爷也不细心察访,通过人丛,忽然转入乌桕树后,说道"你能抵挡他么!"跨上独木桥,扬长去了。

村人们呆呆站着,心里计算,都觉得自己确乎抵不住张翼德,因此也决定七斤便要没有性命。七斤既然犯了皇法,想起他往常对人谈论城中的新闻的时候,就不该含着长烟管显出那般骄傲模样,所以对七斤的犯法,也觉得有些畅快。他们也仿佛想发些议论,却又觉得没有什么议论可发。嗡嗡的一阵乱嚷,蚊子都撞过赤膊身子,闯到乌桕树下去做市;他们也就慢慢地走散回家,关上门去睡觉。七斤嫂咕哝着,也收了家伙和桌子矮凳回家,关上门睡觉了。

七斤将破碗拿回家里,坐在门槛上吸烟;但非常忧愁,忘却了吸烟,象牙嘴六尺多长湘妃竹烟管的白铜斗里的火光,渐渐发黑了。他心里但觉得事情似乎十分危急,也想想些方法,想些计画,但总是非常模糊,贯穿不得:"辫子呢辫子?丈八蛇矛。一代不如一代!皇帝坐龙庭。破的碗须得上城去钉好。谁能抵挡他?书上一条一条写着。入娘的!……"

第二日清晨,七斤依旧从鲁镇撑航船进城,傍晚回到鲁镇,又拿着六尺多长的湘妃竹烟管和一个饭碗回村。他在晚饭席上,对九斤老太说,这碗是在城内钉合的,因为缺口大,所以要十六个铜钉,三文一个,一总用了四十八文小钱。

九斤老太很不高兴地说,"一代不如一代,我是活够了。三文钱一个钉;从前的钉,这样的么？从前的钉是……我活了七十九岁了，——"

此后七斤虽然是照例日日进城，但家景总有些黯淡，村人大抵回避着，不再来听他从城内得来的新闻。七斤嫂也没有好声气，还时常叫他"囚徒"。

过了十多日，七斤从城内回家，看见他的女人非常高兴，问他说，"你在城里可听到些什么？"

"没有听到些什么。"

"皇帝坐了龙庭没有呢？"

"他们没有说。"

"咸亨酒店里也没有人说么？"

"也没人说。"

"我想皇帝一定是不坐龙庭了。我今天走过赵七爷的店前，看见他又坐着念书了，辫子又盘在顶上了，也没有穿长衫。"

"…………"

"你想，不坐龙庭了罢？"

"我想，不坐了罢。"

现在的七斤，是七斤嫂和村人又都早给他相当的尊敬，相当的待遇了。到夏天，他们仍旧在自家门口的土场上吃饭；大家见了，都笑嘻嘻的招呼。九斤老太早已做过八十大寿，仍然不平而且康健。六斤的双丫角，已经变成一支大辫子了；伊虽然新近裹脚，却还能帮同七斤嫂做事，捧着十八个铜钉⑤的饭碗，在土场上一瘸一拐的往来。

一九二〇年十月。

【注释】

①这篇小说写于1920年8月（据《鲁迅日记》），最初发表于1920年9月《新青年》杂志第8卷第1号，后收入短篇小说集《呐喊》。

②伊的儿媳：从上下文看，这里的"儿媳"应是"孙媳"。

③金圣叹批评的《三国志》：指小说《三国演义》。金圣叹（1609—1661），明末清初文人，曾批注《水浒》《西厢记》等书，他把所加的序文、读法和评语等称为"圣叹外书"。《三国演义》是元末明初罗贯中所著，后经清代毛宗岗改编，附加评语，卷首有假托为金圣叹所作的序，首回前亦有"圣叹外书"字样，通常就都把这评语认为金圣叹所作。

④张大帅：指张勋（1854—1923），江西奉新人，北洋军阀之一。原为清朝军官，辛亥革命后，他和所部官兵仍留着辫子，表示忠于清王朝，被称为辫子军。1917年7月1日他在北京扶持清废帝溥仪复辟，7月12日即告失败。

⑤十八个铜钉：据上文应是"十六个"。作者在1926年11月23日致李霁野的信中曾说："六斤家只有这一个钉过的碗，钉是十六或十八，我也记不清了。总之两数之一是错的，请改成一律。"

【作者简介】

鲁迅（1881—1936），曾用名周樟寿，后改名周树人，字豫山，后改豫才，浙江绍兴人。

九、中国小说

1902年到日本留学,1904年初入仙台医科专门学医,后从事文艺创作,希望以此改变国民被麻木的精神。1918年5月,首次用"鲁迅"的笔名,发表中国现代文学史上第一篇白话小说《狂人日记》,奠定了新文学运动的基石。代表作有小说集《呐喊》《彷徨》《故事新编》,散文集《朝花夕拾》(原名《旧事重提》),散文诗集《野草》,杂文集《坟》《热风》《华盖集》《南腔北调集》《三闲集》《二心集》《而已集》等。1936年10月19日因病逝于上海。

鲁迅是20世纪中国著名的文学家、思想家、革命家、民主战士,是中国现代文学的奠基人,对五四运动后的中国文化产生了深刻的影响。毛泽东曾评价:"鲁迅的方向,就是中华民族新文化的方向。"

围 城①(节选)

钱钟书

一

红海早过了。船在印度洋面上开驶着。但是太阳依然不饶人地迟落早起,侵占去大部分的夜。夜仿佛纸浸了油,变成半透明体;它给太阳拥抱住了,分不出身来,也许是给太阳陶醉了,所以夕照晚霞隐褪后的夜色也带着酡红。到红消醉醒,船舱里的睡人也一身腻汗地醒来,洗了澡赶到甲板上吹海风,又是一天开始。这是七月下旬,合中国旧历的三伏,一年最热的时候。在中国热得更比常年利害,事后大家都说是兵戈之象,因为这就是民国二十六年(一九三七年)。

这条法国邮船白拉日隆子爵号(Vicomte de Bragelonne)正向中国开来。早晨八点多钟,冲洗过的三等舱甲板湿意未干,但已坐立满了人,法国人,德国流亡出来的犹太人、印度人、安南人,不用说还有中国人。海风里早含着燥热,胖人身体给炎风吹干了,蒙上一层汗结的盐霜,仿佛刚在巴勒斯坦的死海里洗过澡。毕竟是清晨,人的兴致还没给太阳晒萎,烘懒,说话做事都很起劲。那几个新派到安南或中国租界当警察的法国人,正围了那年轻善撒娇的犹太女人在调情。俾斯麦曾说过,法国公使大使的特点,就是一句外国话不会讲;这几位警察并不懂德文,居然传情达意,引得犹太女人格格地笑,比他们的外交官强多了。这女人的漂亮丈夫,在旁顾而乐之,因为他几天来,香烟、啤酒、柠檬水沾光了不少。红海已过,不怕热极引火,所以等一会甲板上零星果皮、纸片、瓶塞之外,香烟头定又遍处皆是。法国人的思想是有名的清楚,他们的文章也明白干净,但是他们的做事,无不混乱、肮脏、喧哗,但看这船上的乱糟糟。这船,倚仗人的机巧,载满人的扰攘,寄满人的希望,热闹地行着,每分钟把沾污了人气的一小方水面,还给那无情、无尽、无际的大海。

照例每年夏天有一批中国留学生学成回国。这船上也有十来个人。大多数是职业尚无着落的青年,直在暑假初回中国,可以从容找事。那些不愁没事的学生,要到秋凉才慢慢地肯动身回国。船上这几位,有在法国留学的,有在英国、德国、比国等读书,到巴黎去增长夜生活经验,因此也坐法国船的,他们天涯相遇,一见如故,谈起外患内乱的祖国,都恨不得立刻就回去为它服务。船走得这样慢,大家一片乡心,正愁无处寄托,不知哪里忽来了两副麻将牌。麻将当然是国技,又听说在美国风行;打牌不但有故乡风味,并且适合世界潮流。妙得很,人数可凑成两桌而有余,所以除掉吃饭睡觉以外,他们成天赌钱消遣。早餐刚过,下面餐室里已忙着打第一圈牌,甲板上只看得见两个中国女人,一个算不得人的小孩子——至少船公司没当他是人,没要他父母为他补买船票。那个戴太阳眼镜、身上摊本小说的女人,衣服极斯文讲究。皮肤在东方人里,要算得白,可惜这白色不顶新鲜,带些干滞。她去掉了黑眼镜,眉清目秀,只是嘴唇嫌薄,擦了口红还不够丰厚。假使她从帆布躺椅上站起来,会见得身段瘦削,也许轮廓的线条太硬,像方头钢笔划成的,年龄看上去有二十五六,不过新派女人的年龄好比旧式女人合婚帖上的年庚,需要考订学家所谓外证据来断定真确性,本身是看不出的。那男孩子的母亲已有三十开外,穿件半旧的黑纱旗袍,满面劳碌困倦,加上天生的倒挂眉毛,愈觉愁苦可怜。孩子不足两岁,塌鼻子,眼睛两条斜缝,眉毛高高在上,跟眼睛远隔得彼此要害相思病,活像报上讽刺画里中国人的脸。他刚会走路,一刻不停地要乱跑;母亲在他身上牵了一条皮带,他跑不上三四步就被拉回来。母亲怕热,拉得手累心烦,又惦记着丈夫在下面的输赢,不住骂这孩子讨厌。这孩子跑不到哪里去,便改变宗旨,扑向看书的女人身上。那女人平日就有一种孤芳自赏、落落难合的神情——大宴会上没人敷衍的来宾或喜酒席上过时未嫁的少女所常有的神情——此刻更流露出嫌恶,黑眼镜也遮盖不了。孩子的母亲有些觉得,抱歉地拉皮带道:"你这淘气的孩子,去跟苏小姐捣乱!快回来。——苏小姐,你真用功!学问那么好,还成天看书。孙先生常跟我说,女学生像苏小姐才算替中国争面子,人又美,又是博士,这样的人哪里去找呢?像我们白来了外国一次,没读过半句书,一辈子做管家婆子,在国内念的书,生小孩儿全忘了——吓!死讨厌!我叫你别去,你不干好事,准弄脏了苏小姐的衣服。"

苏小姐一向瞧不起这位寒碜的孙太太,而且最不喜欢小孩子,可是听了这些话,心上高兴,倒和气地笑道:"让他来,我最喜欢小孩子。"她脱下太阳眼镜,合上对着出神的书,小心翼翼地握住小孩子的手腕,免得在自己衣服上乱擦,问他道:"爸爸呢?"小孩子不回答,睁大了眼,向苏小姐"波!波!"吹唾沫,学餐室里养的金鱼吹气泡。苏小姐慌得松了手,掏出手帕来自卫。母亲忙使劲拉他,嚷着要打他嘴巴,一面叹气道:"他爸爸在下面赌钱,还用说么!我不懂为什么男人全爱赌,你看咱们同船的几位,没一个不赌得昏天黑地。赢几个钱回来,还说得过。像我们孙先生输了不少钱,还要赌,恨死我了!"

苏小姐听了最后几句小家子气的话,不由心里又对孙太太鄙夷,冷冷说道:"方先生倒不赌。"

孙太太鼻孔朝天,出冷气道:"方先生!他下船的时候也打过牌。现在他忙着追求鲍小姐,当然分不出工夫来。人家终身大事,比赌钱要紧得多呢。我就看不出鲍小姐又黑又粗,有什么美,会引得方先生好好二等客人不做,换到三等舱来受罪。我看他们俩要好得很,也许船到香港,就会订婚。这真是'有缘千里来相会'了。"

苏小姐听了,心里直刺痛,回答孙太太同时安慰自己道:"那绝不可能!鲍小姐有未婚夫,她自己跟我讲过。她留学的钱还是她未婚夫出的。"

孙太太道:"有未婚夫还那样浪漫么?我们是老古董了,总算这次学个新鲜。苏小姐,我告诉你句笑话,方先生跟你在中国是老同学,他是不是一向说话随便的?昨天孙先生跟他讲赌钱手运不好,他还笑呢。他说孙先生在法国这许多年,全不知道法国人的迷信:太太不忠实,偷人,丈夫做了乌龟,买彩票准中头奖,赌钱准赢。所以,他说,男人赌钱输了,该引以自慰。孙先生告诉了我,我怪他当时没质问姓方的,这话什么意思。现在看来,鲍小姐那位未婚夫一定会中航空奖券头奖,假如她做了方太太,方先生赌钱的手气非好不可。"忠厚老实人的恶毒,像饭里的砂砾或者出骨鱼片里未净的刺,会给人一种不期待的伤痛。

苏小姐道:"鲍小姐行为太不像女学生,打扮也够丢人——"

那小孩子忽然向她们椅子背后伸了双手,大笑大跳。两人回头看,正是鲍小姐走向这儿来,手里拿一块糖,远远地逗着那孩子。她只穿绯霞色抹胸,海蓝色贴肉短裤,漏空白皮鞋里露出涂红的指甲。在热带热天,也许这是最合理的妆束,船上有一两个外国女人就这样打扮。可是苏小姐觉得鲍小姐赤身露体,伤害及中国国体。那些男学生看得心头起火。口角流水,背着鲍小姐说笑个不了。有人叫她"熟食铺子"(charcuterie),因为只有熟食店会把那许多颜色暖热的肉公开陈列;又有人叫她"真理",因为据说"'真理'是赤裸裸的"。鲍小姐并未一丝不挂,所以他们修正为"局部的真理"。

鲍小姐走来了,招呼她们俩说:"你们起得真早呀,我大热天还喜欢懒在床上。今天苏小姐起身我都不知道,睡得像木头。"鲍小姐本想说"睡得像猪",一转念想说"像死人",终觉得死人比猪好不了多少,所以向英文里借来那个比喻。她忙解释一句道:"这船走着真像个摇篮,人给它摆得迷迷糊糊只想睡。"

"那么,你就是摇篮里睡着的小宝贝了。瞧,多可爱!"苏小姐说。

鲍小姐打她一下道:"你!苏东坡的妹妹,才女!"——"苏小妹"是同船男学生为苏小姐起的外号。"东坡"两个字给鲍小姐南洋口音念得好像法国话里的"坟墓"(tombeau)。

苏小姐跟鲍小姐同舱,睡的是下铺,比鲍小姐方便得多,不必每天爬上爬下。可是这几天她嫌恶着鲍小姐,觉得她什么都妨害自己:打鼾太响,闹得自己睡不熟,翻身太重,上铺像要塌下来。给鲍小组打了一下,她便说:"孙太太,你评评理。叫她'小宝贝',还要挨打！睡得着就是福气。我知道你爱睡,所以从来不声响,免得吵醒你。你跟我讲怕发胖,可是你在船上这样爱睡,我想你又该添好几磅了。"

小孩吵着要糖,到手便咬,他母亲叫他谢鲍小姐,他不瞅睬,孙太太只好自己跟鲍小姐敷衍。苏小姐早看见这糖惠而不费,就是船上早餐喝咖啡时用的方糖。她鄙薄鲍小姐这种作风,不愿意跟她多讲,又打开书来,眼梢却瞟见鲍小姐把两张帆布椅子拉到距离较远的空处并放着,心里骂她无耻,同时自恨为什么去看她。那时候,方鸿渐也到甲板上来,在她们面前走过,停步应酬几句,问"小弟弟好"。孙太太爱理不理地应一声。苏小姐笑道:"快去罢,不怕人等得心焦么?"方鸿渐红了脸傻笑,便撇下苏小姐走去。苏小姐明知留不住他,可是他真去了,倒怅然有失。书上一字没看进去,耳听得鲍小姐娇声说笑,她忍不住一看,方鸿渐正抽着烟,鲍小姐向他伸手,他掏出香烟匣来给她一支,鲍小姐衔在嘴里,他手指在打火匣上作势要为她点烟,她忽然嘴迎上去,把衔的烟头凑在他抽的烟头上一吸,那支烟点着了,鲍小姐得意地吐口烟出来。苏小姐气得身上发冷,想这两个人真不要脸,大庭广众竟借烟卷来接吻。再看不过了,站起来,说要下面去。其实她知道下面没有地方可去,餐室里有人打牌,卧舱里太闷。孙太太也想下去问问男人今天输了多少钱,但怕男人输急了,一问反在自己身上出气,回房舱又有半天吵嘴;因此不敢冒昧起身,只问小孩子要不要下去撒尿。

苏小姐骂方鸿渐无耻,实在是冤枉。他那时候窘得似乎甲板上人都在注意他,心里怪鲍小姐太做得出,恨不能说她几句。他虽然现在二十七岁,早订过婚,却没有恋爱训练。父亲是前清举人,在本乡江南一个小县里做大绅士。他们那县里人侨居在大都市的,干三种行业的十居其九:打铁,磨豆腐,抬轿子。土产中艺术品以泥娃娃最出名;年轻人进大学,以学土木工程为最多。铁的硬,豆腐的淡而无味,轿子的容量狭小,还加上泥土气,这算他们的民风。就是发财做官的人,也欠大方。这县有个姓周的在上海开铁铺子发财,又跟同业的同乡组织一家小银行,名叫"点金银行",自己荣任经理。他记起衣锦还乡那句成语,有一年乘清明节回县去祭祠扫墓,结识本地人士。方鸿渐的父亲是一乡之望,周经理少不得上门拜访,因此成了朋友,从朋友攀为亲家。鸿渐还在高中读书,随家里作主订了婚。未婚妻并没见面,只瞻仰过一张半身照相,也漠不关心。两年后到北平进大学,第一次经历男女同学的风味,看人家一对对谈情说爱,好不眼红。想起未婚妻高中读了一年书,便不进学校,在家实习家务,等嫁过来做能干媳妇,不由自主地对她厌恨。这样怨命,怨父亲,发了几天呆,忽然醒悟,壮着胆写信到家里要求解约。他国文曾得老子指授,在中学会考考过第二,所以这信文绉绉,没把之乎者也用错。信上说什么:"迩来触绪善感,欢寡愁殷,怀抱剧有秋气。每揽镜自照,神寒形削,清癯非寿者相。窃恐我躬不阅,周女士或将贻误终身。尚望大人垂体下情,善为解铃,毋小不忍而成终天之恨。"他自以为这信措词凄婉,打得动铁石心肠。谁知道父亲快信来痛骂一顿:"吾不惜重资,命汝千里负笈,汝埋头攻读之不暇,而有余闲照镜耶?汝非妇人女子,何须置镜?惟梨园子弟,身为丈夫而对镜顾影,为世所贱。吾不图汝甫离漆下,已濡染恶习,可叹可恨!

九、中国小说

且父母在,不言老,汝不善体高堂念远之情,以死相吓,丧心不孝,于斯而极! 当是汝校男女同学,汝睹色起意,见异思迁;汝托词悲秋,吾知汝实为怀春,难逃老夫洞鉴也。若执迷不悔,吾将停止寄款,命汝休学回家,明年与汝弟同时结婚。细思吾言,慎之切切!"方鸿渐吓矮了半截,想不到老头子竟这样精明。忙写回信讨饶和解释,说:镜子是同室学生的,他并没有买;这几天吃美国鱼肝油丸、德国维他命片,身体精神好转,脸也丰满起来,只可惜药价太贵,舍不得钱;至于结婚一节,务请到到毕业后举行,一来妨碍学业,二来他还不能养家,添他父亲负担,于心不安。他父亲收到这信,证明自己的威严远及于几千里外,得意非凡,兴头上汇给儿子一笔钱,让他买补药。方鸿渐从此死心不敢妄想,开始读叔本华,常聪明地对同学们说:"世间哪有恋爱?压根儿是生殖冲动。"转眼已到大学第四年,只等明年毕业结婚。一天,父亲来封快信,上面说:"顷得汝岳丈电报,骇悉淑英病伤寒,为西医所误,遂于本月十三日下午四时长逝,殊堪痛惜。过门在即,好事多磨,皆汝无福所致也。"信后又添几句道:"塞翁失马,安知非福,使三年前结婚,则此番吾家破费不赀矣。然吾家积德之门,苟婚事早完,淑媳或可脱灾延寿。姻缘前定,勿必过悲。但汝岳父处应去一信唁之。"鸿渐看了有犯人蒙赦的快活,但对那短命的女孩子,也稍微怜悯。自己既享自由之乐,愿意旁人减去悲哀,于是向未过门丈人处真去了一封慰唁的长信。周经理收到信,觉得这孩子知礼,便分付银行文书科王主任作复,文书科主任看见原信,向东家大人恭维这位未过门姑爷文理书法都好,并且对死者情词深挚,想见天性极厚,定是个远到之器,周经理听得开心,叫主任回信说:女儿虽没过门,翁婿名分不改,生平只有一个女儿,本想好好热闹一下,现在把陪嫁办喜事的那笔款子加上方家聘金为女儿做生意所得利息,一共两万块钱,折合外汇一千三百镑,给方鸿渐明年毕业了做留学费,方鸿渐做梦都没想到这样的好运气,对他死去的未婚妻十分感激,他是个无用之人,学不了土木工程,在大学里从社会学系转哲学系,最后转入中国文学系毕业。学国文的人出洋"深造",听来有些滑稽。事实上,惟有学中国文学的人非到外国留学不可。因为一切其他科目像数学、物理、哲学、心理、经济、法律等等都是从外国灌输进来的,早已洋气扑鼻;只有国文是国货土产,还需要外国招牌,方可维持地位,正好像中国官吏,商人在本国剥削来的钱要换外汇,才能保持国币的原来价值。

方鸿渐到了欧洲,既不抄敦煌卷子,又不访《永乐大典》,也不找太平天国文献,更不学蒙古文、西藏文或梵文。四年中倒换了三个大学,伦敦、巴黎、柏林;随便听几门功课,兴趣颇广,心得全无,生活尤其懒散。第四年春天,他看银行里只剩四百多镑,就计划夏天回国。方老先生也写信问他是否已得博士学位,何日东归,他回信大发议论,痛骂博士头衔的毫无实际。方老先生大不谓然,可是儿子大了,不敢再把父亲的尊严去威胁他;便信上说,自己深知道头衔无用,决不勉强儿子,但周经理出钱不少,终得对他有个交代。过几天,方鸿渐又收到丈人的信,说什么:"贤婿才高学富,名满五洲,本不须以博士为夸耀。然令尊大人乃前清孝廉公,贤婿似宜举洋进士,庶几克绍箕裘,后来居上,愚亦与有荣焉。"方鸿渐受到两面夹攻,才知道留学文凭的重要。这一张文凭,仿佛有亚当、夏娃下身那片树叶的功用,可以遮羞包丑;小小一方纸能把一个人的空疏、寡陋、愚笨都掩盖起来。自己没有文凭,好像精神上赤条条的,没有包裹。可是现在要弄个学位,无论自己去读或雇枪手代做论文,时间经济都不够。就近汉堡大学的博士学位,算最容易混得了,但也需要六个月。干脆骗家里人说是博士罢,只怕哄父亲和丈人不过;父亲是科举中人,要看"报条",丈人是商人,要看契据。他想不出办法,准备回家老着脸说没得到学位。一天,他到柏林图书馆中国书编目室去看一位德国朋友,瞧见地板上一大堆民国初年上海出的期刊,《东方杂志》《小说月报》《大中华》《妇女杂志》全有。信手翻着一张中英文对照的广告,是美国纽约什么"克莱登法商专门学校函授部"登的,说本校鉴于中国学生有志留学而无机会,特设函授班,将来毕业,给予相当于学士、硕士或博士之证书,章程函索即寄,通讯处纽约第几街几号几之几,方鸿渐心里一动,想事隔二十多年,这学校不知是否存在,反正去封信问问,不费多少钱。那登广告的人,原是个骗子,因为中国人不来上当,改行不干了,人也早死了。他住的那间公寓房间现在租给一个爱尔兰人,具有爱尔兰人的不负责、爱尔兰人的机智、还有爱尔兰人的穷。相传爱尔兰人的不动产(Irish fortune)是奶和屁股;这位是个萧伯纳式既高且瘦的男人,那两项财产的分量又得打折扣。他当时在信箱里拿到鸿渐来信,以为邮差寄错了,但地址明明是自己的,好奇拆开一看,莫名其妙,想了半天,快活得跳起来,忙向邻室小报记者借个打字机,打了一封回信,说先生既在欧洲大学读书,程度想必高深,无庸再经函授手续,只要寄一万字论文一篇附缴美金五百元,审查及格,立即寄上哲学博士文凭,来信可寄本人,不必写学校名字。署名Patrick Mahoney,后面自赠了四五个博士头衔。方鸿渐看信纸是普通用的,上面并没刻学校名字,信的内容分明更是骗局,搁下不理。爱尔兰人等急了,又来封信,说如果价钱嫌贵,可以从长商议,本人素爱中国,办教育的人尤其不愿牟利。方鸿渐盘算一下,想爱尔兰人无疑在捣鬼,自己买张假文凭回去哄人,岂非也成了骗子?可是——记着,方鸿渐进过哲学系的——撒谎欺骗有时并非不道德。柏拉图《理想国》里就说兵士对敌人,医生对病人,官吏对民众都应哄骗。圣如孔子,还假装生病,哄走了儒悲,孟子甚至对齐宣王也撒谎装病。父亲和丈人希望自己是个博士,做儿子女婿的人好意思叫他们失望么?买张文凭去哄他们,好比前清时代花钱捐个官,或英国殖民地商人向帝国府库报效几万镑换个爵士头衔,光耀门楣,也是孝子贤婿应有的承欢养志。反正自己将来找事时,履历上决不开这个学位。索性把价钱杀得极低,假如爱尔兰人不肯,这事就算吹了,自己也免做骗子。便复信说:至多出一百美金,先寄三十,文凭到手,再寄余款;此间尚有中国同学三十余人,皆愿照此办法向贵校接洽。爱尔兰人起初不想答应,后来看方鸿渐语气坚决,又就近打听出来美国博士头衔确在中国时髦,渐渐相信欧洲真有三十多条中国糊涂虫,要向他买文凭。他并且探出来做这种买卖的同行很多,例如东方大学、东美合众国大学、联合大学(Intercollegiae University)、真理大学等等,便宜的可以十块美金出卖硕士文凭,神玄大学(College of Divine Metaphics)廉价一起奉送三种博士文凭;这都是堂堂立案注册的学校,自己万万比不上。于是他抱薄利畅销的宗旨,跟鸿渐生意成交。他收到三十

九、中国小说

美金,印了四五十张空白文凭,填好一张,寄给鸿渐,附信催他缴款和通知其他学生来接洽。鸿渐回信道,经详细调查,美国并无这个学校,文凭等于废纸,姑念初犯,不予追究,希望悔过自新,汇上十美金聊充改行的本钱。爱尔兰人气得咒骂个不停,喝醉酒,红着眼要找中国人打架。这事也许是中国自有外交或订商约以来唯一的胜利。

鸿渐先到照相馆里穿上德国大学博士的制服,照了张四寸相。父亲和丈人处各寄一张,信上千叮万嘱说,生平最恨"博士"之称,此番未能免俗,不足为外人道。回法国玩了几星期,买二等舱票回国。马赛上船以后,发见二等舱只有他一个中国人,寂寞无聊得很,三等的中国学生觉得他也是学生而摆阔坐二等,对他有点儿敌视。他打听出三等一个安南人舱里有张空铺,便跟船上管事商量,自愿放弃本来的舱位搬下来睡,饭还在二等吃。这些同船的中国人里,只有苏小姐是中国旧相识,在里昂研究法国文学,做了一篇《中国十八家白话诗人》的论文,新授博士。在大学同学的时候,她眼睛里未必有方鸿渐这小子。那时苏小姐把自己的爱情看得太名贵了,不肯随便施与。现在呢,宛如做了好衣服,舍不得穿,锁在箱里,过一两年忽然发见这衣服的样子和花色都不时髦了,有些自怅自悔。从前她一心要留学,嫌那几个追求自己的人没有前程,大不了是大学毕业生。而今她身为女博士,反觉得崇高的孤独,没有人敢攀上来,她对方鸿渐的家世略有所知,见他人不讨厌,似乎钱也充足,颇有意利用这航行期间,给他一个亲近的机会。没提防她同舱的鲍小姐抢了个先去。鲍小姐生长澳门,据说身体里有葡萄牙人的血。"葡萄牙人的血"这句话等于日本人说有本位文化,或私行改编外国剧本的作者声明他改本"有著作权,不许翻译"。因为葡萄牙人血里根本就混有中国成分。而照鲍小姐的身材估量,她那位葡萄牙母亲也许还间接从西班牙传来阿拉伯人的血胤。鲍小姐纤腰一束,正合《天方夜谭》里阿拉伯诗人所歌颂的美人条件:"身围瘦,后部重,站立的时候沉得腰肢酸痛。"长睫毛下一双欲眠似醉、含笑、带梦的大眼睛,圆满的上嘴唇好像鼓着在跟爱人使性子。她那位未婚夫李医生不知珍重,出钱让她一个人到伦敦学产科。葡萄牙人有句谚语说:"运气好的人生孩子第一胎准是女的。"因为女孩子长大了,可以打杂,看护弟弟妹妹,在未嫁之前,她父母省得下一个女佣人的工钱。鲍小姐从小被父母差唤惯了,心眼伶俐,明白机会要自己找,快乐要自己寻。所以她宁可跟一个比自己年龄长十二岁的人订婚,有机会出洋。英国人看惯白皮肤,瞧见她暗而不黑的颜色、肥腻辛辣的引力,以为这是道地的东方美人。她自信很能引诱人,所以极快、极容易地给人引诱了。好在她是学医的,并不当什么一回事,也没出什么乱子。她在英国过了两年,这次回去结婚,跟丈夫一同挂牌。上船以后,中国学生打探出她领香港政府发给的"大不列颠子民"护照,算不得中国国籍,不大去亲近她。她不会讲法文,又不屑跟三等舱的广东侍者打乡谈,甚觉无聊。她看方鸿渐是坐二等的,人还过得去,不失为旅行中消遣的伴侣。苏小姐理想的自己是:"艳如桃李,冷若冰霜,"让方鸿渐卑逊地仰慕而后屈伏地求爱。谁知道气候虽然每天华氏一百度左右,这种又甜又冷的冰淇淋作风全行不通。鲍小姐只轻松一句话就把方鸿渐钩住了。鸿渐搬到三等的明天,上甲板散步,无意中碰见鲍小姐一个人背靠着船栏杆在吹风,便招呼攀谈起来。讲不到几句话,鲍小姐笑说:"方先生,你教我想起了我的 finacé,你相貌和他像极了!"方鸿渐听了,又害羞,又得意。一个可爱的女人说你像她的未婚夫,等于表示假使她没订婚,你有资格得她的爱。刻薄鬼也许要这样解释,她已经另有未婚夫了,你可以享受她未婚夫的权利而不必履行跟她结婚的义务。无论如何,从此他们俩的交情像热带植物那样飞快的生长,其他中国男学生都跟方鸿渐开玩笑,逼他请大家喝了一次冰咖啡和啤酒。

方鸿渐那时候心上虽怪鲍小姐行动不检,也觉兴奋,回头看见苏小姐孙太太两张空椅子,侥幸方才烟卷的事没落在她们眼里。当天晚上,起了海风,船有点颠簸。十点钟后,甲板上只有三五对男女,都躲在灯光照不到的黑影里喁喁情话。方鸿渐和鲍小姐不说话,并肩踱着。一个大浪把船身晃得厉害,鲍小姐也站不稳,方鸿渐勾住她腰,傍了栏杆不走,馋嘴似地吻她。鲍小姐的嘴唇暗示着,身体依须着,这个急忙、粗率的接吻渐渐稳定下来,长得妥帖完密。鲍小姐顶灵便地推脱方鸿渐的手臂,嘴里深深呼吸口气,道:"我给你闷死了!我在伤风,鼻子里透不过气来——太便宜你,你还没求我爱你!""我现在向你补求,行不行?"好像一切没恋爱过的男人,方鸿渐把"爱"字看得太尊贵和严重,不肯随便应用在女人身上;他只觉得自己要鲍小姐,并不爱她,所以这样语言支吾。

"反正没好话说,逃不了那几句老套儿。"

"你嘴凑上来,我对你说,这话就一直钻到你心里,省得走远路,拐了弯从耳朵里进去。"

"我才不上你的当!有话斯斯文文地说。今天够了,要是你不跟我胡闹,我明天……"方鸿渐不理会,又把手勾她腰。船身忽然一侧,他没拉住栏杆,险的带累鲍小姐摔一跤。同时黑影里其余的女人也尖声叫:"啊哟!"鲍小姐借势脱身,道:"我觉得冷,先下去了。明天见。"撇下方鸿渐在甲板上。天空早起了黑云,漏出疏疏几颗星,风浪像饕餮吞吃的声音,白天的汪洋大海,这时候全消化在更广大的昏夜里。衬了这背景,一个人身心的搅动也缩小以至于无,只心里一团明天的希望,还未落入渺茫,在广漠澎湃的黑暗深处,一点萤火似的自照着。

从那天起,方鸿渐饭也常在三等吃。苏小姐对他的态度显著地冷淡,他私下问鲍小姐,为什么苏小姐近来爱理不理。鲍小姐笑他是傻瓜,还说:"我猜想得出为什么,可是我不告诉你,免得你骄气。"方鸿渐说她神经过敏,但此后碰见苏小姐愈觉得局促不安。船又过了锡兰和新加坡,不日到西贡,这是法国船一路走来第一个可夸傲的本国殖民地。船上的法国人像狗望见了家,气势顿长,举动和声音也高亢好些。船在下午傍岸,要停泊两夜。苏小姐有亲戚在这儿中国领事馆做事,派汽车到码头来接她吃晚饭,在大家羡慕的眼光里,一个人先下船了。其余的学生决议上中国馆子聚餐。方鸿渐想跟鲍小姐两个人另去吃饭,在大家面前不好意思讲出口,只得随他们走。吃完饭,孙氏夫妇带小孩子先回船。余人坐了一回咖啡馆,鲍小姐提议上跳舞厅。方鸿渐虽在法国花钱学过两课跳舞,本领并不到家,跟鲍小姐跳了一次,只好藏拙坐着,看她和旁人跳。十二点多钟,大家兴尽回船睡觉。到码头下车,方鸿渐和鲍小姐落在后面。鲍小姐道:"今天苏小姐不回来了。"

"我同舱的安南人也上岸了,他的铺位听说又卖给一个从西贡到香港去的中国商人了。"

"咱们俩今天都是一个人睡,"鲍小姐好像不经意地说。

方鸿渐心中电光瞥过似的,忽然照彻,可是射眼得不敢逼视,周身的血都升上脸来。他正想说话,前面走的同伴回头叫道:"你们怎么话讲不完!走得慢吞吞的,怕我们听见,是不是?"两人没说什么,赶上船,大家道声"晚安"散去。方鸿渐洗了澡,回到舱里,躺下又坐起来,打消已起的念头仿佛跟女人怀孕要打胎一样的难受。也许鲍小姐那句话并无用意,去了自讨没趣;甲板上在装货,走廊里有两个巡逻的侍者防闲人混下来,难保不给他们瞧见。自己拿不定文章,又不肯死心,忽听得轻快的脚步声,像从鲍小姐卧舱那面来的。鸿渐心直跳起来,又给那脚步捺下去,仿佛一步步都踏在心上,那脚步半路停止,心也给它踏住不敢动,好一会心被压得不能更忍了,幸而那脚步继续加快的走近来。鸿渐不再疑惑,心也按束不住了,快活得要大叫,跳下铺,没套好拖鞋,就打开门帘,先闻到一阵鲍小姐惯用的爽身粉的香味。

明天早晨方鸿渐醒来,太阳满窗,表上九点多了。他想这一晚的睡好甜,充实得梦都没做,无怪睡叫"黑甜乡",又想到鲍小姐皮肤暗,笑起来甜甜的,等会见面可叫她"黑甜",又联想到黑而甜的朱古力糖,只可惜法国出品的朱古力糖不好,天气又热,不宜吃这个东西,否则买一匣请她。正懒在床上胡想,鲍小姐外面弹舱壁,骂他"懒虫"叫他快起来,同上岸去玩。方鸿渐梳洗完毕,到鲍小姐舱外等了半天,她才打扮好。餐室里早点早开过,另花钱叫了两客早餐。那伺候他们这一桌的侍者就是管方鸿渐房舱的阿刘。两人吃完想走,阿刘不先收拾桌子上东西,笑嘻嘻看着他们俩,伸出手来,手心里三只女人夹头发的钗,打广东官话拖泥带水地说:"方先生,这是我刚才铺你的床捡到的。"

鲍小姐脸飞红,大眼睛像要撑破眼眶。方鸿渐急得暗骂自己糊涂,起身时没检点一下,同时掏出三百法郎对阿刘道:"拿去!那东西还给我。"阿刘道谢,还说他这人最靠得住,决不乱讲。鲍小姐眼望别处,只做不知道。出了餐室,方鸿渐抱着歉把发钗还给鲍小姐,鲍小姐生气地掷在地下,说:"谁还要这东西!经过了那家伙的脏手!"

这事把他们整天的运气毁了,什么事都别扭。坐洋车拉错了地方,买东西错付了钱,两人都没好运气。方鸿渐还想到昨晚那中国馆子吃午饭,鲍小姐定要吃西菜,说不愿意碰见同船的熟人。便找到一家门面还像样的西菜馆。谁知道从冷盘到咖啡,没有一样东西可口:上来的汤是凉的,冰淇淋倒是热的;鱼像海军陆战队,已登陆了好几天;肉像潜水艇士兵,会长时期伏在水里;除醋外,面包、牛肉、红酒无一不酸。两人吃得倒尽胃口,谈话也不投机。方鸿渐要博鲍小姐欢心,便把"黑甜""朱古力小姐"那些亲昵的称呼告诉她。鲍小姐怫然道:"我就那样黑么?"方鸿渐固执地申辩道:"我就爱你这颜色。我今年在西班牙,看见一个有名的美人跳舞,她皮肤只比外国熏火腿的颜色淡一点儿。"

鲍小姐的回答毫不合逻辑:"也许你喜欢苏小姐死鱼肚那样的白。你自己就是扫烟囱的小黑炭,不照照镜子!"说着胜利地笑。

方鸿渐给鲍小姐喷了一身黑,不好再讲。侍者上了鸡,碟子里一块像礼拜堂定风针上铁公鸡施舍下来的肉,鲍小姐用力割不动,放下刀叉道:"我没牙齿咬这东西!这馆子糟透了。"

方鸿渐再接再厉的斗鸡,咬着牙说:"你不听我话,要吃西菜。""我要吃西菜,没叫你上这个倒霉馆子呀!做错了事,事后怪人,你们男人的脾气全这样!"鲍小姐说时,好像全世界每个男人的性格都经她试验过的。

过一会,不知怎样鲍小姐又讲起她未婚夫李医生,说他也是虔诚的基督教徒。方鸿渐正满肚子委屈,听到这话,心里作恶,想信教在鲍小姐的行为上全没影响,只好借李医生来讽刺,便说:"信基督教的人,怎样做医生?"

鲍小姐不明白这话,睁眼看着他。

鸿渐替鲍小姐面前搀焦豆皮的咖啡里,加上冲米泔水的牛奶,说:"基督教十诫里一条是'别杀人',可是医生除掉职业化的杀人以外,还干什么?"

鲍小姐毫无幽默地生气道:"胡说!医生是救人生命的。"

鸿渐看她怒得可爱,有意撩拨她道:"救人生命也不能信教。医学要人活,救人的肉体;宗教救人的灵魂,要人不怕死。所以病人怕死,就得请大夫,吃药;医药无效,逃不了一死,就找牧师和神父来送终。学医而兼信教,那等于说:假如我不能教病人好好的活,至少我还能教他好好的死,反正他请我不会错,这仿佛药房掌柜带开棺材铺子,太便宜了!"

鲍小姐动了真气:"瞧你一辈子不生病,不要请教医生。你只靠一张油嘴,胡说八道。我也是学医的,你凭空为什么损人?"

方鸿渐慌得道歉,鲍小姐嚷头痛,要回船休息。鸿渐一路上赔小心,鲍小姐只无精打采。送她回舱后,鸿渐也睡了两个钟点。一起身就去鲍小姐舱外弹壁唤她名字,问她好了没有。想不到门帘开处,苏小姐出来,说鲍小姐病了,吐过两次,刚睡着呢。鸿渐又羞又窘,敷衍一句,急忙逃走。晚饭时,大家见桌上没鲍小姐,向方鸿渐打趣要人。鸿渐含含糊糊说:"她累了,身子不大舒服。"苏小姐面有得色道:"她跟方先生吃饭回来害肚子,这时候什么都吃不进。我只担心她别生了痢疾呢!"那些全无心肝的男学生哈哈大笑,七嘴八舌道:

"谁教她背了我们跟小方两口儿吃饭?"

"小方真丢人哪!请女朋友吃饭为什么不挑干净馆子?"

"馆子不会错,也许鲍小姐太高兴,贪嘴吃得消化不了,小方,对不对?"

"小方,你倒没生病?哦,我明白了!鲍小姐秀色可餐,你看饱了不用吃饭了。"

"只怕餐的不是秀色,是——"那人本要说"熟肉",忽想当了苏小姐,这话讲出来不雅,也许会传给鲍小姐知道,便摘块面包塞自己嘴里嚼着。

方鸿渐午饭本来没吃饱,这时候受不住大家的玩笑,不等菜上齐就跑了,余人笑得更利害。他立起来转身,看见背后站着侍候的阿刘,对自己心照不宣似的眨眼。

九、中国小说

【注释】

①《围城》是钱钟书唯一的长篇小说,也是一部家喻户晓的现代文学经典,有论者认为它是现代中国最伟大的小说之一。所谓"围城",如书中人物所说,是脱胎于两句欧洲成语。英国人说:"结婚仿佛金漆的鸟笼,笼子外面的鸟想住进去,笼内的鸟想飞出来,所以结而离、离而结,没有了局。"法国人的说法是:结婚犹如"被围困的城堡 fortressassiegee,城外的人想冲进去,城里的人想逃出来。"本书的主人公方鸿渐本来不知道有"围城"之说,然而,当他听人说到"围城",并且经过后来的坎坷,便对"人生万事,都有这个想法"。"围城"是对一种人生情境的形象概括,也是对一种心理意态的巧妙把握。"围城"所描绘的,乃是人类理想主义和幻想破灭的永恒循环。

【作者简介】

见《论快乐》作者简介。

倾城之恋①（节选）

张爱玲

　　熬到了十一月底,范柳原果然从香港来了电报。那电报,整个的白公馆里的人都传观过了,老太太方才把流苏叫去,递到她手里。只有寥寥几个字:"乞来港。船票已由通济隆办妥。"白老太太长叹了一声道:"既然是叫你去,你就去罢!"她就这样的下贱么? 她眼里掉下泪来。这一哭,她突然失去了自制力,她发现她已是忍无可忍了。一个秋天,她已经老了两年——她可禁不起老! 于是第二次离开了家上香港来。这一趟,她早失去了上一次的愉快的冒险的感觉。她失败了。固然,女人是喜欢被屈服的,但是那只限于某种范围内。如果她是纯粹为范柳原的风仪与魅力所征服,那又是一说了,可是内中还掺杂着家庭的压力——最痛苦的成分。

　　范柳原在细雨迷蒙的码头上迎接她。他说她的绿色玻璃雨衣像一只瓶,又注了一句:"药瓶。"她以为他在那里讽嘲她的孱弱,然而他又附耳加了一句:"你就是医我的药。"她红了脸,白了他一眼。

　　他替她定下了原先的房间。这天晚上,她回到房里来的时候,已经两点钟了。在浴室里晚妆既毕,熄了灯出来,方才记起了,她房里的电灯开关装置在床头,只得摸着黑过来,一脚绊在地板上的一只皮鞋上,差一点栽了一跤,正怪自己疏忽,没把鞋子收好,床上忽然有人笑道:"别吓着了! 是我的鞋。"流苏停了一会,问道:"你来做什么?"柳原道:"我一直想从你的窗户里看月亮。这边屋里比那边看得清楚些。"……那晚上的电话的确是他打来的——不是梦! 他爱她。这毒辣的人,他爱她,然而他待她也不过如此! 她不由得寒心,拨转身走到梳妆台前。十一月尾的纤月,仅仅是一钩白色,像玻璃窗上的霜花。然而海上毕竟有点月意,映到窗子里来,那薄薄的光就照亮了镜子。流苏慢腾腾摘下了发网,把头发一搅,搅乱了,夹钗叮铃当啷掉下地来。她又戴上网子,把那发网的梢头狠狠地衔在嘴里,拧着眉毛,蹲下身去把夹钗一只一只捡了起来。柳原已经光着脚走到她后面,一只手搁在她头上,把她的脸倒扳了过来,吻她的嘴。发网滑下地去了。这是他第一次吻她,然而他们两人都疑惑不是第一次,因为在幻想中已经发生过无数次了。从前他们有过许多机会——适当的环境,适当的情调;他也想到过,她也顾虑到那可能性。然而两方都是精刮的人,算盘打得太仔细了,始终不肯冒失。现在这忽然成了真的,两人都糊涂了。流苏觉得她溜溜转了个圈子,倒在镜子上,背心紧紧抵着冰冷的镜子。他的嘴始终没有离开过她的嘴。他还把她往镜子上推,他们似乎是跌到镜子里面,另一个昏昏的世界里去了,凉的凉,烫的烫,野火花直烧上身来。

  第二天,他告诉她,他一礼拜后就要上英国去。她要求他带她一同去,但是他回说那是不可能的。他提议替她在香港租下一幢房子住下,等个一年半载,他也就回来了。她如果愿意在上海住家,也听她的便。她当然不肯回上海。家里那些人——离他们越远越好。独自留在香港,孤单些就孤单些。问题却在他回来的时候,局势是否有了改变,那全在他了。一个礼拜的爱,吊得住他的心么?可是从另一方面看来,柳原是一个没长性的人,这样匆匆地聚了又散了,他没有机会厌倦她,未始不是于她有利的。一个礼拜往往比一年值得怀念。……他果真带着热情的回忆重新来找她,她也许倒变了呢!近三十的女人,往往有着反常的娇嫩,一转眼就憔悴了。总之,没有婚姻的保障而要长期抓住一个男人,是一件艰难的、痛苦的事,几乎是不可能的。啊,管它呢!她承认柳原是可爱的,他给她美妙的刺激,但是她跟他的目的究竟是经济上的安全。这一点,她知道她可以放心。

  他们一同在巴而顿道看了一所房子,坐落在山坡上,屋子粉刷完了,雇定了一个广东女佣,名唤阿栗,家具只置办了几件最重要的,柳原就该走了。其余的都丢给流苏慢慢地去收拾,家里还没有开火仓,在那冬天的傍晚,流苏送他上船时,便在船上的大餐间胡乱地吃了些三明治。流苏因为满心的不得意,多喝了几杯酒,被海风一吹,回来的时候,便带着三分醉。到了家,阿栗在厨房里烧水替她随身带着的那孩子洗脚。流苏到处瞧了一遍,到一处开一处的灯。客室里门窗上的绿漆还没干,她用食指摸着试了一试,然后把那黏黏的指尖贴在墙上,一贴一个绿迹子,为什么不?这又不犯法!这是她的家!她笑了,索性在那蒲公英黄的粉墙上打了一个鲜明的绿手印。

  她摇摇晃晃走到隔壁屋里去。空房,一间又一间——清空的世界。她觉得她可以飞到天花板上去。她在空荡荡的地板上行走,就像是在洁无纤尘的天花板上。房间太空了,她不能不用灯光来装满它。光还是不够,明天她得记着换上几只较强的灯泡。

  她走上楼梯去。空得好,她急需着绝对的静寂。她累得很,取悦于柳原是太吃力的事,他脾气向来就古怪;对于她,因为是动了真感情,他更古怪了,一来就不高兴。他走了,倒好,让她松下这口气。现在她什么人都不要——可憎的人,可爱的人,她一概都不要。从小

九、中国小说

时候起,她的世界就嫌过于拥挤。推着、挤着、踩着、抱着、背着、老的小的,全是人。一家二十来口,合住一幢房子,你在屋子里剪个指甲也有人在窗户眼里看着。好容易远走高飞,到了这无人之境。如果她正式做了范太太,她就有种种的责任,她离不了人。现在她不过是范柳原的情妇,不露面的,她应该躲着人,人也该躲着她。清静是清静了。可惜除了人之外,她没有旁的兴趣。她所仅有的一点学识,全是应付人的学识。凭着这点本领,她能够做一个贤惠的媳妇,一个细心的母亲。在这里她可是英雄无用武之地。"持家"罢,根本无家可持。看管孩子罢,柳原根本不要孩子。省俭着过日子罢,她根本用不着为了钱操心。她怎样消磨这以后的岁月?找徐太太打牌去,看戏?然后渐渐地姘戏子,抽鸦片,往姨太太们的路上走?她突然站住了,挺着胸,两只手在背后紧紧互扭着。那倒不至于!她不是那种下流人。她管得住她自己。但是……她管得住她自己不发疯么?楼上品字式的三间屋,楼下品字式的三间屋,全是堂堂地点着灯。新打了蜡的地板,照得雪亮。没有人影儿。一间又一间,呼喊着的空虚……流苏躺到床上去,又想下去关灯,又动弹不得,后来她听见阿栗趿着木屐上楼来,一路扑秃扑秃关着灯,她紧张的神经方才渐归松弛。

那天是十二月七日,一九四一年。十二月八日,炮声响了。一炮一炮之间,冬晨的银雾渐渐散开,山巅、山洼子里,全岛上的居民都向海面上望去,说"开仗了,开仗了"。谁都不能够相信,然而毕竟是开仗了。流苏孤身留在巴而顿道,哪里知道什么。等到阿栗从左邻右舍探到了消息,仓皇唤醒了她,外面已经进入酣战阶段。巴而顿道的附近有一座科学试验馆,屋顶上架着高射炮,流弹不停地飞过来,尖溜溜一声长叫,"吱呦呃呃呃呃……"然后"砰",落下地去。那一声声的"吱呦呃呃呃呃……"撕裂了空气,撕毁了神经。淡蓝的天幕被扯成一条一条,在寒风中簌簌飘动。风里同时飘着无数剪断了的神经尖端。

流苏的屋子是空的,心里是空的,家里没有置办米粮,因此肚子里也是空的。空穴来风,所以她感受恐怖的袭击分外强烈。打电话到跑马地徐家,久久打不通,因为全城装有电话的人没有一个不在打电话,询问哪一区较为安全,做避难的计划。流苏到下午方才接通了。可是那边铃尽管响着,老是没有人来听电话,想必徐先生徐太太已经匆匆出走,迁到平静一些的地带。流苏没了主意。炮火却逐渐猛烈了。邻近的高射炮成为飞机注意的焦点。飞机营营地在顶上盘旋,"孜孜孜……"绕了一圈又绕回来,"孜孜……"痛楚地,像牙医的螺旋电器,直挫进灵魂的深处。阿栗抱着她的哭泣着的孩子坐在客室的门槛上,人仿佛入了昏迷状态,左右摇摆着,喃喃唱着呓语似的歌唱,哄着拍着孩子。窗外又是"吱呦呃呃呃呃……"一声,"砰!"削去屋檐的一角,沙石哗啦啦落下来。阿栗怪叫了一声,跳起身来,抱着孩子就往外跑。流苏在大门口追上了她,一把揪住她问道:"你上哪儿去?"阿栗道:"这儿蹲不得了!我——我带她到阴沟里去躲一躲。"流苏道:"你疯了!你去送死!"阿栗连声道:"你放我走!我这孩子——就只这一个——死不得的!……阴沟里躲一躲……"流苏拼命扯住了她,阿栗将她一推,她跌倒了,阿栗便闯出门去。正在这当口,轰天震地一声响,整个儿的世界黑了下来,像一只硕大无朋的箱子,啪地关上了盖。数不清的罗愁绮恨,全关在里面了。

流苏只道是没有命了,谁知道还活着。一睁眼,只见满地的玻璃屑,满地的太阳影子。她挣扎着爬起身来,去找阿栗。一开门,阿栗紧紧搂着孩子,垂着头,把额角抵在门洞子里的水泥墙上,人是震糊涂了。流苏拉了她进来,就听见外面喧嚷着说隔壁落了个炸弹,花园里炸出一个大坑。这一次巨响,箱子盖关上了,依旧不得安静。继续的砰砰砰,仿佛在箱子盖上用锤子敲钉,捶不完地捶。从天明捶到天黑,又从天黑捶到天明。

　　流苏也想到了柳原,不知道他的船有没有驶出港口,有没有被击沉。可是她想起他便觉得有些渺茫,如同隔世。现在的这一段,与她的过去毫不相干,像无线电的歌,唱了一半,忽然受了恶劣的天气影响,啪啪啪啪炸了起来,炸完了,歌是仍旧要唱下去的,就只怕炸完了,歌已经唱完了,那就没得听了。

　　第二天,流苏和阿栗母子分着吃完了罐子里的几片饼干,精神渐渐衰弱下来,每一个呼啸着的子弹的碎片便像打在她脸上的耳刮子。街头轰隆轰隆驰来一辆军用卡车,意外地在门前停下了。铃一响,流苏自己去开门,见是柳原,她捉住他的手,紧紧搂住他的手臂,像阿栗搂住孩子似的,人向前一扑,把头磕在门洞子里的水泥墙上。柳原用另外的一只手托住她的头,急促地道:"受了惊吓吧?别着急,别着急。你去收拾点得用的东西,我们到浅水湾去。快点,快点!"流苏跌跌冲冲奔了进去,一面问道:"浅水湾那边不要紧么?"柳原道:"都说不会在那边上岸的。而且旅馆里吃的方面总不成问题,他们收藏得很丰富。"流苏道:"你的船……"柳原道:"船没开出去。他们把头等舱的乘客送到了浅水湾饭店。本来昨天就要来接你的,叫不到汽车,公共汽车又挤不上。好容易今天设法弄到了这部卡车。"流苏哪里还定得下心来整理行装,胡乱扎了个小包裹。柳原给了阿栗两个月的工钱,嘱咐她看家,两个人上了车,面朝下并排躺在运货的车厢里,上面蒙着黄绿色油布篷,一路颠簸着,把肘弯与膝盖上的皮都磨破了。

　　柳原叹道:"这一炸,炸断了多少故事的尾巴!"流苏也怆然,半晌方道:"炸死了你,我的故事就该完了。炸死了我,你的故事还长着呢!"柳原笑道:"你打算替我守节么?"他们两人都有点神经失常,无缘无故,齐声大笑。而且一笑便止不住。笑完了,浑身直打颤。

【注释】

　　①《倾城之恋》是张爱玲的成名作与代表作。白流苏和范柳原这一对现实庸俗的男女,在战争的兵荒马乱之中被命运掷骰子般地掷到了一起,于"一刹那"体会到了"一对平凡的夫妻"之间的"一点真心"。

【作者简介】

　　张爱玲(1921—1995),原名张煐,笔名梁京。原籍河北丰润,出生于上海。出身官宦世家,祖父张佩纶,是清末著名的"清流派"人物,曾外祖父是晚清重臣李鸿章。因父母离异,少年生活并不如意。7岁即尝试写作。后就读于上海圣玛利女校,开始发表小说。1939年考入英国伦敦大学,因欧战转入香港大学读书。1942年回上海,开始职业创作生涯。1943年小说处女作《沉香屑》(第一、二炉香)刊于《紫罗兰》杂志,随后成名作《倾城之恋》《金锁记》等发表。1944年小说集《传奇》出版;1945年散文集《流言》出版。这两部合集基本收录了她的重要作品。1949年上海解放后以笔名梁京发表小说。1950年参加上海第一届文代会。1952年移居香港,发表小说《赤地之恋》和《秧歌》。之后旅居美国,1995年在洛杉矶病逝。张爱玲的作品融合了中西创作技巧,对人性的揭示细腻入微,形成颇具特色的个人风格。

北方的河[①](节选)

张承志

他们来到了河边上。他一出了红脸后生的窑洞就大步流星地在前面疾走。等他走到了浊浪拍溅的河漫滩上,才回头看了看那姑娘摇晃的身影。真像一根杨柳,他想,给她的照相机压得一弯一闪。他沿着黄河踱着,大步踏着咯咯响的卵石。河水隆隆响着,又浓又稠,闪烁而颠动,像是流动着沉重的金属。这么宽阔的大峡都被震得摇动啦,他惊奇地想着,也许有一天两岸的大山都会震得坍塌下来。真是北方第一大河啊。远处有一株带有枝叶的树干被河水卷着一沉一浮,他盯准那落叶奔跑起来,想追上河水的速度。他痛快地大声叫嚷着,是感到自己已经完全融化在这喧腾声里,融化在河面上生起的、掠过大河长峡的凉风中了。

她刚刚给照相机换上一个长镜头,带好遮光罩,调整了光圈和速度。她擦着汗喘着,使劲地追赶着前面的他。她看见他这时正站在上游的一个尖岬上,一动不动。

"你怎么啦,喂!"她快活地招呼着。她轻轻扣好相机快门上的保险,她已经拍了第一张。她相信河水层次复杂的黄色,对岸朦胧的青山,以及远处无定河汇入黄河的银白的光影会使这张柯达胶片的效果很好。河底村小小的招待所很干净,现在她一点儿担心也没有了。

"你说话呀,研究生!"她朝旅伴开起玩笑来了。

"全想起来了,"他开口道,"我早知道,一到这儿我就能想起来。"

"想起来什么?地理讲义么?"她兴致很高地问,她挺想和这个大个子青年开开玩笑。

"不,是这块石头。"他说,"十几年前,我就是从这儿下水的。"

"游泳么?"她歪着头瞧着他。他默默地站着,长长地叹了一口气。告诉她么?"我上错了车。喏,那时的长途班车正巧就是辆解放牌卡车,"他迟疑地说,"我去延川看同学,然后想回北京。从绥德去军渡然后才能进山西往北京走,可是我上错了车。那辆车没有往北去军渡,而是顺着无定河跑到这儿来啦。而且,路被雨水冲垮了,车停在青羊坪。在青羊坪我听说这儿有渡船,就赶了四十里路来到了这里。"他凝视着向南流逝的黄河水,西斜的阳光下,河里像是满溢着一川铜水。他看见姑娘的身影长长地投在铜水般的河面上,和他的并排挨着。告诉她吧,他想道,"在这里,就在这儿我下了水,游过了黄河。"

她静了一会儿,轻声问:"你为什么不等渡船呢?"

那船晚上回来,八天后才再到河东去。当时他远远地望见船在河东岸泊着。他是靠扒车到各地同学插队的地方游逛的,他从新疆出发,先到巴里坤,再到陕北,然后去山西,最后回北京。他想看看世界,也看看同学和人们都在怎么生活。

姑娘又补充说道:"我是说,游过去——太冒险了。你不能等渡船么?"

"我没钱,"他说,"我在村子里问了,住小店,吃白面一天九毛钱,吃黑面一天六毛钱。那时候我住不起。"

她感动地凝视着他。"你真勇敢。"她说。

他的心跳了一下。你为什么把这些都告诉她?他的心绪突然坏了。他发现这姑娘和他的距离一下子近了,她身上的一股气息使他心烦意乱。今天在这儿遇上这个女的可真是见鬼,他想,原来可以在黄河边搞搞调查、背背讲义的。本来可以让这段时间和往事追想一点点地流过心间,那该使他觉得多宝贵啊。可是这女的弄得他忍不住要讲话,而这么讲完全像是吹牛。

"游过黄河……我想,这太不容易了。"他听见那姑娘自语般地说道。他觉得她已经开始直视着他的眼睛。你这会儿不怕没有招待所啦,哼!他愤愤地想。她在放松了戒备的神经以后,此刻显得光彩袭人。这使他心慌意乱。他咬着嘴唇不再理睬她,只顾盯着斜阳下闪烁的满溢一川的滚滚黄河。

她举起照相机,取出一个变焦距镜头换上。这个小伙子很吸引人,浑身冒着热情和一股英气。他敢从这儿游到对岸去。上游拂来的、带着土腥味儿的凉风撩着她的额发,抚着她放在快门上的手指。这个可不像以前人家介绍的那个。那个出了一趟国,一天到晚就光知道絮絮叨叨地摆弄他那堆洋百货。那家伙甚至连眼睛都不朝别处瞧,甚至不朝我身上瞧,她遐想着。而这个,这个扬言要考上地理研究生的小伙子却有一双烫人的眼睛。她想着又偷偷地瞟了他一眼。瞧人家,她想,人家眼睛里是什么?是黄河。

"坐下歇歇吧。"她建议说,并且把手绢铺在黄沙上,坐了下来。黄河就在眼前冲撞着,倔强地奔驰。这河里流的不是水,不是浪,她想,"喂!研究生!你看这黄河!"她喊他说,"我说,这黄河里没有浪头。不是水,不是浪,是一大块一大块凝着的、古朴的流体。你说我讲得对吗?"她问道。

一块一块的,他听着,这姑娘的形容很奇怪,但更奇怪的是她形容得挺准确。一块块半凝固的、微微凸起的黄流在稳稳前移,老实巴交但又自信而强悍。而陕北高原扑下来了,倾斜下来,潜入它的怀抱。"你说的,挺有意思。"他回答道,"我是说,挺形象。"

"我搞摄影。这一行要求人总得训练自己的感受。"

"不过,我觉得这黄河——"他停了一下。他也想试试。我的感受和你这小姑娘可不太一样。他感到那压抑不住的劲头又跃跃而来了。"算啦!"他警告自己说。

"你觉得像什么?"她感兴趣地盯着他的脸。他准是个热情的人,瞧这脸庞多动人。她端起照相机,调了一下光圈。"你说吧!你能形容得好,我就能把这感觉拍在底片上。"她朝他挑战地眯起了眼睛。

"我觉得——这黄河像是我的父亲!"他突然低声说道。他的嗓音浊重沙哑,而且在颤抖,"父亲。"他说。我是怎么啦?怎么和她说这个。可是他明白他忍不住,眼前这个姑娘在吸引着他说这个。也许是她身上的那股味道和她那微微眯起的黑眼睛在吸引着他说这个。他没想到心底还有个想对这个姑娘说说这个的欲望。他忍不住了。

"我从小……没有父亲。我多少年把什么父亲忘得一干二净。那个人把我妈甩啦——这个狗杂种。"他恶狠狠地骂了一句,然后牢牢地闭上了嘴。对岸山西的青灰色岩山似乎在悄悄移动着,变成了黛色。瞧,这黄河的块,她静静地凝望着黄河想,它凝住啦。唉,人的心哪。

"我多少年一直有个愿望,就是长成一个块大劲足的男子汉。那时我将找到他,当着他老婆孩子的面,狠狠地揍他那张脸。"他觉得自己的牙齿剧烈地咯咯响着。他拼命忍住了,不再开口。这种事姑娘猜不到,她想象不出来这种事的。可是我有一个伟大的妈妈——告诉你,那些所谓的女英雄、女老干部、女革命家根本不配和我妈比。我有了她,一生什么全够了。我从小不会叫"爸爸"这个恶心词儿,也没想过我该有个父亲。他颠着手指划亮一根火柴,点燃一支香烟。可是,今天你忽然间发现,你还是应该有一个父亲,而且你已经给自己找到了一个。他喷出一团烟雾,哦,今天真好,今天你给自己找到了父亲——这就是他,黄河。他默默想着,沉入了自己的感动。但当他看到旁边那对充满同情的黑眼睛时,他又感到羞耻。你太嫩啦,看来你是毫无出息。你什么都忍不住,你这么轻易就把这些告诉了她。你,你怎么能把这样的秘密随便告诉一个女人?!他的心情恶劣透了。他忍着愤怒从沙滩上站了起来,朝河边的尖岬大步走去。他想躲开那个女的,他甚至恨那个女的,是她用那可恶的黑眼睛和一股什么劲儿把他弄得失去了自制。他走到黄河边上,河水拍溅着他的脚,他觉得含沙的夏季河水又粗糙又温暖。他忘记了背后那个姑娘,他感到眼前的大河充满了神秘。

哦,真是父亲,他在粗糙又温暖地安慰着我呢。"爸—爸。"他偷偷试着嘟囔了一声,马上又觉得无比别扭和难受。远处的河水不可思议地凸起着摇荡着。你告诉我一切吧,黄河,让我把一切全写上那张考卷,让那些看卷的老头目瞪口呆。那将不是一张考卷,而是一支歌,一首诗,一曲永恒的关于父与子的音乐。老头们的试卷真能容纳下它么?他问自己。不可能,他又回答自己。这是写不出来的。也不应当告诉别人的一个秘密。你原来那么傻,他嘲笑着自己,你忘了那次横渡黄河时究竟有没有什么神示或者特殊的感觉。你活像只快活的小鸭子一样,相跟着一个陕北老乡,把衣服和鞋塞进油浸的整羊皮口袋里,就大模大样地下了水。你不买票扒了车,走了四十里沟壑梁峁的黄土路,只吃了些西瓜和青涩的河畔枣,命催着似的跑到这儿来游黄河。你游过去了,当天赶到了山西。难道没有神助么?难道没有什么特殊的东西在保护着你么?你游水时的感觉和平常在游泳池,在水库,在京密引水渠里的感觉一样好,轻松又容易。你把那个抱着吹足气的羊皮油口袋的老乡甩在后面。你的两腿和手臂不仅没有抽筋,而且那么有力和舒展。你横渡了这条北方最伟大的河,又赶了二十里山西的青石头山道,当晚赶到了柳林镇附近的一个小村。第二天你拦卡车到了介休,又扒上"三八红旗白拉线"的火车,一直到了北京。后来你对同学们讲了游黄河的事,而二宝和徐华北他们挤眉弄眼地说,他们也游过来了,而且是游蝶泳过来的——这一切中的每一步,在今天几乎都不可能。合理的答案只有一个,这答案你今天自己找到了:黄河是你的父亲,他在暗暗地保护着他的小儿子。

他抬起头来。黄河正在他的全部视野中急驶而下,满河映着红色。黄河烧起来啦,他想。沉入陕北高原侧后的夕阳先点燃了一条长云,红霞又洒向河谷。整条黄河都变红啦,它烧起来啦。他想,没准这是在为我而燃烧。铜红色的黄河浪头现在是线条鲜明的,沉重地卷起来,又卷起来。他觉得眼睛被这一派红色的火焰灼痛了。他想起了梵·高的《星夜》,以前他一直对那种画不屑一顾;而现在他懂了。在梵·高的眼睛里,星空像旋转翻腾的江河;而在他年轻的眼睛里,黄河像北方大地燃烧的烈火。对岸山西境内的崇山峻岭也被映红了,他听见这神奇的火河正在向他呼唤。我的父亲,他迷醉地望着黄河站立着,你正在向我流露真情。他解开外衣的纽扣,随即把它脱了下来。

她踉跄着冲过来,一把抓住了他的手臂。

"你干什么?"她气喘吁吁地喊,"你要下水?"

他回过头来,困惑地望着姑娘。

"不行!太危险了!"她坚决地摇摇头。好骄傲的男人呐,他以为我怀疑他那段英雄史。"我知道你能游过去……你已经游过去啦,"她紧紧抓住他的手不放,"不过现在没有必要这样,这太危险了!"她喊着,想使自己的声音压住河水震耳的轰鸣。

他谨慎地抽出了手,打量着她。这姑娘怎么啦?看来男子汉在关键的时候,身边不能有女人。她们总是在这种时候搅得你心神不宁。她们可真有本事。

"别游了,太危险,"她仰着脸望着他说。"咱们不如聊聊天。要不,我再照几张照片,你对着黄河温温功课。"带着变焦距长镜头的相机沉重地在她胸前晃动着,他觉得她那长长的脖子快被那机器坠断了。他挺想帮她托着那台金属的大相机。

"你去照你的相吧,上那边转转,"他嘎哑着嗓子,不高兴地嘟哝着,"我有点私事,你最好走开点。"

"不!"她喊起来,"这是黄河!你懂吗?"她把两只小手攥成可笑的拳头晃着。

我不懂,难道你懂么。他被深深地激怒了。谁叫你那么愿意和姑娘往一块儿凑?瞧她狂的。你懂,你大概只懂怎么把头发烫得更招人看两眼。他恨恨地咬着嘴唇,几乎想骂出一句粗话。

"喂,你听着:我不认识你。你不是已经找着招待所了吗?"他尽量有分寸地说。

她怔了一下,然后退了两步。他看见她脸上的神情先是凝固了,接着就渐渐褪尽。"好,随便吧,"她小声说道,双手扶住胸前的相机。他看见她的眼睛里充满了痛苦和责备的神情。

他吃惊地望着她。她这会儿显得真动人,简直像尊圣洁的雕像。你们真行,姑娘们。怪不得我一下子就吐出了心底的秘密,这秘密我从来没向任何一个人说过。他抱歉地搓搓手,"对不起,"他说,"我有个爱发火的坏毛病。"

"你太凶了,"她伤感地说。为什么要这样对待别人呢,我已经看透了:在最深的意识里,他们都一样。"真难得,刚才你还算诚恳些。我以为——"

"刚才我是在瞎编。"他打断了她的话。我为告诉了你那个而羞耻呢,他想。"你别当真。"

九、中国小说

"不！人应该学得真诚些！"她激烈地反驳着，"而且——"而且你也用不着那么骄傲。讲人生滋味，也许我尝得比你多得多。她涨红了脸，突然颠声说："我也没有父亲，我也好久好久没有喊过爸爸这个词儿，而且……我也一想到这个词就难受。"

"哦？"他吃了一惊。

"他在一个中学传达室工作，当打钟的工友。他们说，他在解放前当过国民党的兵，是残渣余孽。一九六六年，他们把他打死了。就在那个传达室里。那一年我十二岁，小学六年级。"她平静地说着，眼睛一直凝视着他。

"我懂了。"他冷峻地迎着她的目光，"你骂吧！我在那时候也是一个红卫兵。"

她疲惫地摇摇头，叹了口气："不，我不骂。而且，我一眼就看得出来，你和那些人根本不一样。那些人——"

"狗东西！"他从牙缝里恶狠狠地咒骂着。

"你太粗野了，"她忧郁地说。他从她低柔的声音里感到一种距离很近的信赖。

"后来呢？"他阴沉地问。

"我母亲有病，青光眼。医生说她一急就会失明。所以，我……"她的头低下去了。他看见她的黑头发在风中颤抖着。"我就一个人跑到那个传达室，给爸爸洗身上的血。"

"好了，别说了，"他轻声打断了她。

"我用一块毛巾给爸爸洗身上的血。那血，那血——"

"别说了！"他转过身去。

她微张着嘴，安静地望着他的肩膀，接着就颓然坐在沙滩地上。被高原的烈日烤了一天的粗沙子舒服地烙着她。她感到心情非常宁静。是呵，别说啦。他全明白。像他对我一样，我也把一切都对他说啦。

他默默地面对着黄河站着，风拂着他裸着的前胸。我不能想象，小妹妹，他想。他的确不能想象，这个眼睛黑黑，身材柔细的姑娘，心里怎能盛着那么沉重的苦难。

这时，黄河，他看见黄河又燃烧起来了。赤铜色的浪头缓缓地扬起着，整个一条大川长峡此刻全部熔入了那片激动的火焰。山谷里蒸腾着朦胧的气流，他看见眼前充斥着、旋转着、跳跃着、怒吼着又轻唱着的一团团通红的浓彩。这是在呼唤我呢，瞧这些一圈圈旋转的颜色。这是我的黄河父亲在呼唤我。他迅速甩掉上衣，褪掉长裤，把衣服团成一团走向那姑娘。"不，太危险了。"她仰着头恳求着他。他又清楚地听见了这声音里的那种信赖。他感动得心里一阵难受。"拿着，等着我，"他低声说，"你看那渡船泊在对面呢，我回来时坐渡船。"他望着那姑娘的黑发在风中飘拂着，他使尽力气才忍住了想抚摸一下这黑发的念头。时间不早了，他想，他又看了一眼那姑娘的头发，就急匆匆地朝着那片疾速流动的火焰奔去。

【注释】

①《北方的河》是一部主观抒情的小说，有人也把它叫作"心态小说"。"心态小说"是"五四"时期新小说的重要表现形式之一。当代的"心态小说"更注入了西方现代派"意识流"的优秀部分。《北方的河》几乎没

有故事,是以主人公"我"的意识流向构成情节的。作品首先向我们展示的是一个浩大的空间——黄土高原,黄河和永定河的汇合处。黄河是"北方的河"的伟大象征和代表,黄河孕育了中华民族和中华文明,"北方的河"是我们民族的、历史的、文化的象征物。10多年前,"我"第一次来到黄河,黄河给了"我"父亲般的尊严和慈爱,得到过它伟大力量的赐予。当"我"再次扑入那被"晚霞烧红了的赤铜水般的黄河","我"又一次感受到了黄河父亲的博大和宽广,也暗示着"我"在辽阔的、奔流不息的黄河寻到了"我"的根。

作品还成功地塑造了"我"的形象。他有过苦闷的迷惘,有过痛苦的反思和真切的顿悟。作品中,他已经以奋斗者的姿态出现在我们的面前,他要不顾一切地向生活挑战,向新的人生目标冲刺。"我"代表了一代人:"我"的苦闷、追求、奋斗、拼搏,也是一代人的苦闷、追求和奋斗。向我们展示了一代人昂扬进取、自强不息的风貌,表现了多层次的昂奋激情和深刻执著的人生思考。

【作者简介】

张承志(1948—),出生于北京,原籍山东济南。曾供职于中国历史博物馆、中国社会科学院民族研究所、海军创作室、日本爱知大学等处。1978年开始笔耕。曾获第一届全国短篇小说奖,第二、第三届全国优秀中篇小说奖及全国少数民族文学创作奖。已出版著作30余种。20世纪八九十年代,以"理想主义气质"著称。代表作有长篇小说《北方的河》《黑骏马》《心灵史》,短篇小说《雪路》《晚潮》《辉煌的波马》《北望长城外》《胡涂乱抹》《大坂》《顶峰》《美丽瞬间》等。《北方的河》获1983—1984年全国优秀中篇小说奖。

延展阅读

干宝《搜神记》

《唐宋传奇集》

罗贯中《三国演义》

施耐庵《水浒传》

吴承恩《西游记》

曹雪芹《红楼梦》

蒲松龄《聊斋志异》

吴敬梓《儒林外史》

鲁迅《鲁迅小说选集》

沈从文《边城》《长河》

老舍《骆驼祥子》《四世同堂》《茶馆》

巴金《家》《春》《秋》

林语堂《京华烟云》

张爱玲《张爱玲经典小说集》

钱钟书《围城》

《俞平伯点评红楼梦》

钱理群《与鲁迅相遇》

路遥《平凡的世界》

霍达《穆斯林的葬礼》
余华《活着》
贾平凹《山本》
莫言《红高粱家族》

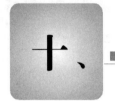

十、外国小说

舞会以后[①]

[俄]托尔斯泰

"你们是说,一个人本身不可能懂得什么是好,什么是坏,问题全在环境,是环境坑害人。我却认为问题全在偶然事件。就拿我自己来说吧……"

我们谈到,为了使个人趋于完善,首先必须改变人们的生活条件,接着,人人敬重的伊凡·瓦西里耶维奇就这样说起来了。其实,谁也没有说过人自身不可能了解什么是好,什么是坏,只是伊凡·瓦西里耶维奇有个习惯,总爱解释他自己在谈话中产生的想法,然后为了证实这些想法,讲起他生活里的插曲来。他时常把促使他讲述的原因忘得一干二净,只管全神贯注地讲下去,而且讲得很诚恳、很真实。

现在他也是这样做的。

"拿我自己来说吧。我的整个生活成为这样而不是那样,并不是由于环境,完全是由于别的原因。"

"到底由于什么呢?"我们问道。

"这可说来话长了。要讲老半天,你们才会明白。"

"您就讲一讲吧。"

十、外国小说

伊凡·瓦西里耶维奇沉思了一下,又摇摇头。

"是啊,"他说,"我的整个生活在一个夜晚,或者不如说,在一个早晨,就起了变化。"

"到底是怎么回事啊?"

"是这么回事:当时我正在热烈地恋爱。我恋爱过多次,可是这一次我爱得最热烈。事情早过去了;她的女儿们都已经出嫁了。她叫B——,是的,瓦莲卡·B——"伊凡·瓦西里耶维奇说出她的姓氏,"她到了五十岁还是一位出色的美人。在年轻的时候,十八岁的时候,她简直能叫人入迷:修长、苗条、优雅、庄严——正是庄严。她总是把身子挺得笔直,仿佛她非这样不可似的,同时又微微仰起她的头,这配上她的美丽的容貌和修长的身材——虽然她并不丰满,甚至可以说是清瘦,——就使她显出一种威仪万千的气概,要不是她的嘴边、她的迷人的明亮的眼睛里,以及她那可爱的年轻的全身有那么一抹亲切的、永远愉快的微笑,人家便不敢接近她了。"

"伊凡·瓦西里耶维奇多么会渲染!"

"但是无论怎么渲染,也没法渲染得使你们能够明白她是怎样一个女人。不过问题不在这里。我要讲的事情出在四十年代。那时候我是一所外省大学的学生;我不知道这是好事还是坏事;那时我们大学里没有任何小组②,也不谈任何理论,我们只是年轻,照青年时代特有的方式过生活,除了学习,就是玩乐。我是一个很愉快活泼的小伙子,而且家境又富裕。我有一匹剽悍的溜蹄马,我常常陪小姐们上山去滑雪(溜冰还没有流行),跟同学们饮酒作乐(当时我们只喝香槟,没有钱就什么也不喝,可不像现在这样改喝伏特加)。但是我的主要乐趣在参加晚会和舞会。我跳舞跳得很好,人也不算丑陋。"

"得啦,不必太谦虚,"一位交谈的女伴插嘴道,"我们不是见过您一张旧式的银版照片吗?您不但不算丑陋,还是一个美男子哩。"

"美男子就美男子吧,反正问题不在这里。问题是,正当我狂热地爱恋她的期间,我在谢肉节的最后一天参加了本省贵族长家的舞会,他是一位忠厚长者,豪富好客的侍从官。他的太太接待了我,她也像他一样忠厚,穿一件深咖啡色的丝绒长衫,戴一条钻石头饰③,她袒露着衰老可是丰腴白皙的肩膀和胸脯,好像伊丽莎白·彼得罗夫娜④的画像上画的那样。这次舞会好极了:设有乐队楼厢的富丽的舞厅,属于爱好音乐的地主之家的、当时有名的农奴乐师,丰美的菜肴,喝不尽的香槟。我虽然也喜欢香槟,但并没有喝,因为不用喝酒我就醉了,陶醉在爱情中了,不过我跳舞却跳得筋疲力竭,——又跳卡德里尔舞,又跳华尔兹舞,又跳波尔卡舞,自然是尽可能跟瓦莲卡跳。她身穿白衣,束着粉红腰带,一双白羊皮手套差点儿齐到她的纤瘦的、尖尖的肘部,脚上是白净的缎鞋。玛祖卡舞开始的时候,有人抢掉了我的机会:她刚一进门,讨厌透顶的工程师阿尼西莫夫——我直到现在还不能原谅他——就邀请了她,我因为上理发店去买手套⑤,来晚了一步。所以我跳玛祖卡舞的女伴不是瓦莲卡,而是一位德国小姐,从前我也曾稍稍向她献过殷勤。可是这天晚上我对她恐怕很不礼貌,既没有跟她说话,也没有望她一眼,我只看见那个穿白衣服、束粉红腰带的修长苗条的身影,只看见她的明朗、红润、有酒窝的面孔和亲切可爱的眼睛。不光是我,大家都望着她,欣赏她,男人欣赏她,女人也欣赏她,虽然她盖过了她们所有的人。不能不欣赏她啊。"

"照规矩可以说,我并不是她跳玛祖卡舞的舞伴,而实际上,我几乎一直都在跟她跳。她大大方方地穿过整个舞厅,径直向我走来,我不待邀请,就连忙站了起来,她微微一笑,酬答我的机灵。当我们⑥被领到她的跟前而她没有猜出我的代号⑦时,她只好把手伸给别人,耸耸她的纤瘦的肩膀,向我微笑,表示惋惜和安慰。当大家在玛祖卡舞中变出花样,插进华尔兹的时候,我跟她跳了很久的华尔兹,她尽管不断地喘息,还是微笑着对我说:'再来一次。'于是我再一次又一次地跳着华尔兹,甚至感觉不到自己还有一个重甸甸的肉体。"

"咦,怎么会感觉不到呢?我想,您搂着她的腰部的时候,不但能够清楚地感觉到自己的肉体,还能感觉到她的哩。"一个男客人说。

伊凡·瓦西里耶维奇突然涨红了脸,几乎是气冲冲地叫喊道:

"是的,你们现代的青年就是这样。你们眼里只有肉体。在我们那个时代可不同。我爱得越强烈,就越是不注意她的肉体。你们现在只看到腿子、脚踝和别的什么,你们恨不得把所爱的女人脱个精光;而在我看来,正像阿尔封斯·卡尔⑧——他是一位好作家——说的:我的恋爱对象永远穿着一身铜打的衣服。我们不是把人脱个精光,而是要设法遮盖他的赤裸的身体,像挪亚的好儿子⑨一样。得了吧,反正你们不会了解……"

"不要听他的。后来呢?"我们中间的一个男人问道。

"好吧。我就这样尽情跟她跳,简直没有注意时光是怎么过去的。乐师们早已累得要命,——你们知道,舞会快结束时总是这样,——翻来覆去地演奏玛祖卡舞曲,老先生和老太太们已经从客厅里的牌桌旁边站起来,等待吃晚饭,仆人拿着东西,更频繁地来回奔走着。这时是两点多钟。必须利用最后几分钟。我再一次选定了她,我们已经沿着舞厅跳到一百次了。"

"'晚饭以后还跟我跳卡德尔舞吗?'我领着她入席的时候问她。

"'当然,只要家里人不把我带走。'她微笑着说。

"'我不让带走。'我说。

"'扇子可要还给我。'她说。

"'舍不得还。'我说,同时递给她那把不大值钱的白扇子。

"'那就送您这个吧,您不必舍不得了。'说着,她从扇子上撕下一小片羽毛给我。

"我接过羽毛,只能用眼光表示我的全部喜悦和感激。我不但愉快和满意,甚至感到幸福、陶然,我善良,我不是原来的我,而是一个不知有恶、只能行善的超凡脱俗的人了。我把那片羽毛藏进手套中,呆呆地站在那里,再也离不开她。

"'您看,他们在请爸爸跳舞。'她对我说道,一面指着她的身材魁梧端正、戴着银色肩章的上校父亲,他正跟女主人和其他的太太们站在门口。

"'瓦莲卡,过来。'我们听见戴钻石头饰、生有伊丽莎白式肩膀的女主人的响亮的声音。

"瓦莲卡往门口走去,我跟在她后边。

"'我亲爱的,劝您父亲跟您跳一跳吧。喂,彼得·符拉季斯拉维奇,请。'女主人转向上校说。

"瓦莲卡的父亲是一个很漂亮的老人,长得端正、魁梧、神采奕奕。他的脸色红润,留着两撇雪白的尼古拉一世式的鬈曲的唇髭和同样雪白的、跟唇髭连成一片的络腮胡子,两鬓的头发向前梳着,他那明亮的眼睛里和嘴唇上,也像他女儿一样,露出亲切快乐的微笑。他生成一副堂堂的仪表,宽阔的胸脯照军人的派头高挺着,胸前挂了几枚勋章,此外他还有一副健壮的肩膀和两条匀称的长腿。他是一位具有尼古拉一世风采的宿将型的军事长官。

"我们走近门口的时候,上校推辞说,他对于跳舞早已荒疏,不过他还是笑眯眯地把手伸到左边,从刀剑带上取下佩剑,交给一个殷勤的青年,右手戴上麂皮手套,'一切都要合乎规矩。'他含笑说,然后抓住女儿的一只手,微微转过身来,等待着拍子。

"等到玛祖卡舞曲开始的时候,他灵敏地踏着一只脚,伸出另一只脚,于是他的魁梧肥硕的身体就一会儿文静从容地,一会儿带着靴底踏地声和两脚相碰声,啪哒啪哒地、猛烈地沿着舞厅转动起来了。瓦莲卡的优美的身子在他的左右翩然飘舞,她及时地缩短或者放长她那穿白缎鞋的小脚的步子,灵巧得叫人难以察觉。全厅都在注视这对舞伴的每个动作。我却不仅欣赏他们,而且受了深深的感动。格外使我感动的是他那被裤脚带①箍得紧紧的靴子,那是一双上好的小牛皮靴,但不是时兴的尖头靴,而是老式的、没有后跟的方头靴。这双靴子分明是部队里的靴匠做的。'为了把他的爱女带进社交界和给她穿戴打扮,他不买时兴的靴子,只穿自制的靴子。'我想。所以这双方头靴格外使我感动。他显然有过舞艺精湛的时候,可是现在发胖了,要跳出他竭力想跳的那一切优美快速的步法,腿部的弹力已经不够。不过他仍然巧妙地跳了两圈。他迅速地叉开两腿,重又合拢来,虽说不太灵活,他还能跪下一条腿,她微笑着理了理被他挂住的裙子,从容地绕着他跳了一遍,这时候,所有的人都热烈鼓掌了。他有点吃力地站立起来,温柔、亲热地抱住女儿的后脑,吻吻她的额头,随后把她领到我的身边,他以为我要跟她跳舞。我说,我不是她的舞伴。

"'呃,反正一样,您现在跟她跳吧。'他说,一面亲切地微笑着,把佩剑插进刀剑带里。

"瓶子里的水只要倒出一滴,其余的便常常会大股大股地跟着倾泻出来,同样,我心中对瓦莲卡的爱,也激发了蕴藏在我内心的全部爱的力量。那时我真是用我的爱拥抱了全世界。我爱那戴着头饰、生有伊丽莎白式的胸部的女主人,也爱她的丈夫、她的客人、她的仆役,甚至也爱那个对我板着脸的工程师阿尼西莫夫。至于对她的父亲,连同他的自制皮靴和像她一样的亲切的微笑,当时我更是体验到一种深厚的温柔的感情。

"玛祖卡舞结束之后,主人夫妇请客人去用晚饭,但是B上校谢绝了邀请,他说他明天必须早起,就向主人告辞了。我惟恐连她也给带走,幸好她跟她母亲留下了。

"晚饭以后,我跟她跳了她事先应许的卡德里尔舞,虽然我似乎已经无限地幸福,而我的幸福还是有增无减。我们完全没有谈起爱情。我甚至没有问问她,也没有问问我自己,她是否爱我。只要我爱她,在我就足够了。我只担心一点——担心有什么东西破坏我的幸福。

"等我回到家中,脱下衣服,想要睡觉的时候,我才看出那是绝不可能的事。我手里有一片从她的扇子上撕下的羽毛和她的一只手套,这只手套是她离开之前,我先后扶着她母亲和她上车时,她送给我的。我望着这两件东西,不用闭上眼睛,就能清清楚楚地回想起她来:或者是当她为了从两个男舞伴中挑选一个而猜测我的代号,用可爱的声音说出'骄傲?是吗?'并且快活地伸手给我的时候,或者是当她在晚餐席上一点一点地呷着香槟,皱起眉头,用亲热的眼光望着我的时候;不过我多半是回想她怎样跟她父亲跳舞,她怎样在他身边从容地转动,露出为自己和为他感到骄傲与喜悦的神情,瞧着啧啧赞赏的观众。我不禁对他和她同样生出柔和温婉的感情来了。

"当时我和我已故的兄弟单独住在一起。我的兄弟向来不喜欢上流社会,不参加舞会,这时候又在准备学士考试,过着极有规律的生活。他已经睡了。我看了看他那埋在枕头里面、叫法兰绒被子遮住一半的脑袋,不觉对他动了怜爱的心,我怜悯他,因为他不知道也不能分享我所体验到的幸福。服侍我们的农奴彼得鲁沙拿着蜡烛来迎接我,他想帮我脱下外衣,可是我遣开了他。我觉得他的睡眼惺忪的面貌和蓬乱的头发使人非常感动。我极力不发出声响,踮起脚尖走进自己房里,在床上坐下。不行,我太幸福了,我没法睡。而且我在炉火熊熊的房间里感到太热,我就不脱制服,轻轻地走入前厅,穿上大衣,打开通向外面的门,走到街上去了。

"我离开舞会是四点多钟,等我到家,在家里坐了一坐,又过了两个来钟头,所以,我出门的时候,天已经亮了。那正是谢肉节的天气,有雾,饱含水分的积雪在路上融化,所有的屋檐都在滴水。当时B家住在城市的尽头,靠近一片广大的田野,田野的一头是人们游息的场所,另一头是女子中学。我走过我们的冷僻的胡同,来到大街上,这才开始碰见行人和运送柴火的雪橇,雪橇的滑木触到了路面①。马匹在光滑的木轭下有节奏地摆动着湿漉漉的脑袋,车夫们身披蓑衣,穿着肥大的皮靴,跟在货车旁边噗嚓噗嚓行走,沿街的房屋在雾中显得分外高大,——这一切都使我觉得特别可爱和有意思。

"我走到宅附近的田野,看见靠游息场所的一头有一团巨大的、黑糊糊的东西,而且听到从那里传来笛声和鼓声。我的心情一直很畅快,玛祖卡曲还不时在我耳边萦绕。而这一次却是另一种音乐,一种生硬的、不悦耳的音乐。

"'这是怎么回事?'我想,于是沿着田野当中一条由车马辗踏出来的溜滑的道路,朝着发出声音的方向走去。走了一百来步,我才从雾霭中看出那里有许多黑色的人影。这显然是一群士兵。'大概在上操'我想,就跟一个身穿油迹斑斑的短皮袄和围裙、手上拿着东西,走在我前头的铁匠一起,更往前走近些。士兵们穿着黑军服,面对面地分两行持枪立定,一动也不动。鼓手和吹笛子的站在他们背后,不停地重复那支令人不快的、刺耳的老调子。

"'他们这是干什么?'我问那个站在我身边的铁匠。

"'对一个鞑靼逃兵用夹鞭刑。'铁匠望着远处的行列尽头,愤愤地说。

"我也朝那边望去,看见两个行列中间有个可怕的东西正在向我逼近。向我逼近来的是一个光着上身的人,他的双手被捆在枪杆上面,两名军士用这枪牵着他。他的身旁有个穿大衣、戴制帽的魁梧的军官,我仿佛觉得很面熟。罪犯浑身痉挛着,两只脚噗嚓噗嚓地踏着融化中的积雪,向我走来,棍子从两边往他身上纷纷打下,他一会儿朝后倒,于是两名用枪牵着他的军士便把他往前一拉,一会儿他又向前栽,于是军士便把他往后一推,不让他栽倒。那魁梧的军官迈着坚定的步子,大摇大摆地,始终跟他并行着。这就是她脸色红润、留着雪白的唇髭和络腮胡子的父亲。

"罪犯每挨一棍子,总是像吃了一惊似的,把他的痛苦得皱了起来的脸转向棍子落下的一边,露出一口雪白的牙齿,重复着两句同样的话。直到他离我很近的时候,我才听清这两句话。他不是说话,而是呜咽道:'好兄弟,发发慈悲吧。好兄弟,发发慈悲吧。'但是他的好兄弟不发慈悲,当这一行人走到我的紧跟前时,我看见站在我对面的一名士兵坚决地向前跨出一步,呼呼地挥动着棍子,使劲朝鞑靼人背上劈啪一声打下去。鞑靼人往前扑去,可是军士挡住了他,接着;同样的一棍子又从另一边落在他的身上,又是这边一下,那边一下。上校在旁边走着,一会儿瞧瞧自己脚下,一会儿瞧瞧罪犯,他吸进一口气,鼓起腮帮,然后撅着嘴唇,慢慢地吐出来。这一行人经过我站立的地方的时候,我向夹在两个行列中间的罪犯的背部瞥了一眼。这是一个斑斑驳驳的、湿淋淋的、紫红的、奇形怪状的东西,我简直不相信这是人的躯体。

"'天啊。'铁匠在我身边说道。

"这一行人慢慢离远了,棍子仍然从两边落在那跟跟跄跄、浑身抽搐的人背上,鼓声和笛声仍然鸣响着,身材魁梧端正的上校也仍然迈着坚定的步子,在罪犯身边走动。突然间,上校停了一停,随后快步走到一名士兵跟前。

"'我要让你知道厉害,'我听见他的气呼呼的声音,'你还敢敷衍吗?还敢吗?'

"我看见他举起戴麂皮手套的有力的手,给了那惊慌失措、没有多大气力的矮个子士兵一记耳光,只因为这个士兵没有使足劲儿往鞑靼人的紫红的背部打下棍子。

"'来几条新的军棍!'他一面吼叫,一面环顾左右,终于看见了我。他假装不认识我,可怕地、恶狠狠地皱起眉头,连忙转过脸去。我觉得那样羞耻,不知道往哪里看才好,仿佛我有一桩最可耻的行为被人揭发了似的,我埋下眼睛,匆匆回家去了。一路上我的耳边时而响起鼓声和笛声,时而传来'好兄弟,发发慈悲吧'这两句话,时而又听见上校的充满自信的、气呼呼的吼叫声:'你还敢敷衍吗?还敢吗?'同时我感到一种近似恶心的、几乎是生理上的痛苦,我好几次停下脚步,我觉得我马上要把这幅景象在我内心引起的恐怖统统呕出来了。我不记得我是怎样到家和躺下的。可是我刚刚入睡,就又听见和看到那一切,我索性一骨碌爬起来了。

"'他显然知道一件我所不知道的事情,'我想起上校,'如果我知道他所知道的那件事,我也就会了解我看到的一切,不致苦恼了。'可是无论我怎样反复思索,还是无法了解上校所知道的那件事,我直到傍晚才睡着,而且是上一位朋友家里去,跟他一起喝得烂醉以后才睡着的。"

"嗯,你们以为我当时就断定了我看到的是一件坏事吗?决不。'既然这是带着那样大的信心干下的,并且人人都承认它是必要的,那么可见他们一定知道一件我所不知道的事情。'我想,于是努力去探究这一点。但是无论我多么努力,始终探究不出来。探究不出,我就不能像原先希望的那样去服军役,我不但没有担任军职,也没有在任何地方供职,所以正像你们看到的,我成了一个废物。"

"得啦,我们知道您成了什么'废物'"我们中间的一个说,"您还不如说,要是没有您,有多少人会变成废物。"

"得了吧,这完全是扯淡。"伊凡·瓦西里耶维奇真正懊恼地说。

"好,那么,爱情呢?"我们问。

"爱情吗?爱情从这一天起衰退了。当她像平常那样面带笑容在沉思的时候,我立刻想起广场上的上校,总觉得有点别扭和不快,于是我跟她见面的次数渐渐减少了。结果爱情也消失了。世界上就常有这样的事情,使得人的整个生活发生变化,走上新的方向。你们却说……"他结束道。

【注释】

①《舞会以后》发表于1903年。小说以主人公伊凡在舞会上的恋爱故事为线索,通过舞会上和舞会后两个截然对立的场面描写,深刻抨击了沙皇专制制度的虚伪、野蛮和黑暗,愤怒控诉了沙俄军官对士兵的残忍和暴虐。

②19世纪30年代,莫斯科一部分大学生成立了各种小组,探讨哲学和文学问题,传播先进思想,其中最重要的是斯坦凯维奇小组和赫尔岑—奥加辽夫小组。

③一种金链或绒布带,当中镶一颗宝石,束在额头上,作为装饰。

④伊丽莎白·彼得罗夫娜是1741至1761年的俄国女皇。

⑤当时理发店兼卖手套。

⑥指他和另一个男舞伴。

⑦男舞伴必须给自己选定一个代号,如"温顺"或"骄傲""喜悦"或"悲哀"之类;跳舞以前,两个男舞伴由第三者领到女舞伴面前,请她猜测代号,被猜中的就可以跟她跳舞。

⑧阿尔封斯·卡尔(1808—1890),法国作家。

⑨见《旧约·创世纪》第四章:有一次挪亚喝醉了酒,赤着身子睡着了,他的儿子闪和雅弗将衣服给他盖上。

⑩缝在裤脚口上的带子,捆在鞋眼和鞋掌之间的地方,以免人坐下时裤脚往上吊,露出袜子来。

⑪说明积雪不深。

【作者简介】

托尔斯泰(1828—1910),19世纪伟大的批判现实主义的杰出代表,俄国最伟大的作家。

他以自己有力的笔触和卓越的艺术技巧辛勤创作了"世界文学中第一流的作品",因此被列宁称颂为具有"最清醒的现实主义"的"天才艺术家"。

19世纪60—70年代,托尔斯泰先后完成了长篇小说《战争与和平》和《安娜·卡列尼娜》,这两部作品为他赢得了世界一流作家的声誉。1863—1869年,托尔斯泰创作了长篇历史小说《战争与和平》,这是其创作历程中的第一个里程碑。1873—1877年他经12次修改,完成了其第二部里程碑式巨著《安娜·卡列尼娜》,小说艺术已达炉火纯青。

19世纪70年代末,托尔斯泰的世界观发生巨变,写成《忏悔录》(1879—1882)。80年代创作:剧本《黑暗的势力》(1886)、《教育的果实》(1891),中篇小说《魔鬼》(1911)、《伊凡·伊里奇之死》(1886)、《克莱采奏鸣曲》(1891)、《哈泽·穆拉特》(1886—1904),短篇小说《舞会以后》(1903),特别是1889—1899年创作的长篇小说《复活》,是他长期思想、艺术探索的总结,也是对俄国社会批判最全面深刻、有力的一部著作,成为世界文学不朽名著之一。

一个女人一生中的二十四小时①(节选)

[奥地利]斯蒂芬·茨威格

C太太讲到这儿停了一会。她一直保持着她那种独有的安详冷静,稳重沉着地坐在我的对面,娓娓叙述几乎毫无间断,只有内心早有准备、对情节仔细整理过一番的人才会这样。此刻她第一次默不作声显得有点踌躇,然后,她忽然中止了叙述,抬起头来看着我:

"我向您、也向自己作过保证",她略显不安地开始说,"要极其坦率地讲出全部事实。可是,我现在必须请求您,希望您能够完全信任我的坦率,不要以为我那时的举动有着什么不可告人的动机。即使真有那样的动机,今天我也不会羞于承认的,然而,如果认为在当时的情形下必定有那样的动机,却实在是妄作猜测。所以,我必须着重说明,当我跟着这个希望破灭了的人追到街上,我对这位青年丝毫没有什么爱恋之意——我脑子里根本不曾想到他是一个男人——我那时已经是四十多岁的女人了,自从丈夫去世以后,事实上我从来没再正眼注视过任何男子。那些事在我已是无所动心的了:我向您说得这么干脆,而且非要说明这一点不可,因为,如果事实并非如此,那么,随后的全部经过何以非常可怕,在您听来就会难以理解了。真的,另一方面说来我也极感困难,没有办法给予当时我的那种情感一个名称,它竟能那么急迫地推动我去追赶那个不幸的人。那种情感里面有着好奇心的成分,可是,最主要的还是一种恐怖不安的忧虑,或者更确切些说,是对于某种恐怖的忧虑。从头一秒钟起,我就隐隐地感到有点非常恐怖的什么,一团阴云似的罩着那个年轻人。然而,这类感觉是谁也分析剖析不了的,尤其因为它错综复杂,来得过于急遽,过于迅速,过于突兀了——谁要是在街上看到一个孩子有被汽车辗死的危险,会马上跑过去一把将他拉开,当时我所作的很可能正是这种急于救人的本能行动。或者,换个比喻也许更说明问题:有些人自己不会游泳,看见别人吃醉了酒掉进河里,就立刻从桥上跳下水去。这些人来不及考虑决定,不问自己甘冒生命之险的一时豪勇究竟有无意义,只像着了魔受了牵引,被一股意志的力量推动着便跳下去了。我那次正是这样,不假任何思索,意识里没存着任何清醒的顾虑,立刻跟着那个不幸的人走出赌厅来到过道里,又从过道里一直追到临街的露台上。

"我相信,不论是您,或是别个双目清醒感觉敏锐的人,也会受到这种忧急焦虑的好奇心理的牵引,因为,看到那个最多不过二十四岁的青年,步履艰难竟如老人,四肢松懈无力,醉汉似的悠悠晃晃走下石阶,蹭蹬着来到临街露台上,这般凄楚的情景不容人再有思索的余地了。他走到那儿就像一只草袋似的倒在一张长凳上面。这个动作又一次使我不胜惊恐地看出:这个人已经完了。只有一个失去生命的人,或者一个全身筋肉了无生意的人,才会这样沉重地坠倒。他的头偏斜着向后悬在长凳的靠背上,两只手臂软软地吊垂着,在煤气街灯惨淡昏暗的亮光里,任何过路的都会以为这是一个自杀了的人。他的形状的确像一个自杀了的人——我弄不明白,为什么我会忽然有了这样的印象,可是,它突然呈现在我眼前,像雕像似的触摸得到,真实得令人栗栗恐惧——在这一秒钟里,我两眼望着他,心上不由得不肯定地相信:他身边带着手枪,明天早上别人将发现这个人已经四肢僵硬,气息断绝鲜血淋漓地躺在这一张或另一张长凳上了。我确信不疑,因为我看出,他那样倒向靠凳,完全像是一块巨石坠下深谷,不落到谷底决难停止。像这样的体态动作,充分表示倦怠绝望,我还从来不曾见到过。

"您现在试想想我当时的情境:我离他二十或三十步远,站在那张长凳后面,那上边躺着一个毫不动弹、希望破灭了的人。我万分茫然,不知道该怎么办,单凭着意愿的驱使,极想援助别人,而因袭成习的羞怯心理又令我畏缩不前,不敢去跟大街上一个不认识的男人说话。街灯幽光微闪,天上阴云密布,往来行人异常稀少,已近午夜了,我几乎是孑然一身站在临街的花园里,独对着这个像是自杀了的人。接连五次、十次,我一再鼓起勇气,走近他的身边,却总是感到羞惭,依旧退了回来,也许这只是一种本能吧,因为我内心里存着畏惧,害怕跟踉失足的人会带着上前扶救的人一同摔倒——我这样忽进忽退,自己也清楚地认识到处境十分可笑。然而,我还是既不敢开口说话,又不敢转身离开,我不能一事不作将他撇下不再过问。要是我告诉您,我在那儿迟疑不决徘徊了大约一个小时,绵长无尽的一小时,我希望您能相信我的话。那一小时的时间是随着一片无形的大海上面千起万伏的轻涛细浪点点消逝的;一个虚寂幻灭的人的形影,竟是这么有力地令我震动,使我无法脱身。

"可是,我始终找不出说一句话、做一件事的勇气,我整整半晚那样站着等待下去,或者,我最后也许会清醒过来顾念自己,离开他转回家去;的确,我甚至相信自己已经下了决心,准备撇开眼前的凄惨景象,就让他那么晕厥过去——可是,一股外来的强大威力,终于改变了我这种左右为难的境况:那当儿忽然下起雨来了,那天黄昏时一直刮着海风,吹聚起满天浓厚潮润的春云,早使人肺腔里和心胸间窒闷阻塞,直感到整个天空都沉沉降落了。这时突然掉下一滴雨点,接着风声紧促,催来一阵暴雨,水丝沉重密集,淅淅沥沥的来势异常猛急。我不由自主,慌忙逃到一座茶亭的前檐下边,虽然撑开了手中的伞,狂风骤雨仍旧摇撼着我的衣衫。噼噼啪啪的雨点打着地面,激起冰凉带泥的水沫,溅在我的脸上和手上。

"可是——这一霎令人惊骇无比,二十五年后的今天,我回忆起来仍不免喉管发紧——任是大雨滂沱,那个不幸的人却还躺在凳上毫无动静。所有的屋檐水沟都有雨水滔滔不绝地流着,市内车声隆隆遥遥可闻,人人撩起外衣纷纷奔跑;一切有生命的都在畏缩避走,都要躲藏起来,不论什么地方,不论人或牲畜,在猛烈冲击的骤雨下张皇恐惧的情状显然可见——唯有那儿长凳上面漆黑一团的那个人,却始终不曾动弹一下。我先前对您说过,这个人像是有着魔力,能用姿态动作将自己的每一情绪雕塑式地表露出来;可是现在,他在疾雨中安然不动,静静躺着全无感觉,世界上决难有一座雕塑,能够这么令人震骇地表达出内心的绝望和完全的自弃,能够这么生动地表现死境;他显得疲惫已达极点,再也无力站起来走动几步躲向一处屋檐下了,自己究竟存在与否,在他也已是极端的无足轻重。我只觉得,任何一位雕塑家,任何一位诗人,米开朗琪罗也罢,但丁也罢,也塑造不出人世间极度绝望、极度凄伤的形象,能像这个活生生的人这么惊心动魄深深感人,他听任雨水在身上浇洒淌流,自己已经力尽气竭,难再移动躲避了。

"我再也不能等待下去了,我也没有别的办法。我猛然纵身,冒着鞭阵一般的急雨,跑过去推了一下长凳上那个湿淋淋的年轻人。'跟我来!'我抓起了他的手臂。他那双眼睛非常吃力地向上瞪望着。好像有点什么在他身上渐渐苏醒,可是他还没有听懂我的话。'跟我来!'我又拉了一下那只湿淋淋的衣袖,这一次我几乎有点生气了。他缓缓地站了起来,摇摇晃晃不知所措。'您要我上哪儿?'他问,我一时回答不出,我自己也不知道要带他上哪儿去:仅只是要他不再听任冷雨浇洒,不再这样昏迷不醒地坐在那儿深陷绝望自寻死路。我紧紧抓着他的手臂,拉着这个完全心无所属的人往前走,将他带到茶亭边,这般雨横风狂,一角飞檐总还能够多少替他遮挡一些。下一步该怎么办,我一点也不知道,我没有任何打算。我所要做的只是将这个人领进一个没有雨水的地方,拉到一处屋檐下;以后的事我根本不曾考虑。

"我们两人就这么并肩站在一个狭窄的干处,背靠着锁着的茶亭门墙,头上只有极小的一片檐角,没休没歇的急雨不时偷袭进来,阵阵狂风吹来冰凉的雨水,扫击着我们的衣衫和头脸。这种境况无法久耐。我不能老是那么站着,陪着一个水淋淋的陌生人。可是另一方面,我既已将他强拉过来,又不能什么话也不说就将他一人撇在那儿。真得要设法改变一下这种情况才好;我慢慢儿强制着自己,要清醒地思索一下。我当时想到,最好是雇一辆马车让他坐着回家,然后我自己也转回家去:到了明天他会知道怎样挽救自己的。于是,我问身旁这个呆瞪瞪凝视着夜空的人:'您住在哪儿?'

"'我没有住处……我今天下午才从尼查来到这儿……要上我那儿去是办不到的。'

"最后这句话我没有立刻了解。后来我才明白,这个人竟将我看作……看作一个妓女了。每天晚上,总有成群的女人在赌馆附近流连逡巡,希望能从走运的赌徒或醺醉的酒客身上发点利市,我竟被看作这样的女人了。归根结底,他又怎样会有别的想法呢。我自己也只是到了现在,当我讲给您听的时候,才体会到我当时的行径完全叫人无法相信,简直是荒唐怪诞。我将他从凳上拖了起来,拉着他一同走,全不像是高尚女人应有的举动,那又叫他怎么能对我别有想法呢。可是,我没有立刻意识到这些。只在过了一会以后,直到已经太迟了,我才发觉这个骇人的误会,我才了解他将我看作了什么样的人。因为,如果我当时早一些理解到这一点,决不至于接着又说出一句更为加深他的错误想法的话来。我说:'找一处旅馆要一个房间吧。您不能老待在这儿。必须马上找个地方安歇才好。'

"立刻,我突然明白了他这种叫我痛心的误会,因为,他并不转过身来向着我,只用一种颇含讥讽的语调表示拒绝道:'不用了,我不需要房间,什么都不需要。你别找麻烦啦,从我这儿什么也弄不到手的。你找错了人,我已经身无分文了。'

"他说话时还是那样令人惊恐,还是那样意冷心灰令人震骇;这么一个心志精力俱已枯竭的人,遍身湿透,昏昏沉沉靠着墙站在那儿,直叫我震恐不已,全然不暇顾及自己所受到的那点虽然轻微却很难堪的侮辱。我这时唯一的感觉,还和我看见他踽踽着走出赌厅那一霎,以及在恍同幻境的这一小时里的感觉一样:这个人,一个年轻的、还活着的、还有呼吸的人,正站在死亡的边缘上,我一定要挽救他。我挨近了他的身旁。

"'不用愁没钱,您跟我来吧!您不能老站在这儿,我会替您找个安顿的地方。什么全不用犯愁,只管跟我走吧!'

"他扭过头来了。四周雨声闷沉,檐溜里水漫滔滔,这时我才见到,他在暗黑中第一次尽力想要看清我的面貌。他的全身也仿佛渐渐儿从昏迷中醒转来了。

"'好吧,就依着你,'他表示让步了。'在我什么全都一样……究竟,那会有什么不一样呢?走吧。'我撑开了伞,他靠近我,挽起了我的手臂。这种突然表现的亲昵使我很不舒服,简直令我惊惧,我内心里感到害怕了。可是,我没有勇气阻止他;因为,如果这时我推开了他,他会立刻掉进深渊,我所一直企求的就会全部落空。我们朝着赌馆那边走了几步。这时我才想起来,我还不知道怎样安顿他,我很快地考虑了一下,最好的办法是领着他找到一处馆店,然后塞给他一点钱,让他能在那儿过夜,明天早上能够搭车回家;此外我就没再想到什么了。正有几辆马车在赌馆门前匆匆驶过,我叫来一辆,我们坐进了车里。赶车的询问地址,我一点也不知道怎样回答。可是我忽然想到,带着这么个遍身水淋的人,高级旅馆是不会接待的,——而且另一方面,我确是一个未经世事的女人,全没想到会引起什么不好的猜疑,于是我对赶车的叫道:'随便找一处普通的旅馆!'

"赶车的漫不在意地冒着大雨赶动了马匹。我身旁那位陌生人一直默不作声,车轮轧轧滚动,雨势猛急,车窗玻璃被扫击得噼啪有声;我坐在漆黑的、棺材形的车厢里心绪

十、外国小说

万分低沉,只仿佛陪送着一具死尸。我极力思索,想要找出一句话来,改变一下这种共坐不语的离奇可怖的局面,结果竟想不出有什么话好说。过了几分钟,马车停住了。我先下车付了车费,那位陌生人恍恍惚惚地跟着走下,关上了车门。我们这时站在一处从没到过的小旅店门前,门上有一个玻璃拱檐,小小一片檐盖替我们挡着雨水,四处单调的雨声使人厌烦,雨丝纷披搅碎了一望无尽的黑夜。

"那个陌生人全身沉重难以支持,他不由自主地靠向墙壁,他的湿透的帽子和皱缩的衣衫还在淋淋漓漓滴落雨水。他站在那儿,像个刚被人从河里救上岸来、还没有完全恢复知觉的醉汉,墙上他所倚靠的那片地方水流如注渍痕鲜明。可是,他不曾微微使出一点力气摇抖一次衣衫、甩动一下帽子,却让水滴不停地顺着前额的脸颊向下淌流。他站在那儿对一切全不理会,我没有办法向您说明,这种心灭形毁的情状多么使我震动。

"这时,我必须做点什么了。我从衣袋里掏出了钱:'这是一百法郎,'我说,'您拿去吧,去要一个房间,明天早晨搭车回尼查。'

"他失惊地抬起头来望着我。

"'我在赌馆里看到了您的情形,'我见他有些迟疑,便催促着他说:'我知道您已经输得精光,我担心您会走上绝路做出蠢事。接受别人的援助不算失了体面……拿去吧!'

"然而,他却推开了我的手,我没料到他竟还有这样的力气。

'你这人心地很好,'他说,'可是,别白白糟蹋你的钱吧。我已经是没法援助的了。这一夜我睡觉也好,不睡也好,完全不关紧要,明天早上反正一切都完了。对我是援助不了的。'

"'不,您一定得拿着,'我逼着他说,'明天您就会有不同的想法。现在先到里面去吧,好好儿睡一觉就会忘掉一切。白天里一切自会另是一种面貌。'

"我再一次将钱递了过去,他仍旧推开了我的手,几乎推得很猛。'算了吧,'他又低沉地重复道,'那是毫无意义的。我最好还是死在外面,免得给人家的屋子染上血污。一百法郎救不了我,就是一千法郎也没有用。哪怕身边只剩几个法郎,天一亮我又会走进赌场,不到全部输光不会歇手的。何必从头再来一回呢,我已经受够了。'

"您一定估量不出,那个低沉的声音多么深刻地刺进了我的灵魂;可是,您自己设想一下:离您面前不过两寸远,站着一个年轻、俊秀、还有生命、还有呼吸的人,您心里明白,如果不用尽全力牢牢拉住他,两小时以内这个能思想、会说话、有气息的青春生命就会变成一堆死骸。而想要战胜他的毫无理智的抗拒,当时在我无异一阵狂乱、一场忿怒。我抓住了他的手臂:'别再说这些傻话!您现在一定要进里面去,给自己要一个房间,明天早晨我来送您上车站。您必须离开这个地方,明天必须搭车回家,我不看着您拿着车票跨进火车决不罢休。不论是谁,年纪轻轻的,决不能只因为输掉一两百或一千法郎,就要抛弃自己的生命。那是懦弱,是气愤懊伤之下一时糊涂发疯。明天您会觉得我说的没有错!'

"'明天!'他着重地重复着说,声调奇特,凄恻而带嘲讽。

"'明天！您能知道明天我在哪儿才好哩！如果我自己也能知道，我倒是真有点愿意知道。不，你回家去吧，我的宝贝，不用枉费心机了，不用糟蹋你的钱了。'

"我却不肯退步。我像是发了疯病。我使劲地抓着他的手，把钞票硬塞在他的手里。'您拿着钱马上进去！'我十分坚决地走过去拉了一下门铃。'您瞧，我已经拉过了铃，管门的马上就要来了，您进去吧，立刻上床睡觉。明天早上九点钟我在门外等您，带您去车站。一切事您都不用担心，我自会做好必要的安排，让您能回到家里。可是现在，快上床去吧，好好地睡一觉，什么也别再想了！'

"就在这时，里面发出门锁开动的响声，管门的拉开了大门。

"'进来！'他突然说道，声音粗暴、坚决而有恨意，我忽然觉得，他的钢铁一般的手指牢牢摄住了我的手。我猛吃一惊……我惊骇无比，我全身瘫软，我像受了电击，我毫无知觉了……我想抵抗，我要逃脱……可是，我的意志麻痹了……我……您能了解……我……我羞愧极了：管门的站在一旁等得不耐烦，我却在跟一个陌生的人揪扯挣扎。于是……于是，我一下子进到旅馆里面去了；我想要说话，可是，喉咙里堵塞了……他的手沉重地、强迫地压在我的臂腕上……我懵懵地感到，我已不自觉地被那只手拉着走上了楼梯……一个门锁响了一声……

"就这样突如其来，我竟跟这个不认识的人独在一处，在一个不认识的房间里，在一处旅店里，旅店的名字我到今天还不知道。"

【注释】

①《一个女人一生中的二十四小时》描绘了一个年逾花甲的女人的一段往事，一段只发生在她漫长一生中短短二十四小时的往事。作品写她出于一种高尚的感情，去挽救一个素昧平生的赌徒，却由于瞬间的激情和驱使而失身于这个她连姓名也不知道的男人，淋漓尽致地表现了不自觉的冲动和理智之间的搏斗。

【作者简介】

斯蒂芬·茨威格(1881—1942)，享有世界声誉的奥地利作家，出身于富裕的犹太家庭，青年时代在维也纳和柏林攻读哲学和文学，擅长写小说、人物传记，也写诗歌戏剧、传记、散文特写和翻译作品。代表作有：小说《最初的经历》《马来狂人》《恐惧》《感觉的混乱》《人的命运转折点》《一个陌生女人的来信》《象棋的故事》《一个女人一生中的二十四小时》《危险的怜悯》等；传记有《三位大师》《同精灵的斗争》《三个描摹自己生活的诗人》等。他的小说多写人的下意识活动和人在激情驱使下的命运遭际。他的作品以人物的性格塑造及心理刻画见长，他比较喜欢某种戏剧性的情节。但他不是企图以情节的曲折、离奇去吸引读者，而是在生活的平淡中烘托出使人流连忘返的人和事。

斯蒂芬·茨威格从20世纪20年代起，"以德语创作赢得了不让于英、法语作品的广泛声誉"。

十、外国小说

变形记① (节选)

[奥地利]弗朗兹·卡夫卡

一天早晨,格里高尔·萨姆沙从不安的睡梦中醒来,发现自己躺在床上变成了一只巨大的甲虫。他仰卧着,那坚硬得像铁甲一般的背贴着床,他稍稍抬了抬头,便看见自己那穹顶似的棕色肚子分成了好多块弧形的硬片,被子几乎盖不住肚子尖,都快滑下来了。比起偌大的身躯来,他那许多只腿真是细得可怜,都在他眼前无可奈何地舞动着。

"我出了什么事啦?"他想。这可不是梦。他的房间,虽是嫌小了些,的确是普普通通人住的房间,仍然安静地躺在四堵熟悉的墙壁当中。在摊放着打开的衣料样品——萨姆沙是个旅行推销员——的桌子上面,还是挂着那幅画,这是他最近从一本画报上剪下来装在漂亮的金色镜框里的。画的是一位戴皮帽子围皮围巾的贵妇人,她挺直身子坐着,把一只套没了整个前臂的厚重的皮手筒递给看画的人。

格里高尔的眼睛接着又朝窗口望去,天空很阴暗——可以听到雨点敲打在窗槛上的声音——他的心情也变得忧郁了。"要是再睡一会儿,把这一切晦气事统统忘掉该多好,"他想,但是完全办不到,平时他习惯于侧向右边睡,可是在目前的情况下,再也不能采取那样的姿态了。无论怎样用力向右转,他仍旧滚了回来,肚子朝天。他试了至少一百次,还闭上眼睛免得看到那些拼命挣扎的腿,到后来他的腰部感到一种从未体味过的隐痛,才不得不罢休。

"啊,天哪,"他想,"我怎么单单挑上这么一个累人的差使呢!长年累月到处奔波。比坐办公室辛苦多了,再加上还有经常出门的烦恼,担心各次火车的倒换,不定时而且低劣的饮食,而萍水相逢的人也总是些泛泛之交,不可能有深厚的交情,永远不会变成知己朋友。让这一切都见鬼去吧!"他觉得肚子上有点痒,就慢慢地挪动身子,靠近床头,好让自己头抬起来更容易些;他看清了发痒的地方,那儿布满着白色的小斑点,他不明白这是怎么回事,想用一条腿去搔一搔,可是马上又缩了回来,因为这一碰使他浑身起了一阵寒颤。

他又滑下来恢复到原来的姿势。"起床这么早,"他想,"会使人变傻的。人是需要睡觉的。别的推销员生活得像贵妇人。比如,当我有一天上午赶回旅馆里登记取回的定货单时,别的人才坐下来吃早餐。我若是跟我的老板也来这一手,准定当场就给开除。也许这样对我倒更好一些,谁说得准呢。如果不是为了父母亲而总是谨小慎微,我早就辞职不干了,我早就会跑到老板面前,把肚子里的气出个痛快。那个家伙准会从写字桌后面直蹦起来!他的工作方式也真奇怪,总是那样居高临下坐在桌子上面对职员发号施令,再加上他的耳朵又偏偏重听,大家不得不走到他跟前去。但是事情也未必毫无转机;只要等我攒够了钱还清父母欠他的债——也许还得五六年——可是我一定能做到。到那时我就会时来运转了。不过眼下我还是起床为妙,因为火车五点钟就要开了。"

他看了看柜子上滴嗒滴嗒响着的闹钟。"天哪!"他想到。已经六点半了,而时针还在悠悠然向前移动,连六点半也过了,马上就要七点差一刻了。闹钟难道没有响过吗?从床上可以看到闹钟明明是拨到四点钟的;显然它已经响过了。是的,不过在那震耳欲聋的响声里,难道真的能安宁地睡着吗?嗯,他睡得并不安宁,可是却正说明他还是睡得不坏。那么他现在该干什么呢?下一班车七点钟开;要搭这一班车他得发疯似的赶才行,可是他的样品都还没有包好,他也觉得自己的精神不甚佳。而且即使他赶上这班车,还是逃不过上司的一顿申斥,因为公司的听差一定是在等候五点钟那班火车,这时早已回去报告他没有赶上了。那听差是老板的心腹,既无骨气又愚蠢不堪。那么,说自己病了行不行呢?不过这将是最最不愉快的事,而且也显得很可疑,因为他服务五年以来没有害过一次病。老板一定会亲自带了医药顾问一起来,一定会责怪他的父母怎么养出这样懒惰的儿子,他还会引证医药顾问的话,粗暴地把所有的理由都驳掉,在那个大夫看来,世界上除了健康之至的假病号,再也没有第二种人了。再说今天这种情况,大夫的话是不是真的不对呢?格里高尔觉得身体挺不错,只除了有些困乏,这在如此长久的一次睡眠以后实在有些多余,另外,他甚至觉得特别饿。

……

首先他要静悄悄地不受打扰地起床,穿好衣服,最要紧的是吃饱早饭,再考虑下一步该怎么办,因为他非常明白,躺在床上瞎想一气是想不出什么名堂来的。他还记得过去也许是因为睡觉姿势不好,躺在床上时往往会觉得这儿那儿隐隐作痛,及至起来,就知道纯属心理作用,所以他殷切地盼望今天早晨的幻觉会逐渐消失。他也深信,他之所以变声音不是因为别的而仅仅是重感冒的征兆,这是旅行推销员的职业病。

要掀掉被子很容易,他只需把身子稍稍一抬被子就自己滑下来了。可是下一个动作就非常之困难,特别是因为他的身子宽得出奇。他得要有手和胳臂才能让自己坐起来;可是他有的只是无数细小的腿,它们一刻不停地向四面八方挥动,而他自己却完全无法控制。他想屈起其中的一条腿,可是它偏偏伸得笔直;等他终于让它听从自己的指挥时,所有别的腿却莫名其妙地乱动不已。"总是呆在床上有什么意思呢,"格里高尔自言自语地说。

他想,下身先下去一定可以使自己离床,可是他还没有见过自己的下身,脑子里根本没有概念,不知道要移动下身真是难上加难,挪动起来是那样的迟缓;所以到最后,他烦死了,就用尽全力鲁莽地把身子一甩,不料方向算错,重重地撞在床脚上,一阵彻骨的痛楚使他明白,如今他身上最敏感的地方也许正是他的下身。

于是他就打算先让上身离床,他小心翼翼地把头部一点点挪向床沿。这却毫不困难,他的身躯虽然又宽又大,也终于跟着头部移动了。可是,等到头部终于悬在床边上,他又害怕起来,不敢再前进了,因为,老实说,如果他就这样让自己掉下去,不摔坏脑袋才怪呢。他现在最要紧的是保持清醒,特别是现在;他宁愿继续呆在床上。

可是重复了几遍同样的努力以后,他深深地叹了一口气,还是恢复了原来的姿势躺着,一面瞧他那些细腿在难以置信地更疯狂地挣扎;格里高尔不知道如何才能摆脱这种荒唐的混乱处境,他就再一次告诉自己,呆在床上是不行的,最最合理的做法还是冒一切危险来实现离床这个极渺茫的希望。可是同时他也没有忘记提醒自己,冷静地、极其冷静地考虑到最最微小的可能性还是比不顾一切地蛮干强得多。这时机,他尽力集中眼光望向窗外,可是不幸得很,早晨的浓雾把狭街对面的房子也都裹上了,看来天气一时不会好转,这就使他更加得不到鼓励和安慰了。"已经七点钟了,"闹钟再度敲响时,他对自己说,"已经七点钟了,可是雾还这么重。"有片刻工夫,他静静地躺着,轻轻地呼吸着,仿佛这样一养神什么都会恢复正常似的。

可是接着他又对自己说:"七点一刻前我无论如何非得离开床铺不可。到那时一定会有人从公司里来找我,因为不到七点公司就开门了。"于是他开始有节奏地来回晃动自己的整个身子,想把自己甩出床去。倘若他这样翻下床去,可以昂起脑袋,头部不至于受伤。他的背似乎很硬,看来跌在地毯上并不打紧。他最担心的还是自己控制不了的巨大响声,这声音一定会在所有的房间里引起焦虑,即使不是恐惧。可是,他还是得冒这个险。

当他已经半个身子探到床外的时候——这个新方法与其说是苦事,不如说是游戏,因为他只需来回晃动,逐渐挪过去就行了——他忽然想起如果有人帮忙,这件事该是多么简单。两个身强力壮的人——他想到了他的父亲和那个使女——就足够了;他们只需把胳臂伸到他那圆鼓鼓的背后,抬他下床,放下他们的负担,然后耐心地等他在地板上翻过身来就行了,一碰到地板他的腿自然会发挥作用的。那么,姑且不管所有的门都是锁着的,他是否真的应该叫人帮忙呢?尽管处境非常困难,想到这一层,他却禁不住透出一丝微笑。

他使劲地摇动着,身子已经探出不少,快要失去平衡了,他非得鼓足勇气采取决定性的步骤了,因为再过五分钟就是七点一刻——正在这时,前门的门铃响了起来。"是公司里派什么人来了,"他这么想,身子就随之而发僵,可是那些细小的腿却动弹得更快了。一时之间周围一片静默。"他们不愿开门,"格里高尔怀着不合常情的希望自言自语道。可是使女当然还是跟往常一样踏着沉重的步子去开门了。格里高尔听到客人的第一声招呼就马上知道这是谁——是秘书主任亲自出马了。真不知自己生就什么命,竟落到给这样一家公司当差,只要有一点小小的差池,马上就会招来最大的怀疑!在这一个所有的职员全是无赖的公司里,岂不是只有他一个人忠心耿耿吗?他们中的一个,早晨只占用公司两三个小时,不是就给良心折磨得几乎要发疯,真的下不了床吗?如果确有必要来打听他出了什么事,派个学徒来不也够了吗——难道秘书主任非得亲自出马,以便向全家人,完全无辜的一家人表示,这个可疑的情况只有他那样的内行来调查才行吗?

与其说格里高尔下了决心,倒不如说他因为想到这些事非常激动,因而用尽全力把自己甩出了床外。砰的一声很响,但总算没有响得吓人。地毯把他坠落的声音减弱了几分,他的背也不如他所想象的那么毫无弹性,所以声音很闷,不惊动人。只是他不够小心,头翘得不够高,还是在地板上撞了一下;他扭了扭脑袋,痛苦而愤懑地把头挨在地板上磨蹭着。

……

……格里高尔没费多大气力就来到柜子旁边,打算依靠柜子使自己直立起来。他的确是想开门,的确是想出去和秘书主任谈话的;他很想知道,大家这么坚持以后,看到了他又会说些什么。要是他们都大吃一惊,那么责任就再也不在他身上,他可以得到安静了。如果他们完全不在意,那么他也根本不必不安,只要真的赶紧上车站去搭八点钟的车就好了。起先,他好几次从光滑的柜面上滑下来,可是最后,在一使劲之后,他终于站直了;现在他也不管下身疼得像火烧一般了。接着他让自己靠向附近一张椅子的背部,用他那些细小的腿抓住了椅背的边。……

……

格里高尔慢慢地把椅子推向门边,接着便放开椅子,抓住了门来支撑自己——他那些细腿的脚底上倒是颇有粘性的——他在门上靠了一会儿,喘过一口气来。接着他开始用嘴巴来转动插在锁孔里的钥匙。不幸的是,他并没有什么牙齿——他得用什么来咬住钥匙呢?——不过他的下颚倒好像非常结实;靠着这下颚他总算转动了钥匙,他准是不小心弄伤了什么地方,因为有一股棕色的液体从他嘴里流出来,淌过钥匙,滴到地上。"你们听,"门后的秘书主任说,"他在转动钥匙了。"这对格里高尔是个很大的鼓励;不过他们应该都来给他打气,他的父亲母亲都应该喊:"加油,格里高尔,"他们应该大声喊道,"坚持下去,咬紧钥匙!"他相信他们都在全神贯注地关心自己的努力,就集中全力死命咬住钥匙。钥匙需要转动时,他便用嘴巴衔着它,自己也绕着锁孔转了一圈,好把钥匙扭过去,或者不如说,用全身的重量使它转动。终于屈服的锁发出响亮的"咔嗒"一声,使格里高尔大为高兴。他深深地舒了一口气,对自己说:"这样一来我就不用锁匠了,"接着就把头搁在门柄上,想把门整个打开。

门是向他自己这边拉的,所以虽然已经打开,人家还是瞧不见他。他得慢慢地从对开的那半扇门后面把身子挪出来,而且得非常小心,以免背脊直挺挺地跌倒在房间里。他正在困难地挪动自己,顾不上作任何观察,却听到秘书主任"哦!"的一声大叫——发出来的声音像一股猛风——现在他可以看见那个人了,他站得最靠近门口,一只手遮在张大的嘴上,慢慢地往后退去,仿佛有什么无形的强大压力在驱逐他似的。格里高尔的母亲——虽然秘书主任在场,她的头发仍然没有梳好,还是乱七八糟地竖着——她先是双手合掌瞧瞧他父亲,接着向格里高尔走了两步,随即倒在地上,裙子摊了开来,脸垂到胸前,完全看不见了。他父亲握紧拳头,一副恶狠狠的样子,仿佛要把格里高尔打回到房间里去,接着他又犹豫不定地向起坐室扫了一眼,然后把双手遮住眼睛,哭泣起来,连他那宽阔的胸膛都在起伏不定。

……

不幸得很,秘书主任的逃走仿佛使一直比较镇定的父亲也慌乱万分,因为他非但自己不去追赶那人,反而阻拦格里高尔去追逐,他右手操起秘书主任连同帽子和大衣一起留在一张椅子上的手杖,左手从桌子上抓起一张大报纸,一面顿脚,一面挥动手杖和报纸,要把格里高尔赶回到房间里去。格里高尔的恳求全然无效,事实上别人根本不理解;不管他怎样谦恭地低下头去,他父亲反而把脚顿得更响。另一边,他母亲不顾天气寒冷,打开了一扇窗子,双手掩住脸,尽量把身子往外探。一阵劲风从街上刮到楼梯,窗帘掀了起来,桌上的报纸吹得啪哒啪哒乱响,有几张吹落在地板上。格里高尔的父亲无情地把他往后赶,一面嘘嘘叫着,简直像个野人。可是格里高尔还不熟悉怎么往后退,所以走得很慢。如果有机会掉过头,他能很快回进房间的,但是他怕转身的迟缓会使他父亲更加生气,他父亲手中的手杖随时会照准他的背上或头上给以狠狠的一击的。到后来,他竟不知怎么办才好,因为他绝望地注意到,倒退着走连方向都掌握不了;因此,他一面始终不安地侧过头瞅着父亲,一面开始掉转身子,他想尽量快些,事实上却非常迂缓。也许父亲发觉了他的良好意图,因为并不干涉他,只是在他挪动时远远地用手杖尖拨拨他。只要父亲不再发出那种无法忍受的嘘嘘声就好了。这简直要使格里高尔发狂。他已经完全转过去了,只是因为给嘘声弄得心烦意乱,甚至转得过了头。最后他总算对准了门口,可是他的身体又偏巧宽得过不去。但是在目前精神状态下的父亲,当然不会想到去打开另外半扇门好让格里高尔得以通过。他父亲脑子里只有一件事,尽快把格里高尔赶回房间。让格里高尔直立起来,侧身进入房间,就要作许多麻烦的准备,父亲是绝不会答应的。他现在发出的声音更加响亮,他拼命催促格里高尔往前走,好像他前面没有什么障碍似的;格里高尔听来他后面响着的声音不再像是父亲一个人的了;现在更不是闹着玩的了,所以格里高尔不顾一切狠命向门口挤去。他身子的一边拱了起来,倾斜地卡在门口,腰部挤伤了,在洁白的门上留下了可憎的斑点,不一会儿他就给夹住了,不管怎么挣扎,还是丝毫动弹不得,他一边的腿在空中颤抖地舞动,另一边的腿却在地上给压得十分疼痛——这时,他父亲从后面使劲地推了他一把,实际上这倒是支援,使他一直跌进了房间中央,汩汩地流着血。在他后面,门砰的一声用手杖关上了,屋子里终于恢复了寂静。

【注释】

①《变形记》是卡夫卡中短篇小说的代表作。它描述了一个推销员一觉醒来发现自己变成甲虫,尽管他还有人的情感与心理,但虫的外形使他逐渐化为异类。变形后被世界遗弃使他的心境极度悲凉。三次努力试图与亲人以及外界交流失败后,等待他的只有死亡。由此看来,他的变形折射了西方人当时真实的生存状态。

【作者简介】

弗朗兹·卡夫卡(1883—1924),20世纪德语小说家,欧美现代主义文学奠基人之一。文笔明净而想象奇诡,常采用寓言体,背后的寓意人言人殊,暂无(或永无)定论。别开生面的手法,令20世纪各个写作流派纷纷追认其为先驱,后世的许多现代主义文学流派如"荒诞派戏剧"、法国的"新小说"等都把卡夫卡奉为自己的鼻祖。

卡夫卡出生于捷克(当时属奥匈帝国)首府布拉格一个犹太商人家庭,自幼爱好文学、戏剧,18岁进入布拉格大学,初习化学、文学,后习法律,获博士学位。1904年,卡夫卡开始发表小说,早期的作品颇受表现主义的影响。1912年,短篇小说《判决》的发表,从此建立了自己独特的风格。生前共出版7本小说的单行本和集子,死后好友布劳德(Max Brod)违背他的遗言,替他整理遗稿,出版了他的全部手稿和作品。3部未完成的长篇小说《美国》(1912)、《审判》(1914)、《城堡》(1922)和短篇小说集《中国长城》都是在他死后出版的。

老人与海① (节选)

[美] 欧内斯特·海明威

现在他知道鱼真的在他身旁,他的双手和脊背的疼痛都证明不是在做梦。他想:手很快就会好的。我已经让手上的血流干净了,海水会把它们治好的。真正的海湾里面的黑黝黝的海水,实际上就是最好的药品。我现在应该做的就是要让脑子清醒。我的手已经干完了它们的活儿,我们的船走得很好。看它闭住嘴,尾巴一上一下地伸得挺直,我俩真像亲兄弟一样在大海里漂着。这时他的脑子又有点儿糊涂了,他想:是它在带我走呢,还是我在带它走?如果我把它放在后面,牵着它,那倒是没有问题的。要是鱼给放在船上,它的什么体面都丢掉了,那也没有问题。可是老头儿跟它是并排地拴在一道,飘在海上的,所以老头儿想:让它带我走吧,只要它高兴。我不过手段比它高明些,何况它对我又没有恶意。

他们在海里走得很顺当,老头儿把手泡在咸咸的海水里,想让脑子清醒。头上有高高的积云,还有很多的卷云,因此老头儿知道还要刮一整夜的小风。老头儿不断地望着鱼,想弄明白是不是真有这回事。这是第一条鲨鱼朝它扑来的前一个钟头。

鲨鱼的出现不是偶然的。当一大股暗黑色的血沉在一英里深的海里然后又散开的时候,它就从下面水深的地方窜上来。它游得那么快,什么也不放在眼里,一冲出蓝色的水面就涌现在太阳光下。然后它又钻进水里去,嗅出了臭迹,开始顺着船和鱼所走的航线游来。

十、外国小说

有时候鲨鱼也迷失了臭迹,但很快就嗅出来,或者嗅出一点儿影子,于是紧紧顺着这条航线游。这是一条巨大的鲭鲨,生来就跟海里游速最快的鱼一般快。它周身的一切都美,只除了上下颚。它的脊背蓝蓝的像是旗鱼的脊背。肚子是银白色,皮是光滑的,漂亮的。它生得跟旗鱼一样,不同的是它那巨大的两颚,游得快的时候两颚紧闭起来。它在水面下游,高耸的脊鳍像刀子似的一动也不动地插在水里。在它紧闭的双嘴唇里,八排牙齿全部向内倾斜着。跟寻常大多数鲨鱼不同,它的牙齿不是角锥形的,像爪子一样缩在一起的时候,形状就如同人的手指头。那些牙齿几乎跟老头儿的手指头一般长,两边都有剃刀似的锋利的刃子。这种鱼天生要吃海里一切的鱼,尽管那些鱼游得那么快,身子那么强,战斗的武器那么好,除掉它没有任何的鱼敌得过。现在,它嗅出了新的臭迹,加快游起来,它的蓝色的脊鳍划开了水面。

老头儿看见它来到,知道这是一条毫无畏惧而且为所欲为的鲨鱼。他把鱼叉准备好,用绳子系住,眼也不眨地望着鲨鱼向前游来。绳子短了,少去割掉用来绑鱼的那一段。

老头儿现在头脑清醒,正常,有坚强的决心,但是希望不大。他想:能够撑下去就太好啦。看见鲨鱼越来越近的时候,他向那条死了的大鱼望了一眼。他想:这也许是一场梦。我不能够阻止它来害我,但是也许我可以捉住它。"Dentuso",他想。去你妈的吧。

鲨鱼飞快地逼近船后边。它去咬那条死鱼的时候,老头儿看见它的嘴大张着,看见它在猛力朝鱼尾巴上面的肉里咬进去的当儿那双使人惊奇的眼睛和咬得咯嘣咯嘣的牙齿。鲨鱼的头伸出水面,脊背也正在露出来,老头儿用鱼叉攮到鲨鱼头上的时候,他听得出那条大鱼身上皮开肉绽的声音。他攮进的地方,是两只眼睛之间的那条线和从鼻子一直往上伸的那条线交叉的一点。事实上并没有这两条线。有的只是那又粗大又尖长的蓝色的头,两只大眼,和那咬得咯嘣嘣的、伸得长长的、吞噬一切的两颚。但那儿正是脑子的所在,老头儿就朝那一个地方扎进去了。他鼓起全身的气力,用他染了血的手把一杆锋利无比的鱼叉扎了进去。他向它扎去的时候并没有抱着什么希望,但他抱有坚决的意志和狠毒无比的心肠。

鲨鱼在海里翻滚过来。老头儿看见它的眼珠已经没有生气了,但是它又翻滚了一下,滚得自己给绳子缠了两道。老头儿知道它是死定了,鲨鱼却不肯承认。接着,肚皮朝上,尾巴猛烈地扑打着水面,两颚咯嘣咯嘣地响着,像一只快艇一样在水面上破浪而去。海水给它的尾巴扑打得白浪滔天,绳一拉紧,它的身子四分之三都脱出了水面,那绳不住地抖动,然后突然折断了。老头儿望着鲨鱼在水面上静静地躺了一会儿。后来它就慢慢地沉了下去。

"它咬去了大约四十磅,"老头儿高声说。他想:它把我的鱼叉连绳子都带去啦,现在我的鱼叉淌了血,恐怕还有别的鲨鱼会窜来呢。

他不忍朝死鱼多看一眼,因为它已经给咬得残缺不全了。鱼给咬住的时候,他真觉得跟自己身受的一样。

他想：但是我已经把那条咬我的鱼的鲨鱼给扎死啦。我从来没见过这么大的"Dentuso"。谁晓得，大鱼我可也看过不少呢。

他想：能够撑下去就太好啦。这要是一场梦多好，但愿我没有钓到这条鱼，独自躺在床上的报纸上面。

"可是人不是生来要给人家打败的，"他说。"人尽可被毁灭，可是不会肯吃败仗的。"他想：不过这条鱼给我弄死了，我倒是过意不去。现在倒霉的时刻就要来到，我连鱼叉也给丢啦。

"Dentuso。"这个东西，既残忍，又能干，既强壮，又聪明。可我比它更聪明。也许不吧，他想。也许我只是比它多了个武器吧。

"别想啦，老家伙，"他又放开嗓子说。"还是把船朝这条航线上开去，有了事儿就担当。"

他想，可是我一定要想。因为我剩下的只有想想了。除了那个，我还要想想垒球。我不晓得，老狄马吉奥乐意不乐意我把鱼叉扎在它脑子上的那个办法呢？这不是一桩了不起的事儿。什么人都能办得到。但是，你是不是认为我的手给我招来的麻烦就跟鸡眼一样呢？我可没法知道。我的脚后跟从来没有出过毛病，只有一次，我在游泳的时候一脚踩在一条海鳝鱼上面，脚后跟给它刺了一下，当时我的小腿就麻木了，痛得简直忍不住。

"想点开心的事吧，老家伙，"他说。"每过一分钟就离家更近一步。丢掉了四十磅鱼肉，船走起来更轻快些。"

他很清楚，把船开到海流中间的时候会出现什么花样。但是现在一点办法也没有。"得，有主意啦，"他大声说。"我可以把我的刀子绑在一只桨的把上。"

他把舵柄夹在胳肢窝里，用脚踩住帆脚绳，把刀子绑在桨把上了。

"啊，"他说。"我虽照旧是个老头儿。不过我不是赤手空拳罢了。"

这时风大了些，他的船顺利地往前驶着。他只看了看鱼的前面一部分，他又有点希望了。

他想：不抱着希望真蠢。此外我还觉得这样做是一桩罪过。他想：别想罪过了吧。不想罪过，事情已经够多啦，何况我也不懂得这种事。

我不懂得这种事，我也不怎么相信。把一条鱼弄死也许是一桩罪过。我猜想一定是罪过，虽然我把鱼弄死是为了养活我自己也为了养活许多人。不过，那样一来什么都是罪过了。别想罪过了吧。现在想它也太迟啦，有些人是专门来考虑犯罪的事儿的。让那些人去想吧。你生来是个打鱼的，正如鱼生来是条鱼。桑·彼得罗是个打鱼的，跟老狄马吉奥的爸爸一样。

他总喜欢去想一切跟他有关联的事情，同时因为没有书报看，也没有收音机，他就想得很多，尤其是不住地在想到罪过。他想：你把鱼弄死不仅仅是为了养活自己，卖去换东西吃。你弄死它是为了光荣，因为你是个打鱼的。它活着的时候你爱它，它死了你还

十、外国小说

是爱它。你既然爱它,把它弄死了就不是罪过。不然别的还有什么呢?

"你想得太多啦,老头儿,"他高声说。

他想:你倒很乐意把那条鲨鱼给弄死的。可是它跟你一样靠着吃活鱼过日子。它不是一个吃腐烂东西的动物,也不像有些鲨鱼似的,只是一个活的胃口。它是美丽的,崇高的,什么也不害怕。

"我弄死它为了自卫,"老头儿又高声说。"我把它顺顺当当地给弄死啦。"

他想:况且,说到究竟,这一个总要去杀死那一个。鱼一方面养活我,一方面要弄死我。孩子是要养活我的。我不能过分欺骗自己了。

他靠在船边上,从那条死鱼身上给鲨鱼咬过的地方撕下了一块肉。他嚼了一嚼,觉得肉很好,味道也香,像牲口的肉,又紧凑又有水分,可就是颜色不红。肉里面筋不多,他知道可以在市场上卖大价钱。可是他没法叫肉的气味不散到水里去,他知道倒霉透顶的事儿快要发生了。

风在不住地吹,稍微转到东北方去,他知道,这就是说风不会减退了。老头儿朝前面望了一望,但是他看不见帆,看不见船,也看不见船上冒出来的烟。只有飞鱼从船头那边飞出来,向两边仓皇地飞走,还有的就是一簇簇黄色的马尾藻。他连一只鸟儿也看不见。

他已经在海里走了两个钟头,在船艄歇着,有时候嚼嚼从马林鱼身上撕下来的肉,尽量使自己好好休息一下,攒些儿力气,这时他又看见了两条鲨鱼中间的第一条。

"呀,"他嚷了一声。这个声音是没法可以表达出来的,或许这就像是一个人在觉得一根钉子穿过他的手钉进木头里的时候不自主地发出的喊声吧。

"星鲨,"他高声说。他看见第二条鱼的鳍随着第一条鱼的鳍冒上来,根据那褐色的三角形的鳍和那摆来摆去的尾巴,他认出这是两条犁头鲨。它们嗅出了臭迹以后就兴奋起来,因为饿得发昏了,它们在兴奋中一会儿迷失了臭迹,一会儿又把臭迹找出来。但是它们却始终不停地向前逼近。

老头儿系上帆脚绳,把舵柄夹紧。然后拿起上面绑着刀子的桨。他轻轻地把桨举起来,尽量轻轻地,因为他的手痛得不听使唤了。然后,他又把手张开,再轻轻地把桨攥住,让手轻松一些。这一次他攥得很紧,让手忍住了疼痛不缩回来,一面注意着鲨鱼的来到。他看得见它们的阔大的、扁平的、铲尖儿似的头,以及那带白尖儿的宽宽的胸鳍。这是两条气味难闻的讨厌的鲨鱼,是吃腐烂东西的,又是凶残嗜杀的。饥饿的时候,它们会去咬一把桨或者船的舵。这些鲨鱼会趁海龟在水面上睡觉的时候就把它们的腿咬掉。它们饥饿的时候会咬在水里游泳的人,即使人身上没有鱼血的气味或者鱼的黏液。

"呀,"老头儿说。"星鲨,来吧,星鲨。"

它们来了。但是它们没有像鲭鲨那样的游来。一条鲨鱼转了一个身,就钻到船底下看不见的地方,它把那条死鱼一拉又一扯,老头儿感觉到船在晃动。另一条鲨鱼用它一条缝似的黄眼睛望着老头儿,然后飞快地游到船跟前,张着半圆形的大嘴朝死鱼身上被咬过的部分咬去。在它那褐色的头顶和后颈上,在脑子和脊髓相连的地方,清清楚楚地现出了一条纹路,老头儿就用绑在桨上的刀子朝那交切点攮进去,又抽出来,再攮进它的猫似的黄眼睛里。鲨鱼放开了它咬的死鱼,从鱼身上滑下去,死去的时候还吞着它咬下的鱼肉。

由于另一条鲨鱼正在蹂躏死鱼的缘故,船身还在晃荡,老头儿松开了帆脚绳,让船向一边摆动,使鲨鱼从船底下出来。一看见鲨鱼,他就从船边弯着身子把刀子朝它身上扎去。他要扎的只是肉,可是鲨鱼的皮很结实,好不容易才把刀子戳进去。这一下不仅震痛了他的手,也震痛了他的肩膀。鲨鱼又很快地露出头来,当它的鼻子伸出水面来靠在死鱼身上的时候,老头儿对准它的扁平的脑顶中央扎去,然后把刀子拔出,又朝同一个地方扎了一下。它依旧闭紧了嘴咬住鱼,于是老头儿再从它的左眼上戳进去,但它还是缠住死鱼不放。

"怎么啦?"老头儿说着又把刀子扎进它的脊骨和脑子中间去。这一次戳进去很容易,他觉得鲨鱼的软骨断了。老头儿又把桨翻了一个身,把刀放在鲨鱼的两颚中间,想把它的嘴撬开。他把刀子绞了又绞,当鲨鱼嘴一松滑下去的时候,他说:"去,去,星鲨。滑到一英里深的水里去。去找你的朋友吧,也许那是你的妈妈呢。"

老头儿擦了一擦他的刀片,把桨放下,然后系上了帆脚绳,张开了帆,把船顺着原来的航线开去。

"它们准是把它吃掉四分之一了,而且吃的净是好肉,"他大声说,"我真盼望这是一场梦,但愿我根本没有把它钓上来。鱼啊,这件事可真叫我不好受。从头错到底啦。"他不再说下去,也不愿朝鱼看一眼。它的血已经淌尽了,还在受着波浪的冲刷,看上去好像镜子底的银白色,它身上的条纹依然看得出来。

"鱼啊,我不应该把船划到这么远的地方去,"他说。"既不是为了你,也不是为了我。我很不好受,鱼啊。"

好吧,他又自言自语地说。望一望绑刀的绳子,看看断了没有。然后把你的手弄好,因为还有麻烦的事儿就要来到呢。

"有一块磨石磨磨刀子该多好,"老头儿检查了一下绑在桨把上的绳子以后说。"我应该带一块磨石来。"他想:好多东西都是应该带来的,但是你没有带来,老家伙。现在不是想你没有带来的东西的时候。想一想用你现有的东西可以做的事儿吧。

"你给我想出了很巧妙的主意,"他敞开了喉咙说。"可是我懒得听下去啦。"

他把舵柄夹在胳肢窝里,双手泡在水里,随着船往前飘去。

"天晓得,最后那一条鲨鱼撕去了我好多鱼肉,"他说。"可是船现在轻松些了。"他不愿去想给撕得残缺不全的鱼肚子。他知道,鲨鱼每次冲上去猛扯一下,就给扯去了好多的死鱼肉,现在死鱼已经成为所有的鲨鱼追踪的臭迹,宽阔得像海面上的一条大路一样了。

他想:这是把一个人养活一整个冬天的鱼啊。别那样想吧。歇一歇,把你的手弄好,守住剩下来的鱼肉。水里有了那么多的气味,我手上的血腥味也算不得什么,何况手上的血淌得也不多了。给割破的地方并算不了什么。淌血会叫我的左手不抽筋。

他想：我现在还有什么事儿可想呢？没有。什么也别去想它，只等着以后的鲨鱼来到吧。我希望这真是一场梦，他想。但是谁晓得呢？也许结果会很好的。

下一个来到的鲨鱼是一条犁头鲨。它来到的时候就活像一只奔向猪槽的猪，如果一只猪的嘴有它的那么大，大得连你的头也可以伸到它嘴里去的话。老头儿先让它去咬那条死鱼，然后才把绑在桨上的刀扎进它的脑子里去。但是鲨鱼一打滚就往后猛地一挣，那把刀子喀嚓一声折断了。

老头儿只管去掌他的舵，连看也不看那条大鲨鱼，它慢慢地沉到水里去，最初还是原来那么大，然后渐渐小下去，末了只有一丁点儿了。这种情景老头儿一向是要看得入迷的，可是现在他望也不望一眼。

"我还有鱼钩呢，"他说。"但是那没用处。我有两把桨，一个舵把，还有一根短棍。"

他想：这一回它们可把我打败了。我已经上了年岁，不能拿棍子把鲨鱼给打死。但是，只要我有桨，有短棍，有舵把，我一定要想法去揍死它们。

他又把手泡在水里。这时天色渐渐地向晚。除了海和天以外什么也看不见。天上的风刮得比先前大了些，他希望马上能够看到陆地。

"你累乏了，老头儿，"他说。"里里外外都累乏了。"

直到太阳快落下去的时候，鲨鱼才又向他扑来。

【注释】

①《老人与海》是海明威发表于1952年的一部中篇小说，也是作者生前发表的最后一部小说。

《老人与海》写古巴老渔夫圣地亚哥在连续84天没捕到鱼的情况下，终于独自钓上了一条大马林鱼，但这鱼实在大，把他的小船在海上拖了3天才筋疲力尽，最后被他杀死绑在小船的一边，在归程中一再遭到鲨鱼的袭击，回港时只剩鱼头鱼尾和一条脊骨。这虽然是一个故事简单、篇幅不大的作品，但含义丰富。它是一部寓意深远的古典悲剧式的小说，也是一支感人至深的英雄主义赞歌。评论家说："这个朴素的故事里充满了并非故意卖弄的寓意……作为一篇干净利落的陈述性散文，它在海明威的全部作品中都是无与伦比的。每一个词都有它的作用，没有一个词是多余的。"

【作者简介】

欧内斯特·海明威(1899—1961)，20世纪美国著名作家，出生于美国芝加哥市郊区的奥克帕克。海明威的一生感情错综复杂，是美国"迷惘的一代"作家中的代表人物，作品中对人生、世界、社会都表现出了迷茫和彷徨。

海明威一生之中曾荣获数个不同的奖项：第一次世界大战期间被授予银质勇敢勋章；1953年，以《老人与海》获得普立策奖；1954年，《老人与海》又使海明威获得诺贝尔文学奖。海明威辞世之后，美国现代图书馆在2001年所评出的"20世纪中的100部最佳英文小说"中，他的两部作品《太阳照样升起》与《永别了，武器》名列其中。

海明威的写作风格以简洁著称，对美国文学及20世纪文学的发展有极为深远的影响。

他的创作承前启后,把美国的散文的水平推到了一个新的高度。

小王子①(节选)

[法]安东尼·德·圣-埃克苏佩里

献给雷昂·维尔特

我请求孩子们原谅我把这本书献给了一个大人。我有一个严肃的能够得到谅解的理由:这个大人是我在人世上的最好的朋友。我另有一个借口:这个大人什么都明白,甚至明白那些为孩子们写的书。我还有第三个理由:这个大人住在饥寒交迫的法国。法国很需要得到安慰。如果所有这些请求谅解的理由还不充足的话,那我愿意把这本书献给这个大人曾经是的那个孩子。所有的大人原先都是孩子嘛(但是他们之间只有少数人还记得这一点)。为此,我把我的题词改为:

献给雷昂·维尔特
当他是一个小男孩的时候

一

当我六岁的时候,有一回,我曾在一本描述原始森林的叫作《活生生的故事》的书里看见过一幅极其精美的插画。原画是一条大蟒蛇在吞噬一头猛兽,这是那幅画的复制品。

书里是这样讲的:"蟒蛇吞食捕获物时囫囵吞入,无须咀嚼。然后它们就不能动弹了,它们在消化食物的那六个月里睡觉。"

于是我对原始森林里的冒险生活思索了好久,紧跟着,我也用一支彩色铅笔画出我的第一张图画。我的第一号图画。

我给大人们看我的杰作,我还问他们我的画让他们害怕不害怕。

他们回答我说:"为什么要怕一顶帽子呢?"

我的画里画的不是一顶帽子。它是一条正在消化刚吞下去的大象的蟒蛇。为了使那些大人能够明白究竟,我又画出了剖开的蟒蛇的内部。他们总需要那么多的解释。这就是我的第二号图画。

结果,大人们劝告我把这些剖开的或完整的蟒蛇图都扔在一边,要我更多地关心地理、历史、算术和语法。就是这样,在我六岁的时候,不得不放弃了我辉煌的画家的前程。

我的第一号图画和第二号图画的失败使我灰心丧气了。大人们从来都是自己什么也弄不明白，要我们没完没了地解释吧，对于我们这些孩子来说，真是累死人的事。

于是，我选择了另一个职业，学会了驾驶飞机。我在世界各地都飞过一下。确实，地理学为我很好地服务了。它使我能一眼就区别出中国和亚利桑那的不同。万一夜间迷航，这可是很有用的。

在我的生活中，我和许多严肃的人有频繁的接触。我在大人中间生活了很长时间。我就近观察过他们。这点并没有怎么改变我对他们的看法。

当我遇到一个我觉得比较聪明的人的时候，我拿出我始终保存着的我的第一号图画，以他为对象做试验。我要了解他是不是真的有理解力。但是他总是回答我说："这是一顶帽子。"于是我对他既不谈蟒蛇，也不谈原始森林，更不谈星星了。我就使自己回到他的水平上来。我和他谈桥牌，高尔夫球，政治和领带什么的。那个大人很高兴他结识了这样正经的一个人。

二

我就这样孤独地活着，没有遇到一个我能和他推心置腹地谈话的人，直到六年前，我的飞机在撒哈拉沙漠发生故障。发动机里有什么东西坏了。飞机里既没有机械师，也没有旅客。我只得试着独自进行很困难的修理工作。对我而言，这是一个生死存亡的问题。我带的水只够勉强维持八天饮用。

第一夜，我是在这远离人烟的沙漠里睡觉的。我比一个漂泊在大洋中的遇难者还要孤寂。可是在日出的时候，有一个奇怪的小小的声音把我吵醒了。你们设想一下，我感到多么惊奇吧。他说道：

"请你……给我画一只绵羊吧！"

"啊！"

"给我画一只绵羊。"

我霍地跳了起来，好像给雷击了似的。我使劲地揉了揉眼睛，好好地看着。我看见了一个非常奇特的小男孩，他严肃地望着我。请看，这是我后来给他画的最好的一幅画像。自然啦，我画的远不如模特儿本人那么动人。这可不是我的过错。在我六岁的时候，那些大人使我放弃了我当画家的前途，所以，除了完整的蟒蛇和剖开的蟒蛇以外，我什么也不会画。

我惊奇地把眼睛睁得圆圆的，看着这个显象。不要忘记，我那时处在远离人间千里之外。而我眼前的小人儿看来没有迷路，也不累，既不饿，也不渴，还不感到害怕。他一点也不像一个在荒无人烟的沙漠中迷途的孩子。当我终于能说出话来的时候，我对他说：

"可是……你在这儿干什么呀？"

他很温柔地,好像在说一件非常重要的事情似地向我重复道:

"请你……给我画一只绵羊……"

当秘密太使人震惊时,人是不敢违抗的。尽管因当时荒无人烟并有生命危险使我越发觉得这件事荒唐可笑,我还是从我的衣袋里拿出一张纸和一支钢笔。不过我想起了我专门学习过的课程是地理、历史、数学和语文,我告诉那小人儿说(还带着点儿情绪)我不会画图画。他回答我说:

"这没关系。给我画一只绵羊。"

因为我从来没有画过绵羊,我就重新为他画了我仅仅会画的那两幅画中的一幅。那是一幅完整的蟒蛇图。我惊讶不已地听到小人儿回答我说:

"不!不!我不要一头在蟒蛇肚子里的大象。一条蟒蛇是很可怕的,一头大象又太碍事了。我那儿特别小。我需要的是一只绵羊。给我画一只绵羊吧。"

于是我就画了。

他仔细认真地看后说:

"不行!这只已经病得太厉害了。再给我画一只!"

我画了。

我的朋友善意地笑了,他宽宏大量地说:

"你瞧……这不是一只绵羊,这是一只公羊。他有角……"

于是我重新画我的图画。

但是又遭到否定,有如前头的一样。

"这只太老了。我要一只能活很长时间的绵羊。"

这时,由于我急于修复我的发动机,我失去了耐性,我随便涂抹了一幅,扔给他,说:

"这个是箱子。你要的绵羊在箱子里头。"

我极其惊讶地发现我那年轻的审判官容光焕发了。

"我想要的正是这样的!你说,这只绵羊要吃很多草吗?"

"为什么?"

"因为我那里那么的小……"

"肯定够吃的。我给你画的是一只很小的绵羊。"

他低下头看图画:

"不是那么小的呀……瞧!它睡着啦……"

我就是这样认识了小王子的。

三

我费了好长时间才弄明白小王子是从哪里来的。他仿佛从来不听我的问话,而是向我提出好多问题。是这些偶然地、渐渐地说出来的字眼向我揭示了有关他的一切。当

他第一次见到我的飞机(我不准备画我的飞机,对我说来画这样的图画是太复杂了)的时候,他曾向我问道:

"这个东西是什么呀?"

"这不是一个东西。它会飞。这是一架飞机,是我的飞机。"

我很得意地告诉他我是飞来的,于是他喊道:

"怎么!你是从天上掉下来的!"

"是的,"我很谦虚地答应着。

"啊!这可真特别呀……"

小王子欢快的笑声使我颇为恼怒,我希望别人能严肃认真地对待我的不幸遭遇。接着他又加上了一句:

"这么说,你也是从天上来的啰!你是哪颗星球的?"

我马上感到这是窥见他如何出现的谜底的一个机会。于是,我粗鲁地追问:

"你是从另外一颗星球上来的吗?"

可是他不回答我。他轻轻地点着头望着我的飞机说:

"说真的,仗着它,你是不会从很远的地方来的……"

他长时间地沉浸在梦幻之中。然后,他从衣袋里掏出我所画的绵羊,欣赏起他的宝物来了。

你们可以想象得出,他这种关于"别的星球"的似真似假的谈话使我多么好奇了。为此我千方百计地想知道个究竟。

"我的小人儿,你从何处来?'你的家'在哪儿?你要把我的绵羊带到什么地方去?"

他在静静地沉思之后回答我说:

"多好啊,你给我的那只箱子,在晚上,可以当它的房子哪。"

"当然啦。你要是乖的话,我还给你一根绳子,好让你白天把它拴住。再给你一根木桩。"

这个建议使小王子大为不快。

"拴住它?多么奇怪的念头啊!"

"可是,你要是不拴住它,它会到处乱跑,它会走丢的呀……"

我的朋友再次笑了。

"但是你要它往哪儿跑呢?"

"随便什么地方呗。一直朝前跑……"

于是,小王子很严肃地指出:

"这没关系,我家那儿是那样的小!"

他也许心怀一丝忧伤,又说了一句:

"一直朝前走可走不了多远……"

四

  我就是这样了解到第二件十分重要的事情的,那便是他的那颗星球顶多只比一所房子略大一点儿!

  这并没有让我过分吃惊。我知道在地球、木星、火星、金星等这些人们给它们命了名的星球之外,还有成百成千颗别的星星,它们往往是那样地小,以致用望远镜都很难得观测到它们。一旦一位天文学家发现了它们之中的某一颗,他便给它编个号码算作名字。比方说他管它叫作"3251号小游星"。

  我有重要的理由坚信小王子的那颗星球是B612号小游星。这颗小游星仅仅在1909年被一位土耳其天文学家在望远镜里看到过一次。

  于是,他在一次国际天文学会上郑重证明了他的这次发现。

  然而,由于他穿的土耳其服装与众不同,任何人都不相信他的发现。成年人就是这样的。

  幸亏,一个土耳其独裁者命令他的百姓改穿欧洲服装,否则以死罪论处。这样才使B612号小游星有了名气。1920年那年,天文学家穿着一套时髦的漂亮西服再次论证了他的发现。这回,全体与会者一致同意他的见解。

  要是我向你们讲了关于B612号小游星的细节和告诉你们它的编号,那是因为大人的缘故。大人们喜欢数目字。当你对他们说起一个新朋友的时候,他们从不问你最本质的东西。他们从不会对你说:"他的声音是什么样的?他爱玩什么游戏?他搜集蝴蝶吗?"他们问你的是:"他几岁啦?他有几个兄弟?他体重有多少?他的父亲挣多少钱呀?"这样,他们就以为了解他了。假如你对大人说,"我看见了一所美丽的粉红色砖墙的小房子,窗上爬着天竺葵,屋顶上还有鸽子……"他们是想象不出这所房子是什么模样儿的。然而,要是对他们说:"我看到一所值十万法郎的房子,"他们就会高呼:"那多好看啊!"

  因此,假如你对他们说:"曾经有一个小王子,他很讨人喜欢,他笑过,他还要过一只绵羊。有人要过一只羊,这就证明的确有这样一个小王子。"他们会耸耸肩膀,并把你当作孩子看待!但是如果你对他们说:"他来自一颗星球,是B612号小游星,"那他们就被说服了,他们就不会没完没了地用他们的那些问题烦扰你了。他们就是这样儿的。不能强求他们是别样儿的。孩子们应当对待大人非常宽容大度。

  可是,当然啦,我们这些懂得生活的人,我们才不在乎那些数目字呢!我多么愿意能够像讲神话故事那样去讲这个故事啊。我多乐意这样去讲:

  "从前,有一个小王子,他住的那颗星球只比他大一丁点儿,他很想找个朋友……"对于那些了解人生的人来说,这样讲法看上去要显得真实多了。

  可是,我不愿意人家不当一回事儿地读我写的书。让我讲出这些回忆令我感到那么忧郁悲伤。我的朋友和他的绵羊一道离去已经有六年之久了。我尝试在这里描述他,是为了不要忘记他。忘掉一个朋友是很悲伤的。不是所有的人都有过一个朋友的。何况我也有可能变得和那些仅仅对数目字感兴趣的大人们一模一样呢。正是为了这点我才买了一盒水彩和一些铅笔。在我现在这个岁数再重新画画是很艰难的,尤其是我在六岁时除了画一条剖开的蟒蛇和一条完整的蟒蛇之外再也没试过画些别的什么!自然啰,我要尽我的可能试着画出最相似的画像。但是对于能否成功我不大有把握。这幅画还可以,而另一张就不像了。我还在身材大小上常常出错。这里小王子画得太高大了。那儿他又太矮小啦。关于他的衣服的颜色我也犹豫不决。于是,我只好这样试试那样试试,好坏都有。最后我还在某些重要的细节上搞错了。关于这点必须要原谅我才行。我的朋友从来不作解释。他也许以为我和他一模一样。但是,我呢,不幸的是我不能透过箱子看到里面的绵羊。也许我有点像大人了。我一定老啦。

【注释】

①《小王子》是法国现代著名作家圣-埃克苏佩里写的世界各国儿童和成年人都喜爱的童话,叙述小王子离开他的星球来到地球的传奇故事,富有启示意义。一个来自太阳系中某颗小行星的小王子,因为和他那美丽、骄傲的玫瑰闹了别扭,便只身出走,在各星球间游历,见识了国王、自负的人、酒鬼、商人、点灯人和地理学家;最后,他降临地球,在这里同狐狸建立了友谊,并且得到了人生的真谛……它通过一个小孩的眼睛展现地球上的众生相,使人们能更好地认识自己和周围的人。

【作者简介】

安东尼·德·圣-埃克苏佩里(1900—1944),出生于法国里昂,是著名的小说家。1939年他应征入伍,成为空军飞行员。1944年在地中海上空驾驶侦察机执行任务时失踪。他一生热爱飞行、喜欢冒险,他的作品绝大部分是以航空生活为题材。他所著的《小王子》自问世以来,被译成42种文字,在世界各地被人们广泛传阅。他的主要作品有:《南方来信》《夜航记》《人们的土地》《战时飞行员》《给一个人质的信》《小王子》和遗作《要塞》等。

圣-埃克苏佩里是法国文学史上有着崇高地位的作家,但他的一生主要是在航空线上度过的。他的小说特点是围绕他本人的航空经历,描述了当时法国飞行员的惊险而又豪迈的生活。

这里的黎明静悄悄[①]（节选）

[苏联]鲍里斯·里沃维奇·瓦西里耶夫

三

  这里的黎明真是静悄悄，静悄悄的。

  丽达赤着双脚啪哒啪哒地走着，两只靴筒在背后一摇一晃。沼泽上空升起了浓雾，丽达的双足冻得冰凉，衣衫也湿透了。可是她想到即将坐在车站前一个熟悉的树墩上，穿上干燥的鞋袜，心里就觉得高兴。现在可得快点赶路，刚才拦车耽搁了好大一会儿。那位华斯珂夫准尉天蒙蒙亮就起来，而且马上到仓库去摸摸门锁。丽达偏偏必须经过那里，她将坐着穿靴袜的那个树墩恰恰在灌木丛后面，离墙只有两三步远。

  打这儿到树墩子要转两个弯，然后再一直穿过赤杨林。丽达刚转过第一个弯，忽然——她吓得愣住了：路上站着一个人。

  他站着，正在回头张望。这人身材魁梧，披着伪装衫，显得有点驼背。右手提着一个用皮带捆得紧紧的长方小包，胸前挂着冲锋枪。

  丽达赶紧一步闪进树丛，矮树一晃，洒了她一身寒露，可是她毫不觉察。她屏息凝神，透过稀疏的树叶，注视着这个陌生的、伫立不动的人，他仿佛是在梦中出现于她的归途。

  林子里又出来了第二个人——稍矮一些，胸前也横着冲锋枪，手里也提着一个同样的小包。他们穿着系带的皮靴，悄悄地踏着挂满露珠的野草，朝她径直走来。

  丽达用拳头堵住自己的嘴，牙齿咬得手直疼。千万别动，别嚷，更不能不顾一切地冲出树丛！他们从旁擦过，边上那个家伙的肩膀擦动了她面前的树枝。他们默默地走着，悄无一声，像幽灵似的，终于消失了。

  丽达等了一会——再不见人来。这才小心翼翼地溜出树丛，越过林中小道，又钻进丛林，然后再仔细倾听。

  一片寂静。

  她气喘吁吁地冲了出去，靴子敲打着脊背。她毫不隐蔽地沿着村子飞奔，使劲捶打还在沉睡的紧闭的门扉：

  "军运指挥员同志！……准尉同志！……"

十、外国小说

  门终于开了。华斯珂夫站在门槛上——身穿马裤,赤脚趿拉着便鞋,穿着系带的贴身布衬衫,睡眼惺忪地眨着眼睛。
  "什么事?"
  "森林里出现德寇!"
  "是吗……"菲道特·叶甫格拉费奇疑惑地眯缝着眼睛:准是又在捉弄我。"怎么知道的?"
  "我亲眼看见的。两个。拿着冲锋枪,穿着伪装衣……"
  不,不像是扯谎。那双惊惶的眼睛……
  "等等。"
  准尉旋风般地冲进屋去。像着了火一样,急匆匆地蹬上靴子,穿好军装。只穿着内衣的女房东坐在床上,吓得咧开大嘴:
  "出了什么事啦,菲道特·叶甫格拉费奇?"
  "没什么。跟您没关系。"
  他冲到街上,随手拉紧系着手枪的腰带。奥夏宁娜站在原地没动,两只靴子依旧挂在肩后。准尉不由自主地瞅了瞅她的一双脚——又红又湿,大脚趾上还粘着一片黄叶。这么说,她背起靴子,光着两只脚丫子在森林里游荡,可现在是打仗啊。
  "传达命令——荷枪站队:战斗警报!叫基梁诺娃到我这儿来。跑步!"
  于是两人分头跑去,女的——往消防棚,而他——奔进铁道岗亭去打电话。线路可千万畅通!……
  "'松树','松树'!……嗐,我的妈呀!……不是睡着了就是断线……'松树'!……'松树'!……"
  "我是'松树'。"
  "我是十七号。请接三号。有要紧事,紧急情况!……"
  "就接,别嚷嚷。他也有紧急情况……"
  话筒里不知怎么回事哼唧了大半天,然后才听见老远的一个声音在问:
  "是你呀,华斯珂夫?你们那儿出了什么事啦?"
  "是我,三号同志。驻地附近的林子里发现德寇。今天发现两名……"
  "谁发现的?"
  "下士奥夏宁娜……"
  基梁诺娃走了进来,帽子也没戴。她点点头,仿佛是来参加晚会。
  "三号同志,我宣布了战斗警报,我想到林子里去搜索一下……"
  "先别忙着搜索,华斯珂夫。这种事该通盘考虑。咱们若是丢下设备不管——人家也不会摸摸你的脑袋夸奖你的。你的那些个德国鬼子,什么模样?"
  "说是披着伪装衣,手拿冲锋枪。侦察兵……"
  "侦察兵?你们那儿有什么可侦察的?……是来看你怎么搂着女房东睡觉吗?"

嘻,永远是这样,永远是华斯珂夫的罪过。什么事都怪在华斯珂夫头上。

"怎么不说话啦,华斯珂夫?你在想些什么?"

"我想,应当抓住他们,三号同志,趁着没走远。"

"想得对。你带上五个人快去追,趁着脚印还在。基梁诺娃在吗?"

"在这儿呢,三号……"

"让她接电话。"

基梁诺娃说得很简短,只讲了两次"明白了",还"是"了五六次。她放下电话筒,摇了话终铃:

"命令我分五个人给您。"

"把那个发现德寇的给我。"

"奥夏宁娜正好当小分队的队长。"

"哦,好吧。快把人集合起来。"

"早已集合好了,准尉同志。"

这个队伍可真没法说。这一个长发垂落腰际,跟马鬃似的,另一个头上还残留着卷发的纸卷。这群武士!你就得跟这伙人一块去搜索森林,去擒拿手执冲锋枪的德国鬼子!再说,她们手里有的只是一种用一八九一型子弹,三十年代本国造的家伙……

"稍息!"

"冉妮娅、嘉丽娅、李莎……"

准尉皱皱眉头:

"慢着,奥夏宁娜!这是去抓德寇——可不是去摸鱼。那么,至少也得会放枪吧……"

"她们会。"

华斯珂夫本想挥手通过,可是忽然想起一件事来:

"对了,还有一件事。你们大概有人会讲德语吧?"

"我会。"

从队列中发出这么一个尖声尖气的嗓音。菲道特·叶甫格拉费奇终于按捺不住,勃然大怒:

"什么叫——我?什么我呀我的?应当报告!"

"战士古尔维奇!"

"这就对啦!德语——举起手来,怎么说的?"

"亨德霍赫。"

"对啦,"准尉总算是挥挥手,通过了,"那么,你算上一个,古尔维奇……"

五人小分队组成了。一个个严肃认真得像孩子似的,可暂时还看不出有人感到害怕。

"要做好走上两天两夜的准备。带上干粮,子弹……每人五夹。加足了油……嗯,就是说:吃饱喝足。把靴子穿得像个人样,把身子搞得整整齐齐的,准备好。四十分钟之内整装完毕。解散!……基梁诺娃和奥夏宁娜,跟我来。"

趁着战士们在吃早饭和整理行装,准尉带着两个军士到他屋里去开会。幸好女房东已经溜走了,可是床没铺好,一对枕头并排搁着,可真有意思……菲道特·叶甫格拉费奇请军士们喝粥,一边仔细瞧着一张早已磨损的旧地图,比例尺是三俄里为一英寸。

"这么说,是在这条路上碰到的?"

"就是这儿,"奥夏宁娜用小手指轻轻地在地图上划了一下,"正打我身旁走过,朝着公路走去。"

"朝着公路?……可你大清早四点钟在树林子里干什么?"

奥夏宁娜沉默不语。

基梁诺娃眼皮也不抬,说:

"不过是起夜呗。"

"起夜?……"华斯珂夫生气极了,显然是撒谎!"我亲手替你们挖了厕所。满啦?"

两个人都皱起了眉头。

"哎,准尉同志,有些问题,妇女是可以不答复的,"又是基梁诺娃在说。

"现在没有什么妇女不妇女的!"军运指挥员嚷嚷起来,甚至还轻轻地拍了一下桌子,"就是没有!现在只有战士,还有指挥员,懂吗?现在是战争,只要战争一天不结束,咱们就都是中性……"

"哦——哦,可是您的床铺到现在还没整理好呢,中性的准尉同志……"

哎唷,这个基梁诺娃可真厉害!一句话——臭娘们儿!

"你刚才是说,他们朝着公路去了?"

"是朝那个方向……"

"他们上公路见鬼去:公路两旁的森林早在苏芬战争时就砍掉了,他们到那儿去只能挨一顿狠揍,不对,基层指挥员同志们,他们并不真想到公路去……喂,你们吃吧,吃吧。"

"当时又是树,又是大雾,"奥夏宁娜说,"只是隐隐约约的……"

"假如是隐隐约约的,那就该划个十字避避邪,"军运指挥咕噜了一句,"你说,他们手里提着小包?"

"是的。看上去很重,用右手提着。包装非常严密。"

准尉卷好一支烟抽了起来,在屋里踱来踱去。突然间,他全明白了,原来是这么简单的事,简直让人不好意思说出口来。

"我想,他们拿的是炸药。如果真是炸药,那么他们根本不是去公路,而是直奔铁道。也就是说,是奔基洛夫铁路去了。"

"到基洛夫铁路可不近,"基梁诺娃不大相信地说。

"所以要穿过森林嘛。这地方的森林可真要命——能隐蔽整整一个军,别说是两个人了。"

"假如真是这样……"奥夏宁娜激动起来,"假如真是这样的话,应该通知铁路的保卫部队。"

"基梁诺娃去通知,"华斯珂夫说,"我的汇报时间是每天上午十二点三十分,代号'十七'。奥夏宁娜,你吃呀,吃呀。我们要走上整整一天哪……"

【注释】

①《这里的黎明静悄悄》是苏联当代著名作家瓦西里耶夫的代表作。故事发生于1942年5月。准尉华斯珂夫"无奈"接受了上级指派来两个班的"兵力"——虽然是一些"不喝酒的",却都是穿短裙的年轻女兵;他要指挥她们守卫171铁路会让站设施。一时间女兵们驻扎下来,就在尚未习惯这野战生活的当口,出乎意料地碰上一股德国法西斯侦察兵。她们本可以放过这些鬼子,守住阵地设施就可以了。然而正义和敏感要她们既守住了阵地设施,又以5个姑娘——战士加指挥员的力量与敌人周旋,进行殊死的战斗……

作者以真实而生动的画面,亦庄亦谐的文笔,活泼风趣的艺术语言,再现了那些才从和平岁月里走出来的天真欢快的年轻人,一旦被迫面对残酷的战争时,为保卫国土,可牺牲爱情,可别家离子,可以生命为代价的浪漫主义情怀和高昂的英雄主义精神。

【作者简介】

鲍里斯·里沃维奇·瓦西里耶夫(1924—2013),苏联文坛颇负盛名的当代作家,以写卫国战争题材小说著称,被认为是苏联战争小说"新浪潮"的代表人物之一。

瓦西里耶夫从1954年开始发表作品,1969年发表卫国战争的中篇小说《这里的黎明静悄悄》,这部小说获得1970年度"全苏儿童文学作品"一等奖,使作家名震国内外文坛。瓦西里耶夫的创作题材广泛,除战争题材作品以外,他还创作表现当代生活和俄国历史的作品,其中有描写保护自然资源、维护生态平衡的长篇小说《不要射击白天鹅》(1973),关于青少年教育的中篇小说《人们可能同我一起去侦察》(1980)和短篇小说《六个优等生》等。他还有其他一些重要作品,如《未列入名册》(1974)、《后来发生了战争》(1984)、《烧不毁的荆棘》(1986)、《老牌奥林匹亚打字机》(1974)、《老战士》(1976)、《遭遇战》(1979)等,以及一些剧本和电影脚本。瓦西里耶夫的作品贯穿着人道主义思想,他关心普通人的命运,歌颂普通人的优秀品质。瓦西里耶夫还擅长写悲剧,将英雄主义和悲剧性紧密地结合在一起,是他创作的一大特色。

十、外国小说

不能承受的生命之轻[①]（节选）

［捷克］米兰·昆德拉

第七部　卡列宁的微笑

一

　　窗户朝向一个山坡，坡上长满树干弯曲的苹果树。山坡的上方，果树林环抱着天际，只见山丘蜿蜒伸向远方。傍晚，灰白的天空现出一轮明月，特蕾莎总是在这个时候出门。天色还灰蒙蒙的，月亮挂在上面，就像是死人房间的一盏灯，早上忘了熄灭整天都在亮着。

　　七歪八扭的苹果树生长在这片山坡上，没有一棵能离开它们扎根的地方，同样，特蕾莎和托马斯，他们也永远离不开这个村庄。他们卖了汽车、电视、收音机，用这笔钱买下了一幢带花园的小房子，房子原来的主人是一位农民，去城里定居了。

　　去乡下生活，这是他们唯一能逃避现实的途径，因为乡下虽然始终缺乏劳力却不缺房子。谁要是甘愿来这儿种地或到果树林干活，当地人决不会对他们从前的政治生涯感兴趣，也不会嫉妒他们。

　　特蕾莎感到幸福，她终于离开了城市，远离了尽是喝得醉醺醺的酒鬼的酒吧，远离了将她们的下体味留在托马斯头发里的那些陌生女人。警方已不再找他俩的麻烦，而且，在特蕾莎的记忆中，工程师的事与发生在彼得山上的场面已经混合在一起，她已经难以分清什么是梦，什么是现实（另外，工程师是否真的为秘密警察效力？也许是，也许不是。倒是总有那么些男人，借别人的房子私下幽会，而且还不喜欢跟同一个女人上两次床）。

　　因此，特蕾莎确实感到幸福，认为已经达到了目的：如今托马斯跟她在一起，而且只有他俩。只他俩？我应说得更确切一些：离群索居，我的意思是他们与老朋友和熟人断绝了一切往来。他们与过去的生活一刀两断，就像用剪子把一根饰带一刀剪成两截。不过，与农民相处，他们倒是觉得很愉快，他俩和农民一起劳动，不时去拜访他们，也邀请他们来家里做客。

　　一天，特蕾莎结识了温泉小城的合作社主席，这座小城的街道全被改成了俄国的地名。就在那天，特蕾莎在自己脑海中突然发现了从书里看到或从前辈那儿听说的一幅乡村图景：这是一个和谐的世界，所有成员有着共同的利益，一致的习俗，组成了一个大家庭。每个星期六,乡村客栈的大厅里都有一支乐队演奏,全村的人都来这里跳舞;每个星期天,人们去教堂做弥撒,然后男人到客栈聚会,谁也不带妻子。

但是,共产主义制度下的这个村庄与那幅古老的景象完全不同。教堂在邻近的一个公社,谁也不去;客栈改成了办公室,男人们不知哪里有地方聚会喝啤酒,年轻人不知该去哪儿跳舞。宗教节日不能庆祝,官方节日又引不起任何人的兴趣。最近的电影院在城里,离开二十公里路。白天劳动时大伙儿只是互相打个招呼,等到间歇时才能说说话,放工后就回到小屋里,闭门不出;家具倒是现代的,可散发着难闻的气味;他们的双眼紧盯着闪亮的电视荧屏。大家互不往来,难得有人晚饭前去同邻居聊上几句。人人都梦想去城里定居。农村的生活太乏味了,很少有能给他们带来兴趣的东西。

也许正是谁也不愿在农村呆下去,国家才丧失了对农村的管制权。当农民不再是土地的主人,而只是一名被雇来种地的职工时,他就不再依恋这片家园和自己所从事的工作,他一无所有,因而也不惧怕会失去什么。这种漠然的态度倒使得农村保持了相当大的自主权和自由的空间。合作社主席不是外人强行指派的(同城里的领导不同),而是农民选举的,和农民是一伙人。

由于这里的人都想走,特蕾莎和托马斯便拥有了特殊的地位,他们是自愿来的。别人都不失时机地去附近的小镇过上一天,特蕾莎和托马斯却巴不得呆在村子里,所以很快,他们就同全村人混熟了,比原来的村民之间还熟。

合作社主席成了他们的真正的朋友。主席已结婚,有四个孩子,还有一头猪,却被当作狗来养着。猪的名字叫梅菲斯突,是全村的骄傲和开心宝。它很听话,爱清洁,一身粉红色,迈着小步,活像那些穿着高跟鞋走路的大腿肚女人。

卡列宁第一次见到梅菲斯突时,有些不知所措,在它身边转了很久,不停地嗅它。但它很快就与梅菲斯突建立起了友谊,喜欢它胜于村里所有的狗,卡列宁看不起那些狗,因为它们一直被拴在窝旁,还无缘无故傻呵呵地叫个不停。卡列宁欣赏与众不同的东西,可以说它非常珍惜与梅菲斯突的这份友谊。

合作社主席很高兴能助这位前外科医生一臂之力,但同时又为自己帮不上更大的忙感到不安。托马斯当了卡车司机,他的任务是开车把农民送到田里,或者运货。

合作社有四座大饲养楼,外加一个有四十头母牛的小牛栏。这些母牛由特蕾莎照料,每天放牧两次。牧场就在附近,去很容易,可这些牧场是专门用来收割草料的,特蕾莎只好把牛带到附近的山冈上。牛吃着草,越走越远,特蕾莎跟着它们,一年内便跑遍了小村周围的地区。就像从前在小城里一样,她手里总拿着一本书,一到牧场,她就打开书,看起来。

卡列宁总是陪着她。每当小母牛淘气,想离队时,它就汪汪叫着追赶它们;它显然是乐在其中。他们三个当中,卡列宁是最幸福的。这个"时间总管"的职责过去从未受到如此的尊重,因为这里没有任何临时变动的机会,特蕾莎和托马斯所生活的时间与卡列宁的时间规律性很接近。

十、外国小说

一天午饭后(这会儿,他俩共同拥有一个钟头的自由时间),他们与卡列宁一道在屋后的山坡上散步。

"我不喜欢它跑步的样子。"特蕾莎说。

卡列宁跑起路来左脚有点跛。托马斯弯下身子,摸了摸它的腿。他发现它的左大腿上鼓起了一个小圆包。

第二天,托马斯让它上了卡车,坐在自己身边,他在邻村停下了车,把它送到了兽医那里。一个星期后,他去看它,回来时告诉特蕾莎,卡列宁长了一个肿瘤。

三天后,托马斯在兽医的协助下亲自为它动了手术。当他把卡列宁带回家时,卡列宁还未从麻醉中醒来。它躺在地毯上,睁着双眼,呻吟着。大腿上的毛已被剃光,上面有一道缝了六针的伤口。

过了一会,它挣扎着想站起来,但没有成功。

特蕾莎害怕了:要是它永远都走不了路怎么办?

"别担心,"托马斯说,"它现在还处于麻醉状态。"

特蕾莎想托它一把,可它张嘴咔嚓一声。这是它头一回要咬她!

"它不知道你是谁,"托马斯说,"它没认出你。"

他们让卡列宁躺在床边,很快它就入睡了。他俩也睡着了。

大约凌晨三点钟,卡列宁突然把他们弄醒,它摇着尾巴,用脚踩特蕾莎和托马斯。然后,它又一个劲儿地往他俩身上蹭,动作野蛮,且不甘休。

这也是头一回它把他们弄醒!以前它总要等他们当中一人醒后才敢跳到床上。

可是这次,当卡列宁半夜突然恢复知觉时,无法控制住自己。天知道它刚才去了什么遥远的地方!碰到了什么幽灵!现在,发现自己在家里,认出了跟它最亲的人,它便忍不住向他们表达无比的欢乐之情,为自己重返家园和获得新生而欢欣。

二

《创世纪》的开篇写道,上帝造人是为了让人统治鸟、鱼、牲畜。当然,《创世纪》是人写的,而不是一匹马写的。因此,并不能完全断定上帝是真的希望人类统治其他生物。更有可能是人类发明了上帝,以便使其篡夺来的对牛马的支配权合乎神圣法则。对,就是杀死一只鹿或一头母牛的权利,全人类只在这一点上达成共识,即使是在最血腥的战争年代亦不例外。

这一权利在我们看来是不言而喻的,因为我们自认为是最高级的动物。但是,只要出现一个第三者加入该游戏,情况就大不一样了。比如,来了个外星人,他是奉上帝的旨意来的:"我命你去统治所有其他星球上的生物。"这时,《创世纪》里说的再清楚不过的事立即就会遭到质疑。被火星人套在马车上的人类,可能会被银河系的居民挂在铁钎上烤着吃,这时他也许才会想起过去常在碟子里用刀切着吃的小牛排,会向母牛道歉(太迟了)。

　　特蕾莎和她的牛群向前走着,她赶着它们往前走,时不时地得对着一头喝斥几声,因为这些小母牛很调皮,常离群去田野里乱跑。卡列宁走在她身边,它这样日复一日地跟她放牛已经两个年头了。平时,它对母牛十分严厉,叫着追赶它们,训它们(上帝任命它管理牛群,它为此感到骄傲),很开心。可是今天,它步履艰难,用三只脚跳着走,另一条腿上的伤口还在流血。每隔两分钟,特蕾莎就俯下身去抚摩它的背。自手术后,两周已过去了,可是肿瘤显然未被控制住,卡列宁的病情在恶化。

　　走到半路,特蕾莎和卡列宁遇到一位女邻居,她脚穿橡胶靴,正往牛栏走去。邻居停下步子,问道:"您的狗怎么啦?腿好像瘸了!"特蕾莎回答:"它腿上长了个瘤子。它没救了。"她感到自己的嗓子哽住了,再也说不出话来。邻居一见特蕾莎落泪,几乎要生气了:"我的上帝,您总不至于为一条狗落泪吧?"她说这话并非出自恶意,其实她很善良,她这么说是为了安慰特蕾莎。对于这一点,特蕾莎很清楚,因为她来该村已经住了不少时日了,她知道,这儿的农民爱他们的兔子如同她爱卡列宁一样。他们舍不得杀死一只兔子,宁愿同它们一起挨饿。可是,邻居的话还是让她觉得不舒服,她并没有反驳,只回答说"我知道",便急忙转过身,继续赶路了。她感到自己对卡列宁的爱是唯一的。她凄凉地微微一笑,想到必须隐藏这份感情,且带着更强烈的妒意,仿佛不得不隐瞒某个不忠的行为。因为爱上一条狗是件不光彩的事。要是女邻居知道她欺骗了托马斯,准会以同谋似的神情,乐呵呵地在她背上拍上一掌!

　　于是,特蕾莎赶着牛群继续向前走着,看见它们彼此蹭着背,特蕾莎心想这些牲畜真是可爱极了。这群牛性情温和,从不耍坏,有时表现得快乐而幼稚,简直就像那些假装是十四岁少女的五十开外的胖女人。它们嬉戏的时候,尤其令人感动不已。特蕾莎深情地注视着它们,心想(两年来,这一念头始终不可抵挡地萦绕着她):人类就像寄生于人体的涤虫那样,靠母牛寄生:他们像蚂蝗紧叮着母牛的乳房。人类是母牛的寄生虫,这也许是非人类从他们的动物学角度给人类下的定义。

　　从这个定义,我们可以看出其简单的讽刺意味,并以宽容的态度一笑了之。可特蕾莎对此很认真,她走上了一条滑坡:这些想法十分危险,使她远离人类。《创世纪》里已经写得清清楚楚:上帝派了人类去统治动物。但我们可以解释说,上帝只是借给人类这一权利。人类不是地球的拥有者而只是管理者,总有一天会意识到自己只是在管理地球。笛卡尔的观点更过分,他认为人类是"大自然的主人和所有者"。同时他也绝对否认动物有灵魂,这两者之中,无疑存在着深刻的逻辑性。按照他的观点,人类是所有者和主人,动物只是机器人,是台有生命的机器,即 machinae animatae。动物痛苦时喊叫,那不是悲吟,不过是一台运转不正常的机器发出的咯吱声。当马车的车轮嘎吱作响时,这并不意味着马车有什么痛苦,而是没有上油的缘故。必须以这种方式来解释动物的呻吟,不应为一只在实验室里被活活解剖的狗哀叹。

　　牛在草地吃草,特蕾莎坐在一个树墩上,卡列宁头靠在她膝上躺在她身边。特蕾莎

十、外国小说

想起十二年前在报上读到的一则只有两行字的短讯:说的是在俄罗斯的一座城市里,所有的狗都被杀光了。这则小消息似乎无关紧要,也不显眼,却使特蕾莎第一次感到那个邻近的大国很恐怖。

这便是后来所发生的一切事件的预兆;俄国人入侵后的头两年,人们还不能说什么恐惧。由于全国上下几乎都反对占领制度,俄国人非得从捷克人中找些新面孔,把他们扶上台掌权。可是,人们对俄国的爱都已死灰尽燃,到哪里去找这些人呢?俄国人便看中了那些不惜性命图谋报复的人。他们得试探、训练并激发这些人的进攻性。首先得训练他们瞄准临时靶子。这个靶子就是动物。

报上于是开始发表一系列文章,以读者来信的形式组织攻势。例如,要求杀尽灭绝城里的鸽子。鸽子确实被杀尽灭绝了。不过,他们的目标主要是狗。当时,人们尚未从国土被占领这一灾难所造成的精神创伤中解脱出来,但是报纸、广播、电视谈论的都是狗,说它们弄脏了人行道、公园,对儿童健康造成危害,是光会吃、毫无用途的东西。这一切制造了一种真正的偏执,特蕾莎担心狂热的民众会袭击卡列宁。过了一年,积聚起的所有仇恨(首先拿动物做试验),都转向了真正的目标:人类。开除、逮捕、审判开始了。牲畜总算可以喘口气了。

特蕾莎抚摩着静静地躺在她膝头的卡列宁的头。她已基本认定这个道理:根本不值得跟自己的同类好。但她又不得不对其他村民以礼相待,否则便无法在这里呆下去,甚至对托马斯,她也是迫不得已,不得不表现得像个多情的妻子,因为她需要托马斯。幸好,我们同他人的关系在何种程度上取决于我们的感情,即我们的爱还是不爱,是善待还是仇视,而且,它们在何种程度预先受个人实力对比的制约,这是永远都无法下确切定义的。

人类真正的善心,只对那些不具备任何力量的人才能自由而纯粹地体现出来。人类真正的道德测试(是最为彻底的测试,但它处于极深的层次,往往不为我们注意),是看他与那些受其支配的东西如动物之间的关系如何。人类根本的失败,就是这方面造成的,其为"根本",是因为其他的一切失误均由此而产生。

一头小牛走到特蕾莎身边,停下步,用棕色的大眼睛久久注视着她。特蕾莎认出了它,管它叫玛格丽特。她真想给每头牛取个名字,可这是不可能的,因为牛太多了。三十来年前倒是这样,村里的每头奶牛都有名字。(如果名字是灵魂的符号,我可以说每头牛都有一个灵魂,尽管笛卡尔不乐意。)可是后来村庄变成了一座大的合作工厂,奶牛终日生活在只有两米见方的小圈里。它们不再有名字,只是一些 machinae animatae。世界终于给了笛卡尔这个理。

我的眼前始终浮现着特蕾莎坐在树墩上的情景,她抚摸着卡列宁的头,想着人类的失败。与此同时,另一画面在我脑海里出现:尼采正从都灵的一家旅店出来。他看见门口有一匹马,车夫正用鞭子在抽打。尼采走到马跟前,不顾眼前的车夫,一把抱住马的脖子,大声哭泣起来。

这是一八八九年的事,尼采早已离去,他也一样,远离了人类。换言之,他的精神病就是在那一刻发作的。而我认为,这件事赋予他的行为以深刻的意义。尼采是去为笛卡尔向马道歉的。就在他为马而悲痛的瞬间,他的精神受到了刺激(他因而与人类彻底决裂)。

我喜欢的就是这个尼采,我也同样喜欢特蕾莎,那个抚摸着躺在她膝头、得了不治之症的狗的头的姑娘。我看见他俩并肩走着:他们离开了人类的道路,而人类,"大自然的主人和所有者",在这条路上继续向前走。

【注释】

①《不能承受的生命之轻》是米兰·昆德拉最负盛名的作品之一。该书描述了1968年苏联入侵捷克时期,民主改革的气息演变成专横压榨之风潮,普通知识分子命运多舛的复杂故事。作品剖示隐密的无情,探讨爱的真谛,涵盖了男女之爱、朋友之爱、祖国之爱。小说从"永恒轮回"的讨论开始,把我们带入了对一系列问题的思考中,比如,轻与重、灵与肉,它带领着我们思考——什么才是人类不能承受的生命之轻?

它是一部意象繁复的书,其中载着了多种含义:被政治化了的社会内涵的揭示、人性考察、个人命运在特定历史与政治语境下的呈现,以及对两性关系本质上的探索等。昆德拉极其聪明地将这些元素糅合在一起,写成一部非同凡响的小说——其中既有隐喻式的哲学思考,也有人的悲欢离合的生命历程的展现。

【作者简介】

米兰·昆德拉(1929—),捷克小说家,出生于捷克布尔诺市。20世纪50年代初,他作为诗人登上文坛,出版过《人,一座广阔的花园》(1953)、《独白》(1957)以及《最后一个五月》等诗集。但诗歌创作显然不是他的长远追求。当他在30岁左右写出第一个短篇小说后,他确信找到了自己的方向,从此走上了小说创作之路。1967年,他的第一部长篇小说《玩笑》出版,获得巨大成功,作者在捷克当代文坛上的重要地位从此确定。

1975年,他离开捷克来到法国。移居法国后,他很快便成为法国读者最喜爱的外国作家之一。他的绝大多数作品,如《笑忘录》(1978)、《不能承受的生命之轻》(1984)、《不朽》(1990)等都是首先在法国走红,然后才引起世界文坛的瞩目。他曾多次获得国际文学奖,并多次被提名为诺贝尔文学奖的候选人。除小说外,昆德拉还出版过三本论述小说艺术的文集,其中《小说的艺术》(1986)以及《被叛卖的遗嘱》(1993)在世界各地流传甚广。

昆德拉善于以反讽手法,用幽默的语调描绘人类境况。他的作品表面轻松,实质沉重;表面随意,实质精致;表面通俗,实质深邃而又机智,充满了人生智慧。正因如此,在世界许多国家,一次又一次地掀起了"昆德拉热"。

挪威的森林①（节选）

[日]村上春树

第一章

　　三十七岁的我坐在波音747客机上。庞大的机体穿过厚重的雨云，俯身向汉堡机场降落。十一月刺人肌肤的冷雨，将大地涂得一片阴沉，使得身披雨衣的地勤工、候机楼上呆然垂向地面的旗，以及BMW①广告板等一切的一切，看上去竟同佛兰德派抑郁画的背景一般。罢了罢了，又是德国，我想。

　　飞机一着陆，禁烟显示牌倏然消失，天花板扩音器中低声流出背景音乐，那是一个管弦乐队自鸣得意地演奏的甲壳虫乐队的《挪威的森林》。那旋律一如往日地使我难以自已，不，比往日还要强烈地摇撼着我的身心。

　　为了不使脑袋胀裂，我弯下腰，双手捂脸，一动不动。很快，一位德国空中小姐走来，用英语问我是不是不大舒服。我答说不要紧，只是有点晕。

　　"真不要紧？"

　　"不要紧的，谢谢。"我说。她于是莞尔一笑，转身走开。音乐变成比利·乔尔的曲子。我扬起脸，望着北海上空阴沉沉的云层，浮想联翩。我想起自己在过去的人生旅途中失却的许多东西——蹉跎的岁月，死去或离去的人们，无可追回的懊悔。

　　机身完全停稳后，旅客解开安全带，从行李架中取出皮包和上衣等物。而我，仿佛依然置身于那片草地之中，呼吸着草的芬芳，感受着风的轻柔，谛听着鸟的鸣啭：那是一九六九年的秋天，我快满二十岁的时候。

　　那位空姐又走了过来，在我身边坐下，问我是否需要帮助。

　　"可以了，谢谢。只是有点伤感。"我微笑着说道。

　　"这在我也是常有的，很能理解您。"说罢，她偏了下头，欠身离座，转给我一张楚楚动人的笑脸："祝您旅行愉快，再会！"

　　"再会！"

　　即使在经历过十八度春秋的今天，我仍可真切地记起那片草地的风景。连日温馨的霏霏细雨，将夏日的尘埃冲洗无余。片片山坡叠青泻翠，抽穗的芒草在十月金风的吹拂下蜿蜒起伏，透迤的薄云紧贴着仿佛冻僵的湛蓝的天壁。凝眸望去，长空寥廓，直觉双目隐隐作痛。清风抚过草地，微微拂动她满头秀发，旋即向杂木林吹去。树梢上的叶片簌簌低语，狗的吠声由远而近，若有若无，细微得如同从另一世界的入口处传来似的。此外便万籁俱寂了。耳畔不闻任何声响,身边没有任何人擦过。只见两只火团样的小鸟,受惊似的从草丛中骤然腾起,朝杂木林方向飞去。直子一边移动步履,一边向我讲述水井的故事。

记忆这东西总有些不可思议。实际身临其境的时候,几乎未曾意识到那片风景,未曾觉得它有什么撩人情怀之处,更没想到十八年后仍历历在目。对那时的我来说,风景那玩艺儿是无所谓的。坦率地说,那时心里想的,只是我自己,只是身旁相伴而行的一个漂亮姑娘,只是我与她的关系,而后又转回我自己。在那个年龄,无论目睹什么感受什么还是思考什么,终归都像回飞镖一样转到自己手上。更何况我正怀着恋情,而那恋情又把我带到一处纷纭而微妙的境地,根本不容我有欣赏周围风景的闲情逸致。

然而,此时此刻我脑海中首先浮现出来的,却仍是那片草地的风光:草的芬芳,风的清爽,山的曲线,犬的吠声……接踵闯入脑海,而且那般清晰,清晰得仿佛可以用手指描摹下来。但那风景中却空无人影。谁都没有。直子没有。我也没有。我们到底消失在什么地方了呢?为什么会发生那样的事情呢?看上去那般可贵的东西,她和当时的我以及我的世界,都遁往何处去了呢?哦,对了,就连直子的脸,一时间竟也无从想起。我所把握的,不过是空不见人的背景而已。

当然,只要有时间,我总会忆起她的面容。那冷冰冰的小手,那呈流线型泻下的手感爽适的秀发,那圆圆的软软的耳垂以及紧靠其底端的小小黑痣,那冬日里常穿的格调高雅的驼绒大衣,那总是定定地注视对方眼睛发问的惯常动作,那不时奇妙地发出的微微颤抖的语声(就像在强风中的山冈上说话一样)——随着这些印象的叠涌,她的面庞突然而自然地浮现出来。最先现出的是她的侧脸。大概因为我总是同她并肩走路的缘故,最先想起来的每每是她的侧影。随之,她朝我转过脸,甜甜地一笑,微微地歪头,轻轻地启齿,定定地看着我的双眼,仿佛在一泓清澈的泉水里寻觅稍纵即逝的小鱼的行踪。

但是使直子的面影在我脑海中如此浮现出来,总是需要一点时间的。而且,随着岁月的流逝,所需时间也愈来愈长。这固然令人悲哀,但事实就是如此。起初五秒即可想起,渐次变成十秒、三十秒、一分钟。它延长得那样迅速,竟同夕阳下的阴影一般,并将很快消融在冥冥夜色之中。哦,原来我的记忆的确正在步步远离直子站立的位置,正如我逐渐远离自己一度站过的位置一样。而惟独那风景,惟独那片十月草地的风景,宛如电影中的象征性镜头,在我的脑际反复推出。并且那风景是那样执拗地连连踢着我的脑袋,仿佛在说:喂,起来,我可还在这里哟!起来,起来想想,思考一下我为什么还在这里!不过不痛,一点也不痛。一脚踢来,只是发出空洞的声响。甚至这声响或迟或早也将杳然远逝,就像其他一切归终都已消失一样。但奇怪的是,在这汉堡机场的德意志航空公司的客机上,它们比往常更持久地、更有力地在我头部猛踢不已:起来,理解我!惟其如此,我才动笔写这些文字。我这人,无论对什么,都务必形诸文字,否则就无法弄得水落石出。

她那时究竟说什么来着?

十、外国小说

　　对了,她说的是荒郊野外的一口水井。是否实有其井,我不得而知。或是只对她才存在的一个印象或一种符号也未可知——如同在那悒郁的日子里她头脑中编织的其他无数事物一样。可是自从直子讲过那口井以后,每当我想起那片草地的景致,那井便也同时呈现出来。虽然未曾实际目睹,但井的模样却作为无法从脑海中分离的一部分,同那风景浑融一体了。我甚至可以详尽地描述那口井——它正好位于草地与杂木林的交界处,地面上豁然闪出的直径约一米的黑洞洞的井口,给青草不动声色地遮掩住了。四周既无栅栏,也不见略微高出井口的石楞,只有那井张着嘴。石砌的井围,经过多年风吹雨淋,呈现出难以形容的浑浊白色,而且裂缝纵横,一副摇摇欲坠的样子。绿色的小蜥蜴"吱溜溜"钻进那石缝里。弯腰朝井内望去,却是一无所见。我唯一知道的就是这井非常之深,深得不知有多深;井筒非常之黑,黑得如同把世间所有种类的黑一古脑儿煮在了里边。

　　"那可确实——确确实实很深哟!"直子字斟句酌地说。她说话往往这样,慢条斯理地物色恰当的字眼。"确确实实很深,可就是没一个人晓得它的位置——肯定在这一带无疑。"说着,她双手插进粗花呢大衣口袋,觑了我一眼,妩媚地一笑,仿佛在说自己并非撒谎。

　　"那很容易出危险吧,"我说,"某处有一口深井,却又无人知道它的具体位置,是吧?一旦有人掉入,岂不没救了?"

　　"恐怕是没救了。飕——砰!一切都完了!"

　　"这种事实际上不会有吧?"

　　"还不止一次呢,三年两载就发生一次。人突然失踪,怎么也找不见。于是这一带的人就说:准保掉进那荒草地的井里了。"

　　"这种死法怕有点不大好。"我说。

　　"当然算不得好死。"她用手拂去外套上沾的草穗,"要是直接摔折脖颈,当即死了倒也罢。可要是不巧只摔断腿脚没死成可怎么办呢?再大声呼喊也没人听见,更没人发现,周围触目皆是爬来爬去的蜥蜴蜘蛛什么的。这么着,那里一堆一块地到处都是死人的白骨,阴惨惨湿漉漉的,上面还晃动着一个个小小的光环,好像冬天里的月亮。就在那样的地方,一个人孤零零一分一秒地挣扎着死去。"

　　"想想都叫人汗毛倒立,"我说,"总该找到围起来呀!"

　　"问题是谁也找不到井在哪里。所以,你可千万别偏离正道!"

　　"不偏离的。"

　　直子从衣袋里抽出左手握住我的手。"不要紧的,你。对你我什么都不担心。即使黑天半夜你在这一带兜圈子转不出来,也绝不可能掉到井里。而且只要紧贴着你,我也不至于掉进去。"

　　"绝对?"

　　"绝对!"

"怎么知道？"

"知道，我就是知道。"直子仍然抓住我的手说。如此默默地走了一会。"这方面，我的感觉灵验得很。也没什么道理，凭的全是感觉。比如说，现在我这么紧靠着你，就一点儿都不害怕。就是再黑心肠的、再讨人厌的东西也不会把我拉去。"

"那还不容易，永远这样不就行了！"

"这话——可是心里的？"

"当然是心里的。"

直子停住脚，我也停住。她双手搭在我肩上，目不转睛地凝视我的眼睛。那瞳仁的深处，黑漆漆、浓重重的液体旋转出不可思议的图形。这对如此美丽动人的眸子久久地、定定地注视着我。随后，她踮起脚尖，轻轻吻了一下我的脸颊。一瞬间，我觉得一股暖流穿过全身，心脏都好像停止了跳动。

"谢谢。"直子道。

"没什么。"我说。

"你这样说，太叫我高兴了，真的。"她不无凄凉意味地微笑着说，"可是行不通啊！"

"为什么？"

"因为那是不可以的事，那太残酷了。那是——"说到这里，直子蓦地合拢嘴唇，继续往前走着。我知道她头脑中思绪纷纭，理不清头绪，便也缄口不语，在她身边悄然移动脚步。

"那是——因为那是不对的，无论对你还是对我。"少顷，她才接着说道。

"怎么样的不对呢？"我轻声问。

"因为，一个人永远守护另一个人，是不可能的呀。嗳，假定、假定我和你结了婚，你要去公司上班吧？那么在你上班的时间里，有谁能守护我呢？你出差的时候，有谁能守护我呢？难道我到死都寸步不离你不成？那样岂不是不对等了，对不？那也称不上是人与人的关系吧？再说，你早早晚晚也要对我生厌的。你会想：这辈子到底是怎么了，只落得给这女人当护身符不成？我可不希望这样。而这一来，我面临的难题不还是等于没解决么？"

"也不是一生一世都这样。"我把手放在她背上，说道，"总有一天要结束的。结束的时候我们再另作商量也不迟；商量往下该怎么办。到那时候，说不定你倒可能助我一臂之力。我们毕竟不是眼盯着收支账簿过日子。如果你现在需要我，只管使用我就是，是吧？何必把事情想得那么严重呢？好吗，双肩放松一些！正因为你两肩绷得紧，才这样拘板地看待问题。只要放松下来，身体就会变得更轻些。"

"你为什么说这些？"直子用异常干涩的声音说。

听她这么说，我察觉自己大概说了不该说的话。

"为什么？"直子盯着脚前的地面说，"肩膀放松，身体变轻，这我也知道。可是从你口里说出来，却半点用也没有哇！嗯，你说是不？要是我现在就把肩膀放松，会一下子土崩瓦解的。以前我是这样活过来的，往后也只能这样活下去。一旦放松，就无可挽回了。我就会分崩离析——被一片片吹散到什么地方去。这点你为什么就不明白？为什么还要说什么照顾我？"

我默然无语。

"我心里要比你想的混乱得多。黑乎乎、冷冰冰、乱糟糟……嗯，当时你为什么同我一起睡觉？为什么不撇下我离开？"

我们在死一般寂静的松林中走着。路面散落的夏末死去的知了干壳，在脚下发出清脆的响声。我和直子犹如寻觅失物似的，眼睛看着地面在松林小路上缓缓移步。

"原谅我。"直子温柔地抓住我的胳膊，摇了几下头说，"不是我存心难为你。我说的，你别往心里去。真的原谅我，我只是自己跟自己怄气。"

"或许我还没真正理解你。"我说，"我不是个头脑灵敏的人，理解一件事需要有个过程。但只要有时间，总会完全理解你的，而且比世上任何人都理解得彻底。"

我们止住步，在一片岑寂中侧耳倾听。我时而用鞋尖踢动知了残骸或松塔，时而抬头仰望松树间露出的一角天空。直子两手插在衣袋里，目光游移地沉思着什么。

"嗳，渡边君，真喜欢我？"

"那还用说。"我回答。

"那么，可依得我两件事？"

"三件也依得。"

直子笑着摇摇头："两件就可以，两件就足够了。第一件，希望你能明白：对你这样前来看我，我非常感激，非常高兴，真是——雪里送炭，可能表面上看不出。"

"还会来的。"我说，"另一件呢？"

"希望你能记住我。记住我这样活过、这样在你身边呆过。可能一直记住？"

"永远。"我答道。

她便没再开口，开始在我前边走起来。树梢间泻下的秋日阳光，在她肩部一闪一闪地跳跃着。犬吠声再次传来，似乎比刚才离我们稍近了些。直子爬上小土丘般的高处，钻出松林，快步走下一道缓坡。我拉开两三步距离跟在后面。

"到这儿来，那边可能有井。"我冲着她后背招呼道。

直子停下，动情地一笑，轻轻抓住我的胳膊，两人肩并肩地走那段剩下的路。

"真的永远都不会把我忘掉？"她耳语似的低声询问。

"是永远不会忘。"我说，"对你我怎么能忘呢？"

尽管如此，记忆到底还是一步步远离开去了。我忘却的东西委实太多了。在如此追踪着记忆的轨迹写这篇东西的时间里，我不时感到惴惴不安，甚至不由怀疑自己是不是连最关键的记忆都丧失了。说不定我体内有个叫记忆堆的昏暗场所，所有的宝贵记忆统统堆在那里，化为一摊烂泥。

但不管怎样，它毕竟是我现在所能掌握的全部。于是我死命抓住这些已经模糊并且仍在时刻模糊下去的记忆残片,敲骨吸髓地利用它来继续我这篇东西的创作。为了信守我对直子作出的诺言,舍此别无他路。

很久以前,当我还年轻、记忆还清晰的时候,我就有过几次写一下直子的念头,却连一行也未能写成。虽然我明白只要写出第一行,往下就会文思泉涌,但就是死活写不出那第一行。一切都清晰得历历如昨的时候,反而不知从何处着手,就像一张十分详尽的地图,有时反倒因其过于详尽而不便于使用。但我现在明白了:归根结底,我想,文章这种不完整的容器所能容纳的,只能是不完整的记忆和不完整的意念。并且发觉,关于直子的记忆愈是模糊,我才愈能更深入地理解她。时至今日,我才恍然领悟到直子之所以求我别忘掉她的原因。直子当然知道,知道她在我心目中的记忆迟早要被冲淡。惟其如此,她才强调说:希望你能记住我,记住我曾这样存在过。

想到这里,我悲哀得难以自禁。因为,直子连爱都没爱过我。

【注释】

①《挪威的森林》是一部动人心弦的、平缓舒雅的、略带感伤的、百分之百的恋爱小说。小说主人公渡边以第一人称展开他同两个女孩间的爱情纠葛。渡边的第一个恋人直子原是他高中要好同学木月的女友,后来木月自杀了。一年后渡边同直子不期而遇并开始交往。此时的直子已变得娴静腼腆,美丽晶莹的眸子里不时掠过一丝难以捕捉的阴翳。两人只是日复一日地在落叶飘零的东京街头漫无目的地或前或后或并肩行走不止。直子20岁生日的晚上两人发生了性关系,不料第二天直子便不知去向。几个月后直子来信说她住进一家远在深山里的精神疗养院。渡边前去探望时发现直子开始带有成熟女性的丰腴与娇美。晚间两人虽同处一室,但渡边约束了自己,分手前表示永远等待直子。返校不久,由于一次偶然相遇,渡边开始与低年级的绿子交往。绿子同内向的直子截然相反,"简直就像迎着春天的晨光蹦跳到世界上来的一头小鹿"。这期间,渡边内心十分苦闷彷徨。一方面念念不忘直子缠绵的病情与柔情,另一方面又难以抗拒绿子大胆的表白和迷人的活力。不久传来直子自杀的噩耗,渡边失魂落魄地四处徒步旅行。最后,渡边在直子同房病友玲子的鼓励下,开始摸索此后的人生。

故事是从主人公渡边的回忆展开的,一首60年代甲壳虫的"挪威的森林"让"我"的思绪又回到了18年前患有精神病的直子和活泼坚强的绿子之间的感情纠葛。悲欢恋情,如激弦,如幽曲,掩卷犹余音颤袅;奇句妙语,如泉涌,如露凝,读来真口角噙香。

【作者简介】

村上春树(1949—),出生于日本兵库县,早稻田大学戏剧系毕业。1979年以第一部创作小说《且听风吟》得到当年日本的群像新人文学奖。获得野间文艺新人奖和谷崎润一郎奖的作品《挪威的森林》迄今卖了超过700万本,使作者成为日本最畅销的作家。

1979年发表处女作中篇小说《且听风吟》,获第22届群像新人文学奖。1980年创作长篇小说《去中国的慢船》,描写一位结识过三位中国人、对中国文化有浓厚兴趣的主人公,等待去中国的心情,有浓厚的虚无色彩。1981年任《早稻田文学》杂志编委。已出版长篇小说《1973年的弹球游戏机》(1982)、《寻羊冒险记》(1982)、《挪威的森林》(1987)、《青春的舞步》(1988)、《世界末日与冷酷的仙境》(1985)等,还有大量的短篇小说。村上春树被认为是日本典型的后现代派作家。

延展阅读

（英）莎士比亚《莎士比亚戏剧集》
（英）简·奥斯汀《傲慢与偏见》
（英）夏洛蒂·勃朗特《简·爱》
（英）艾米莉·勃朗特《呼啸山庄》
（英）毛姆《月亮与六便士》
（英）阿瑟·柯南·道尔《福尔摩斯探案集》
（英）J.K.罗琳《哈利·波特》
（法）司汤达《红与黑》
（法）雨果《悲惨世界》
（法）大仲马《基督山伯爵》
（法）小仲马《茶花女》
（法）莫泊桑《莫泊桑短篇小说集》
（俄）列夫·托尔斯泰《战争与和平》
（挪威）易卜生《玩偶之家》
（美）露易莎·梅·奥尔科《小妇人》
（美）鲁斯·本尼迪克特《菊与刀》
（美）海明威《老人与海》
（美）玛格丽特·米切尔《飘》
（美）杰罗姆·大卫·塞林格《麦田里的守望者》
（美）卡勒德·胡赛尼《追风筝的人》
（哥伦比亚）加西亚·马尔克斯《霍乱时期的爱情》《百年孤独》
（日）川端康成《伊豆的舞女》《雪国》
（日）村上春树《海边的卡夫卡》《挪威的森林》
（日）东野圭吾《白夜行》《解忧杂货铺》

附录一

诗律、词律

一、诗律

我国的诗歌源远流长,出现过各种不同句型的诗体。春秋战国时出现的《诗经》是四言,《楚辞》是六言,到了汉朝,又产生了五言诗和七言诗。这些诗写法比较自由,主要的格律就是押韵,虽然也使用对仗,但那是非常偶然的。

汉魏六朝诗一般称为"古诗",包括五言诗、七言诗和乐府。乐府本是汉朝设置的官署的名称,其职责是收集民歌并为它配上乐谱。后来把这些配乐的歌词也称为"乐府"。像汉朝著名的《陌上桑》《东门行》,南北朝的《子夜歌》等,都是乐府。此后,一些文人还沿袭乐府旧题或模仿乐府体裁写诗,这些诗虽然没有配乐,也称为"乐府"。如李白的《将进酒》《行路难》等。

五言诗起源于西汉的民谣,东汉末的《古诗十九首》是最早的成熟的五言诗。七言诗最早的是《柏梁台诗》,不知出自何人之手,但从它的用韵看,产生的时代大约在汉代。三国曹丕的《燕歌行》是第一首完整的七言诗,但它还是句句押韵的。隔句押韵的七言诗最早的是鲍照的《拟行路难》之一和之三。

齐梁时代,诗体又逐渐发生了变化。随着"平、上、去、入"四声的发现,诗歌创作中开始讲究平仄。当时有所谓的"永明体",它的特点就是讲究声律,沈约和谢朓为其代表作家。诗歌发展到唐代,正式形成了一种以讲究平仄、对仗为特点的格律诗,这就是所谓的

"近体诗"(包括律诗和绝句)。唐代以后仍然有按照古诗写法作诗的,即不讲究平仄和对仗,这种诗称为"古体诗",也叫"古风"。

我们在这里介绍的是近体诗的格律。古体诗的格律也附带介绍一下。

近体诗和古诗不同的地方,主要有四点:(1)句数固定;(2)押韵严格;(3)讲究平仄;(4)要求对仗。下面分别从这四个方面讲,最后讲讲近体诗的特殊句式。

(一)字句

古体诗(包括古诗,下同)的句数不限,一首古体诗,可以很长,也可以很短。近体诗的句数是固定的,律诗八句,绝句四句,不能随意增减,排律可长可短,但最短的不得少于十句。

律诗的八句可分为四联,四联各有名称,第一联叫首联,第二联叫颔联,第三联叫颈联,第四联叫尾联。每联中的上句叫出句,下句叫对句。就字数而言,古体诗可以是四言、五言、六言、七言,还可以是杂言,而近体诗只有五言和七言两种。五言律诗共8句40字,七言律诗8句56字;五言绝句4句20字,七言绝句4句28字。

(二)押韵

押韵是指在诗句的同一位置上用着同韵的字。诗人用韵一般根据当时的语音,同韵即指主要元音(或连韵尾)相同相押。诗人用韵,一般总是把同韵的字放在句尾或一联的末了,所以同韵的字又叫作韵脚。

同韵部的字,一般具备下列三个条件之一:一个是韵母相同,例如帆(fān)和蚕(cán);一个是韵母的主要元音相同,例如佳(jiā)和麻(má);一个是韵母的主要元音和韵尾(如果有韵尾)相同,例如枪(qiāng)和黄(huáng)。

历史上曾出现过许多供诗人选字押韵而编写的韵书。隋代陆法言著《切韵》,分为193韵(声调不同属于不同的韵)。北宋陈彭年在《切韵》的基础上编成《广韵》,又细分为206韵。这两部韵书分得太细,不完全符合当时的口语,不便于押韵。实际上,在唐朝作诗就有"同用"的规定,允许人们把某些相邻的韵合起来用。到南宋时代,平水刘渊著《壬子新刊礼部韵略》就把同用的韵合并起来,成为107韵。与此同时,金人王文郁又著《平水新刊韵略》,进一步归并为106韵。这106韵就是通常所说的"平水韵"。

"平水韵"包括平声30韵,上声29韵,去声30韵,入声17韵。其韵目如下表:

上平声[①]	上声	去声	入声
一东	一董	一送	一屋
二冬	二肿	二宋	二沃
三江	三讲	三绛	三觉

[①] 在《切韵》中,平声因字多分为上下两卷。上平声指平声卷上,下平声指平声卷下。后来沿用此称。

四支	四纸	四寘	
五微	五尾	五未	
六鱼	六语	六御	
七虞	七麌	七遇	
八齐	八荠	八霁	
		九泰	
九佳	九蟹	十卦	
十灰	十贿	十一队	
十一真	十一轸	十二震	四质
十二文	十二吻	十三问	五物
十三元	十三阮	十四愿	六月
十四寒	十四旱	十五翰	七曷
十五删	十五潸	十六谏	八黠

下平声

一先	十六铣	十七霰	九屑
二萧	十七筱	十八啸	
三肴	十八巧	十九效	
四豪	十九皓	二十号	
五歌	二十哿	二十一个	
六麻	二十一马	二十二祃	
七阳	二十二养	二十三漾	十药
八庚	二十三梗	二十四敬	十一陌
九青	二十四迥	二十五径	十二锡
十蒸			十三职
十一尤	二十五有	二十六宥	
十二侵	二十六寝	二十七沁	十四缉
十三覃	二十七感	二十八勘	十五合
十四盐	二十八俭	二十九艳	十六叶
十五咸	二十九豏	三十陷	十七洽

尽管"平水韵"是南宋时才出现的,但它反映了唐朝人作诗用韵的部类。例如王勃《送杜少府之广陵》用真韵。李白《送友人》、杜甫《春夜喜雨》用庚韵,杜甫《登高》用灰韵,等等。唐以后直到近代,尽管实际语音已经有了很大的变化,但人们作近体诗时,还都依照"平水韵"。每一首诗的韵脚都必须是"平水韵"中同一韵里的字,否则就叫"出韵"。"出韵"的诗,就不能算标准的近体诗。

近体诗押韵比较严格,有几个主要的规则:

(1)近体诗一般押平声韵,只有极少数律诗用仄韵,那是不正规的。而古体诗既可以押平声韵,也可以押仄声韵;

(2)一首近体诗只限用一韵,不能出韵,不许换韵。按传统的规定,除首句的韵有时可以从宽外,其他各句都不准用邻韵的字。而古体诗用韵则比较宽,可以用邻韵的字;

(3)近体诗的押韵限押双句,而且除双句平韵之外,还要求单句仄脚,首句可押可不押。五律和五绝,以首句不入韵为正格,首句入韵为变格;七律和七绝,正好相反。

近体诗的押韵,还要注意避免三种情况:一是"重韵",即同一个韵字,又同是一个意义,用了两次或两次以上。二是"凑韵",不顾全句语意的连贯,勉强凑合,为押韵而押韵。三是类韵,即把意思相同的字,分别押在同一首诗的韵脚上。例如"花"和"葩","忧"和"愁"等。

(三)平仄

平仄是近体诗格律的最重要的因素。一般地说,平声字的声调不仅较高,而且可以拉长声音,不升不降,比较明亮爽朗;而仄声字声调较低,不能拉长声音,或升或降,比较低回沉郁。由于字的声调有这样的不同,就形成了平仄的对立。诗人利用这种对立作诗,使得声调抑扬顿挫,富于节奏感,增强了感情的表达力。

近体诗的平仄基本要求只有一点:平仄相间。五言诗有4种基本句式:

(甲):仄仄平平仄　　　(乙):平平仄仄平

(丙):平平平仄仄　　　(丁):仄仄仄平平

七言诗的基本句式则是在前面加上相反的平仄。

(甲):平平仄仄平平仄　　(乙):仄仄平平仄仄平

(丙):仄仄平平平仄仄　　(丁):平平仄仄仄平平

这四种基本句式的交错,就构成了不同格式的律诗。可以用五言律诗首句的不同格式来说明:

1. 仄起仄收式(七言即平起仄收式)

(甲):(平平)仄仄平平仄　　(乙):(仄仄)平平仄仄平

(丙):(仄仄)平平平仄仄　　(丁):(平平)仄仄仄平平

(甲):(平平)仄仄平平仄　　(乙):(仄仄)平平仄仄平

(丙):(仄仄)平平平仄仄　　(丁):(平平)仄仄仄平平

如李白《塞下曲》(五律):

> 五月天山雪,无花只有寒。
> 笛中闻折柳,春色未曾看。
> 晓战随金鼓,宵眠抱玉鞍。
> 愿将腰下剑,直为斩楼兰。

2. 平起仄收式(七言即仄起仄收式)

(丙):(仄仄)平平平仄仄　　(丁):(平平)仄仄仄平平
(甲):(平平)仄仄平平仄　　(乙):(仄仄)平平仄仄平
(丙):(仄仄)平平平仄仄　　(丁):(平平)仄仄仄平平
(甲):(平平)仄仄平平仄　　(乙):(仄仄)平平仄仄平

如王维《山居秋暝》(五律):

空山新雨后,天气晚来秋。
明月松间照,清泉石上流。
竹喧归浣女,莲动下渔舟。
随意春芳歇,王孙自可留。

3. 仄起平收式(七言即平起平收式)

(丁):(平平)仄仄仄平平　　(乙):(仄仄)平平仄仄平
(丙):(仄仄)平平平仄仄　　(丁):(平平)仄仄仄平平
(甲):(平平)仄仄平平仄　　(乙):(仄仄)平平仄仄平
(丙):(仄仄)平平平仄仄　　(丁):(平平)仄仄仄平平

五律如杜甫《月夜忆舍弟》:

戍鼓断人行,边秋一雁声。
露从今夜白,月是故乡明。
有弟皆分散,无家问死生。
寄书长不达,况乃未休兵。

七律如杜荀鹤《山中寡妇》:

夫因兵死守蓬茅,麻苎衣衫鬓发焦。
桑柘废来犹纳税,田园荒后尚征苗。
时挑野菜和根煮,旋斫生柴带叶烧。
任是深山更深处,也应无计避征徭。

4. 平起平收式(七言即仄起平收式)

(乙):(仄仄)平平仄仄平　　(丁):(平平)仄仄仄平平
(甲):(平平)仄仄平平仄　　(乙):(仄仄)平平仄仄平
(丙):(仄仄)平平平仄仄　　(丁):(平平)仄仄仄平平
(甲):(平平)仄仄平平仄　　(乙):(仄仄)平平仄仄平

五律如李商隐《风雨》:

凄凉宝剑篇,羁泊欲穷年。
黄叶仍风雨,青楼自管弦。
新知遭薄俗,旧好隔良缘。
心断新丰酒,消愁又几千。

七律如文天祥《过零丁洋》：

> 辛苦遭逢起一经，干戈寥落四周星。
> 山河破碎风飘絮，身世浮沉雨打萍。
> 惶恐滩头说惶恐，零丁洋里叹零丁。
> 人生自古谁无死，留取丹心照汗青。

以上四种格式中，前两种是首句不入韵的，因为(甲)种句和(丙)种句都是仄收的，而(乙)种句和(丁)种句是平收的，所以后两种是首句入韵的。

律诗的平仄还可以根据"粘""对"的规律来掌握。律诗共八句，每两句组成一联，一联中上句称为"出句"，下句称为"对句"。所谓"对"，是指一联中出句和对句的第二字平仄必须相反；所谓"粘"，是指上一联对句和下一联出句第二字的平仄必须相同。我们对照前面所说的四种格式检验一下，就能发现这个规律。不符合"对"的规则的叫"失对"，不符合"粘"的规则的叫"失粘"。唐诗中有少数失粘的，失对的则非常罕见。宋代以后，失粘和失对成为作诗的大忌，更没有人犯这些规则了。

凡合于平仄格式的句子，叫作"律句"，不合于平仄格式的句子，叫作"拗句"。诗人对于拗句，往往用"救"，拗而能救，则不为"病"。所谓"拗救"，是指前面或后面应该用平声的地方用了仄声，就在后面或前面应该用仄声的地方改用平声来补偿，反之亦然。拗救的句子，可以和律句同时用在一首诗中。

古人作律诗绝句有一个口诀，叫作"一、三、五不论，二、四、六分明"，这是对七言诗说的，意思是说，每句诗的第一、三、五个字的平仄可以不论，第二、四、六个字的平仄必须分明。如果是五言，则是"一三不论，二四分明"。这种说法大致上是正确的。例如前面所举的李白《塞下曲》第三、四句"笛中闻折柳，春色未曾看"，"笛"是仄声（声母是 b、d、g，声调是阳平的字，在古代都是入声），"春"是平声，与"平平平仄仄，仄仄仄平平"的格式不符。杜荀鹤《山中寡妇》第三句"桑柘废来犹纳税"，"桑"是平声，"废"是仄声，与"仄仄平平平仄仄"的格式不符，第八句"也应无计避征徭"，"也"是仄声，"无"是平声，与"平平仄仄仄平平"的格式不符。一般说来，近体诗的第一、三、五字往往是可平可仄的，第二、四、六字的平仄则不能违反。但是这种说法又不完全正确。还有一些特殊情况，主要是：

在(丁)种句"平平仄仄仄平平"中，第五个字（五言即为第三字）必须是仄，如果改为平，则句末连用三个平声字，叫作"三平调"，这是古风中特有的句式，在近体诗中绝不允许出现。

在(乙)种句"仄仄平平仄仄平"中，第三个字（五言即为第一字）必须是平声。如果改成仄声，则全句除了韵脚，只剩下一个平声字，这叫"犯孤平"（特指乙种句），这是近体诗的大忌。为了补救，可将第五个字（五言即为第三字）改为平，即全句变成了"仄仄仄平仄仄平"（×表示拗，△表示救）。例如温庭筠《商山早行》：

> 晨起动征铎，客行悲故乡。
>   　　×　　△

鸡声茅店月,人迹板桥霜。
槲叶落山路,枳花明驿墙。
因思杜陵梦,凫雁满回塘。

  第二句第一字"客"应平用仄,第三字用平声"悲"来救;第六句第一字"枳"应平用仄,第三字用平声"明"来救。

  在(丙)种句"仄仄平平平仄仄"中,第六字(五言即为第四字)可以不用仄而用平(拗),但第五字(五言即为第三字),必须由平改为仄(救)。即全句变成"仄仄平平仄平仄"(在这种拗救的情况下,七言第三字或五言第一字必须是平声)。例如杜荀鹤《山中寡妇》"任是深山更深处,也应无计避征徭",第六字"深"应仄用平,第五字用仄声"更"来救。再如王勃《送杜少府之任蜀川》"无为在歧路,儿女共沾襟"。(丙)种句大部分是拗救的,很少有符合常规格式的,所以王勃力把(丙)种句的拗救叫作特种拗救句。这种句式多用在律诗的第七句。

  在(甲)种句"平平仄仄平平仄"中,第五或第六字(五言即为第三或第四字)可以不用平而用仄(拗),此时必须把对句的第五字(五言即为第三字)改为平声(救)。例如王维《辋川别业》"雨中草色绿堪染,水上桃花红欲然"。白居易《赋得古原草送别》"野火烧不尽,春风吹又生"。

  (甲)种句的对句是(乙)种句,所以(甲)种句的这种拗救常和(乙)种句的拗救结合起来使用。例如李商隐《蝉》"藻宦梗犹泛,故园芜欲平"。"梗"是(甲)种句的拗,"故"是(乙)种句的拗,"芜"即救"梗",又救"故"。陆游《夜泊水村》"一身报国有万死,双鬓向人无再青"。"无"即救"有""万",又救"向"。

  弄清楚律诗的平仄,绝句和排律的平仄也就迎刃而解了。绝句(绝句分为古绝和律绝,古绝不讲究对仗,这里讲的是律绝)的平仄格式也有四种,可以看成是截取律诗的一半构成的。排律就是按照粘对的规则把律诗延长,一般是五言,七言的排律则很少。前面所讲的"拗救",对于绝句和排律都完全适用。

  古诗是不讲平仄的。但在律诗产生以后,古体诗也受律诗的影响,产生了一种"入律"的古风,即在写古风时,仍然用相当多的律句。但这种诗句数不定,用韵也不那么严格(可以换韵,也可以用仄声韵),所以它还不是近体诗而是古风。白居易的《长恨歌》《琵琶行》等就是这种"入律"的古风的典型。例如《长恨歌》的头八句(押入声职韵)中,"御宇多年求不得""养在深闺人未识""一朝选在君王侧""六宫粉黛无颜色"都是律句。接下去的四句(换平声支韵)"春寒赐浴华清池,温泉水滑洗凝脂;侍儿扶起娇无力,始是新承恩泽时",也都是律句。

  和入律的古风相对,还有一种古风有意和近体诗有所区别,以显得古拙。这可以叫作"仿古"的古风。它的特点是尽量多用拗句,少用律句,即:(1)七言句的二、四、六(五言则为二、四)平仄相同。如杜甫《岁晏行》的"岁云暮矣多北风,潇湘洞庭白雪中"。(2)句末三个字用平平平、仄仄仄、平仄平、仄平仄,特别是用"三平调",更可显出古风的特色。如杜甫《岁宴行》中有七句是三平调。

(四)对仗

讲究对仗,是近体诗的又一特点。对仗,就是把同一义类的事物或对立的概念并列起来,并使上下句的语法结构尽可能一致,以构成文字形式的"对称美"。对仗要求词性相同的词互对:名词对名词,动词对动词,形容词对形容词,代词对代词,副词对副词等。在词性相同的同时,一般还要求平仄相反,即平对仄,仄对平。

对仗大体上可分为工对和宽对两种。

1. 工对

工对就是指表示同一小类事物的名词相对。

依照传统,名词可以分为若干个小类。下面将名词的小类大致列举一下,每个小类分别举一些例子。

天文类:天,日,月,星,云,风,阴,晴,夏雨,春风

时令类:春,夏,秋,冬,年,月,昼,夜,寒食,清明,除夕,上元

地理类:山,水,江,河,湖,泊,都,邑,海角,天涯,故里,异域

宫室类:殿,堂,楼,阁,门,窗,亭,斋,舞榭,歌台,旅邸,酒家

器物类:舟,车,刀,剑,斧,锯,杯,盘,渔网,钓竿

衣饰类:衣,冠,巾,带,裙,袍,布,帛,夏葛,冬裘

饮食类:油,盐,茶,酒,餐,饭,肉脯,羹汤

文具类:笔,墨,纸,砚

文学类:诗,词,曲,赋,书,画,文采,风骚,学海,词林

草木类:花,草,树,木,松,柏,桃,李,梅,兰

鸟兽虫鱼类:龙,虎,凤,麟,龟,蟹,蛇,蚓,杜宇,鹧鸪

形体类:身,心,耳,目,面,发,手,足

人事类:喜,怒,哀,乐,功,过,生死,道德,志趣

人伦类:父,母,兄,弟,妻,子,故旧,乡亲

同小类的词相对是工对,颜色对、数目对也是近体诗中常用的工对。近体诗中使用工对的如:

晓战随金鼓,宵眠抱玉鞍。(李白《塞下曲》)

野桃含笑竹篱短,溪柳自摇沙水清。(苏轼《新城道中》)

山河破碎风飘絮,身世浮沉雨打萍。(文天祥《过零丁洋》)

江城白酒三杯酽,野老苍颜一笑温。(苏轼《出郊寻春》)

2. 宽对

宽对是指词性相同的对仗。名词对名词时不要求词义的小类相同,可以跨小类相对。例如:

明月松间照,清泉石上流。(王维《山居秋暝》)

映阶碧草自春色,隔叶黄鹂空好音。(杜甫《蜀相》)

感时花溅泪,恨别鸟惊心。(杜甫《春望》)

野旷天低树,江清月近人。(孟浩然《宿建德江》)

颠狂柳絮随风舞,轻薄桃花逐水流。(杜甫《漫兴》)

春蚕到死丝方尽,蜡炬成灰泪始干。(李商隐《无题》)

绣羽衔花他自得,红颜骑竹我无缘。(杜甫《清明》)

例1"明月"对"清泉",前者是天文类,后者是地理类;例2"碧草"对"黄鹂",前者是草木类,后者是鸟兽虫鱼类;例3"感"对"恨","溅"对"惊",都是动词对动词;例4、例5都是形容词对形容词;例6是副词对副词;例7是代词对代词。

近体诗的对仗中,有两种特殊的类型:流水对和借对。这两种类型可以归入工对或宽对。

流水对。一般的对仗,是平行的两句话,它们各自有独立性,即使出句换成对句,对句换成出句,意思还是一样的。而流水对的两句之间关系不是对立的,而是一个意思连贯下来,出句和对句不能互换。出句独立起来没有意义,或意义不全。例如:

山中一夜雨,树杪百重泉。(王维《送梓州李使君》)

玉玺不缘归日角,锦帆应是到天涯。(李商隐《隋宫》)

唯将终夜长开眼,报答平生未展眉。(元稹《遣悲怀》)

借对。这是利用汉语中一字多义现象构成的对仗。一个字有甲、乙、丙等多种意义,在诗中用的是甲义,却借用它的乙义或丙义与另一字相对。例如:

竹叶于人既无分,菊花从此不须开。(杜甫《九日》)

岐王宅里寻常见,崔九堂前几度闻。(杜甫《江南逢李龟年》)

鸭头新绿水,雁齿小红桥。(白居易《新春江次》)

例1"竹叶"在诗中是指酒名,借用"竹子的叶"之义,与"菊花"相对。例2"寻常"是"平常"的意思,但是古代八尺为寻,两寻为常,故借来与数目相对。例3"齿"是"次序、排行"的意思,借用"牙齿"之义与"头"相对。

借对有时候不是借意义,而是借声音相对。例如:

厨人具鸡黍,稚子摘杨梅。(孟浩然《裴司士员司户见寻》)

沧海月明珠有泪,蓝田日暖玉生烟。(李商隐《锦瑟》)

例1"杨"借为"羊",与"鸡"相对;例2"沧"借为"苍",与"蓝"相对。

讲了对仗的种类以后,我们再讲讲近体诗在什么地方用对仗。律诗一般在中间两联用对仗,如王维《山居秋暝》、白居易《钱塘湖春行》。除中间两联外,还可以在首联用对仗,如王勃《送杜少府之任蜀川》:"城阙辅三秦,风烟望五津。"也有在尾联用对仗的,如杜甫《闻官军收河南河北》:"即从巴峡穿巫峡,便下襄阳向洛阳。"还有极少数全诗都用对仗的,如杜甫《登高》、陆游《醉书》(半年愁病剧,一雨喜凉新。稍与药囊远,初容酒盏亲。浩歌惊世俗,狂语任天真。我亦轻余子,君当恕醉人)等。

律绝可以完全不用对仗,这可以看作截取律诗的首尾两联,如李白《秋浦歌》。也可在第一联用对仗,第二联不用对仗,这可以看作截取律诗的后半。如白居易《木莲树》:"已愁花落荒岩底,复恨根生乱石间。几度欲移移不得,天教抛掷在深山。"还有前一联不用对仗,后一联用对仗(这可看作截取律诗的前半)和全诗都用对仗(这可看作截取律诗的中间两联)的,不过这两种情况都比较少见。前者如孟浩然《宿建德江》,后者如王之涣《登鹳雀楼》。

排律除首尾两联以外,其余全部要用对仗。

(五)近体诗的句法

诗是押韵的,而且语言比较精练,这就使得诗歌必然具有和散文不同的句法特点。但是,从《诗经》《楚辞》到汉魏六朝的古诗,它们的句法与散文的距离不是很大的。近体诗因为句数有限制,更主要的是由于要讲究平仄、对仗,为了加强艺术感染力,因此就产生了一些与散文以及古诗都很不相同的句法特点。这主要有四种情况:(1)活用;(2)错位;(3)省略;(4)紧缩。下面分别举例说明。

1. 活用

在近体诗中,词类活用是相当常见的。例如:

　　槛外低秦岭,窗中小渭川。(岑参《登总持阁》)
　　涧花轻粉色,山月少灯光。(王维《从岐王夜宴卫家山池应教》)
　　子能渠细石,吾亦沼清泉。(杜甫《自瀼西荆扉且移居东屯茅屋》)

例1的"低"和"小"是意动用法。两句的意思是说,从寺上远眺,觉得槛外的秦岭低了,从窗中望去,觉得渭川也小了,形象而精练地写出了总持阁的高。例2的"轻"和"少"是使动用法。两句是说涧花使妇女的粉花也显得不足道了,山月使灯光也显得不明亮了。例3的"渠"和"沼"是名词用作动词。两句是说,你在细石间开渠引水,我也使清泉流蓄为池沼。显然,如果不采取词类活用的办法,就不可能在两个五言句中表达这么多的内容,也不容易使句式整齐,因而也就不能做到平仄谐调和对仗。这些活用的字眼也往往是所谓"诗眼",是使一句乃至一篇生色的关键性的字。王安石的名句"春风又绿江南岸",主要就是因为活用了动词的"绿"字而使得诗的意境清新活跃。

近体诗中不但经常有词类活用,而且词与词的组合关系也比古诗灵活。例如"暂止飞鸟将数子,频来语燕定新巢"(杜甫《堂成》),"暂止飞鸟"和"频来语燕"都是动词词组作定语来修饰名词。这种组合在古诗中是很少见的。如果不懂得近体诗的特殊句法,就很容易误认为"暂止"和"飞鸟"之间以及"频来"和"语燕"之间是动宾关系,这样就会理解错了。

近体诗中把词类活用和特殊的组合关系结合在一起,就能在短短的两句诗里包含很丰富的内容。例如:

  月明垂叶露,云逐渡溪风。(杜甫《秦州杂诗》)

这意思是说,露水从树叶上垂下来,月光把它照得晶莹明亮;风从溪上刮过,云随着风飘过了小溪。如果不用特殊的句法,这十个字是很难包含这么多内容的。

2. 错位

在近体诗中,主语、宾语、定语、状语的位置都允许与通常的词序有所不同。例如:

  柳色春山映,梨花夕鸟藏。(王维《春日上方即事》)

  云掩初弦月,香传小树花。(杜甫《遣意》)

  内分金带赤,恩与荔枝青。(杜甫《赠翰林张四学士》)

  晴浴狎鸥分处处,雨随神女下朝朝。(杜甫《夔州歌》)

按照通常的句式,例 1 应说成"春山映柳色,夕鸟藏梨花";例 2 应说成"小树花传香";例 3 应说成"内分赤金带,恩与青荔枝";例 4 应说成"晴浴狎鸥处处分,雨随神女朝朝下"。这里宾语、主语、定语、状语的位置都和通常的句式不一样。

错位现象的产生也与近体诗要求平仄和对仗有关。例如"香传小树花",如果是在古诗中,大概是会说成"小树花传香"的。但在近体诗中不能这样说,如果说成"小树花传香",就无法和"云掩初弦月"对仗,而且平仄也不合律诗的要求了("花传香"是三平调)。

近体诗中错位现象还不止上述几种。在主谓结构之间插进另一个词或词组,也是近体诗特有的句式。例如:

  盘飧市远无兼味,樽酒家贫只旧醅。(杜甫《客至》)

  玉玺不缘归日角,锦帆应是到天涯。(李商隐《隋宫》)

按通常的词序,例 1 应是"市远盘飧无兼味,家贫樽酒只旧醅";例 2 应是"不缘玉玺归日角,应是锦帆到天涯"。这种地方也很容易误解。所以对于近体诗中的错位,我们应当有所了解。

3. 省略

近体诗中的省略,大致有如下几类:

(1)省略比喻句中的"如""同"等。例如:

  山名天竺堆青黛,湖号钱塘泻绿油。(白居易《答客问杭州》)

  山河破碎风飘絮,身世浮沉雨打萍。(文天祥《过零丁洋》)

例 1 不应误解为"天竺山堆青黛,钱塘湖泻绿油",而应理解为中间省略了"如"字。例 2 也是中间省略了"如"字。

(2)省略副词后面的动词。例如:

  映阶碧草自春色,隔叶黄鹂空好音。(杜甫《蜀相》)

秋窗犹曙色，落木更天风。（杜甫《客亭》）

"自、空、犹、更"这类副词后面的动词，有的能补出来，有的补不出来。

(3)省略动词谓语，只剩下一个名词或名词性词组。例如：

春浪棹声急，夕阳帆影残。（白居易《渡淮》）

鸡声茅店月，人迹板桥霜。（温庭筠《商山早行》）

例1每句都可以看作由两个主谓结构组成，即"春浪高而棹声急，夕阳斜而帆影残"，但第一个主谓结构的谓语动词都省略了，只剩下名词"春浪""夕阳"。例2每句都由两个名词或名词性词组组成，没有谓语动词，而且很难补出动词。但这两句诗绝不是名词或名词性词组的简单罗列，而是在叙述一件事情，即"早行"。这个意思需要读者自己去体会。

4. 紧缩

这里所说的"紧缩"，指的是近体诗中的诗句可以看作由一个复句（两个分句）紧缩而成的。用来表示分句间关系的连词在句中都没有出现，但我们在理解时可以把它们加上去。例如：

国破（但）山河在，城春（故）草木深。（因）感时（而）花溅泪，（因）恨别（而）鸟惊心。（杜甫《春望》）

（因）潮平（故）两岸阔，（因）风正（故）一帆悬。（王湾《次北固山下》）

浦干（因）潮未应，堤湿（因）冻初销。（白居易《新春江次》）

从这些例子里可以看出，近体诗的一句中包含的两个主谓结构（可以看作两个紧缩的分句）之间的关系是多种多样的，即使同是因果关系，也可能是因在前，果在后；或者反过来，果在前，因在后。这都需要我们细心体会，才能正确地理解诗意。

最后需要说明一点，近体诗的特殊句式是因为近体诗的平仄、对仗等特点而产生的，但当这些特殊句式产生后，诗人们在写古风（特别是入律的古风）时也常常采用。例如白居易《长恨歌》"春风桃李花开日，秋雨梧桐叶落时"，就是上面所说的缺少谓语动词的那种句式。所以，了解近体诗的特殊句式，对于读唐以后的古风也是很有好处的。

二、词律

词产生于唐代，它来自民间文学，本来是配乐的歌词，所以最初称为"曲子词"。到中唐时期，一些文人也开始创作词，经过五代到宋，词发展到了极盛时期。

在唐宋时代，了解音乐的词人是按照乐谱的音律节拍来写词的，所以叫作"填词"。后来一般词人大都按照前人作品的字句平仄来填写，这样词就逐渐脱离了音乐，纯粹成为诗的别体了。

词是长短句,但是它和长短句的古风有两点不同:第一,词多律句,这是因为文人词颇受律诗影响的缘故;第二,在长短句的古风中,句子的长短是随意的,而词句的长短则是由词调所规定的。词调不同,词的字数、句数不同,句子的长短和平仄、韵脚也不相同。

我们先从词调说起,然后说到词谱、词韵、词的平仄和句式,最后谈谈词的对仗。

(一)词调、词谱

词调本来是指写词时所依据的乐谱。在唐宋时代,词调有好几个来源。有的来自民间音乐,有的来自西域音乐(我国西部各兄弟民族的音乐),有的是乐工歌妓或词人创制的,有的是国家音乐机构创制的,还有其他的来源。词调很多,每个词调都有特定的名称,叫作"词牌"。有些调名本来是词的题目,例如张志和的《渔歌子》是咏渔夫生活的,温庭筠的《更漏子》是咏春夜闺情的。但是绝大多数的调名和词的题目没有关系,所以宋人常在一首词的调名下写出词题或小序。苏轼《念奴娇》下写明"赤壁怀古",辛弃疾《木兰花慢》下写明"席上送张仲固帅兴元",就是这一类的例子。

前人把词分为小令、中调和长调3类,58字以内为小令,59字到90字为中调,91字以外为长调。这种根据字数的分法,未免太拘泥、太绝对化,我们只要把小令、中调和长调理解为大致的分类就是了。

从分段看,词有单调、双调、三叠、四叠的分别。词的一段叫"阕",又叫"片",单调的词不分段,往往就是小令,如渔歌子、如梦令、捣练子等。双调的词分为前后(或上下)两阕,小令、中调、长调都有,如菩萨蛮、蝶恋花、满江红、雨霖铃等。三叠四叠的词都是长调。三叠分为三段,如兰陵王;四叠分为四段,只有莺啼序一调。

双调是最常见的形式。一般的情况是前后两阕字数相等或基本相等,平仄也相同(如卜算子、浪淘沙令),不相等的大都是前后阕起首的两三句字数不同(如菩萨蛮、忆秦娥)或平仄不同(如更漏子、浣溪沙)。

关于词调,我们还应该注意到同调异名和同调异体的两种情况。

所谓同调异名,是说一种词调有几种调名。例如,忆秦娥又名秦楼月,卜算子又名缺月挂疏桐,念奴娇除了又名百字令、百字谣外,还有大江东去、酹江月等别名。词调的别名大都取自这一词调的某一名作。所谓同调异体,是说一种词调有几种别体。举例来说,江城子有单调的,也有双调的;满江红有押仄韵的,也有押平韵的。别体又表现在字数差异或句法差异等方面,这里不一一举例了。前人编纂的词谱,在"正体"后面罗列各种"又一体"(别体),所谓"正体"大都是时代较早或作者较多的一体,其余就算作"又一体"。"又一体"之多,可以说明古人填词有一定的灵活性。

我们还要注意,有些调名大同小异,但不是正体和别体的不同,而是代表了两种不同的词调。例如诉衷情和诉衷情近、木兰花慢和木兰花等。

现在说到词谱。

上文说过,词调本来是指填词时所依赖的乐谱。这类乐谱后来失传了,填词的人就按照前人作品中的句法和平仄来填写。词谱，则是把前人每一种词调的作品的句法和平仄分别加以概括，从而建立了各种词调的平仄格式。后人就按照词谱的格式来填词。

词谱据说始于明人张綖的《诗余图谱》。后来较通行的有清人万树著的《词律》和康熙命词臣王奕清等人编纂的《钦定词谱》。

下面是《词律》所列菩萨蛮词谱的样子①：

菩萨蛮 四十四字 又名子夜歌 李白
巫山一片云 重叠金

平林漠漠烟如织韵 寒山一带伤心碧叶 暝色入高楼换平 有人楼上愁叶平 玉阶空
可仄 可平　　　　可仄 可平　　　　可仄　　　　可平 可仄　　 可平

伫立三换仄 宿鸟归飞急叶三仄 何处是归程四换平 长亭连短亭叶四平
可平　　　 可仄　　　　　　可仄　　　　　　可平 可仄

下面是《钦定词谱》所列菩萨蛮词谱的样子②：

菩萨蛮 双调四十四字前后段各四句两仄韵两平韵 李白

平林漠漠烟如织仄韵 寒山一带伤心碧韵 暝色入高楼平韵 有人楼上愁韵　玉阶
空伫立换仄韵 宿鸟归飞急韵 何处是归程换平韵 长亭连短亭韵

我们对于词调平仄的描写，采取上一节通论讲律诗平仄的办法，逐字写出平仄。一句占一行，前后阕之间空一行，字外加圈表示可平可仄，字下加△表示韵脚，必要的地方附上文字说明。仍以菩萨蛮为例：

菩萨蛮 四十四字双调

⊕平⊘仄平平仄
　　　　　△

⊕平⊘仄平平仄
　　　　　△

⊘仄仄平平（换平韵）
　　　　△

⊘平⊕仄平
　　　△

⊘平平仄仄（换仄韵）
　　　　△

⊘仄平平仄
　　　△

⊘仄仄平平（换平韵）
　　　　△

---

① 《词律·发凡》说："以小字明注于旁，在右者为韵、为叶、为换、为叠、为句、为豆，在左者为可平、为可仄、为作平、为某声。"现在改为横排，原谱注在字右的，改在字上；原谱注在字左的，改在字下。

② 《钦定词谱·凡例》说："平用虚圈；仄用实圈；字本平而可仄者，上虚下实；字本仄而可平者，上实下虚。"原谱圈在字右，现在改为横排，移在字下。

仄 平 仄 仄 平
　　　　△

（前后阕末句第一字可平，第三字可仄。如果第三字用仄，则第一字必用平，否则是犯孤平。）

(二) 词韵

词韵和诗韵不同，近体诗（特别是律诗）是封建社会科举考试的科目，用韵有正式的规定，词只是"诗余"，不曾有过正式规定的词韵。宋词的作者多半是根据宋代的实际语言用韵。宋元时有人曾把词韵加以归纳，但这些著作都已亡佚。清朝编词韵的人很多，最通行的是戈载的《词林正韵》，后来论词韵都以此为准。但实际上《词林正韵》所定的韵部与宋词用韵的情况还是有相当大的出入。《词林正韵》把词韵分为19部，其中平上去3声分为14部，入声分为5部。大致上是根据诗韵的106韵归并而成的。该书原来用的是《集韵》的韵目，现在我们把它改为平水韵的韵母排列如下：

第一部　　平声东冬；上声董肿；去声送宋。
第二部　　平声江阳；上声讲养；去声绛漾。
第三部　　平声支微齐，又灰半；上声纸尾荠，又贿半；去声寘未霁，又泰半、队半。
第四部　　平声鱼虞；上声语麌；去声御遇。
第五部　　平声佳半、灰半；上声蟹，又贿半；去声泰半、卦半、队半。
第六部　　平声真文，又元半；上声轸吻，又阮半；去声震问，又愿半。
第七部　　平声寒删先，又元半；上声旱潸铣，又阮半；去声翰谏霰，又愿半。
第八部　　平声萧肴豪；上声筱巧皓；去声啸效号。
第九部　　平声歌；上声哿；去声个。
第十部　　平声麻，又佳半；上声马；去声祃，又卦半。
第十一部　　平声庚青蒸；上声梗迥；去声敬径。
第十二部　　平声尤；上声有；去声宥。
第十三部　　平声侵；上声寝；去声沁。
第十四部　　平声覃盐咸；上声感俭豏；去声勘艳陷。
　　　　　（以上平上去声十四部）
第十五部　　入声屋沃。
第十六部　　入声觉药。
第十七部　　入声质陌锡职缉。
第十八部　　入声物月曷黠屑叶。
第十九部　　入声合洽。
　　　　　（以上入声五部）

词的用韵，大致有三种情况：

(1) 一韵到底。或都是平声韵，如渔歌子、浪淘沙、水调歌头等；或都是用上去声韵，如渔家傲、摸鱼儿等；或是都用入韵，如念奴娇、水龙吟等。词韵虽然是平上去同为一部，但平声和上去声不能通押，只有上声和去声可以通押，例如辛弃疾《摸鱼儿（淳熙己亥）》上声"雨语舞土苦"和去声"去数住路絮误妒赋诉处"通押。

（2）同部平仄互押。实际上是同部平和上去互押。如西江月、哨遍等。互押和通押性质不同。"通押"是任意的，例如摸鱼儿上去通押，何处用上声，何处用去声是任意的。辛弃疾的《摸鱼儿（淳熙己亥）》头几个韵是"雨（上）、去（去）、数（去）"，而他的另一首《摸鱼儿（观潮上叶丞相）》的头几句"望飞来半空鸥鹭，须臾动地鼙鼓。截江组练驱山去，鏖战未收貔虎"，用韵则是"去、上、上"。"互押"的位置是固定的。如西江月规定前后阕的第二句第三句押平韵，第四句押仄（上去）韵。如辛弃疾《西江月（遣兴）》的用韵是："夫、书（平）、处（去）、如、扶（平）、去（去）"。

（3）平仄换韵。"通押"和"互押"都是在同一韵部之内，"换韵"则是改换韵部。何处换韵也是固定的。例如菩萨蛮的用韵是：两仄韵，换两平韵；又换两仄韵，又换两平韵。以温庭筠《菩萨蛮（小山重叠金明灭）》为例，用韵是："灭、雪（十八部，仄声）；眉、迟（第三部，平声）；镜、映（第十一部，仄声）；襦、鸪（第四部，平声）。"又如定风波，前后阕都在平韵中间穿插几处仄韵。例如辛弃疾《定风波（赋杜鹃花）》：

万紫千红过了春，杜鹃声苦不堪闻。却解啼教春小住，风雨，空山招得海棠魂。恰似蜀宫当日女，无数，猩猩血染赭罗巾。毕竟花开谁作主？记取，大都花属惜花人。

（三）词的平仄

词的平仄和诗的平仄有两点不同。（1）词的平仄比诗更严。诗在有些地方是可平可仄的，词却规定必平或必仄，而且仄声有时还要分上、去、入。（2）律诗以平仄相间的律句为主，词则除用平仄相间的律句外，也用相当多的叠平叠仄的拗句①。例如"平仄平仄""仄平平平仄""平平平仄平仄""仄仄仄仄仄平平"等。

从字数来说，律诗只有五字句和七字句，词从一字句到十一字句都有。下面分别略作介绍。

一字句。用平声，入韵，只见于十六字令。

归！猎猎西风卷绣旗。拦教住，重举送行杯。（张孝祥《十六字令》）

天！休使圆蟾照客眠。人何在？桂影自婵娟。（蔡伸《十六字令》）

二字句。以用平仄和平平最为常见，一般都入韵。二字句或是用于起句，或是用作叠句。例如：

---

① 平仄相间和叠平叠仄都指节奏点（即二、四、六的位置）而言。

盈盈,斗草踏青。(柳永《木兰花慢》,下阕起句)

江国,正寂寂。(姜夔《暗香》)

明月,明月,照得离人愁绝。(冯延巳《三台令》叠句)

知否,知否,应是绿肥红瘦。(李清照《如梦令》叠句)

也有既非起句也非叠句的。例如:

千古兴亡多少事,悠悠,不尽长江滚滚流。(辛弃疾《南乡子》)

三字句。相当于律句的下三字。常见的有:

仄平平,如"鬓微霜,又何妨?"(苏轼《江城子》)

平仄仄,如"春且住"(辛弃疾《摸鱼儿》),"胡未灭"(陆游《诉衷情》)。

平平仄,如"长门事"(辛弃疾《摸鱼儿》),"从军乐"(柳永《满江红》)。

四字句。一般相当于七言律句的上四字。

平平仄仄①,如"惊涛拍岸"(苏轼《念奴娇》),"长淮望断"(张孝祥《六州歌头》)。

仄仄平平,如"乱石穿空"(苏轼《念奴娇》),"身老沧州"(陆游《诉衷情》)。

还有一种常见的格式:仄平平仄,第三字必平。这是词特有的句式,例如:

大江东去;江山如画;雄姿英发。(苏轼《念奴娇》)

此生谁料。(陆游《诉衷情》)

四字句通常是二二。也有上一下三的,如"是离人泪"(苏轼《水龙吟》)。也有上三下一的,如"银字笙调,心字香烧"(蒋捷《一剪梅》)。

五字句。五字句就是近体诗的五言律句。

仄仄仄平平,如"把酒问青天""高处不胜寒"(苏轼《水调歌头》)。

仄仄平平仄(第三字必平),如"但愿人长久"(苏轼《水调歌头》),"卷起千堆雪"(苏轼《念奴娇》)。

平平平仄仄(第三字必平),如"照花前后镜"(温庭筠《菩萨蛮》),"为谁频断续"(姜夔《齐天乐》)。

五字句的拗句常见的有:

仄仄仄平仄(第三字必仄),如"明月几时有"(苏轼《水调歌头》),"尽日惹飞絮"(辛弃疾《摸鱼儿》)。

仄平平仄平(第三字必平),如"弄妆梳洗迟""双双金鹧鸪"(温庭筠《菩萨蛮》)。

仄平平平仄,如"与君相逢处"(王安石《伤春怨》),"看名王宵猎"(张孝祥《六州歌头》)。

五字句多为上二下三,但也有上一下四的(如上述"看名王宵猎")。也有上三下二的,如"一声声更苦"(姜夔《齐天乐》)。

六字句。相当于七言律句的上六字。

---

① 加"○"的表示可平可仄。

平平仄仄平平,如"断肠点点飞红"(辛弃疾《祝英台近》),"似花还似非花"(苏轼《水龙吟》)。

仄仄平平仄仄(第三字必平),如"准拟佳期又误"(辛弃疾《摸鱼儿》),"是处红衰翠减"(柳永《八声甘州》)。

有一种很常见的格式:仄仄仄平平仄,第五字必平。这和"仄平平仄"的格式一样,是词特有的句式。例如:

我欲乘风归去;人有悲欢离合。(苏轼《水调歌头》)

何况落红无数;脉脉此情谁诉。(辛弃疾《摸鱼儿》)

也有"仄平平仄平仄",第四字第六字俱仄,第五字必平,例如:

一时多少豪杰;一尊还酹江月。(苏轼《念奴娇》)

关河梦断何处。(陆游《诉衷情》)

六字句一般是上二下四(如"不恨此花飞尽"),也有上四下二(如"二十四桥仍在")和三三(如"又还被莺呼起")。

七字句。即七言律诗的律句。例如:

平平仄仄平平,如"老夫聊发少年狂""酒酣胸胆尚开张"(苏轼《江城子》)。

仄仄平平仄仄平,如"一曲新词酒一杯"(晏殊《浣溪沙》),"壮岁旌旗拥万夫"(辛弃疾《鹧鸪天》)。

平平仄仄平平仄(第五字必平),如"小山重叠金明灭,鬓云欲度香腮雪"(温庭筠《菩萨蛮》)。

仄仄平平平仄仄(第五字必平),如"为报倾城随太守""会挽雕弓如满月"(苏轼《江城子》)。

上述七字句都是上四下三。词的七字句也有上三下四的,它的平仄是:

仄平平—平平仄仄,如"更能消几番风雨"(辛弃疾《摸鱼儿》)。

仄仄仄—仄仄平平,如"常南望翠葆霓旌"(张孝祥《六州歌头》)。

八字句以上的句式,都可以看作由上述句式复合而成的,例如八字句一般是上三下五,九字句可分析为上三下六,或上五下四等,其三字、四字、五字、六字的平仄大致超不出上面所说的范围,这里不再一一列举了。

词还有"一字豆"("豆"就是逗,即句中语气上很短的停顿),"一字豆"和一字句不同,它不是独立的句子,其作用是领起一句或几句,这是词所特有的,例如:

寒蝉凄切,对长亭晚。(柳永《雨霖铃》,领单句)

纵豆蔻词工,青楼梦好。(姜夔《扬州慢》,领偶句)

渐霜风凄紧,关河冷落,残照当楼。(柳永《八声甘州》,领排句)

念腰间箭,匣中剑,空埃蠹,竟何成。(张孝祥《六州歌头》,领排句)

一字豆通常是动词(如上举"对,念,"等)和虚词(如上举"渐",以及"但、怎"等),声调大多是去声字。领偶句和领排句的一字豆,管的不只是一句,而是好几句,如张孝祥《六州歌头》例,"念"字就一直管到"竟何成"。

(四)词的对仗

词的对仗和诗的对仗有几点不同:

第一,近体诗的对仗是诗律的要求,而词的对仗是自由的。词是长短句,两个长短不齐的句子,当然不能用对仗,只要字数相同而又相连的两句,就有可能用对仗,如"乱石穿空,惊涛拍岸"(苏轼《念奴娇》),"三十功名尘与土,八千里路云和月"(岳飞《满江红》)。当然也可以不用,如柳永《满江红》中位置相同的两句"几许渔人飞短艇,尽将灯火归村落",就没有用对仗。一首词的上下两阕句式相同,在上下阕相同的位置上,可以都用对仗,也可以上阕用,下阕不用。如范仲淹《苏幕遮》上阕起句是"碧云天,黄花地",下阕的起句是"黯乡魂,追旅思",上下阕都用对仗。而周邦彦的《苏幕遮》上阕起句"燎沉香,消溽暑"是用对仗的;下阕起句"故乡遥,何日去",就没有用对仗。这都说明词的对仗并没有固定的要求。

尽管如此,词的对仗还是有一定的习惯。一般地说,上下阕的起首二句,如果字数相同,大多用对仗。如"柳丝长,春雨细"(温庭筠《更漏子》),"轻舟八尺,低篷三扇"(陆游《鹊桥仙》)。

有些词牌如浣溪沙、西江月在一定的位置上也以用对仗为常。例如:

无可奈何花落去,似曾相识燕归来。(晏殊《浣溪沙》)

渭水西风,长安乱叶。(周邦彦《齐天乐》)

第二,律诗的对仗是平仄相对,即平对仄,仄对平。词的对仗有两种:一是律诗式的对仗,即平仄相对;一是非律诗式的对仗,即平仄不完全相对,甚至平仄完全相同。律诗式的对仗如上举浣溪沙、西江月例,非律诗的对仗如上举满江红例,第五字"尘"和"云"是平对平,第七字"土"和"月"是仄对仄,但其余平仄仍然相对。平仄完全相同的如:

左牵黄,右擎苍。(苏轼《江城子》,都是仄平平)

人有悲欢离合,月有阴晴圆缺。(苏轼《水调歌头》,都是仄仄平平仄仄)

第三,律诗的对仗避免同字相对,词的对仗不避同字相对。如上述"人有悲欢离合,月有阴晴圆缺"就用同字"有"相对。但同字相对的情况并不多见。

由一字豆领起的几句,往往也可以用对仗。如周邦彦《兰陵王》"又酒趁哀弦,灯照离席"。虽然上句是五字,下句是四字,但去掉上句的一字豆"又",则两句的字数相同,所以"酒趁哀弦"和"灯照离席"可以对仗。在某些词牌中,一字豆领起的是"扇面对",所谓扇面对,指的是两句和两句相对,例如:

似谢家子弟,衣冠磊落;相如庭户,车骑雍容。(辛弃疾《沁园春》)

唤厨人斫就,东溟鲸脍;圉人呈罢,西极龙媒。(刘克庄《沁园春》)

"似"和"唤"是一字豆,后面各领四句。从对仗上说,不是一对二,三对四,而是一对三,二对四,这就叫"扇面对"。

附录二 中国古代文化知识

一、中国古代哲学与宗教

中国传统文化,就其观念形态而言,主要由儒家、道家、佛教构成,尤以儒家为重。它们既有相同点,又有相异处;既相对抗,又相影响,形成了从自然到人生的互补的中华文化结构体系。

(一)儒学传统

如果把中国传统文化视为绵延不断的历史长河,那么,其主流无疑是儒学。它源远流长,远播广宇,千姿百态。儒学祖述尧舜,宪章文武,创发先秦,历经汉唐,倡导宋元,独尊明清,盛传不衰,代有闻人。鉴于此,我们把中国儒学分定为先秦原典儒学、汉唐经学儒学、宋元明清理学儒学、近代新学儒学4个阶段。

1. 儒家典籍

两千年来,宣扬儒家思想的典籍浩如烟海。在清朝的《四库全书总目》中著录的儒家书籍有1700余部,两万卷。不过作为重要经典的儒家著作,最初只有6部,即孔子所谓的"六经"。后来发展为13部,即"十三经"。

下面先对"经"和"传"概念作简要介绍。

东汉文字学家许慎在《说文解字》中说:"经,织也。"清朝学者段玉裁注解说:"织之从

(纵)丝谓之经,必先有经而后有纬。"就是说,经是织布时的竖线,只有先把竖线排好,才能用横着的纬线织出布来。古人由此引申,认为儒家宣扬的封建思想和有关著作是封建秩序得以维持的根本保证,是封建意识形态的核心,因此习惯于将儒家的一些重要著作视为经典,称之为"经"。孔子的《诗》《书》《礼》《易》《乐》《春秋》等6部经书,在战国和西汉时已经有专门的著作对它们加以解释,阐明其经义,当时习惯上称这样的著作为"传"或"记"。

《诗经》最初称为《诗》,是中国最早的一部诗歌总集,春秋时期被儒家学者尊奉为经,以后称为《诗经》。

《尚书》原来仅称为《书》。其内容是尧舜至春秋时期的典章汇编。反映了上古时代统治者的思想和制度,主要是天命论。春秋以后,《书》被儒家学者尊奉为经典,被称为《书经》,自汉朝开始,又被称为《尚书》。

《周易》原称《易》,又称《易经》,是古人占卦用的书。用"—"和"--"两个最基本的符号代表阳和阴,分别称为阳爻、阴爻。把阳爻和阴爻互相搭配,排列组合成8种不同的符号,摆在不同方位上,就是八卦。八卦的卦象是:☰(乾)、☷(坤)、☳(震)、☴(巽)、☵(坎)、☲(离)、☶(艮)、☱(兑),分别代表天、地、雷、风、水、火、山、泽。用八卦的卦象两两重叠,又能组合成六十四卦,称为别卦。在《周易》中,对于每一卦以及卦中的各爻,都有解说,这就是卦辞和爻辞,它们是《周易》正文部分。近代学者们根据卦辞、爻辞记载的材料推断这部书是西周初年的作品。有人认为"易历三圣",即经过伏羲制卦,文王制辞,孔子作十翼才形成完整的《周易》。但现代许多学者研究认为,这个说法值得商榷。

《礼》包括《周礼》《仪礼》和《礼记》,又称"三礼"。《周礼》是一部记载政治制度的书,是我们研究周代典章制度的重要文献资料。《仪礼》和《礼记》都是详细记载古代各种礼仪的书。《仪礼》仅仅记载了一些礼仪制度,而《礼记》则更多地论述了这些典礼制度的意义和作用,从理论上阐述了战国末期至秦汉时期儒家的"礼治"思想。

儒家典籍十三经中还有《春秋公羊传》《春秋谷梁传》《春秋左氏传》《论语》《孝经》《孟子》《尔雅》。

《论语》是研究孔子思想和儒家早期学说的最基本的依据,也是研究中国古代思想史、教育史、文化史的重要文献。南宋时,理学家朱熹把《论语》《孟子》与《礼记》中的《中庸》《大学》合为《四书》,并为之作集注,使《论语》在宣扬封建礼教方面,处于更加突出的地位。

2. 早期儒家学派

孔子所创立的儒家学派只是春秋战国的诸子百家中的一家,当时并未在学术上、政治上占有什么特殊地位。儒家学派在传授过程中,在孔子之后,逐渐分为8个流派。在这八派之中,以孟子和荀子两派影响最大,它们在孔子儒学的基础上有了不同的发展,最终处于完全对立的地位。

孟子过分强调人的主观精神的作用,主张人性善。在孔子仁义观点的基础上,宣扬

"五道",并主张效法古代圣贤治理国家的做法。在儒家哲学中形成了一个唯心主义思想体系。因此它很容易同阴阳、五行观点相结合,到汉代发展为今文经学,并被封建统治者尊奉为儒学的正统。

荀子则发挥了儒家的礼治思想,否认命运,轻视仁义,强调"礼"是区别贵贱尊卑的规矩、准绳,宣扬以礼治来端正等级名分,用刑法对付各种反抗行为,因此它后来很容易和法家学说合流。法家的集大成者韩非就是荀子的学生。荀子还对古代唯物主义有所发展,在哲学上同孟学存在着根本分歧。

战国时期,中国处于封建割据状态,封建经济的进一步发展,要求实现政治上的和平和统一。而儒家的仁义思想解决不了这个社会难题,它也就不被各国统治者所重视。而主张"暴力""强制"的法家学说却很自然地被各国统治者采纳。秦国由于实行了比较彻底的变法,国力强大起来。到秦始皇时,终于通过武力建立了统一的中央集权的封建政权。

3. 经学在汉代的发展

(1)汉武帝独尊儒术

西汉统治者十分重视儒家对秦朝暴虐统治的批评,赞成儒家倡导的仁政。谋士陆贾向刘邦指出,汉家天下可以通过"马上"(指武力)得之,但不能依靠"马上"来治理!陆贾意见受到刘邦的极大重视。于是陆贾从儒家思想出发,全面总结秦失天下,汉得天下以及古代兴亡成败的原因,前后共著论文12篇。刘邦在死前一年,甚至用太牢(牛、羊、豕三牲具备的祭礼)隆重地祭祀孔子。

汉文帝时,儒家学者贾谊提出"众建诸侯"的建议以削弱诸侯各国的势力,加强中央集权统治。汉景帝时,研究儒学的晁错又提出一系列固国安邦的建议,其中包括鼓励向北边移民以抵御匈奴的骚扰和削弱各诸侯国实力的"削藩之策"。这些儒家学者们鼓吹的儒术和政治主张已经同先秦时的儒家思想有很大不同了。他们从儒家仁义观点出发,又根据现实需要有所变通,因此能够被西汉统治者所接受。

公元前154年,吴、楚等七国叛乱。它促使统治者有必要在意识形态领域寻求有效的理论作为封建统治的指导思想。而道家的"无为"思想表现出软弱无力,法家的暴力统治被秦末农民起义否定,于是封建统治者就把这时的儒家学说当作得力的思想武器,利用它宣扬"君权神授""大一统"等思想以加强封建专制统治。这就是汉武帝实行"罢黜百家,独尊儒术"方针的根本原因。同时西汉统治者所谓的独尊儒术,也只是取其有利于加强封建统治的部分,实际上还是以法治相配合,儒法兼施。汉武帝实行"独尊儒术"政策,使儒家学说从此成为中国封建社会的统治思想。儒家"大一统"观念深入人心,大家都赞成统一,把分裂看成是暂时的,这对于维护中华民族的统一是有积极影响的。同时儒家的许多观点,如讲仁义、讲谦让、讲孝道、讲信用等也逐渐形成中华民族所特有的道德伦理观念了。

(2)两汉时期经学的今古文之争

汉代的儒学可分为今文经学派和古文经学派。这两个学派各立门户,各有师法,但其对孔子的评价、对六经的解释及学术研究方法等都存在很大分歧。

两派对立首先表现在对六经的作者有不同的看法。今文经学派认为六经都是孔子手定的,先有孔子后有六经。古文经学派认为,六经不过是古代传下来的史料文献,并非始于孔子,但他们往往假托周公等所谓先圣著作六经。今文经学家十分注重从六经的"微言大义"中去探求、发现治国安邦的道理。古文经学家则把孔子视为史学家,孔子只是对六经这些历史资料进行了整理,然后传给后人。

从学术观点上看,今文经学派以《公羊传》为阐发其主要思想的经典,董仲舒是主要代表人物。他向汉武帝建议必须确定"罢黜百家,独尊儒术"方针,极力宣扬《公羊传》中的"大一统"思想,还提出"君权神授"观点,认为封建社会的最高统治者皇帝是上天之子。天是人类和自然界的最高主宰,而皇帝的统治地位和权力是上天的安排,皇帝的言行是上天意志的体现,所以一切臣民都应该绝对服从。同时董仲舒还把人世社会的政治安危同自然现象的变化联系起来,认定它们是因果关系,这就是今文经学的"天人感应""天人合一"的观点。

西汉的古文经学派把《周礼》奉为主要经典。他们反对今文经学者们的迷信观点,讲求实学,注重从名物训诂方面去解读经书,因此学风较朴实。

东汉末年,郑玄作为一代经学大师,在古文经学基础上,又参考采纳了今文经学的某些观点,自成一家,形成郑学。郑玄打破经学门户之见,杂采古今,考定是非,择善而从,使郑学兼取各家之长,受到儒生的极大尊崇。郑玄是汉代经学集大成者。郑学确立,使曾经占据统治地位的今文经学被推翻,并且使长期以来今古文经学的激烈斗争也从此趋于沉寂。

南北朝时期的经学有南、北学之分。一般地说,北朝儒生讲究儒学经义,学风朴实,受老庄思想影响少;而南朝用老庄虚无玄远的思想来改造儒家的经义比较突出,因此更注意文辞,学风比较虚浮。在经学史上,一般都把这种玄学化的南方经学视为这时期的经学正统。

4. 唐代义疏之学

唐朝结束了以前的分裂割据局面,使国家重新实现统一。唐王朝是封建经济繁荣发展时期,也是封建文化高度发达时期。唐朝统治者为了加强文化思想的专制统治,就采取各种措施来改变以往那种经学多门、师法各异、章句繁杂的状况。在选举制度方面,唐朝确立了科举取士做法。在科举制度中,考试经书已是重要的内容,这就需要有统一的经书课本。唐太宗特诏令国子祭酒孔颖达等人对过去的各种经说进行整理。孔颖达等人最后编订了一套统一的《五经正义》,成为读书人学习经书、应付科举考试的标准读本。

唐代及以后的学者们对于古代经史旧注所作的解释,通常称为"正义"或"疏"。一方面,唐代学者们的"正义"和"疏"总结了自汉代以来的经学,对各种经说作了统一工作,使其成为科举考试的基本内容。另一方面,也由于唐代读书人是为了应付科举考试而学习经书的,因此他们往往只是墨守正义的定论,不敢有所突破,最终使唐代的经学未能有较多的新发展。

5. 宋明理学的兴起与没落

(1)宋明理学的兴起

宋代经学的特点是,儒家学者们大都不顾旧有的传注,抛弃传统的训诂、义疏,直接从经书原文来阐释义理性命(指人的本性和命运),因此,被称为"性理之学",简称"理学"。宋朝理学家们大讲"存天理灭人欲",心性修养,强调三纲五常,标榜自己是儒学的正统。其实所谓理学,不过是把先秦的思孟学派、汉代的公羊学以及魏晋南北朝的玄学、佛学等思想糅合在一起的产物,是儒家天命思想的进一步发展。理学以"理"作为整个思想体系的核心和最高范畴。

理学的创始人是北宋的程颢、程颐兄弟,通常称作"二程"。二程把中国古代重要的哲学范畴如道、天、天命、心、气、性、物,都用"理"贯穿起来,都是"理",或者说都有"理"。

至南宋时,朱熹成为理学的集大成者。他建立了一套比较完整的客观唯心主义理学体系。朱熹以为"理"是产生万物的本源,是离开事物而能独立存在的一种东西,是自然界和人类社会的主宰,因此"理"也就是"天""上帝"。同时又把"理"和天命联系起来,还将永恒的"理"引申到封建道德范畴中来,借以大肆宣扬封建的"三纲五常"思想。"三纲五常"即:君为臣纲、父为子纲、夫为妻纲,以及仁、义、礼、智、信。朱熹把这些封建伦常说成是天理,是先天就有的。他还进而把天理同人性、人欲联系在一起。认为具有封建的伦常是人的本性,因此人应该是善良的。有的人之所以有"不善"的表现,是由于被人的欲望所蒙蔽。因此提出"存天理,弃人欲"的号召,要求人们必须遵守封建伦理纲常,听命于封建统治。朱熹运用理学思想去阐释儒家经典,著作除《四书章句集注》外,还有《周易本义》《诗集传》等,被后世封建统治者提到儒学正宗的地位。

在宋代,还有一派主观唯心主义理学。始于北宋的邵雍,至南宋陆九渊发展为"心学"。心学认为"心即理""宇宙便是吾心""吾心即是宇宙"。主张"心"和"理"是永久不变的,以此证明一切封建的道德教条是人心所固有的,永恒不变的。

(2)阳明学派和理学在明清的反动没落

在明朝,王守仁进一步发展陆九渊的"心学",其思想对明朝中后期的儒学思想具有较大的影响。

王守仁是明朝中叶人,号阳明先生。他试图通过强调人的主观精神作用,以挽救封建统治危机。王守仁批评朱熹的客观唯心主义观点,他将世界万物统一于"心",认为"心外无物,心外无事,心外无理,心外无义,心外无善"。所以"言心,则天地万物皆举之矣"。就是说"心"包括了天地万物。这是典型的唯心主义。王守仁以"反传统"姿态出现,形成"阳明学派"。其实他的思想观点在本质上与宋朝理学家们是一致的,尤其同陆九渊的心学是一脉相承的。所以后来思想史上有"宋明理学"之称。

程朱理学自宋代兴起以后,在封建意识形态领域中一直占据统治地位。元、明、清三朝的科举考试中,都必须以朱熹的《四书章句集注》作为标准答案。读书人只能用死板的八股文来重复那些迂腐的说教。所谓"代圣贤立言"就是不准人们有自己的独立思考。这时,封建制度出现根本性危机,封建社会进入最后的垂死阶段,封建统治阶级拼命利用一切手段维护自己的统治。在意识形态方面,封建统治者更是大肆宣扬封建伦理道德,利用"三纲五常"禁锢人们的思想,鼓吹腐朽的忠孝节义,以此来愚昧人民,并以此压制、摧残已经萌芽的进步的民主思想。因此,宋明理学在明、清时代,已经完全沦为统治者扼杀人才的精神武器。对于读书人来说,它不过是猎取功名利禄的敲门砖罢了。在封建社会走向全面崩溃的进程中,宋明理学在政治上的反动作用越来越突出,它在学术上已经无所作为了。

6. 清代考据之学与新今文经学

(1)清代考据之学的兴盛

由于宋明理学日益反动腐朽,至明末清初,一些进步的知识分子开始批判其流弊,从思想、学术方面探求明朝灭亡的原因。这方面重要代表人物有顾炎武、黄宗羲、王夫之等人。他们反对宋明以来理学家们关于"明心见性""明道穷性"的空谈,提倡"引古筹今""明道救世"的实际学问。同时批驳了朱熹关于"理在气先"的说法,提出"理在气中"的唯物主义观点。这些进步学者不仅对宋明理学一派空谈和迂腐说教进行了全面批判,而且大力提倡实用之学,使得经学领域中一种继承汉代古文经学,注重训诂、考证的考据之学逐渐兴盛起来。因为注重考据,所以也形成一门学问,被称为"考据学",因为在乾嘉时代,所以又称为"乾嘉学派"。

乾嘉学派在整理典籍及对古代文字、音韵的研究上取得极大成就,为中国近代语言学研究奠定了基础。

(2)清代的今文经学和康有为的"托古改制"

清朝中后期,一些比较开明的知识分子高呼"变法图新",想要挽救颓败的封建制度。这些开明的知识分子在学术上重新提倡今文经学,宣扬"通经致用"思想,主张用儒家的经学思想来解决现实社会的政治危机。这个时期新今文经学派的代表人物有刘逢禄、龚自珍、魏源等人。他们主张"通经致用",就是要把学术研究同解决现实政治问题联系起来,在对古代典籍的解释中评论时政,对国计民生要有补益;主张突破旧的经学思想,把眼光移向西方国家,提出向西方国家学习的口号,提倡学习西方先进的科学技术,鼓吹采用机器生产,这对于开阔中国人的眼界、重新认识世界,起了重要作用。

康有为继承了"经世致用"思想,发起了维新变法运动,这使他在学术上成为清末今文经学派的领袖。康有为的《新学伪经考》和《孔子改制考》,比较集中地宣扬了他的托古改制思想,引导人们敢于去大胆怀疑和否定传统的封建学术思想,反映了新兴资产阶级同封建传统势力的斗争。但他只限于借助孔子的权威来宣传资产阶级民主思想,表明了资产阶级改良派十分软弱,不敢向封建制度公开发起革命斗争,只好让封建统治者尊奉的圣人来保护自己。

由于历史条件的局限,维新运动在封建顽固势力反扑下遭到失败,清末的新今文经学也从此没落下去。但是经学作为传统,积淀在民族心理中却是不会立即消除的,它已经成为一种思维方式,或潜意识,在不知不觉中起作用。

我们应该看到,中国封建社会长达两千多年,封建的伦理道德、文化思想深深地渗透到我们的民族意识之中,并且至今仍然具有深刻影响。我们一方面应该继承和发扬古代文化思想中的优良传统,另一方面也应该运用历史唯物主义观点认真批判那些封建糟粕,为中国实现社会主义现代化扫清思想障碍。

(二)道家和道教

1. 道家思想

道家思想是中国古代文化中的重要组成部分,它形成于先秦,历两千年而不衰,深远地影响着我们民族的心理状态、思维方式和精神风貌。

先秦道家的主要代表人物是老子和庄子,故又称"老庄之学"。老子为道家学派的创始人,庄子发展了老子的学说,建立起一个博大精深的思想体系。由于老子和庄子都以对"道"的体认为根本目的,"道"成了他们的思想体系的核心和哲学最高范畴,所以他们被称为道家。

(1)老子的哲学思想。老子认为,宇宙的生成模式是:"道生一,一生二,二生三,三生万物。"由于"道"很玄妙,不可名状,所以老子又引入另一个概念"无"并这样表述:"天下万物生于有,有生于无。"在老子看来,"道"不仅是世界本原,也是事物运动变化的总规律。所以他又说:"人法地,地法天,天法道,道法自然","道法自然"的哲学命题是与"无为而治"的政治主张相联系的。既然作为万事万物本源的"道"是以自然、无为为法则的,那么统治者治理国家也应顺应自然,实行"无为而治"。

(2)庄子的哲学思想。庄子哲学是关于自由的哲学,最高境界是逍遥自由。他希望按人的自然本性生活,从仁义礼智的桎梏下解放出来,以求得精神上的自由。但现实生活却与他的理想大相径庭。于是,只好从思想上寻求解脱的办法,在精神王国中作自由自在的"逍遥游"。

在庄子看来,人之所以有痛苦、不自由,是因为受到现实世界的是非之辨、贵贱升降、贫富变迁、生死祸福等的困扰,受到各种物质条件的限制,人们有所依赖、有所期待、有所追求而造成的,这叫"有待"。"有待"就不自由,人之所以"有待"是因"有己",即有自我意识。因为"有己"会使人去分善恶、辨是非、别祸福,从而引起种种苦闷。要消去痛苦,实现真正的自由,就必须"无己""无待"。"无己",即从精神上超脱一切自然和社会的限制,泯灭物我对立,忘记社会和自我的分别。"无待",即不依赖于任何条件。进入无待状态的具体途径就是"齐物我""齐是非""齐万物",从而修养成"至人""神人""圣人""大人",达到"无己""无功""无名"的境界。

(3)秦汉新道学。秦汉新道学,又称黄老之学,其思想倾向是以老、庄虚静恬淡为基调,以"道"为核心,包容儒、墨、名、法、阴阳各家思想。《史记·太史公自序》:"道家使人精神专一,动合无形,赡足万物。其为求也,因阴阳之大顺,采儒墨之善,撮名法之要。与时迁移,应物变化,立俗施事,无所不宜,指约而易操,事少而功多。"这是对黄老新道家特点的概括。

(4)魏晋玄学。魏晋时期,道家思想主要表现为玄学。玄学杂采儒、名、法各家,接受佛学,是以道家为主的各种哲学思想的第二次大融合。玄学的主要经典是《老子》《庄子》《周易》,合称"三玄"。

围绕着道家的"自然"与儒家的"名教",玄学家争论的重点转向本体论的"有无"之辨和认识论的"言意"之辨,创造了"有无""本末""一多""体用""才性""言意""内圣外王"等一系列概念范畴,把人们的抽象思维引向哲学深层。基于对"名教"与自然关系的不同回答,玄学内部也出现了不同的派别。

一是名教本于自然,以何晏、王弼为代表。崇尚虚无,摒弃世务,以析理评判的方法"清谈"哲学问题,力图沟通儒、道。何、王以老、庄解《易》,认为自然是名教之本,名教出于自然,圣人无为而治。"自然"指先秦道家崇尚的任其本然的无为原则,自然即道,道即无。无名无形的"无"是物质世界一切现象赖以存在的本体,是"母""本""体""一""意"。

二是越名教而任自然。何、王玄学目的在于儒、道,然而"以无为本",实际上是扬道贬儒,按此发展必然出现否定名教的异端。阮籍、嵇康正是这种代表。他们"非汤武而薄周孔",自称"老子、庄周吾之师也",提倡"越名教而任自然"。他们以怪诞的行为抵抗纲常,以自然无为的思想对抗名教,离开了儒、道合流的玄学主流。

三是名教即自然。何晏、郭象纠正阮籍把名教推向毁弃的倾向,完成了名教与自然关系的统一。郭象为《庄子》作注,借以阐发自己的哲学思想,对魏晋玄学的名教和自然之争作了一个总结,把"有无"之辨引向深入,提出"名教即自然"论。他认为宇宙万物"块然而自生耳"。在他看来,"无"不能生物,道为一有,也不能生有。所以,"造物者无主,而物各自造"。事物都是独立存在,独自发展变化而处于一个玄妙、幽冥的境界,即"自生""自化"。郭象指出,"有"即天地万物,一切"有"都"独化""自造"于玄冥之境,不存在凌驾于"有"之上的虚无本体。因而人们不必追本溯源,只须因顺自然即可。以这样的宇宙观为依据,在他看来,社会、人生的现实存在是一个和谐美好的秩序,"物无妄然,皆天地之会",人的命运非"妄有",必须随遇而安,从而获得本性上的满足和精神上的消遣。总之,郭象标举"自然",将现实自然化,又将自然合理化了。

2. 道教——中国本土文化的宗教

(1)道教的创立及其历史发展

从历史渊源说,道教是从古代的鬼魂崇拜发展而来的,但它不仅是鬼魂崇拜,而且掺杂了秦汉时期的神仙信仰和黄老道术而成的。故道教的主要思想渊源有三:一是中国古代的鬼魂崇拜;二是战国以来的神仙方术;三是秦汉时期的黄老道术。道教脱胎于道家,反映了道家思想的一个侧面。

东汉顺帝年间(126—144),沛国丰(今江苏丰县)人张陵学道于鹤鸣山,依据《太平经》造作道书24篇,自称出于太上老君的口授,并依据巴蜀地区少数民族的民间信仰,创立了道派。因入道均须交纳五斗米,故称"五斗米道"。"五斗米道",主要是教人悔过奉道,以符水咒语治病。此派教徒尊称张陵为天师,故又称"天师道"。

东汉时期道教还有另外一个教派叫"太平道"。此派由巨鹿(今河北平乡)人张角创立于汉灵帝熹平年间(172—178)。史载张角信仰黄老道,自称"大贤良师"。他在用符水咒语为人治病的同时,组织教团和"黄巾军"。太平道的基本思想是以黄老道和《太平经》的学说为中心,其盛衰与"黄巾军"紧密相关,曾随"黄巾军"的发展而得到广泛传布,后亦因"黄巾军"的失败而遭到致命打击,转为在民间秘密流传。

道教在魏晋时期有一个较大的发展,东晋时的葛洪从神仙方术角度发展了道教,创立了道教的丹鼎一系。其代表性著作是《抱朴子》。《抱朴子》分内外两篇。内篇言神仙方药、鬼神变化、养生延年、祛邪去祸,属道教。外篇言人间得失、世事臧否,属儒家。《抱朴子》是儒道并举之书。在神仙方药方面,葛洪崇尚金丹轻举,讲究药物产生,以为世人通过修炼吞丹而得道后,可不死而成仙。同时,"天师道"在江东盛行,并逐渐向义理方面发展,先后形成上清、灵宝、三皇三支经法。这三支经法到南朝刘宋时由陆修静汇归一流,后陶弘景加以发挥,形成经箓系,史称"南天师道"。

南北朝时,道教的最大发展是北魏寇谦之改革"五斗米道",创立"北天师道"。寇谦之原系北魏嵩岳道士,自称太上老君授予天师之位,并命其整顿道教,将道教改为"专以礼拜术度为首,而加之服食闭炼"。使道教由原来的民间宗教一变而成为官方宗教。加之他确实革除了道教某些弊端,并制定了许多新的科仪,因此"自是道业大行"。

唐宋之后,南、北天师道与上清、灵宝等道派逐渐合流,形成以讲究符箓为主的"正一道"。从信仰特征和思想旨趣看,"正一道"崇拜鬼神,注重符箓,以画符念咒、驱鬼降妖、祈福祛灾为宗旨。与别的道派不同,信奉"正一道"的道士可以结婚。

唐宋之后道教的另一大派系是"全真道"。"全真道"与"正一道"相反,反对符箓,排斥咒术,而倡儒释道三教合一,注重"识心见性"的内修真功。"全真道"在宋元时期是道教中势力和影响最大的一个派系,其思想深受儒家和佛教的影响。进入明清之后,由于各方面原因,道教日渐衰落。

(2)道教的信仰特征和基本教义

中国道教虽然源远流长,派别繁多,但有其共同的信仰特征和基本教义。

道教的基本信仰是"道"。此"道"由被道教奉为经典的《老子》五千文而来,不过他们着重从宗教的角度去理解和阐释老子所讲的"道",把它说成宇宙万物之本原,同时又是"灵而有性"的"神异之物"。道教信奉的最高神——"三清尊神"也是"道"的人格化。

道教的最终目标是"得道成仙"。道教认为,通过修道,使人返本还原,与道合一,就可以成为神仙。道教所说的神仙,不但指精神常在,而且指肉体永生。因此,长生久视、全性葆真就成为道教的一个基本教义。

如何修炼才能得道果、成神仙呢?道教的不同派别有不同的修养方法。从大的方面说,丹鼎派、全真道认为通过内修、炼养,便可以达到长生久视的目的;而符箓派、正一道则认为符箓咒语可以祛祸延年。至于具体修行方法,道教有一系列的道功、道术。道功指修性养神的内养功夫,如清静、寡欲、坐忘、守一、养性、存思等;道术指修命固本的具体方法,如吐纳、导引、辟谷、药饵、服食等。

从思想内容、信仰体系看,道教没有什么虚玄高深的理论。但是,作为一种土生土长的宗教,它却保留着许多中国传统的东西,因而与中国古代文化的关系密切。

(3)道教的政治主张

道教的政治主张主要来源于以老子为代表的道家学说中的政治思想。道家学说内容丰富,具有浓厚的政治色彩和较强的因应机能,是封建统治者营构上层建筑、建立政治理论的重要指导思想。道教中人在他们的著作中,继承并发展了道家的社会政治思想,提出了一系列具体的政治主张。

①理身治国。道家学派扑朔迷离的思想学说中,蕴含了一种新奇的政治观——治国必先治身,隐藏着一种独特的治国术——正民贵在好静。

《庄子·在宥》曰:"故君子不得已而临莅天下,莫若无为。无为也而后安其性命之情。故贵以身为天下,则可以托天下;爱以身为天下,则可以寄天下。"意思是说好的统治者要懂得贵身,只有贵身才可以担负治理天下的重任。贵身的统治者不仅能神志清明,垂拱于庙堂之上,抚民于四海之外,而且能从治身活动中悟出治国之道,以静制动,以无为达无不为。这样,"我好静而民自正",天下也就太平了。这种身国相关的政治思想和清静无为的统治策略,为道教所继承,成为道教的政治主张之一。

②顺物自然。顺物自然,无为而治是道家基本的政治思想和人生态度。道教抓住道家顺物自然的思想,强调统治者应顺应天地自然之道。《太平经》说:"顺天地者,其治长久,顺四时者,其王日兴。"唐代道士杜光庭在阐述顺物自然的政治主张时,还对道家的自然无为思想作了重要修正。他反对老子否定一切,不讲仁义思想,认为儒家仁义与自然之道是互相吻合的,并无矛盾冲突。其用意在于将儒家伦理思想融入道教政治之中,以便更好地为封建统治服务。

③柔弱不争。柔弱不争,以退为进,以柔克刚是道家又一重要的政治策略。老子认为:"夫唯不争,故天下莫能与之争。"提出了"不为天下先"的策略。老子说:"我有三宝:一曰慈,二曰俭,三曰不敢为天下先。"

杜光庭对"不争"之道、"三宝"之说作了详细的论述。在他看来,柔弱不争,不为天下先就是"先人后己,以让为终"。他广引儒家经书中的论述,借以证明"众教之中,皆以柔弱谦退而胜"的道理。如秦皇灭七国,一统天下,威制四方,但不久就身败国亡。而布衣出身的刘邦,则德制强楚,仁及生灵,贤士为之辅,最终成帝业,名扬四海。

④崇俭去奢。老子"三宝"中的"俭"本是退让、保守的意思,由于老子同时提倡"治人事天莫若啬"的观点,要求人们"见素抱朴,少私寡欲"。所以,后世道教便提出崇俭去奢的政治主张。杜光庭视俭啬为重要的治国原则和国富民归的关键所在。

唐代道教炼丹盛行,统治者为了追求长生不死,不惜浪费民财以求金丹,更有服食金丹中毒身亡者。因此崇俭的主张在当时有一定的针对性。

除杜光庭以外,谭峭也力持崇俭去奢的政治主张,并把俭的原则扩大到社会政治的各方面。总之,俭是"万化之柄",治国之本。

⑤均等思想。在老子看来,天道是无私公正的,针对社会上存在的贫富不均现象,希望统治者能效法天道之公正,使天下财富均匀分配,人人平等。这种均等思想对道教影响很大。

《太平经》中的均等思想更突出,书中有言:"天之有道,乐与人共之;地之有德,乐与人同之;中和有财,乐以养人。"除了经济上的均等,《太平经》还提出了政治上平等的思想。

这些经济上均等权和政治上平等权主张虽然只是一种天真的幻想,但它毕竟反映了人民的愿望和要求,在2000多年前的封建社会里更是难能可贵的。

(4)道教和中国文化

①道教和中国哲学。纵观中国古代哲学发展史,不难看出,儒、释、道三方面的论争贯穿着整个过程,它们之间的排斥和斗争此起彼伏,最终以儒学占上风,互相融合而形成新的儒学。因此要谈论中国哲学,必不可少要说到道教。

道教始创于汉代,它在理论上提出"元气"说,将"元气"论提升到"道",不仅补充了汉代唯物主义和唯心主义的"元气"论,而且将宇宙本体和构成宇宙万物的基本元素等同了起来。同时把"元气"论引入了养生和宗教哲学,形成了道教的养生理论和修道成仙学说。

道教是土生土长的中国宗教,道教的创立深受魏晋玄学的影响,也影响了魏晋玄学。

宋明理学是以儒家思想为主,兼收佛教、道教而形成的一种新的哲学体系。道教奠定了宋明理学的思想基础,是构成宋明理学的思想渊源之一。宋明理学的开山鼻祖周敦颐的太极图源于唐代道士的《太极天生之图》等。

另外道教追求长生不死,它的人生哲学强调人生价值,以生为贵。主张以诱发人体内部的潜能与服食外部自然物相结合的方法延续人的生命。完善自身,改造自然的提出,填补了中国哲学中自然哲学的薄弱环节。

在伦理思想上,道教以进入仙境为目标,宣扬因果报应,忠孝仁义,生死轮回。提倡通过内丹、外丹的修炼,使人长生不死,羽化成仙而入天堂。这种伦理观不同于其他两种,堪称独树一帜。

②道教与中国文学。《太平经》《老子想尔注》无疑是最早的道教文学,还有半是散文半是诗歌的与汉赋相近似的《周易参同契》。

魏晋南北朝时期,道教文学盛行"游仙诗""步虚词",还有散文、诗歌、小说和神仙传记。唐代道教盛行,道教文学的文体主要是诗和词,也有小说和散文。写神仙诗的以李白、白居易为代表。小说以道士杜光庭的《虬髯客传》最著名。到宋代道教文学作品多是词作,元代道教文学作品中突出的是道剧。元代著名戏剧作家马致远是道剧的代表。明代道教题材文学作品以神魔小说为最,如《封神演义》《吕仙飞剑记》等。清代道教衰落,但其在诗歌和文学作品中仍有所反映。

③道教与中国建筑。道教建筑指道教宫观。宫观建筑总体布局以木构架为主要结构,以"间"为单位构成单座建筑,再以单座建筑组成庭院,又以庭院为单元组成各种形式的建筑群。宫观一般以子午线为中轴,坐北朝南。道教祀奉尊神的主要殿堂都在子午线上,其他供奉诸神的殿堂却在东西两边。同时道教建筑一般都被赋予含义。道教宫观都有山门,山门必须有三个门洞,象征三界。宫观多由四合院、三合院纵向铺开组成建筑群,象征木、火、金、水四正,加上中央土,以应五行。

道教建筑的装饰物也反映出道教的教义:追求长生不死,羽化成仙等。

另外,道教还利用建筑群附近的名胜古迹,以及奇异的地形外物,如古树、巨石怪洞等,建成美丽缥缈的楼、阁、台、榭,形成以景观为主的园林。

(三)佛教

1. 佛教传入中土及其变化和发展

(1)佛教的输入和流传

佛教由印度传入中国。关于传入时间,有很多种说法。一种根据曹魏时代鱼豢所撰《魏略·西戎传》的说法,认为汉哀帝元寿元年(前2)佛教传入中国;另一种根据《后汉书·楚王英传》记载,楚王英于永平八年(65)之前就"学为浮屠斋戒祭祀"。说明至晚在公元1世纪,佛教已经传入中国。还有一种认为最早把佛经译为汉文的是东汉恒帝时的安世高和支娄迦谶。因此佛教约在公元2世纪传到当时的东汉都城洛阳。

佛教传入中国,就形式来看,表现为西域高僧携来并翻译了大量的佛经。但这并不等于佛教的传播和流行。作为一种宗教要在社会上立足,还必须具备一定的社会历史条件。第一,东汉末年社会黑暗,政治腐败,为佛教传播提供了社会条件。第二,汉魏之际的学术动荡,为佛教流传提供了思想条件。佛教在汉魏时开始流传开来,不仅在上层,而且走向民间。

(2)两晋南北朝时期佛教的隆盛

西晋末年,特别是进入东晋十六国时期以后,南北分立,战乱不断,因此人们容易接受佛教关于彼岸世界的宣传,人们希望从求神拜佛中解除苦难。上层统治者的支持、提倡和下层群众的需要、向往,为这时期佛教的发展提供了肥沃的土壤,中国佛教发展进入第一个高潮。这一时期佛教传播和发展的特点有以下几点。

第一,统治者对佛教重视与扶植。统治者的重视,为佛教的兴盛创造了极为有利的条件。如北魏孝文帝和文成帝花费大量人力、物力,在大同云冈和洛阳龙门开凿佛教石窟,并资助译经事业。

第二,佛典大量翻译。如西域佛图澄和弟子道安组织翻译、整理和阐述经典,共译出佛经 10 部 187 卷。另外译经大师鸠摩罗什在后秦译出佛经约 35 部 294 卷,不仅数量多,而且质量也高,在文体上一改过去朴拙的古风,而务求达意,使译文臻于成熟。

第三,西行求法运动兴起。印度、西域僧人来中国内地,激起了中国内地僧人西行求法的向往。西游僧人中以后秦的法显成就最大,他带回了大小乘三藏中的基本要籍。同时还撰写《佛国记》,介绍印度和斯里兰卡等国的情况,对中国与南亚次大陆各国间文化交流起了促进作用。

(3) 隋唐佛教的繁荣

隋唐时期南北政治统一,国家经济繁荣,国际文化交流活跃。隋文帝多次下诏兴建寺院、佛塔,组织译经。唐太宗也重视译经事业,曾为印度求法归来的玄奘组织大规模的译场。隋唐时期总计译出佛典 372 部,2159 卷,印度大乘佛教的要典基本上翻译过来了。

隋唐时期佛教高度繁荣与成熟,具体表现为:一是寺院经济的高度发达,"十分天下之财而佛有七八"。二是具有中国本地风格的佛教宗派相继出现。如天台宗、华严宗、禅宗、净土宗。以上四宗一致主张"心性本觉",与主张"心性本净"的印度佛教在佛学核心上划清了界限。三是佛教造像艺术和佛教音乐的中国化、民族化。隋唐时期出现了前所未有的造佛像热潮,如云冈、龙门、敦煌、炳灵寺等石窟开凿。与此同时,佛像充满哲理意味与中华人情味,表现了中国人所向往的崇高庄严之美。

唐五代以后,佛教走下坡路,特别是宋开始的儒学复兴运动,使佛学风光不再。

(4) 中国化的佛教——禅宗

在印度佛学进入中国文化氛围后的本土化进程中,禅宗为典型代表。禅宗分北禅和南禅,在中国佛教发展史上,最能代表印度文化与中国文化合流的并真正对中国文化产生巨大影响的,就是南禅。南禅的创立人是唐代的慧能。

慧能认为"世界"—"我"—"佛"三者为一体,开创了领悟佛法真谛的新途径,这就是"顿悟求佛"。既然"世界""我""佛"本为一体,那么人人生来即是佛,之所以未成佛,只因为尚未醒觉,一旦当头棒喝,便大悟禅机,顿得佛果。而印度佛学根本不承认顿悟,认为成佛道路异常艰难。可见禅宗的"悟道"是个体的直觉体验,是一种与宇宙合一的人生态度、心灵境界和精神体验,与庄子哲学颇有相似之处。中国传统文化心理在这里打下自己的烙印。

此外,禅宗还有一个生存特色,强调自食其力,过普通的劳动生活。这不仅体现了禅宗的主旨——参禅、悟佛并不需要整日诵经念佛,关键在于"心悟",而且也能看到中国传统儒家亲人事精神的渗入。如果说印度佛学以出世和个人解脱为价值取向,那么中国化了的佛学则重在宣扬功德度人。

2. 佛教的基本教义

释迦牟尼悟道成佛后,就开始收徒传法。他所说的教法据说有84000法门。但若就其根本思想说,可以用四个字来加以概括,即"苦集灭道"。"苦集灭道"在佛教中也称"四谛""四圣谛"。"谛"者,真实不虚之义,"四谛"即佛教4个最基本的道理或真理。

所谓"苦",亦即"人生皆苦""一切皆苦"。除了生、老、病、死诸苦,还有"求不得苦"(即欲望得不到满足之痛苦)、"爱别离苦"(即生离死别之苦)、"怨憎会苦"(即由于种种原因不得不与自己意气不相投者一块相处之苦)及"五取蕴苦"(由于把五蕴和合之假身执著为真实之存在所造成的种种痛苦)。在原始佛教看来,人生本身就是一个苦海。"苦海无边,回头是岸",此"岸"也就是佛教所说的"涅槃"或者"入灭",即"四谛"中的第三"谛"——"灭"。

当然,要"入灭"或者说要获得解脱,首先必须弄清楚造成痛苦的原因,这就是"集"。"集"之本意是"招聚"或"集合",意谓"招致"苦难的原因。原始佛教认为,造成人生痛苦最根本的原因是"烦恼",而"烦恼"之最大者即是贪、嗔、痴"三毒",或叫"三大根本烦恼"。此外,还有慢、疑、见等诸多烦恼。因烦恼而迷于事、迷于理,此即为"惑",有了"烦恼惑障",遂使身、口、意做不善之业,故有三界轮回之苦。

当然,仅仅懂得造成痛苦的原因还不够,要摆脱痛苦,必须掌握脱离痛苦的方法,此即是"道谛"。"道"者,道路、途径之谓,亦即方法。佛教认为,只要依照佛法修行,就能出生死苦海,到涅槃彼岸,进入一种"常乐我净"的境界。

原始佛教所说的修行方法很多,最主要的有"八正道""三十七道品"等。后来,这些修行方法又被进一步概括为戒、定、慧"三学"。到了大乘佛教,"三学"又进一步发展为"六度"。

"四谛"法虽然是在原始佛教时期提出来的,但后来成为佛教最基本的教义。因为所有的佛教学说和理论无非是在探讨何以人生皆苦以及应该如何修行才能脱离苦海而进入涅槃彼岸的问题。因此"四谛"法乃是贯彻佛教发展始终的基本教义。

3. 佛教和中国文化

佛教带来了印度文化,同时也使自己变为中国文化的一部分,它和传统文化互相渗透,涉及中国文化的各个领域。

(1)佛教和中国政治

佛教仅仅是中国宗教中的一部分,但因宗教是一种意识形态,它与政治有相同之处。原始的佛教视富贵如浮云,目权贵如粪土,具有摆脱和超越政治的倾向。但佛教为了生存必须获得封建统治者的支持,否则佛教无法流传、发展。最终佛教以一种特有的方式服务于现实政治,反过来统治者也利用佛教来统治民众。佛教宣扬一切都是空的,引导人们走上非现实的解脱道路;因果报应论可以为封建统治秩序作论证;禅悦和净土信仰又给严酷的社会现实注射了温凉剂。总而言之佛教的出现,不仅帮了中国古代封建统治者的忙,而且对于中国封建社会的稳定和持续也发挥了一定的作用。

历史上的"三武一宗"的灭佛事件,也是可以理解的。"物极必反",一味地信佛教势必会给统治者带来恐惧。另外同样可以看到佛教与封建统治者也有矛盾的一面。佛教成为农民起义的导火索的史实较多。总而言之,佛教的政治作用也是具有多重性和复杂性的。

(2)佛教和中国伦理

佛教道德行为准则和中国古代占主导地位的儒家道德抵触颇多。佛教宣传"众生平等",这在儒家看来,纯属悖逆文化,是绝对不能允许的。所以,自佛教传入后,儒家就不断从伦理道德的角度发起对佛教的攻击,而佛教则节节退让。

虽然后代的佛学大师慧远,在理论上沟通了并附和儒家的政治伦理观念,但二者矛盾继续存在。宋明以来,随着佛教的衰落,佛教妥协退让的色彩愈来愈浓了。

中国佛教宣扬的伦理道德是孝,与传统的儒家思想基本上是符合的。这对以后的宋明理学的伦理学和哲学都有深刻影响。在伦理道德的维持方法和途径上,中国佛教强调灭除贪欲、无知和忘念,证得真理。这与理学家的"主静""主教"是和谐统一的。但更多的是禅宗思想的翻版,最后佛教与儒学是相互吸收和融合了。

(3)佛教与中国哲学

佛教的根本宗旨是企图超越现实而求得身心的解脱。佛教传入中国与当时的魏晋玄学之风刚好碰上,于是玄学利用佛教来解释玄学,佛教也用玄学来解释佛教。玄学理论得到了发展,同时也使佛教立足于中国这块古老的土地上。

佛教多讲心性之学,也就是对人类自身的心性的探讨,尤以禅宗为代表。一切事物都在自性之中,在自性中见到一切事物,就是自悟成佛。这种心性之学,把心性论、本体论和成佛论结合起来,是佛教对中国古代哲学的最大发展。当然佛教其他宗派,在融合道、儒的同时,也为中国古代哲学留下扎实的材料沉淀,具有不可磨灭的功绩。

禅宗提倡的顿悟,对以后朴素的唯物论也有超前的反映。包含的辩证法思想,在强调认识本体的作用,认识的相对性、一体性和统一性,认识的质变、飞跃等上,都很有价值。

(4)佛教和中国文学

随着佛典的翻译和流传,僧侣与文人交往的增多,寺院讲经方式的普及,佛教对中国古典文学各方面灌注越来越多的影响力,对中国文学发展起了推动性作用。

在诗歌方面,印度声明学介绍到中国,使得中国齐梁时期音韵学上四声确立和诗歌格律上八法制定,从而推动唐代以后近体诗的开创。晋宋之际的"山水诗"以及唐代的"禅诗"等,为中国诗歌史添了韵味十足的一笔。

在中国文学史上,中国古代的变文、宝卷、弹词、鼓词等说唱文体,都是直接源于佛教的俗讲。佛教对小说的影响,表现在不仅为小说提供了丰富的素材,而且使小说在创作手法上有所更新。

此外,佛教对元明戏剧的发展,也有重大影响。佛教也影响了中国古代的文学批评,司空图的《二十四诗品》就是一例。

(5)佛教和中国艺术

佛教建筑形式,不外乎寺院、佛院和经幢,除石窟外,多为木构建筑。其中五台山的佛光寺,始建于唐代,寺院落于丰山腰中,从下到上,一共三院落。文殊殿是金代的建筑,另外还有明代和清代的建筑,荟萃了历代建筑艺术的精华。中国寺院和石窟多依山而建,利用山川环境,来衬托佛菩萨的尊严和慈悲。

佛教建筑文化融合了当时的中国文化,两者完美的结合和扩伸,对中国建筑艺术的发展起到了推波助澜的作用。

佛教绘画是佛教引发信仰热忱、扩大宣传影响的一种重要工具,佛教初传时也从印度带来了佛画。汉明帝曾令人画佛,到魏晋南北朝善于作佛教画的名画家相继出现。六朝时代,佛画是绘画的中心,较早的有东吴画家曹不兴,东晋大画家顾恺之也是擅长作佛画的大作手。唐代佛画,特别是壁画的发展盛极一时。当时壁画多出于名家之手,吴道子为古代佛画第一人,他的画风对后世人物画影响很大。唐中叶以后,禅宗盛行,强调直指人心,提倡顿悟,轻视形式,不重佛像,佛画渐趋衰微。以后,佛画更多地融合了中国传统的技法,逐渐不同于印度风格,而且画家的兴趣也不在佛画方面,而转向山水花鸟,这样也就逐渐与佛教内容相脱离,变为追求美的纯艺术。

佛教传入中国以后,虽然八戒中有"歌舞观听戒"的约束,但为了投合中国人民对文化、艺术欣赏的要求,为了宣传佛教和募集布施的需要,也十分重视佛教音乐。由于传入的佛曲和中原地区的语言及音乐传统不相适应,僧人就采用民间乐曲或宫廷乐曲,来改编传入的佛曲,或者是直接创造新佛曲,由此也就形成中国的佛教音乐。在佛寺的节日活动时,佛教的俗讲、演唱变文、诵经等活动犹如文艺演出,给人以艺术的享受。一些曲式被宫廷乐吸收。与此相联系,佛教寺院在一定程度上是民间音乐的集中者、保存者和传播者,佛教音乐对保存和发展民间音乐起了有益的作用。

二、中国古代艺术

(一)中国古代的绘画艺术

中国古代绘画作品是我们民族光辉灿烂的古代文化艺术中的瑰宝,具有鲜明的民族风格和民族气派,并有着自己独立的绘画美学体系,存世量之大也是世界上少有的,是世界文化艺术的奇葩。

1. 中国绘画的发展

我国的绘画历史悠久,可以上溯到原始社会的新石器时代,距今至少有 7000 年。最初的绘画是画在陶器、地面和岩壁上的,渐而发展到画在墙壁、绢帛上。新石器早期陶器上的图画——涡纹、鱼、蛙、鸟、鹿、人面、舞蹈以及几何图案,纵然主要是作为氏族的标记,却标志着我国绘画艺术的产生。进入阶级社会后,绘画的应用范围在扩大。奴隶制时期的造型艺术与政治和宗教活动是交织在一起的。从青铜器上那些富有神秘色彩、獠戾恐怖的纹饰中便可看出,统治阶级正是借助"神"来支配社会,通过表现超人世、象征威权的形象,"使民知神奸"。晚周的《风夔人物图》和《人物御龙图》两幅帛画,均以单线墨笔勾勒,后者并加以平涂兼渲染设色,这一基本的绘画形式和技巧,一直沿用到今天。

汉代,罢黜百家,服膺儒术。受儒家尚用思想的影响,绘画多以鉴戒为目的,所表现的,大都属于纪功、纪德、表行之类内容。西汉宫廷已有了专业画工和专门的绘画场所——"画室",它是后代宫廷"画院"的滥觞。东汉时,佛教开始传入我国。佛教题材的绘画逐渐兴起,三国时吴国的曹不兴是最早画佛像的画家。

魏晋南北朝是我国绘画艺术发展的重要时期。这一时期,文化思想发生了变化,从西汉以来的"秉礼"向着"通脱"转变,绘画也得到较为自由的发展。成熟较早的人物画和肖像画,自西晋开始变革,改变了早期的朴素状态,通过刻画细节来表现人物的精神特征。到东晋,传统的表现"治乱兴废之源"的历史题材在减少,以文学为内容和表现魏晋"胜流"名士生活的绘画在增多。表现魏晋名士见于著录的就有嵇康、阮籍等七贤,还有谢安、顾恺之、孙绰等。东晋画家顾恺之的《洛神赋图》就是以文学为内容的人物画。受汉魏品评人物风气的影响,把捕捉人物的气质风度作为刻画的重点。谢赫的《古画品论》中提出"六法"论,把品评人物"风气韵度"这一术语引入"六法",作为衡量人物画、肖像画表现精神、气质是否生动的标准。从此"六法"成为我国古代指导绘画创作的准则。

侧重于表现山水景物的绘画也兴起于东晋,这是一种以大观小,提炼真景,寄托和表达"玄理",注重主观体验的山水画。它是后世文人山水画的发端。从南朝后期直到隋唐的两百余年间,产生巨大影响的是萧梁时画家张僧繇的画派。他发展了东晋以来人物画重神韵的传统,为了丰富用笔,把顾恺之、陆探微较单一的中锋"游丝"型描法,改为富有节奏的"点、曳、斫、拂"粗放多变的笔法,画风也变"密"为"疏"。一生经历了北齐、北周和隋的展子虔,是继往开来的关键人物。他擅长画人物、车马、楼阁、山水,克服六朝时代山水画"水不溶泛""人大于山"等缺陷,作出了新的探索和贡献,使山水画能比较客观地描绘自然面貌,并能在有限的画面中表现出无限的空间,给人以真实之感。

唐代绘画的表现领域有明显的扩大。不仅以人物、鞍马为盛,而且山水画和花鸟画也成为专门的画科。

唐初的人物画注重鉴戒、纪功和"政事"的纪实性。阎立德、阎立本兄弟为初唐重要人物画家。阎立本的《历代帝王图》描绘了从汉昭帝到隋炀帝共13个帝王及其侍臣的肖像,寓褒贬于人物精神形态的刻画之中,鲜明生动;《步辇图》描绘李世民接见吐蕃派来迎娶文成公主的使节禄东赞的情景,是一次真实的历史事件写照。

"鞍马"成为画科,即发端于唐代。曹霸、韩干都是以画马驰誉的画家。牛也常入画,画牛的专家有韩滉、戴嵩等。还有画鹰的姜皎、画鹤的薛稷、画猫的卢弁。宋代把这一类家畜走兽的画算作畜兽画。韩滉传世有《五牛图》,画牛五头,各具姿态,所用线条,粗壮有力,表现出牛的强健体魄和坚韧的皮质,惟妙惟肖,在中国画史上不多见。

山水画发展到唐代进入兴盛期。盛唐时画家李思训虽然改变了东晋以来山水画"功倍愈拙,不胜其色"的朴素状态,但是他那"以富丽为工"的"金碧"重彩山水等,却不免脱离生活。后经吴道子"于蜀道写貌山水",不仅使山水画创作接触到自然的实际,而且画法上点画之间,时见缺落,后人称之为"疏体"。其用笔喜用焦墨勾勒,略加淡彩,自然传神,同时,以墨为主的笔(线)"取代了缤纷的色",创立人物画新画风,赢得"画圣"之誉。此后又经过张璪、毕宏等画家的变革,"勾勒"变为"破墨",我国山水画向"水墨渲淡"发展。

唐代中晚期发展起来的宫廷仕女画,在一定程度上摆脱了汉以来表现"烈妇""贞女"的伦理说教,受南朝淫靡"艳体"画的影响,它的代表画家有张萱和周昉。张萱的《虢国夫人游春图》和《捣练图》,反映出盛唐时代享乐欢快的气氛,充满生活气息。

五代时期绘画盛行的地区,主要在中原、西蜀和南唐所辖地,山水、花鸟、人物都呈现新的面貌。这时的山水画,注意表现四时朝暮和风晴雨雪的变化,标志着水墨山水画的确立。画家深入自然,创造了不同笔法,出现了南北两大派别。代表画家有荆浩、关仝、董源、巨然。

两宋的绘画画体、画风的多彩多姿是前所未有的,山水画和花鸟画的成就显著。宋初山水画虽然画风有别,描绘景物也各具特色,但有一点是一致的,即他们的作品都从实景中来,追求和表现的是"气质俱盛",所以北宋山水画大都是景物丰富、完整的所谓"全景山水"。宋初以李成的画名最著,继踵他的有许道宁、郭熙和王诜。郭熙善于表现"云烟变灭"和不同季节的景色,更精于论画。他的《林泉高致》一书,对山水画的艺术表现和意境创造都有精到的论述和创见。唐代布景周密的青绿山水和表现"屋木楼阁"的"界画"也得到发展。王希孟的《千里江山图》是用纵51.3厘米、横1188厘米的整绢画成,如此长卷,在我国画史上也是不多见的。山水画中,既有上述敷彩明丽、画法缜密的"院体"之"繁",也出现了以泼墨为主、追求"意似"之"简"的画法,这就是米芾父子的"米氏云山"。这种泼墨写意的山水对后世影响很大。北宋后期是花鸟画最繁盛的时期,这与徽宗赵佶"嗜玩"书画有直接关系。赵佶在绘画上主张"精研物理,专尚法度",所以北宋的"院体"画大都同唐不同,追求一种难能的精微细刻。

北宋中晚期,一些文人作画在于抒发胸臆、宣泄愤懑。画中所画主要是竹、兰、枯木窠石或山水,它们被赋予特定的内涵。北宋画竹的有文同,苏轼也画竹或枯木等。以画梅驰誉的是释仲仁。他们提倡神似和表现意蕴,力矫当时绘画中注重形似忽视神韵的流弊。张择端《清明上河图》则是风俗画的珍品。

南宋绘画已由北宋晚期的柔腻妩媚向着豪放转变。开拓豪亢、放纵画风的是李唐。他的《万壑松风图》浑雄峻厚、气格豪亢,正是这一画风的代表。李唐、刘松年、马远、夏珪被称为"南宋四家"。

元朝宫廷绘画解体，人物画趋于冷落，文人画的水墨山水和墨竹、墨花有突出的发展。黄公望、吴镇、倪瓒、王蒙成就较高，画史上称为"元四大家"。明中叶以后，他们的声誉越来越高，作品成为画者楷模。一些画家对统治者不满，被表现为文人的自我超脱，多在表达一种超越政治之外的"淡泊""出尘"的画意。画境中的清逸、冷寂和荒寒构成了有元一代绘画的时代主调。

明初的画家大多师法南宋，供奉内庭。人物、山水画画家有倪瑞、商喜，花鸟画画家有边景昭、吕纪等。当明宫廷画兴盛之时，与之共荣的有以戴进、吴伟为首的"浙派"画家。戴进变南宋画风之豪放为健拔，代表作品有《渭滨垂钓图》《钟馗夜游图》。吴伟的画风更为劲锐，很得宪宗朱见深宠信，赐"画状元"印章和居第。戴、吴之后，有张路、蒋嵩的"江夏派"，即"浙派"支流。有明以来江南士大夫阶层累受政治上的打击，故而以"不求仕进"为慰，采取优游林下、诗酒书画自娱的生活方式。这为吴门画派的出现准备了人才和条件。"吴派"的代表画家是沈周和文征明。除"吴派"外还有所谓"院派"，是因为这一派的画家长于"院体"中的青绿山水和设色人物。周臣、唐寅和仇英是其代表。文、沈、唐、仇合称"明四家"。他们打破了以往画家拘守一科的局限，师承也不株守一家，既画山水，也画花卉、人物。

文人的花鸟画既丰富了"文人画"的创作内容，也开拓了花鸟画的多种画风。在明代花鸟画的发展中，存在着的"个性主义"相当突出。其表现形式也不尽相同，一种是像徐渭那样，在开拓写意画风上蔑弃传统，不守矩矱；一种是陈洪绶的借古开今，汲取民间艺术营养。两者画风不同，一个是"写"，一个是"工"，但在追求和表现个性方面，都完全一致。

明末董其昌的"松江派"代吴派而兴，他所画的山水清润透逸，烟云滚动。他的政治地位、文化修养和广泛的交游，使他在当时的画坛成为领袖式人物。董其昌提出的"南北宗"说，推崇水墨或加绛色的山水画，贬斥工笔青绿设色的山水画；推崇文人画家，贬斥工匠和职工画家。

清初文人画占绝对优势。以弘仁、查士标为代表的"新安派"；以龚贤为首的"金陵八家"；"四王"（王时敏、王鉴、王翚、王原祁）中王翚的"虞山派"和王原祁的"浙东派"；恽寿平（恽南田）的"常州派"都是较有影响的画派。"四王"在探索宋元前人笔墨技法方面虽有深厚的功力，但却错误地把追摹前人作为绘画创作的准则。与之颉颃的画家，清初有髡残、朱耷（八大山人）、石涛等。八大山人的写意花鸟奇思巧构，以少总多，注重主观发泄；石涛的山水画淋漓洒脱，不拘一格。他们的画都被称作"异格"。石涛曾提出"笔墨当随时代"和"我用我法"。恽南田虽被列为"四王"一脉，但他富有个性，早期画山水，后改画清逸秀润的"没骨"花卉，自创一格。

清代花鸟画的成就不亚于山水画。除恽南田外，如王武、蒋廷锡、邹一桂、华岩都各具特色。尤其是华岩的成就较高，他的花鸟画，笔情纵逸，机趣翩然。略晚于华岩的"扬州八怪"也都专攻或兼攻花鸟、兰竹,都是反对追摹古人、主张创造的画家。"扬州八怪"各肆其奇的画风和具有社会内容的画意,构成了清代"文人画"的时代特点。

2. 中国绘画的美学特征

(1)线与点的形象结构

中国绘画的工具是毛笔。它的前端有个尖"锋"(也有少数人喜用无锋的"秃笔"),长长笔毛构成的圆锥体能蓄含一定量的水,因此,当它饱沾墨水之后,一次就可以画出较长的线而不致枯竭。轻按纸上便是一个小点,重按便成大"点",顺势拖画,就成为"线"。应用这样的工具来画"线",如果轻按与重按随时交换,所画的"线"就能出现粗细的变化。中国画就是用尖锥毛笔构筑成"线点结构"的艺术形象。

中国画的"笔法"本是从书法艺术中借用过来的。由于绘画中又有书法所无的"模拟"物象的特殊功能的需要,所以在原有的"线"和"点"之外,又添加了"面"的画法。表现"面"的画法有以下两种:第一种,是在"线"勾勒出的一个轮廓中间用毛笔细细地涂出这块"面"来。第二种,直接把"点"或"线"的形体扩大化,特别是把"线"的形态尽可能(以笔之大小限度而定)扩大。利用上述的方法,中国画摹写外界物象,基本上可分为两大类别。第一种是"勾线填色",就是先用"线"勾勒出物象的外轮廓,然后涂色彩于其中(亦包括黑白单色),这种方法一般称为"工笔"。第二种略去用"线"勾勒物象外轮廓之后再填色的过程,直接一笔"写"出物象的整个形体(面)来,此即所谓"写意"或"意笔"的画法。必须补充的是,在整个"意笔"画法中,仍包含着大量的"线"的勾勒方法,只是同"工笔"比较不太工整而已(如图一)。由此可知,在绘画中,"线"的功能有着十分重要的地位。正因如此,中国画法的"模拟"物象的性能具有一定的局限性(与油画比较),并由此使那种从书法中借用过来的"线点结构"一直保持着它自身的审美个性。

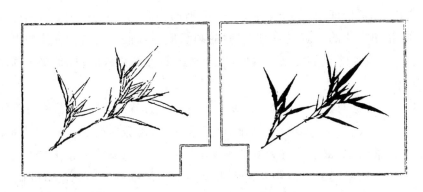

　　"工笔"的勾线填色　　　　图一　　　　"意笔"的直接抒写

首先,中国画法不表现物象明暗光影的客观物理关系。自然界物体的形貌,是由在光的反射中各种大小强弱不等的明暗"面"所构成。中国画法中的主要因素就是"线"和"点"。因为表现不出光彩就表现不出物体明暗不同的"面"的结构,从而不能表现出物体的质感。然而,毛笔所勾画出的婀娜多姿的线条、变化有方的点——这些具有抽象美的东西,它们与模拟物象的关系是如此疏远,但它本身所具有的某种独立的生机却深深铭刻于欣赏者的感官和心灵。比如八大山人的《瓶菊图》，人们看不出花瓶的质料是陶还是瓷，是铜还是铁，只有物体的极为粗疏的大略轮廓，但是却令人分明能感受到一种不受外物羁束的独立性质。因为，画家笔下所模拟的物象，事实上已变成一定的"抽象化"的"笔墨"形式的一个"支架"——借以支撑各种各样形式的"抽象美"，尽情抒唱他们各自的审美情感和个性风貌。其次，中国画不重视"透视"问题。"焦点透视"在国画中自始至终就没有树立起来。虽然有时也勉强地照顾一下"近大远小"的物理关系，但在许多具体的刻画中，不顾"焦点透视"原则之处比比皆是。苏轼曾说："论画以形似，见与儿童邻。"总之，"线点结构"的笔法使国画具有一种独立的"抽象美"的性质。因此，中国绘画具有一种极复杂的两重性格：既有"具象美"又有"抽象美"；既有"模拟"因素又有"非模拟"的成分；既有"再现"性，又具"表现"性。"似与不似"便成为中国画独特的美学追求。

（2）"程式化"特点

中国画的笔法具有一种两重性格。一方面要去"模拟"物象，另一方面又包含着自身独立的"抽象美"属性，而"抽象美"正是同"程式化"有着必然的美学联系。譬如，画树叶所用的所谓"介字点"，就带有很大的抽象性。从树叶的感性特征来说，我们很难去认清它（介字点）究竟是描摹了什么具体的树，它只是一种抽象的"树"的概略描绘。五代宋初，山水画和花鸟画兴盛，"程式化"形式才开始酝酿和萌芽，但也还是致力于"模仿"一些山水风景的基本特征，如范宽的用笔多以短促峻削的线条和点子，用以"模仿"北方山景的自然特征（后人称为"雨点皴"）；董源则以参差平直的线条作所谓"披麻皴"，描摹的正是江南景色固有的特点（南方多土山，形态大都圆浑秀润）；而李成、郭熙的山水画，则以侧笔作波状线条，描画的丘陵平原又是中原一带的地貌特色。到唐代风景画中，产生了"介字点"等多种形式的雏形，这样的形式已很难说是描绘什么树，树的自然个性已不明显。

从宋代开始，"程式化"笔墨技法逐步形成。"院体"画中的花鸟虽然最重"形似"，但还是形成了一套精工勾勒又重彩渲染的描绘手法。"工笔重彩"成为一种固定的"程式"。"院体"山水，由李唐、刘松年到马远、夏珪一派，他们把范宽的"雨点皴"笔法程式加以发展，成为"斧劈皴"的新程式，以前用于模仿北方山石的笔法已用来描摹南方的云烟。其中马远最为明显，在一定程度上背离了真实山水的"模仿"。"程式化"最重要的进程是在"文人画"中，由于受到书法笔法程式的启示，"程式化"取得了较高成就。在苏轼画笔下，"模仿"自然物象的因素在历史上第一次遭到有意识的排斥。山水画也如此。继承董源的"披麻皴"笔法的是北宋的巨然和南宋的江参，此种笔法也逐渐脱离物象的特征而独立。同时又出现"米点"山水——南宋米友仁独创的一种以侧笔作大横点的笔法。历经元初的赵孟頫，到"元四家"程式化臻于完成。"元四家"的贡献也在于每个人运用自己一套独有的笔墨技法来构成一定的程式（主要是独有的"皴"法，其他也包括墨的淡浓，以及构图的特殊性），每人的山水画都具有独特的风格风貌。因此，程式的产生是同"抽象美"同步的，成为独立的抽象美不可缺少的"支架"。

(二)中国古代的书法艺术

书法是中华民族文化艺术之林中的一朵奇葩。它既是一种独特的艺术,又是一种综合性的艺术,闪烁着东方文化的魅力。

1. 古代书法艺术的流变

汉字,是中国书法的造型基础。汉字书法的历史,可以上溯到六千年前。据目前的考古资料,最早的遗迹要算仰韶文化时期山东大汶口和西安半坡村的原始符号。商代甲骨文是已知发现最早的较为成熟的文字。它已经具备了中国书法的三个基本要素:用笔、结字和章法。它的形体结构和造字方式为后世汉字的书法发展奠定了原则和基础。

进入殷商时代,金文成为这一时期的主要书法作品承载体。所谓金文,是铜器铭文的通称。古代的铜器主要分为钟、鼎两大类,故金文又称钟鼎文。它的笔画比甲骨文粗壮,在单线的组合中出现粗点子,曲笔、直笔变化比较多,字画两端或方或圆。在结构布局上,开始讲究呼应配合,外形以长为主,大小渐求均匀,行款也渐整齐。周代的书法,在成王、康王以后形成了所谓纯正的宗周风格:点画圆浑,体势雍容,骨力内含。《毛公鼎》《颂鼎》是当时的代表作。周宣王时期,史官史籀作了供识字用的《史籀篇》,因而有了籀文(大篆),后以流传的石鼓书法为代表,它是大篆到小篆之间一种过渡的文字。

秦统一文字,所谓"书同文",不仅指统一篆书为小篆,也指统一隶书。秦小篆笔画规范,都是宛曲与平直的单线,笔画之间的空距非常匀称,字形狭长,上半较紧,下半舒展,给人以柔中寓刚、爽朗俊健的感觉。《琅玡山刻石》《泰山刻石》等,都是精品。而秦隶与小篆相比,书写更流利,字的大小不一,有的转角方折,笔画较秦篆简直,结构由纵势向横势转变,为汉代隶书奠定了基础。秦小篆、隶书基本上属于中国书法史上的最初阶段。汉以隶书为主体,加上草书,可谓书法艺术的发展时期。汉隶以蚕头燕尾为特征。字形特点是取横势,字呈扁形;结构是上下紧密,左右舒展;笔画形态较篆书多变化,能看出笔锋顺逆,整个字体给人以安稳的感觉。

魏晋是完成汉字书体演变的重要时期。楷书和草书已臻成熟。《葛祚碑》被后人视作最早的楷书作品。两晋时,真、草、行三体具备,是书法史上继汉代"隶变"后又一巨大变革。书体流派众多,书法名家辈出。钟繇、王羲之是卓越的代表,世称"钟王",为后世所崇法。尤其是王羲之,更是秦汉以来集大成的书家,当之无愧的"书圣"。王羲之兼采众法,自成一家,其正行草书,对后世影响很大。他的字奇而正、雄而逸、健而美。后人评他:"烟霏露结,状若断还连;凤翥龙蟠,势如斜而反正,作草如真,作真如草。"《兰亭序》被称为"天下第一行书"。王羲之的儿子王献之继承家法,书风似其父,但更有逸气,英俊豪迈,进一步扫转了当时的古拙书风,称为"破体"。"二王"之后,流传后世的作品中以北魏最多,因而人们习惯称以"方、密"为主要特征的六朝书法为"魏碑"。魏碑是楷书体,刚猛有力。《吊比干碑》《石门铭》是其代表。魏晋之际多数书法家具有多方面的文化教养。

晋代书法"韵胜""度高"是与晋代人物"丰神疏逸,姿致萧朗"分不开的。

书法到了唐朝,不但诸体初备,而且法度谨严。特别是雍容华贵、刚武威猛、庄重沉稳的楷书又发展到了一个新的高度。初唐有"虞(世南)、欧(阳询)、褚(遂良)、薛(稷)"四家。在晚唐,颜真卿和柳公权最为人推重,颜真卿楷书作品有《多宝塔碑》《李元靖碑》等,其特点是雄伟:点画较肥,偏向于圆,左右直笔中部每向外凸,钩、捺出锋处往往有缺角,结构外紧内松,字大撑格,给人以壮健宽博之感。柳公权楷书特点是豪健。作品有《玄秘塔碑》《金刚经》等。点画皆有骨鲠,方起圆结,转折顿挫明显而爽健,结构中密,四面放开,精悍利落。人们形象地把颜、柳的书法喻为"颜筋柳骨"。唐行书、草书也颇有成就。行书如颜真卿《祭侄稿》。草书则以孙过庭、张旭、怀素最为著名。孙过庭风格规整,字体端美合度,作品有《书谱·卷上》。张旭人称"张颠",作品有《古诗四首》,笔画较粗,存有隶法,结构奇特多变,体势飞动不均,其颠草有深厚的楷法基础。怀素人称"醉素""狂素",他和颜真卿皆拜张旭为师,"鲁公(颜)得尽于楷,怀素得尽于草",他的草书运笔连绵施转,结构奇逸多姿,"惊蛇走虺,骤风旋雨",一气天成。作品存有《自叙》《苦笋》等。

宋代书法名家为苏(东坡)、黄(庭坚)、米(芾)、蔡(襄)四大家。苏东坡的行书笔画,不拘偏锋、正锋,结体平正中转折变化,借让奇巧,或左疏右密,或左密右疏,豪放跌宕。作品有《黄州寒食诗》《李白仙诗》《赤壁赋》等。黄庭坚的行草颇有篆意,笔画波势明显,结字中宫紧集,以特疏与特密处作巧妙借对,韵味无穷。作品有《松风阁诗》《华严诗》传世。米芾人称"米癫"。他的行书运笔纵横进锋,点画跃跳猛厉,常有拗折之笔与扫出之笔以显示笔力强劲,以顿挫为含蓄,结构矫侧洗练,神采飞扬。他写的《箧中贴》孤高排粟,别具一格,天真馨露,潇洒出尘。蔡襄的行楷,笔画圆润柔和,结构整秀,体势文静。作品有《林禽贴》《颜真卿自书告身跋》等。此外,宋太宗命人搜集历代名人墨迹数千卷,汇成《淳化阁帖》十卷。这部大型法帖,为后人学书提供了极大方便。

元代书法艺术以赵孟頫成就最大。他擅长楷、行书,特点是:笔画圆润,流转婉畅,结体匀称优雅,借让巧妙而不落纤尘,内藏筋骨,秀美流芳。作品有《仇锷墓志铭》《玄妙观三门记》《胆巴国师碑》《妙严寺记》等。

明代的书法,在发展风雅风尚和实用方面同时前进。祝允明、文征明是明中叶比较有名气的书法家。前者擅长草书和小楷,草书浪漫纵逸,小楷清秀古劲。后者擅长行草和小楷,小楷纯粹精工,以劲健的横直笔画,质朴而严谨的组合变化,起锋不忌露锋,上追晋唐;行草精能练达,运笔转折娴熟,结构紧敛而活动,韵味十足。作品有《离骚》《高士传》《洞庭雨山诗》。最足以代表明代书法水平的还是董其昌。他擅长行草书,作品很多,代表作有《行草书卷》《项无汴墓志铭》。其书特点偏于喜淡、天真烂漫而结构森然,六体八法无所不精,圆劲苍秀,兼有颜骨赵姿。

明清之际,张瑞图、王铎、傅山、朱耷的行草和郑簠的隶书个性最突出鲜明。前四人都擅长绘画,其中尤以朱耷(八大山人)最为有名。他们的书法多受绘画影响,运笔、结构、章法以及墨色浓淡枯湿的变化更为丰富,书中画意更为突出。清代中叶的书家有金龙、郑燮(板桥)、刘墉、王文治等。其中郑板桥名气稍微大些。他的隶书独具一格,参用篆、行、楷的字形,多受画技影响,波磔之中,往往有石文兰叶,古秀独绝;运笔如作画,不拘方圆正侧,挥洒自如;横里特有力,结构强调左右倚斜抱合,参以长字长画,穷极外形变化,因此布局生动活泼,疏密得宜。清代中后期,真正有创造性的书家不多,比较突出的有邓石如、何绍基、吴昌硕等人。邓石如的篆隶功夫最深,尤以篆书影响最大,声誉最高。其作品沉雄朴厚,而有纵横捭阖之妙。何绍基擅长隶书、行书。他的隶书运笔主圆、洒脱空灵,结构似潦草实不苟且,生气斡旋而出。行书出自颜真卿,参以隶草,变化横笔、跌宕合度,极其烂漫。吴昌硕擅长写石鼓文,笔画沉雄苍老,富有金石气,结构茂密壮伟,借让有新变、新奇姿,气格不凡,行书字距特紧,气聚神明,然俊而不霸。

2. 中国书法的艺术美

中国书法的艺术美是一种净化了的线条美。线条的张弛开阖和笔势的奔腾飞舞,黑白的强烈对比(黑白相间,计白当黑)和巧妙运用(讲求布局、意境等),产生了无比的魅力(一件好的作品,往往使人流连徘徊,久久不愿离去)。中国书法艺术是以一种抽象的同时也是纯粹的形态体现了中国美学的精髓。

鲁迅先生说:中国的文字"具三美:意美以感心,一也;音美以感耳,二也;形美以感目,三也"。书法是视觉艺术。"感目"的"形美"主要指书法的艺术美,但书法不仅是"形美",它还含有音美和意美。一幅好的书法作品就像一首诗、一幅画、一首歌……一样,可以收到赏心悦目的效果。因此,人们赞美书法艺术为"无声的音乐,立体的画,有情的诗"。

文字是有生命的形体。中国书法艺术是一种把汉字加以美化的艺术。邓以蛰先生认为,书法创造伊始,就在实用之外同时走上了美的方向。他说:"人诞生了,文明诞生了,中国书法也诞生了,中国最早的文字就具有美的性质。""古代殷朝人手里握有笔这个特殊的工具,为中国书法艺术的产生和发展创造了前提"。毛笔,铺毫抽锋,极富弹性,正细收敛,变化无穷。到了书法大师手里更是匠心独运,极尽其妙。诗贵含蓄,字贵藏锋。书法之妙,妙在不直,妙在曲折多姿、多变、含蓄、藏锋。如一览无余,则索然寡味。书法是一种独特的造型艺术,局部多样性和全局统一性构成了完美的整体。形式美和内容美有机结合在一起。不重视法度,不重视点线运用的法则,不重视前人的经验,就不可能创造出优秀的书法作品。王羲之《笔势论》指出,如果违背形式美的法则就会"若美人之病一目""如壮士之折一肱"。其后果是不堪设想的。

这支神奇的笔纵横驰骋,开拓了广阔无垠的天地,使人升华到"精骛八极,心游万仞"的境界。它开始于一画,界破了虚空,留下了笔迹,既流出内心之美,也流出万象的美。人们创造了美,也欣赏着美。宗白华曾说:"从这一画之笔迹,流出万象之美,也就是人内心之美。没有人,就感不到这美,没有人,也画不出、表达不出这美……画家、书家、雕塑家创造了这条线(一画),使万象得以在自由自在的感觉里表现自己,这就是美。"线条美可以说是书法艺术美的灵魂。但不能简单地把书法艺术等同于线条的艺术。单纯的线条的艺术并非书法艺术。笔画绝非单纯的线条,笔画美也绝非单纯的线条美。只有把书法笔画当作一个完整的有机统一体来看待,才能对书法艺术美作出恰当的评价和阐述。

康有为在总结书法风格、溯源探美方面进行了有益的尝试,高度概括北朝碑书和南朝法帖为"十美"。他的弟子梁启超则进一步把书法艺术美简化为:精神美、形态美(结构美)和笔画美。梁氏在《论写字的美》一文中又概括为:线的美、光的美、力的美和个性的表现。今天书法界也有人把书法艺术美归纳为:用笔的美、结构的美、意境的美。对照诸说,试将书法艺术美分为:

线条美——线条是构成书法的筋络骨骸,主要是讲用笔。钟繇说:"笔迹者界也,流美者人也。"从书法的笔画之迹,流出万象之美,人的内心之美。

书法是以线条为主的点、线有机结合的表现艺术。点、横、竖、撇、捺、提、钩、折等,是汉字的基本笔画,也是书法艺术的主要线条。书坛大家东晋卫夫人和唐代欧阳询曾这样描述:"、"如"高山之坠石";"一"如"千里之云阵";"丨"如"万古之枯藤";"丿"如"陆断犀象";"乀"如"崩浪雷奔";"乙"如"劲松倒右";"丁"如"劲弩筋节";"乁"如"长空之初月"。这就道出了"形美以感目"的书法美的真谛。造型巧妙的象形字,加上上述这些形象生动的笔画比喻,更添一层神奇色彩,给人以丰富的联想和想象。

选型美——即笔画的组合之美以及字、行、篇的章法美。"造型"二字,主要是强调质感和主体感。

汉字是由线条组成的方块字,线条是对外物的抽象形式,方块字形在字与字之间又是分离的,于是字形组合和篇章相对而言比较松散。这种松散的、独立的特点是与艺术的要求相违背的,同时也与中国艺术的生命整体观相去甚远。于是,能否确立一种内在的生命联系成了汉字能否上升为艺术的关键。服务于取象论的总体书法纲领,书家效法自然。自然山水草木,俱有"势"存于其间,鸢飞鱼跃,花开花落,都在不息地运动。书法就是要取法自然背后流动之节奏,那无所不在的联系,表现为一开一合,一推一挽、一虚一实、一伸一屈的态势。势就是书体中往来运动的趋势,有了势才使生命鼓荡起来。清人倪云林云:"凡字得势则活,得势则转。"书法的势,是运动的凝固,是静态的运动倾向。随着蘸过墨的毛笔在纸上或快或慢地运行,组成作品的线条不断地生成展开,相应表现出"动";而书法作品的任何一个片断或最终的完成,又表现出相对的"静",这种动、静的表现贯穿于创作的全过程。在动的意义上,书法是时间性艺术;在静的意义上,书法又是空间性艺术。当作品诞生时,书法就表现为时、空统一的"势"的艺术。"势"本身是形与意的统一,而当书法家们以"势"来表现意时,"势"又成了形。"势"反映了书法生命存在的具体特点;"势"使松散的形体变成一个整体,一个气脉流传不息的有机体;"势"在形式的联系之中形成了互相推挽,彼伏此起的张力;"势"又突破形式,使书法冲破静态的空间,真正飞动起来。

心灵美——即梁公所说的精神美(或个性的表现),或今人惯称的人格美。柳公权说:"心正则笔正。"傅山说:"作字先作人。"刘熙载说:只有"胸中有旁(磅)礴之气",才能

"腕间赡真实之力"。书写作品的过程也就是作者人格熔铸的过程。李白赞王羲之云："右军本清真,潇洒出风尘。"李嗣真也赞美道："清风出袖,明月入怀。"既赞其书,更赞其人。中国文艺的优秀传统之一,就是一向注重人品,所谓"艺高不如德高"是也。书画史上,王羲之、颜真卿、苏轼可以说是德艺双臻集三美于一身的典范。右军识鉴高远,真卿人品刚正,东坡义贯日月。人们首先想到的是其高风亮节。

"书者,如也"。如其人,如其心,如其面。书法艺术美正是书法家心灵的写照。"心者,帅也"。创作主体,即书写者的道德、情操、学养、功力则是熔铸书法辩证法与书法艺术美两者于一炉的主宰。一般说来,作品的优劣往往取决于作者人品的高低。当然,个别的"双重人格"者也在所难免。蔡京、严嵩、郑孝胥之流,字虽美而人品卑劣,向为人们所不齿。而王羲之和颜真卿是中国书法史上的两大巨擘,德艺双修,垂范久远。书法艺术美和书家心灵美在他们身上达到了有机的和谐的统一。

三、中国古代医学

(一)古代医学的起源与初步形成

中国的医药是中华民族贡献于人类文明的一份伟大财富,它的独特医疗思想和实践体系成为世界医药学发展史上的重要组成部分。中国医药学是一个伟大宝库,直至今天仍为世界所重视。

中国的医药学是中华民族在与疾病长期作斗争的过程中逐渐积累发展起来的。它最早起源于漫长的原始社会。在历史典籍中有许多关于那个时代的记载和神话传说。西晋人皇甫谧在《帝王世纪》中说："伏羲氏……乃尝味百草而制九针,以拯夭枉焉。"这里所说的伏羲氏是中国古代传说中的牧畜发明者,也是尝草、制砖的能手。此外,传说中还有神农氏尝草木为人治疗疾病,以及黄帝命岐伯主管医药、治病等说法。这些记载和神话传说都表明,中国医药学的起源,是与农业、畜牧业的发展密不可分的,它是中华民族的祖先在生产活动和同疾病作长期斗争中逐渐积累起来的。

但是,由于当时科学还不发达,原始的中医中药被披上了一层宗教外衣。其突出表现是巫与医不分,人们不知道求医而只知道求巫。巫,既是神、妖的代言人,也是治病的医生,在社会上有很高的地位。那时人人祭神,各个氏族都有巫。巫医治病,除了用占卜,还用一些药物。

关于原始社会的医药情况,在考古发掘中所见甚少,但在《山海经》中却可看到一些简单记载。该书记载药物有120余种。从药物治病范围看,包括皮肤病、精神病、痔疮、耳聋、肺病、中暑、淋巴腺炎、脑膜炎等20多种病。这些医药成果在今天看来虽不足挂齿,但它却是中国医药学的先河,中国医药学就是在这个基础上发展起来的。

到了夏商时代,人们对疾病的认识和防治又有了进步。在商代甲骨卜辞中有不少关于治疗疾病的记载。有些疾病已能根据其主要特征,给以专门的名称,如疟、疥、蛊、龋等。但是,中国医学知识的积累是相当缓慢的。直到西周时,中国医学仍没有从巫的势力影响下解脱出来。

春秋战国是中国社会由奴隶制向封建制转变的变革时期。百家争鸣促进了各种学术的创立与发展,也使中国医药学出现了蓬勃发展的新局面。其突出表现在以下几个方面:

第一,实践医学有了长足的进步。

这时人们对鬼神迷信已发生动摇,对巫医的骗术也由怀疑到反对。《吕氏春秋·尽数》说:"今世尚卜筮祷祠,故疾病愈来。"《内经》中的《素问》也说:"拘于鬼神者不可与言至德。"这些话都表明巫医已不得人心,医学开始同巫分道扬镳。

在同疾病作斗争过程中,人们积累了丰富的医药知识。有的世代相传,秘而不宣,称为"祖传秘方"。1973年从马王堆三号汉墓中出土一批古代医药书籍,这些佚书秘方和古传医理是写在帛上的。书中提到不少为后世所罕见的病名,如巢者、夕下、大带等,其含义有待进一步研讨。这些病名合计共有103种。每种疾病之下,都附有医方,少者一二方,多者20余方。医方总数有283方。这些秘方涉及内科、外科、妇产科、儿科等多方面内容。

在治疗方法上,马王堆出土的医帛书还记载了除口服药物外的其他各种方法,主要有药浴法、熏蒸法、灸法、砭法、熨法以及类似拔火罐的"角法"等。

针灸疗法是中国古代劳动人民创造的一种独特的医疗方法。它的特点是治病不靠吃药,只是在病人身体的一定部位用针刺入,或者用火的温热刺激、烧灼局疗,以达到治病的目的。针灸疗法在新石器时期已用于治疗疾病。针灸的临床经验大约到春秋时已形成专门著作。长沙马王堆三号汉墓出土的《足臂十一脉灸经》就是一部这样的著作。

第二,医学理论体系基本形成。

中医理论体系的形成与发展是与人们对自然界的认识分不开的。在春秋战国时期,人们对人体和疾病的认识已经形成了独具风格的理论。当时,其主要观念有以下几种:一种是气或精气的观念。这种学说认为世界上一切有形之物都是由无形的气或精气转化形成的。另一种是阴阳五行说。阴阳五行是当时解释宇宙的两种哲学思想之一。

中国古代医家把精气、阴阳、五行这些具有朴素唯物主义的哲学思想广泛地应用于医学理论,形成独特的中国医学思想。长沙马王堆三号汉墓出土的医帛书就是一部早已失传的医药典籍,它成书时间要比中国现存最早的一部较完整的医学理论著作——《黄帝内经》还要早。从马王堆医帛书到《内经》,其理论思想是一脉相承的,都是全面运用了精气和阴阳五行学说,从而奠定了中医生理学和病理学的思想基础。

在生理学方面,《内经》主要叙述了精神、气血、脏腑、经络等的作用和生理功能。《内经》把精神气血和津液看作人体生成和进行生理活动的根本。这五种东西都可以和气相互转化。这实际上否定了物质三态之间不可逾越的界限，成为中医生理学说中的一大突出特征。

在病理学方面，《内经》突出地阐述了虚、实、寒、热4种基本的病理变化。

第三，医制的变革与医学流派的创立。

据《周礼·天官冢宰》记载，在周代，设有医师，中士二人，下士四人等。下分掌调和饮食的食医、主治内科的疾医、外科的疡医和专治兽病的兽医。医师为众医之长，掌管医之政令，每年年终对众医进行考核。众医的俸禄高低是以治病的效果为标准的，治病痊愈率高，说明医术高超，俸禄也就高。

周代的医事制度完全是为奴隶主贵族阶级服务的。一切医事都掌握在贵族士大夫手中，医药发展十分缓慢。春秋以后，随着新兴地主阶级登上政治舞台，医学从奴隶制度下解放出来并获得很大发展。到战国时，不仅有为新兴地主阶级服务的医事机关，民间也有了医生。思想的解放和学术的繁荣，促进了医学流派的创立和发展，涌现出不少著名的医家。医缓、扁鹊、医和、长桑君等就是这一时期的著名医生。

扁鹊是春秋末战国初的著名医家，姓秦名越人，渤海郡郑（今河北任丘）人。他周游列国，在大都市行医，到赵都邯郸，当地民俗重妇人，他就做"带下医"（妇科）；到周都洛阳，民俗尊重老人，他就做"耳目病医"（五官科）；入秦都咸阳，民俗爱小儿，他就做小儿医。他医术高明，天下闻名。扁鹊是总结医学经验的第一个突出人物，也是运用切脉治病较早的医生。据传古医书《难经》就是扁鹊所著，书中以问答形式对《内经》中关于脉法、经络、脏腑、疾病、针法等方面问题作了更深的探讨，特别是对脉法、针法有突出的发挥。

这一时期，医家辈出，师承多门，出现了不同的医学流派。在现存的古医书中，多有学术见解不相一致之处，反映出古代医学的百家争鸣情况。

（二）秦汉时期的医学成就

秦汉时期，中国的封建专制主义和中央集权统治得到巩固与发展。国家的统一和经济的繁荣为中医的发展创造了有利条件。

秦汉的统治者都比较重视医药卫生事业。据史书记载，秦汉都设有太医令和侍医等职官。在西汉，负责皇帝私人事务的少府和典司祭祀礼仪的太常属下都设有太医令、丞。《后汉书·百官志》提到，朝廷设有太医令一人，掌诸医，又有药丞、方丞各一人。药丞主管药物，方丞主管药方。凡官府各部均置官医。又有记载说，当时的医官多达293人。至于民间医生，多是世代相传或师徒授受。两汉著名的医家有淳于意、阳庆、华佗、张机、张伯祖等。

华佗，字元化，沛国谯（今安徽亳州）人。他生于东汉末年。关于华佗的医迹，在《三国志·华佗传》《甲乙经·自序》《后汉书·华佗传》中都有记载。《后汉书》本传说他"精于方药,处齐(剂)不过数种,心识分铢,不假称量,针灸不过数处。苦疾发结于内,针药所不能及者,乃令先酒服麻沸散,即醉无所觉,因刳破腹背,抽割积聚;若在胃肠,则断截涤洗,除去疾秽。既而缝合,敷以神膏,四五日创愈,一月之间皆平复"。华佗的著作有《华佗内事》《华佗枕中灸刺经》等,但都没有流传下来。魏晋时,王叔和《脉经》中有《扁鹊华佗察声色要诀》的载录,唐代的《千金方》和《外台秘要》也都可能从他的著作中有所引录。

张机,字仲景,东汉南阳郡(今河南南阳)人,略晚于华佗。少时学医于同郡名医张伯祖,相传曾任长沙太守。当时伤寒流行,死了很多人。为了解除民疾,他对古医书《内经》《难经》等进行了深入钻研,并广泛收集药方,著成《伤寒卒(杂)病论》。其书辗转流散,经后人多次收集整理,成《伤寒论》和《金匮要略》两书。这些著作总结了汉以前的医疗经验,对后世医学的发展作出重大贡献。

两汉医家流传至今的主要著作有《神农本草经》和张机的《伤寒杂病论》等。其医学成就主要表现在两个方面:

第一,药物方剂和诊断方法的显著进步。春秋战国时期人们对药物知识已有了丰富的经验。到了两汉时期,由于统治阶级的提倡,药物学方面的成就尤为显著。当时记述药物的各种专书很多,被称为"本草",如《神农本草》《子仪本草》《吴普本草》等。后来,这些书为晋代的《中经簿》和南朝的《七录》所载录。但可惜这些"本草"大都已经散失,流传至今的只有《神农本草经》了。

《神农本草经》成书于汉末或更晚时候,书中记载的药物有365种,分上、中、下三品。上品药包括人参、甘草、枸杞、大枣等,多属滋补药;中品药包括百合、黄连、麻黄等,对疾病具有抑制作用;下品药包括乌头、附子、狼毒等,多属于疗效猛烈的药物。这些药物经过几千年的临床实践,大多都有很好的疗效,如麻黄止喘,黄连止痢,都具有临床实用价值。《神农本草经》不仅记述了药物的寒、热、温、凉四气和酸、苦、甘、辛、咸五味的性能和主治范围,而且明确提出了"疗寒以热药,疗热以寒药"的原则,这样就使药理学说与病理学说更紧密地联系起来,使中医理论体系进一步完善。

战国时期,虽然已经发明了方剂,但一般治疗仍以针石等外治法为主。到两汉时,情况已发生很大变化,方药治病成了主要手段。《汉书·艺文志》记录方书达11家274卷,并把这些书分为《医经》和《经方》两大类,这说明药物学已成为一门独立的学科。

第二,对病机病变认识进一步深化,初步建立了后世所说"辨证论治"的临床理论体系。张机的《伤寒卒(杂)病论》就是这一理论体系的代表作。书中把外感疾病综合归纳为六种征候类型,分属三阳征和三阴征,合称六经。这种方法为后世辨别征候,用药治疗提出了依据与准则。《伤寒卒(杂)病论》以望、闻、问、切的四诊法来诊察疾病的性质和特点,并将疾病按阴、阳、表、里、寒、热、虚、实的不同情况,分成八类,后世称之为"八纲"。根据这"八纲",决定治疗原则,从而使《内经》的基本理论和临床实践紧密结合起来,为此后中医的健康发展开辟了道路。

此外,在药物上保存了大量的有效方剂。见于《伤寒卒(杂)病论》的药方有近300

个,这些方剂至今仍是中医处方用药的基础,其中绝大多数经过长期临床实践证明确实是有效的。

(三)两晋至隋唐五代时期的医学发展

这个时期中国封建社会处于上升发展阶段。特别是隋唐时期,由于国力增强,版图扩大,国内外经济文化交流发达,医学有了更大的发展。

第一,为统治阶级卫生保健服务的医事管理机构不断加强,医学教育事业得到发展,医科分工也更趋细致。

两晋南北朝时期,医事制度在汉制的基础上,不断得到扩大和完备。晋朝负责政府医药事务的太医令、丞为宗正府的属下,至南朝时,或属门下省,或属太常寺。

隋朝设尚药局,初属门下省,后归殿内省,由尚药曲御主持,下属有侍御医、医师、司医等医官。太常寺设有太医署,以太医令、丞为正副长官,下属有主药、医师等。除了上述医官执掌政府及宫廷内的医务,还有医博士负责教授、培养医疗人员。

唐朝的医事机构更加扩大,医官的分工也更加细密。当时殿中省设有尚食局和尚药局。尚食局内有食医若干人,负责内廷膳食、宴飨的卫生与安全。尚药局由奉御、直长为正、副长官,负责皇家医药事项,下属有侍御医、司医、医佐等。同时,太常寺下设太医署,以太医令、丞为正、副长官,主持国家的医政及医学教育工作。属下有医监、医师、医正、医工等。医师又细分为一般医师以及针师、按摩师、咒禁师4种,他们分别由医博士、针博士、按摩博士、咒禁博士教授医学理论和医疗技术,并通过考核决定升迁降谪。上述医博士也各自教授一些学生。唐代医学教育机构的建立和医学分科的出现,是中国医学发达的一个重要标志。以后历代医学教育也大抵是在此基础上改革、完善的。

第二,名医辈出,医著空前,在疾病认识、医方创制、新药发现等方面都有较大的进步。

两晋南北朝时期,著名医家有王叔和、皇甫谧、葛洪、徐之才、褚澄等人。这时期,封建士大夫多崇尚清谈,道家思想与儒学结合为玄学,一些人追求服石、炼丹等长生术,这些也影响了中国的医学。王叔和,名熙,生于汉末晋初,曾任太医令,是个学识渊博的医学家。他集扁鹊、张机、华佗等古代医家脉学之大成,著《脉经》10卷,这是中国现存最早的比较完整的脉学专著。

魏晋时有成就的医学家还有皇甫谧。皇甫谧,字士安。他钻研医学极为深刻,著成《甲乙经》12卷。书中对经络理论作了发挥,并且详细阐述了各种疾病的针灸取穴法。《甲乙经》的主要成就在针灸方面,具有很高的实用价值,后世一直把它看作中医针灸学的始祖。

唐代更是名医辈出,张文仲、王焘、孙思邈等,都是当时的名医。孙思邈,著有《备急千金要方》和《千金翼方》两书。不仅总结了唐以前的临床经验和医学理论,收集了大量药方、诊法和针灸等内容,而且还记述了食养、导引、按摩等养生方法,以及如何学医、应具备怎样的医德等内容。全书共列证治232门,合方论5300首。其规模之大,是前些各种医书所无法相比的,可谓是中国最早的一部临床实用百科全书。该书最重要的成就还在于收集了自《伤寒卒(杂)病论》以后历代医家的经验方剂和民间流传的偏方与验方。因而,对后世影响很大,直至今天,中医常用的许多方剂,不是该书记载的原方,便是由这些原方演变的。

唐代不仅名医辈出,唐王朝也很重视对医书的编修。唐高宗永徽年间(650—655),命大臣于志宁等人主持,对《本草经集注》进行了修订。至显庆四年(659),唐高宗又命苏敬、长孙无忌等22人,再次修订,称《唐本草》。这部《唐本草》共20卷,另目录1卷,药图25卷,图经7卷,共为53卷。计分玉石、草、木、人、兽、禽、虫、鱼、果、米谷、菜等11部,新增药物114种,共载药物844种。书中改正了《本草经集注》中的许多错处,并根据所收集的全国药物标本,描绘成图,成为最早的药物图谱。该书是当时最为详备的药典。可惜这部书到北宋时已散失,但大部分内容被孙思邈收入《千金方》中。

两晋至隋唐五代时期,中医学在理论方面的成就并不大。特别是受佛教和道教影响,服石、炼丹和养生求仙成为社会上普遍的现象。甚至连当时很有名的医学家如葛洪、孙思邈等也无不受这种影响。因此,养生、炼丹、服石、求仙、采药甚至"房中术"一类的著作也就大量出现。当然,对服石和炼丹也应具体分析。比如炼丹,葛洪《抱朴子》记载有两种目的:一是炼成仙丹服而成仙,二是炼成黄金或白银而发财。虽然这些说法不足取,但炼丹过程却产生了不可忽视的积极成果,这就是:一方面炼丹方法传入西方,对欧洲近代化学的发展起了很大的促进作用;另一方面也为中医许多外用药找到了炼制的方法,现在中医外用的升、降两类药物,如红升丹、白降丹之类,就是用这种炼丹的遗法制成的。

(四)宋金元时期的医学实践与理论

从960年宋王朝建立到1368年元帝国覆亡的400多年间,城市手工业和商业经济的发展,科学技术的进步,以及雕版印刷术的广泛应用,为医学的发展创造了有利条件。

宋代医事机构设有翰林医官院,置院使、医官、医学等职。又于殿中省下设尚药局、御药院,掌管皇家内廷的医药事项。此外太常寺下设医局,是专门培养医学人才的教育机构。金、元各朝基本沿袭宋制。

宋朝统治者很重视医药书籍的整理和出版。开宝六年(973),曾命刘翰和、道士马志等人,以《唐本草》《蜀本草》为依据,写成《开宝新详定本草》20卷,收药983种,比《唐本草》增加139种。另外嘉祐六年(1061),苏颂还根据各地所进药物编成《图经本草》21卷,对外来药物也有记述。

宋代对方书、局方的整理和出版也很重视。宋太宗命翰林医官院医官王怀隐负责整理前代的方书,历经14年编成《太平圣惠方》100卷。该书按脉法、处方用药、五脏病症、内、外、骨伤、金创、胎产、妇儿、补益、针灸等类,共分1670门,载方16834首。每症之前,都将巢元方《诸病源候论》的相关内容置于首位,其后详列处方和疗法。虽然繁杂不精,但它却保存了两汉迄于隋唐的大量名方和许多已佚医书的内容,具有较高价值。北宋政和年间又召海内名医编成一部规模更大的方书——《圣济总录》。此外太常寺所属的和剂局还颁布《和剂局方》,对成药的配制定出了规范性的配方。以后经过多次修订,南宋时又编成《太平惠民和剂局方》10卷,共788方。

医学著作的大量刊行,是与实践医学的发展密不可分的,宋代对人体生理、病理的认识有不少进步。首先在生理解剖方面,不仅在诸如《内恕录》《平冤录》《洗冤录》等法医书籍中有所论述,而且更有直接研究人体脏腑生理和形态的《五脏图》和《存真图》。这两种图录分别于北宋仁宗、徽宗时绘制。当时官府命医生和画工根据刑戮犯人的解剖实体进行绘制,虽然疏略粗糙,甚至有谬误之处,但它毕竟是第一手资料,并且在研究疾病与内脏的关系方面取得了经验。其次,对疾病的鉴别能力大大提高。如《太平圣惠方》及《小儿药证直诀》已能鉴别出天花、麻疹、水痘等发疹性疾病。在妇科方面,杨子建的《十产论》对横产、倒产、偏产等种种异产有较详细的记述。特别是佚名的《小儿卫生总微论方》,已能认识到小儿脐风和成人破伤风为同一疾病,并提出了烧灼脐带以预防脐风的方法,这都是很重要的成就。

在治疗方面,这一时期由于医学的普及和局方成药的盛行,出现了大量有效的方剂和药物。其中,芳香性行气药物具有促进消化的作用,对后世行气药的应用颇有影响。其他诸如用蟾蜍止血、止痛,用罂粟止痛、止痢、止咳,用汞剂利尿,用砒剂治疗痢疾、疟疾、痔疮等,都是这一时期的重要发现。

医学实践的发展为医学理论的进步奠定了可靠基础。宋金元时期,中医学理论的进步主要表现在两个方面:一是在对张机《伤寒论》重新研究的基础上,出现了"五运六气"学说;二是医学流派的形成与发展。

张机在《伤寒论》中所提出的"辨证论治"为中医奠定了理论基础。然而在以后的七八百年间,佛道思想的盛行,阻碍了这种思想广泛的运用与发挥。到了宋代,重新研究《伤寒论》便一时成风,有关《伤寒论》的著作不断出现。其中较为著名的有庞安常的《伤寒总病论》、韩祗和的《伤寒微旨论》、朱肱的《南阳活人书》等。这些著作的注解、整理和补充,不仅使《伤寒论》进一步系统化和理论化,而且促进了医学理论研究的发展和医学流派的形成。

运气学说就是这种研究发展的一个成果。运气又称"五运六气"。运是指木、火、土、金、水五行的运行;气是指风、热、湿、火、燥、寒六气。持此学说的医家,以五行生克理论和六气流转,推测气候变化对人体健康的影响。这种学说虽然缺乏科学根据,但它却引起了医学界的争鸣,促进理论研究的发展和医学流派的形成。金元时代出现的刘完素、李杲、张从正等就是这种医学流派的代表。

刘完素,以阐发火热病机,善治大热病症,名噪一时。他深受运气学说的影响,对六气致病大加发挥,认为"六气"之中,火热是致病的最重要因素,并力倡"六气皆能化火"之说。因治疗疾病时坚持以寒凉药为主,所以后世称他为"寒凉派"。

张从正,著有《儒门事亲》15卷。他认为六气致病,主要是因为"邪气"侵入人体造成的。要治愈疾病,必须把这种"邪气"从人体中驱除出去,因此,他主张治病以发汗、催吐、泻下为主,特别是吐、下法收效最速。后世称他为"攻下派"。

总之,宋金元时代各种医学流派的形成和相互争论,促进了中医生理、病理和药理学说的发展,使辨证论治原则得到了进一步的运用与发挥。

(五)明清时期的医学发展

从1368年朱元璋建立明朝到1840年第一次中英鸦片战争爆发的400余年,是中国封建社会的后期阶段。明清时期,国家的统一,城市经济的发展,以及中外交通的扩大,都使医学发展具有新的特点。

在医事制度方面,明清两朝都设有太医院,以院使、院判为正副长官,主管朝廷的医政、医疗及医术教育之事。太医院有御医若干以及医生、医士等。院内分为大小方脉、伤寒、疮疡、针灸等13科,录取医家子弟,择师而教之,根据考核成绩决定其黜陟。

明清两朝都不如宋朝对本草、方书修订的重视,而私人著述的本草、方书著作,数量之多、成就之高,都是官方医学所不及的。例如明朝的《本草纲目》和《植物名实图考》等,就是这一时期重要的本草著作。李时珍,他于明嘉靖时考中秀才,以后3次乡试都落第了,于是专心研究医学。所著《本草纲目》52卷,按水、火、土、金石、草、谷、菜、果、木、禽、兽、人等分为16部62类,共收药1892种,新增加药物374种,并且附方11096种,插图1160幅。这本书不仅对中国16世纪以前的药物学作了较全面的总结,批判了一些不切实际的传说,吸取了金元以来发展的药理学说,而且收载了许多新发现的有效药物,如三七、曼陀罗、鸦片、樟脑、大风子等。因此,该书刊行后,很快地风行海内外,成为世界药学史上的名著。清人吴其濬,著有《植物名实图考》38卷,共收药1714种,均附有图。该书注意植物药用价值和考订,所见药物均以亲见为依据,同时还记述了如蛇含草、金盏草、八字草、黄药子等过去本草中所没有记述的植物。

明清时期名医济济,著述空前,在实践医学方面进步显著。

这时期的著名医学家,除了上面提到的李时珍等人,还有张介宾、楼英、汪机、叶天士、王孟英、陈修园等人。这些著名的医学家在实践医学方面取得了巨大成就。首先,就诊断来说,过去一般只重视望色和诊脉,对"问诊"却不够重视。到了这个时期,一些有名的医家,如李梴的《医学入门》、张介宾的《景岳全书》等,都主张望、闻、问、切四诊并举,强调问诊不可少。这时对舌诊方法的认识也更细致、深刻了。一些新的疾病如煤气中毒、梅毒等也是在这个时期发现的。

在这个时期,中国医学家们对于天花这种传染病的防治,也取得了突破性进展。天花在汉代称为"虏疮",古医书中多称之为"痘疮""豆疮"。唐宋以来,虽然医书中有采用种痘法防治天花的记载,但是效果并不理想。现在我们根据文献记载了解到,至迟在明朝后期，中国的医学家们已经掌握了人痘接种的比较有效的防治方法了。人痘接种方法有痘衣法、痘浆法、旱苗法等多种。痘衣法是把天花患者的内衣给被接种人穿上，使他感而又发病不重。痘浆法是用棉花蘸患者的痘浆，再塞入被接种人鼻内。旱苗法是用患者的疮痂研成细末，吹入被接种人鼻内。后来通过大量实践，人们发现改用经过多次接种的痘痂作疫苗，最为安全，接种部位也由鼻孔改为上膊外侧。中国医学家发明的人痘接种法，是古代免疫学的重大成就，也是对世界医学发展的一大贡献。中国人掌握了人痘接种法后，很快传播到世界许多国家。直到1796年，英国人琴纳才继中国的人痘接种法之后发明了牛痘接种法。由于用牛痘作疫苗更为安全，人痘接种法才逐渐被淘汰。

  明代对针灸经络方面的研究又有很大发展。影响较大的著作有高武的《针灸聚英》和《针灸节要》、汪机的《针灸问对》、杨继洲的《针灸大全》，以及陈会的《神应经》等。此外，李时珍的《奇经八脉考》考校经络穴位的成就尤其卓著。书中对于经络循行分布以及它们对人体气血的运行、沟通等如何发挥调节和联系作用，都作了精辟的论述。

  实践医学的进步，促进了医学理论的发展。明清时期，在理论上的成就，不仅体现在提出了新的瘟病理论和命门与相火学说，更重要的还体现在通过实践逐渐综合了宋金元时代发展起来的各医学流派的理论，使中医形成了更加完整、更加符合临床实际的理论体系。特别是辨证论治原则的最后确立，成为这一时期的最主要特点。

  本来，辨证论治原则早在《内经》时代已经初步形成。不过，由于当时对病变性质和部位的认识尚不够详确，再加上方药运用还没有从理论上得到相应的解决，因此直到元代以前，辨证论治原则还没有成为医家普遍遵循的理论原则。明代以后，随着对病变性质和部位认识的深入，药理学说和病理学说的发展相应地被纳入共同的理论体系，辨证论治才成为一切医家普遍遵循的指导原则。

主要参考书目

郭锡良等主编:《古代汉语》
朱东润主编:《中国历代文学作品选》
周煦良主编:《国文学作品选》
张学正主编:《中国当代文学名篇选读》
袁世硕主编:《中国古代文学作品选》
孙以昭等主编:《简明中国文学史》
白嗣宏主编:《外国抒情小说宝库》
胡云翼选注:《宋词选》
陆永品著:《庄子通释》
雷庆翼著:《楚辞正解》
冯天瑜等著:《中华文化史》
于成鲲主编:《现代应用文》
李良荣主编:《新闻学概论》
张子让著:《当代新闻编辑》

后 记

本书由惠继荣、朱梅福提出整体框架。阅读欣赏部分由惠继荣、朱梅福、李玉荣编写,诗词格律由李阳新、吴晓华编写,古代文化知识由姚文兵、潘莉莉编写,最后由主编统稿、定稿。在本书编写过程中,王兆良教授、孙业桓教授等给予了具体指导,再次表示感谢。另外,赵莹莹、支玲在阅读书目推荐方面也给予很大帮助;曹惠子、朱悟深、吴宁、陈小平等也参与资料的收集和整理,为此书的出版付出了劳动。

本书的编辑出版,得到了安徽医科大学教务处以及教材科的大力支持,在此也表示谢忱。由于编者的学识水平有限,本书的错误与不足之处一定难免,恳请专家、师生批评指教,以便今后修订时补充、改正。

编者
2020 年 7 月